W0227039

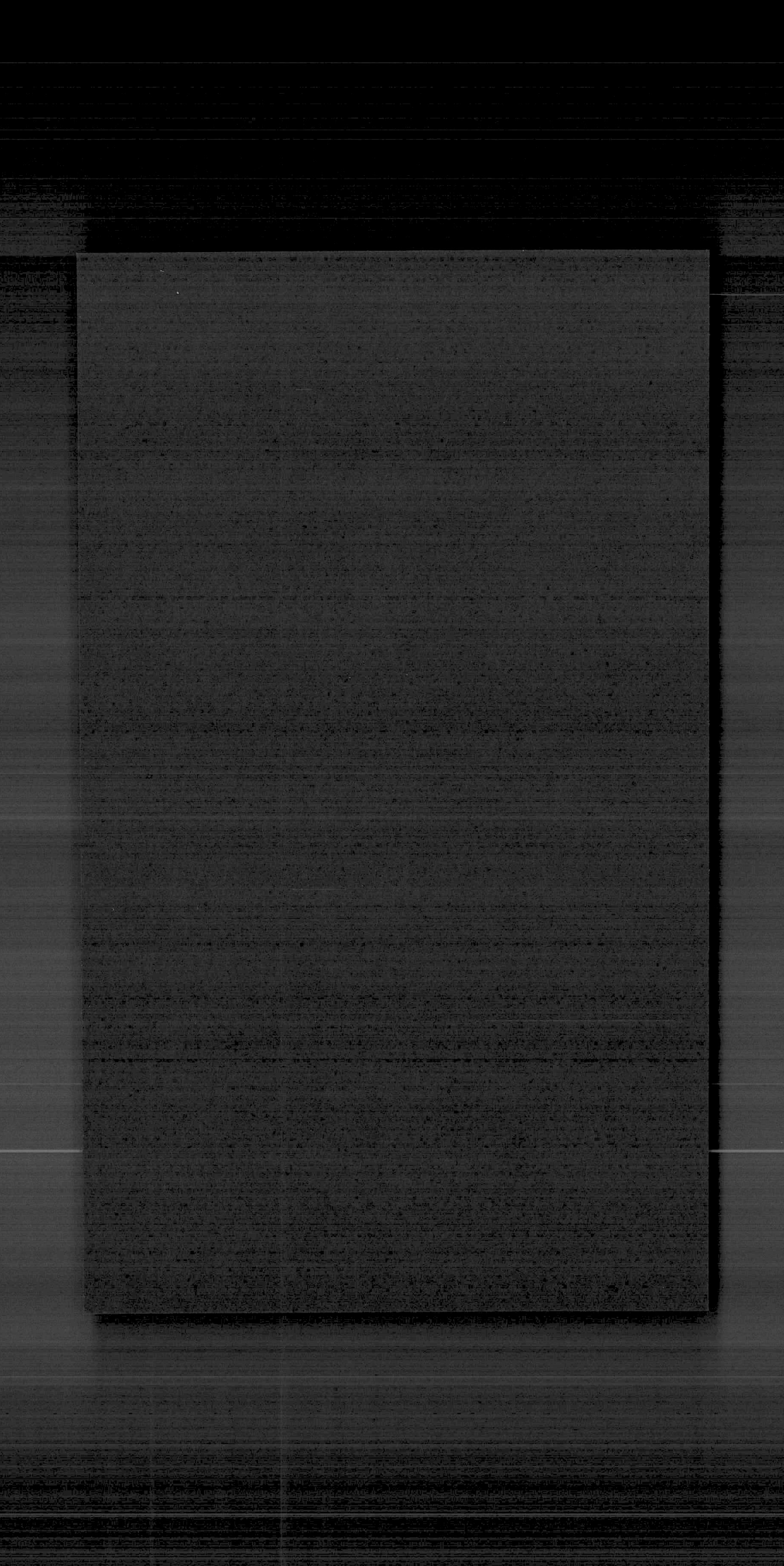

Sven Felix Kellerhoff

Attentäter

MIT EINER KUGEL
DIE WELT VERÄNDERN

✦

Sven Felix Kellerhoff

Attentäter
MIT EINER KUGEL
DIE WELT VERÄNDERN

2003

BÖHLAU VERLAG KÖLN WEIMAR WIEN

Bibliografische Information der Deutschen Bibliothek:
Die Deutsche Bibliothek verzeichnet diese Publikation in der
Deutschen Nationalbibliografie; detaillierte bibliografische Daten
sind im Internet über http://dnb.ddb.de abrufbar.

Umschlagabbildung:

Jack Ruby erschießt Lee Harvey Oswald:
© dpa/ZB Fotoagentur Zentralbild GmbH, Berlin

© 2003 by Böhlau Verlag GmbH & Cie, Köln
Ursulaplatz 1, D-50668 Köln
Tel. (0221) 9 13 90-0, Fax (0221) 9 13 90-11
info@boehlau.de
Alle Rechte vorbehalten
Satz: RPS Satzstudio, Düsseldorf
Druck: druckhaus köthen GmbH
Bindung: Lüderitz & Bauer GmbH
Gedruckt auf chlor- und säurefreiem Papier
Printed in Germany

ISBN 3-412-03003-1

Inhaltsverzeichnis

Wilhelm Tell (Vogt Geßler) / Wer hat Recht: Friedrich Schiller oder Max Frisch? / Eine Frage der Perspektive und eine Frage des Zeitpunktes / Über 2000 Attentate und politisch motivierte Morde / Zur Auswahl dieses Buches / Jung, männlich, gescheitert: der »typische« Attentäter? / Sechs grundsätzliche Typen von Attentätern / Abweichende Kategorisierungen / Schriftsteller und ihr Interesse an Attentaten / Tyrannenmord und Widerstandsrecht: Juristische Probleme / Bisherige Literatur über Attentate und Attentäter / Die Quellen

Günter Parche (Monica Seles) / Abgekoppelt von der Realität: Mord aus Wahn / Herostrat (Artemision von Ephesos) / Jean Chastel (Heinrich IV. von Frankreich) / John Bellingham (Spencer Perceval) / Karl Ludwig Sand (August von Kotzebue) / Heinrich Ludwig Tschech (Friedrich Wilhelm IV.) / Maximilian Sefeloge (Friedrich Wilhelm IV.) / Eduard Kullmann (Otto von Bismarck) / Max Hödel (Wilhelm I.) / Karl Eberhard Nobiling (Wilhelm I.) / Charles J. Guiteau (James A. Garfield) / Leon Czolgosz (William McKinley) / Guiseppe Zangara (Franklin D. Roosevelt) / Marinus van der Lubbe (Reichstag Berlin) / Josef Bachmann (Rudi Dutschke) / Mark David Chapman (John Lennon) / John W. Hinckley (Ronald Reagan) / Adelheid Streidel (Oskar Lafontaine) / Dieter Kaufmann (Wolfgang Schäuble) / Maxime Brunerie (Jacques Chirac)

(Domitian) / Klaus Wickli (Hans Ledergerw) / Jacob Johan
Anckarström (Gustav III. von Schweden) / Prinz Felix
Jussupow (Rasputin) / Jean-Marie Bastien-Thiry
(Charles de Gaulle)

7 Mord als Selbstzweck
Politische Terroristen

Gavrilo Princip (Franz Ferdinand von Österreich Ungarn) /
Der Schrecken ist das Ziel: Kämpfer im Auftrag einer »höheren«
Idee / Gräfin Sofia Perowskaja (Alexander II. von Rußland) /
August Reinsdorf (Wilhelm I.) / Erwin Kern und Hermann
Fischer (Walter Rathenau) / Knut Folkerts und Christian
Klar (Siegfried Buback) / Wolfgang Grams (Detlev Karsten
Rohwedder)

8 Die magische Kugel
Ungelöste Rätsel

Lee Harvey Oswald (John F. Kennedy) / Dialektik der
Verbrechensaufklärung: Je mehr man nach Zweifeln sucht,
desto mehr Gründe zum Zweifeln findet man / Pausanias
(Philipp II. von Makedonien) / John Wilkes Booth (Abraham
Lincoln) / Carl Weiss (Huey P. Long) / Herschel Grynszpan
(Ernst vom Rath) / James Earl Ray (Martin Luther King) /
Sirhan Bishara Sirhan (Robert F. Kennedy) / Ali Agca
(Johannes Paul II.)

Vorwort

Moskau, 17. April 2003, 18.42 Uhr Ortszeit: Der russische Parlaments-
abgeordnete Sergei Juschenkow steigt vor dem Haus Nummer 13 in
der Straße der Freiheit aus seiner schwarzen Dienstlimousine. Plötzlich zieht ein junger Mann, der auf dem Bürgersteig gelungert hat,
eine Pistole mit Schalldämpfer heraus, schießt auf Juschenkow und
trifft. Das Opfer bricht tödlich verwundet zusammen; der Täter kann
entkommen. Die nur mäßig überraschten Moskauer Ermittler rechnen sich geringe Chancen aus, ihn oder seine Hintermänner zu finden. Denn daß dieser Anschlag auf den Chef der Oppositionspartei
»Liberales Rußland« ein Auftragsmord ist, steht für sie fest. Ein Attentat steht am Ende meiner Arbeit an diesem Buch.

Ein anderes Attentat gab den Anstoß: Am 6. Mai 2002 ist es schon
halb sieben Uhr abends, als der einfache Satz »Pim Fortuyn erschossen« in die Redaktionscomputer gespeist wird. Eine »Blitzmeldung«,
neudeutsch »Breaking News« genannt, wie sie kein Journalist gerne
liest. Denn in aller Regel wird es stressig, wenn die Nachrichtenagen-
turen solche Meldungen auf die längst nicht mehr tickernden Ticker
der Redaktionen im ganzen Land schicken. Eine »Eins« in der Spalte
»Priorität« kann zum Beispiel heißen, daß ein großer Terroranschlag
verübt wurde, daß ein Flugzeug mit Hunderten Deutschen an Bord
abgestürzt ist oder daß eine Naturkatastrophe eine ganze Region verwüstet hat. Eine »Blitzmeldung« kann auch bedeuten, daß eine bedeutende Persönlichkeit einem Anschlag zum Opfer gefallen ist. Oder ein
wichtiges Symbol. Hinter »Breaking News« steht fast immer mensch-
liches Leid. Für jeden Nachrichtenredakteur bedeutet »Blitzmeldung«
zudem, bruchstückhafte Informationen abzuwägen, mögliche Hintergründe zu erkennen und sie so schnell wie möglich an die Zuhörer, die
Zuschauer und die Leser weiterzugeben. Der schon in ruhigen Zeiten
anstrengende Beruf wird in solchen Momenten mitunter aufreibend.

Während der knapp einjährigen Arbeit an diesem Buch geschahen neben Terroranschlägen, Naturkatastrophen und einem kurzen Krieg mehrere Attentate auf politisch herausragende Persönlichkeiten. Eines, der Gewehrschuß auf Frankreichs Staatspräsidenten Jacques Chirac am 14. Juli 2002, ging glimpflich aus; das Ziel bekam von dem Anschlag auf sein Leben zunächst gar nichts mit. Ein anderes endete tödlich: Am 12. März 2003 erschoß ein Lohnkiller im Auftrag der Balkan-Mafia den serbischen Ministerpräsidenten Zoran Djindjić. Unmittelbar vor der endgültigen Fertigstellung des Manuskripts zu Ostern wurde Sergei Juschenkow ermordet, nach westlichem Kirchenkalender am Gründonnerstag. Gut möglich, daß zwischen dem Schreiben dieser Zeilen und dem Erscheinen des Buches weitere Attentate verübt werden, die mehr oder weniger starke politische Erschütterungen zur Folge haben.

Attentate sind offenkundig ein immer aktuelles Thema. Der überraschende Gewaltakt eines mit dem Opfer nicht bekannten Täters aus tatsächlich oder vermeintlich höheren Motiven elektrisiert Journalisten ebenso wie ihr Publikum. Dabei spielt ein gewisser Voyeurismus natürlich eine Rolle, aber durchaus auch echte Anteilnahme am Schicksal prominenter Menschen, mitunter sogar Bestürzung. All das klingt gewöhnlich nach relativ kurzer Zeit wieder ab. Aber manche Attentate sind noch nach Jahren, gelegentlich sogar nach Jahrzehnten ein Thema. Wer alt genug ist, sich an den Anfang der sechziger Jahre zu erinnern, wird nie vergessen, wie er oder sie von den tödlichen Schüssen auf John F. Kennedy erfahren hat. In diesem Herbst jährt sich dieses am meisten umstrittene Attentat der Weltgeschichte zum 40. Mal – und pünktlich zum runden Jubiläum blühen die Verschwörungstheorien wieder auf, vor allem im Internet. Ähnlich ist es beim Attentat mit den bisher meisten Opfern: Wer weiß nicht mehr, wo man am 11. September 2001 war, als vier entführte Passagierflugzeuge zu fliegenden Bomben wurden und der westlichen Welt ihre ungeheure Verletzlichkeit grausam demonstrierten? Und auch zu diesem Anschlag kursieren unglaublich krude Vermutungen über die Hintergründe, blenden viele Menschen mit geradezu religiöser Inbrunst die Ermittlungsergebnisse systematisch aus.

Journalisten haben diese beiden Attentate und viele andere beschrieben, analysiert und kommentiert. Sie mußten ihrem Publikum komplizierte Zusammenhänge zu erklären versuchen, die sie selbst oft noch gar nicht verstehen konnten. Zwangsläufig kam es dabei neben vielen völlig korrekten Schlüssen zu falschen Urteilen, voreiligen Schuldzuweisungen oder gegenstandslosen Verdächtigungen. Journalisten widerlegen Gerüchte, aber sie verbreiten sie auch. Viele Universitätshistoriker pflegen sich über derlei »Unseriosität« zu mokieren – sie übersehen freilich, daß es ohne die Mühen der aktuell arbeitenden Journalisten bedeutend weniger Informationen über vergangene Zeiten gäbe. So wahr die Feststellung ist, nichts sei so alt wie die Zeitung von gestern, so sehr sind Historiker auf eben diese Zeitungen angewiesen, wenn sie sich mit Ereignissen der vergangenen zwei Jahrhunderte beschäftigen. Auf der Arbeit von Journalisten beruht dieses Buch zu großen Teilen; es ist selbst eine journalistische Arbeit, wenn auch mit breiterem Ansatz als im tagesaktuellen Geschäft möglich.

Ein Buch wie dieses kann nur entstehen dank der Unterstützung vieler Menschen über lange Zeit hinweg. Seit rund zehn Jahren beschäftige ich mich mit Widerstandsrecht, Tyrannenmord und der Attentäter-Problematik in Vergangenheit und Gegenwart. Angeregt hat dieses Interesse Professor Dr. Ilja Mieck vom Friedrich-Meinecke-Institut der Freien Universität Berlin. Er betreute 1994 meine Magisterarbeit zu einem verwandten Thema und wird vergeblich auf die ebenso lange versprochene umfassende Ausarbeitung in Form einer Dissertation warten. Noch mehr verdankt dieses Buch meinem akademischen Lehrer Professor Dr. Alexander Demandt vom selben Institut. Seine unkonventionelle Art, Geschichte zu betrachten, ist und bleibt für mich Vorbild.

Wichtigen Anteil an der Vollendung dieses Buches haben meine Freunde. An erster Stelle ist Lars-Broder Keil zu nennen, mit dem zusammen ich die Schwelle vom Buchrezensenten zum Buchautor zum ersten Mal überwunden habe und der beim Attentäter-Projekt als immer gewissenhafter, immer grantelnder Gegenleser unverzichtbar war. Barbara Fiala, Dr. Astrid M. Eckert und Lothar Wackermann haben mir mehr geholfen, als ihnen selbst bewußt ist. Birgit Warnhold und Traute Feuerhake quälten sich durch halbfertige Kapitel und gaben wichtige Hinweise aus der Sicht der interessierten Laien. Frank Lehmann unterstützte mich mit Recherchen, die den ganzen Band optisch prägen. Achim Schulz drückte für mich auf den Auslöser. Dr. Berthold Seewald schließlich ebnete mir den Weg in den Beruf des Geschichtsjournalisten.

Joachim Bischofs und Johannes van Ooyen vom Böhlau-Verlag möchte ich danken für ihr spontanes Angebot. Harald S. Liehr ist der Beweis dafür, daß ein geschlossenes Glasportal durchaus Türen öffnen kann. Susanne Zydek hat immer wieder freundlich gemahnt und Flüchtigkeiten unnachgiebig aus dem Manuskript getilgt. Die gewiß verbliebenen Fehler habe ich ungewollt offensichtlich so gut verborgen, daß sie keinem Korrekturleser und keinem Korrekturprogramm aufgefallen sind. Ohne die immer hilfsbereiten Mitarbeiter des Friedrich-Meinecke-Instituts Berlin und der Universitätsbibliothek Basel gäbe es dieses Buch nicht.

Dank auch an meine Chefredakteure der vergangenen Jahre, an Peter Philipps, Herbert Wessels und Dr. Wolfram Weimer. Sie haben sich mehr als üblich für ein Grenzgebiet des Zeitungsgeschäfts wie den Geschichtsjournalismus interessiert. Meinen ehemaligen Kollegen in der Kulturredaktion der Berliner Morgenpost danke ich für Fairneß und Vertrauen in einem schwierigen Jahr.

Der wichtigste Dank aber geht an meine Eltern. Niemals lernt man so leicht wie als Kind und Jugendlicher, lautet eine vulgärpsychologische und dennoch wahre Einsicht. Ich habe sehr viel lernen dürfen, vor allem zu Hause, aber auch an guten Schulen und in streßfreien acht Semestern an der Universität. Genug gelernt habe ich sicher nicht, aber wer könnte das von sich schon sagen?

Ostern 2003 Berlin-Friedrichshain

Zwischen Wahn und Widerstand

Attentäter der Weltgeschichte

1

»Du kennst den Schützen, suche keinen anderen«: Wilhelm Tell bekennt sich zu seinem Todesschuß auf den verhaßten kaiserlichen Vogt. Die Farblithographie »Geßlers Tod« entstand 1920 nach einer Zeichnung von Osmar Schindler.

✦ ✦ ✦

Ein einfacher, aber aufrechter Mann nimmt das Recht in die eigene Hand. Die Willkür des Herrschers drückt seine Nachbarn und ihn schon lange. Bisher haben sie jede Schikane ertragen; murrend zwar, aber ohne ernsthaft aufzubegehren. Auch der ehrenwerte Mann hat lange gezögert. Erst als ihn der Machthaber zwingt, dem eigenen Sohn einen Apfel vom Kopf zu schießen, reift in dem Landmann der Entschluß:

> Ich lebte still und harmlos – das Geschoß
> War auf des Waldes Tiere nur gerichtet.
> Meine Gedanken waren frei von Mord,
> Du hast aus meinem Frieden mich heraus
> Geschreckt, in gährend Drachengift hast Du
> Die Milch der frommen Denkart mir verwandelt.
> Zum Ungeheuren hast Du mich gewöhnt –
> Wer sich des Kindes Haupt zum Ziele setzte,
> Der kann auch treffen in das Herz des Feindes.[1]

Bei nächster Gelegenheit lauert er dem Tyrannen in einem Hohlweg auf und streckt ihn mit einem gezielten Schuß durchs Herz nieder. Dann tritt der Landmann, als sein Gegner die letzten Atemzüge tut, auf den Felsen hoch über der Schlucht und bekennt sich zu seiner Tat:

> Du kennst den Schützen, suche keinen anderen!
> Frei sind die Hütten, sicher ist die Unschuld
> Vor Dir, Du wirst dem Lande nicht mehr schaden.[2]

Sein Schuß ist keineswegs ein gemeiner Mord, wie der einfache Mann wenig später klarmacht, als ihn ein blutbesudelter Edelmann um Verständnis für eine andere Tötung anfleht:

> Zum Himmel heb' ich meine Hände,
> Verfluche dich und deine Tat – Gerächt
> Hab ich die heilige Natur, die Du
> Geschändet – Nichts teil' ich mit dir – Gemordet
> Hast du, ich hab mein Teuerstes verteidigt.[3]

So kann man, mit Friedrich Schiller, die Geschichte des berühmtesten Attentäters der Weltliteratur und seines Opfers schildern, des Schweizer Nationalhelden Wilhelm Tell und des kaiserlichen Landvogts Geßler. Man kann freilich dieselbe Geschichte auch ganz anders erzählen – mit Max Frisch nämlich. Da ist es dann ein cholerischer und angeberischer Hinterwäldler, der es versehentlich am üblichen und angemessenen Respekt für den kaiserlichen Verwalter fehlen läßt. Der auf Nachfrage jedoch nicht bereit ist, seinen Fehler vor den zahlreich zusammengeströmten Landsleuten einzugestehen. Der vom etwas dicklichen, lethargischen Ritter im Scherz aufgefordert wird, seinem Sohn einen Apfel vom Kopf zu schießen, wenn er denn ein so guter Schütze sei, wie sein Nachwuchs ständig behaupte. Der diesen Witz aber ernst nimmt, um sein Gesicht nicht zu verlieren, und erst im letzten Moment vom Vogt gestoppt, dann kurzfristig festgenommen, bald allerdings wieder auf freien Fuß gesetzt wird. Der schließlich, am folgenden Tag, in der »Hohlen Gasse« zwischen Küßnacht und Immensee aus dem Hinterhalt dem überraschten Ritter einen Pfeil in die vom Wohlleben ohnehin geschädigte Leber jagt, sich kurz zeigt und dann auf Nimmerwiedersehen verschwindet. Es ist eine wenig heroische Geschichte, die Max Frisch da erzählt. Eine Geschichte zudem, die nach Ansicht des Schriftstellers mehr mit dem Terrorismus des 20. Jahrhunderts zu tun hat als mit irgendwelchem Heldentum: »Nicht zu Unrecht, wenn auch zur allgemeinen Empörung, haben die palästinensischen Attentäter, die in Zürich am 18. Februar 1969 aus dem Hinterhalt ein startendes El-Al-Flugzeug beschossen, sich auf Wilhelm Tell berufen; die Vogt-Tötung bei Küßnacht, wie die schweizerischen Chroniken sie darstellen, entspricht den Methoden der El-Fatah.«[4] War Wilhelm Tell ein Terrorist?

Das Urteil über Attentäter ist offensichtlich eine Frage der Perspektive. Der Machtlose tritt gegen den Mächtigen an und vollzieht nach sorgfältigem Abwägen sowie legitimiert durch übergesetzliches Recht das Urteil der Geschichte: Diesen Idealtyp des Tyrannenmörders hat Friedrich Schiller in seinem Drama »Wilhelm Tell« geschaffen. Er hat seine (unhistorische) Figur nach reichen älteren Quellen modelliert, dramatisiert, heroisiert und damit verewigt. Max Frischs gegen den Strich gebürstete Variante des Tell-Liedes, die den Mythos vom

Kämpfer im Namen des Widerstandsrechts zerbricht und an seiner Stelle einen mittelalterlichen Meuchelmörder beschreibt, ist vergleichsweise wenig bekannt und gerade »für die Schule«, für die sie laut Titel verfaßt war, kaum attraktiv. Das liegt natürlich einerseits an der Formulierungsmacht Schillers, die weit eindringlicher ist als Frischs zwar kraftvolle, aber doch schlichte Sprache. Andererseits an der Faszination, die der legitime Tyrannenmord, die mutige Befreiungstat, der selbstlose Schlag des edlen Einzeltäters gegen den bösen Mächtigen schon seit Jahrtausenden auf die meisten Menschen ausübt.

Das Urteil über Attentäter ist nicht nur eine Frage der Perspektive, sondern ebenso abhängig vom Zeitpunkt der Betrachtung. In der Nacht vom 20. auf den 21. Juli 1944 sagte Adolf Hitler in seiner reichsweit übertragenen Rundfunkansprache über den Anschlag des Grafen Claus Schenk von Stauffenberg: »Eine ganz kleine Clique ehrgeiziger, gewissenloser und zugleich verbrecherischer, dummer Offiziere hat ein Komplott geschmiedet, um mich zu beseitigen und zugleich mit mir den Stab der deutschen Wehrmachtsführung auszurotten.«[5] Man hätte erwarten können, daß diese Ansicht mit dem Untergang des Nationalsozialismus bald verschwunden wäre. Doch das war nicht der Fall: Eine repräsentative Umfrage in der Bundesrepublik im Juni 1951 ergab, daß immerhin 21 Prozent der Befragten der Ansicht waren, Deutschland hätte den Krieg gewinnen können, wenn nicht Widerstand gegen Hitler die Kampfkraft des deutschen Volkes geschwächt hätte. Weitere 30 Prozent beurteilten die Verschwörer des 20. Juli überwiegend negativ.[6] 1952 beschäftigte der Prozeß gegen Otto Ernst Remer, der eine bedeutende Rolle bei der Niederschlagung des Staatsstreichs gespielt hatte, die bundesdeutsche Öffentlichkeit. Der ehemalige Kommandeur des Berliner Wachbataillons hatte die Verschwörer öffentlich als »Landesverräter« bezeichnet, was keineswegs eine Welle der Empörung auslöste, sondern nur dank der Hartnäckigkeit des Braunschweiger Generalstaatsanwaltes Fritz Bauer überhaupt geahndet wurde. Das zuständige niedersächsische Innenministerium hatte empfohlen, das Verfahren niederzuschlagen. Das Landgericht Braunschweig verurteilte Remer zwar, wich aber einer klaren Stellungnahme in der moralischen Beurteilung des »Eidbruchs« der Attentäter aus; Remer wurde zu vier Monaten Haft ohne Bewährung verurteilt, von denen er wegen eines Formfehlers allerdings keinen Tag absitzen mußte.[7] An den meisten Stammtischen galt das Verfahren gegen Remer trotzdem und völlig zu Unrecht als »Schauprozeß«. Mitte der fünfziger Jahre traf der ehemalige Generalfeldmarschall Erich von Manstein die Meinung mindestens einer großen Minderheit der ehemaligen Frontsoldaten, als er in seinen Memoiren »Verlorene Siege« schrieb, das Attentat Stauffenbergs und sein »Eidbruch« seien »mit der Würde eines Offiziers nicht vereinbar« gewesen.[8] Noch 1964 beurteilten nur 29 Prozent der deutschen Bevölkerung jene Menschen, die sich im Zweiten Weltkrieg am Widerstand gegen Adolf Hitler beteiligt hatten, positiv; 32 Prozent dagegen hielten ihr Handeln für verwerflich.[9]

In den knapp 40 Jahren seither hat sich dieses Bild grundlegend gewandelt: Die regelmäßigen Feiern zum Jahrestag des Attentats, die – allerdings schleppende – Verpflichtung der Bundeswehr[10] auf das Erbe des 20. Juli sowie zahlreiche Bücher und Ausstellungen zum Widerstand führten zu einem kompletten Wandel in der Wahrnehmung in der Bundesrepublik. 1984 hielten immerhin 60 Prozent der Deutschen ein Engagement im Widerstand gegen den Nationalsozialismus für ehrenwert.[11] Im März 1989 meinten laut einer repräsentativen Umfrage im Auftrag des »Spiegels« 81 Prozent der Deutschen, daß die Verschwörer des 20. Juli »Patrioten« gewesen seien; nur 14 Prozent hielten sie weiterhin für »Verräter«.[12] In den neunziger Jahren veränderte sich die Wahrnehmung noch einmal geringfügig: Nun vereinnahmten konservative Kreise die Tat Stauffenbergs und seines Kreises als den einzig »richtigen« Widerstand – im Gegensatz zur gegen Hitler gerichteten Arbeit von Kommunisten oder gar zum individuellen Wagnis von Deserteuren.

Wann ist ein Attentat richtig, wann falsch? Darüber müssen rückblickend in erster Linie Historiker entscheiden. Im Falle Hitler ist das Urteil der Geschichtswissenschaft längst unstrittig: Die Bombe des Grafen Stauffenberg war ein legitimer Versuch, noch größeren Schaden von Deutschland abzuwenden. Daß sein Vorhaben zu spät geschah, daß es mißlang, daß es Dutzende Mitverschwörer und Hunderte Ahnungslose das Leben kostete, ohne auch nur irgend etwas erreicht zu haben – all das ändert nichts an der höheren Berechtigung von Stauffenbergs Verschwörung, die ein versuchter Tyrannenmord und damit ein Akt des Widerstandsrechts war.

Aber wie steht es mit den vielen hundert anderen Attentätern, die in den vergangenen zweieinhalb Jahrtausenden politische oder gesellschaftliche Persönlichkeiten angegriffen und zum Teil getötet haben? Die herausragende Symbole von Gesellschaften vorsätzlich attackierten? Was eigentlich treibt Menschen an, die zu Attentätern werden? Warum glauben sie, dem Rad der Geschichte in die Speichen greifen zu müssen – und greifen zu dürfen? Wie kommen sie zu der Ansicht, mit einer Gewalttat die Welt verändern zu können? Wie muß ein Mensch beschaffen sein, der sein Leben einsetzt, um im Namen eines höheren Ziels ein Leben oder viele auszulöschen? Sind es alle Wahnsinnige, Verführte, Kriminelle gar? Sind Attentäter immer seelisch gestört oder geistig verwirrt? Sind sie stets Psychopathen, die den Bezug zur Realität verloren haben? Oder dürfen sich einige von ihnen mit Grund auf das Naturrecht berufen? Schließlich: Gibt es den »typischen Attentäter«? Auf diese Fragen versucht das vorliegende Buch, erste Antworten zu geben.

Weit mehr als zweitausend im allgemeinen Sinne politisch oder gesellschaftlich motivierte Gewalttaten auf im vorhinein bestimmte einzelne Personen oder auf herausragende Symbole kann man in den zahlreichen Büchern über Attentate und politische Morde zählen.[13] Diese nicht mehr überschaubare Liste wird jedoch rasch kürzer, wenn man erstens alle jedenfalls formal dem seinerzeit geltenden Recht folgenden Hinrichtungen sowie Morde im Auftrag beispielsweise eines Geheimdienstes oder einer anderen staatlichen Autorität streicht, und zweitens all jene Fälle, in denen es um Mord im Rahmen von Nachfolgestreitigkeiten innerhalb eines Herrscherhauses oder von offen ausgetragenen Bürgerkriegen geht. Es bleiben rund sechshundert Attentate im engeren Sinne, bei denen in der Regel mit ihrem Opfer persönlich näher nicht bekannte Täter aus ihrer Ansicht nach höheren Gründen zu Messer, Pistole oder Bombe griffen.

Bei gut einem Drittel dieser etwa sechshundert Gewalttaten ist genügend über Person und Motive des Täters bekannt, um eine Untersuchung zu beginnen. Die beiden bisher einzigen Werke, die sich ausdrücklich und ausschließlich Attentätern widmen, führen 312 beziehungsweise 216 Personen auf.[14] Beide Bücher verwenden allerdings deutlich weitere Definitionen von »Attentat« und »Attentäter« als der vorliegende Band, für den rund zweihundert Täter und ihre Anschläge recherchiert worden sind; etwa siebzig von ihnen werden auf den folgenden Seiten vorgestellt – chronologisch von der Antike bis in die Gegenwart hinein und geographisch aus dem gesamten Abendland einschließlich den Vereinigten Staaten von Amerika und dem Nahen Osten. Attentate in anderen Kulturkreisen, zum Beispiel in Lateinamerika, Afrika und Ostasien, blieben im wesentlichen unberücksichtigt.

Etwa zweihundert teilweise sehr bruchstückhafte Biographien einzelner Attentäter sind zu wenig Material, um darauf eine seriöse Statistik zu gründen. Dazu müßte man wenigstens tausend Fälle auswerten können, die unter einigermaßen vergleichbaren Umständen geschahen. Zwar gibt es sowohl in den empirischen Sozialwissenschaften wie in der Medizin die Tendenz, bereits aus deutlich weniger als zweihundert Beispielen vermeintlich verallgemeinerbare Aussagen zu gewinnen. Das führt allerdings nur zu zahlreichen fehlerhaften, teilweise sogar komplett falschen Statistiken. Erkennen lassen sich aus der begrenzten Anzahl von Attentaten immerhin einige Trends. Sie bestätigen einerseits geläufige Vermutungen über die Täter wie die des Berliner Historikers Alexander Demandt: »Unter den Attentätern fällt ein bestimmter Typ ins Auge: der junge Mann, der eine traurige Jugend hatte, dem im bürgerlichen Leben der Erfolg versagt blieb, im Beruf wie in der Liebe, der als Einzelgänger und Eigenbrötler lebte.«[15] Tatsächlich sind Attentäter erstens typischerweise männlich: Nur etwa jeden zehnten der für dieses Buch ausgewerteten Anschläge begingen Frauen. Zweitens sind Attentäter eher jung. Ein »Durchschnittsalter« zu errechnen wäre zwar unseriös; feststellen kann man allerdings, daß nicht einmal jeder vierte der recherchierten Attentäter zum Zeitpunkt seines Anschlages älter als 35 Jahre war. Die am häufigsten unter den ausgewerteten Personen vertretene Altersgruppe sind die 17- bis 25jährigen – sie machen knapp die Hälfte aller Attentäter aus. Drittens ist es zutreffend, daß vor allem solche Menschen zur Verübung eines Attentats neigen, die – aus welchen Gründen auch immer – in ihrer persönlichen Umgebung schlecht oder gar nicht integriert sind. Beruflich oder gesellschaftlich erfolgreiche Personen finden sich unter den rund siebzig hier präsentierten Beispielen kaum; ein diesem Trend genau entgegengesetzter Fall, die Ausnahme zur Regel gewissermaßen, gehört zu den bis heute ungelösten Rätseln.

Andererseits zeigen die recherchierten Fälle, daß jedes Attentat neben dem zu allem entschlossenen Täter eine weitere prinzipielle Voraussetzung hat – die passende Gelegenheit. Hier lassen sich drei typische Situationen unterscheiden: Entweder lauert der Attentäter seiner Zielperson auf und setzt darauf, irgendwann Erfolg zu haben. Derlei kann Monate dauern, manchmal sogar Jahre. Oder aber er führt bewußt eine Begegnung mit seinem Opfer herbei – häufig durch die Behauptung, geheime Informationen ausschließlich persönlich übergeben zu können. Je besser allerdings der Schutz eines potentiellen Ziels organisiert ist, desto schwieriger wird das unangemeldete Vordringen zu ihm. Die dritte Situation setzt Insider-Informationen voraus; nur aus dem inneren Kreis eines potentiellen Opfers nämlich sind mit hinreichender Gewißheit im voraus Angaben über seinen Aufenthaltsort zu einem bestimmten Zeitpunkt zu bekommen. Bei Anschlägen in jüngerer Zeit überwiegt der Typ des auflauernden Attentäters; insbesondere weil sich Politiker in demokratischen Gesellschaften ebenso wie Show- oder Sportstars notwendig und allen berechtigten Sicherheitsbedenken zum Trotz gelegentlich in der Öffentlichkeit zeigen müssen – und so einem ausreichend geduldigen Mörder irgendwann nahe genug kommen.

Schließlich erweist die Auswertung der Attentäter-Biographien, daß nach ihren Motiven sechs grundsätzliche Typen unterschieden werden können. Am zahlreichsten sind die geistig verwirrten Einzeltäter. Sie haben irrationale »Gründe« für ihre Tat, sie koppeln sich von der Realität meistens sogar komplett ab. Nur in ihren jeweiligen Wahnvorstellungen erscheint ihre Tat folgerichtig. Fast immer gibt es zwischen ihrem Opfer und dem Ziel, das sie zu verwirklichen suchen, keinen oder höchstens einen indirekten Zusammenhang. Geistig verwirrte Einzeltäter hat es immer gegeben, doch im Laufe der Medienrevolution des 20. Jahrhunderts nahm der Anteil solcher Gewalttaten deutlich zu, weil diese Attentäter nicht nur politisch herausragende Persönlichkeiten angreifen, sondern auch Sportler, Schauspieler oder Showstars.

Nicht ganz so häufig wie geistig verwirrte Attentäter sind idealistische Einzeltäter. Sie haben im wesentlichen rationale Motive für ihre Tat. Ihr Bezug zur Realität ist ungestört; sie wollen mit ihrem Attentat einen zu Recht oder zu Unrecht als unerträglich erkannten Zustand verändern. Idealistische Einzeltäter wählen für ihren Anschlag fast immer eine Zielperson, deren Tod tatsächlich zu einer

Veränderung des beanstandeten Zustandes führt oder führen würde. Über die Legitimität der Tat oder ihre moralische Berechtigung sagt die Einstufung eines Attentäters in die Kategorie »idealistischer Einzeltäter« dagegen nichts aus: Sie ist kein Werturteil.

Eine dritte Kategorie von Attentätern, die in Wellen auftritt und gegen Ende des 20. und zu Beginn des 21. Jahrhunderts einen blutigen Aufschwung erlebte, sind die religiösen Eiferer. Sie morden mit reinem Gewissen, denn sie fühlen sich von Gott beauftragt. In der Regel sind religiöse Eiferer Einzeltäter, die allerdings von einem Umfeld gestützt und in ihrer Überzeugung bestärkt werden, einen bestimmten Menschen töten zu »müssen«. Derartige Fanatiker gibt es in allen Religionen; im Christentum ebenso wie im Judentum, bei Muslimen ebenso wie bei Hindus, Sikhs und sogar Buddhisten. Aus praktischen Erwägungen jedoch gehören mit einer Ausnahme alle für dieses Buch ausgewählten Attentäter aus Glaubenseifer einer der drei monotheistischen Offenbarungsreligionen an.

Ein vierter Typ sind die gedungenen Mörder, die ohne jede Beziehung zu ihrem Opfer nur für Geld oder andere materielle Vorteile töten. Nicht die Täter, sondern ihre Auftraggeber fühlen sich in diesen Fällen durch höheres Recht legitimiert. Verglichen mit ihrer Bedeutung für kriminell motivierte Morde sind Lohnkiller jedoch vergleichsweise selten an Attentaten auf politisch oder gesellschaftlich bedeutende Persönlichkeiten beteiligt. Das liegt in erster Linie an der besonderen öffentlichen Aufmerksamkeit, die solchen Taten, ihren Opfern und ihren Urhebern entgegengebracht wird, und zweitens an dem oft besonders intensiven Schutz der potentiellen Ziele. Beides erhöht das Risiko für gedungene Mörder, die ja nur dann etwas von ihrer Tat haben, wenn sie unerkannt entkommen können.

Mit höchsten moralischen Ansprüchen an sich selbst und an ihre Tat dagegen treten meistens Attentäter des fünften Typs auf, die Vollstrecker von Verschwörungen. Im weiteren Sinne sind zwar alle Attentäter außer den geistig verwirrten und den idealistischen Einzeltätern Teile einer Verschwörung; jedes Mitglied einer Terrorgruppe und erst recht jeder gedungene Mörder handelt in Absprache mit anderen. Im engeren, hier gemeinten Sinne jedoch sind Verschwörungen darauf gerichtet, neben dem schieren Akt des Mordes wesentliche politische Veränderungen zu erreichen. Ihre Vollstrecker bereiten daher neben dem eigentlichen Attentat in der Regel weitere

Maßnahmen vor, um die politische Macht nach dem Tod ihrer Zielperson entweder zu übernehmen oder jedenfalls die Nachfolger des Opfers zu beeinflussen.

Der sechste Typ von Attentätern sind politische Terroristen. Für sie ist der Mord Selbstzweck, um Schrecken zu verbreiten und ihre Feinde in der Politik soweit wie möglich zu verunsichern. Anders als die Vollstrecker von Verschwörungen verfolgen politische Terroristen mit ihren Anschlägen gerade kein konkretes Vorhaben, zum Beispiel einen Machtwechsel als Folge eines Attentats. Wenn überhaupt, haben sie so nebulöse Ziele wie die deutsche »Rote Armee Fraktion«, die durch ihre Anschläge die Bundesrepublik zwingen wollte, ihren »wahren Charakter« als »faschistisch-imperialistischer Staat« zu offenbaren.

In diese sechs Kategorien lassen sich die meisten Attentäter der Weltgeschichte schlüssig einordnen. Und trotzdem gibt es eine wichtige weitere Gruppe: die ungelösten Rätsel. Ein Großteil aller Anschläge der vergangenen zweieinhalb Jahrtausende ist früher oder später, mehr oder weniger ernsthaft Gegenstand von Verschwörungstheorien geworden – unabhängig davon, ob der oder die Mörder gefaßt wurden oder nicht, ob ihre Opfer überlebten oder nicht. Immer wieder werden Verantwortliche abseits der gefaßten oder vermuteten Täter gesucht, immer wieder behaupten verurteilte Attentäter oder ihre Anwälte, ganz andere Personen seien für die Mordtat verantwortlich. Doch kann man nüchtern betrachtet nur bei einem kleinen Teil der politisch bedeutsamen Attentate tatsächlich von »ungelösten Rätseln« sprechen. Die Morde an den beiden Kennedys oder das Attentat auf Papst Johannes Paul II. sind Beispiele für wirklich ungeklärte Fälle; die Spekulationen um die Brandstiftung im Reichstagsgebäude 1933, um die Schüsse auf Yitzhak Rabin oder um den Anschlag auf das World Trade Center in New York, das als Symbol des US-Kapitalismus wahrgenommen wurde, dagegen dürfen trotz teilweise eifriger Vernebelung der Tatsachen durch bestimmte interessierte Kreise als aufgeklärt gelten. Daher werden sie in diesem Buch auch nicht als »ungelöste Rätsel« behandelt, sondern dem jeweiligen Attentätertyp zugeordnet.

Die hier verwendete Kategorisierung ist natürlich nicht der erste Versuch, das Phänomen Attentäter systematisch anzugehen. Der kanadische Sachbuchautor George Fetherling zum Beispiel kommt auf fünf unterschiedliche Typen: erstens die Mörder, die ihre Opfer politisch beerben wollen, zweitens die Lohnkiller, drittens die ideologisch oder religiös motivierten Täter, viertens Attentäter, die nach öffentlicher Aufmerksamkeit gieren, und fünftens jene Menschen, die Selbstjustiz vollziehen.[16] Diese Unterscheidung vermag allerdings die unterschiedlichen Motive und die daraus folgenden Unterschiede in der Tatausführung nicht wirklich zu erfassen. Der US-Politologe James W. Clarke hat ausgehend von nur 16 Beispielen eine weitere Typologie politisch motivierter Gewalttäter entwickelt. Er geht grundsätzlich von vier Typen aus: den Psychopathen, den Nihilisten, den Neurotikern und den politischen Fanatikern.[17] Im Detail ist diese Unterscheidung wohlüberlegt und hochinteressant; sie funktioniert allerdings ausschließlich bei der von Clarke vorausgesetzten Beschränkung auf sehr wenige Fälle in den USA. Zur übergreifenden Beschreibung des Phänomens Attentäter ist sie dagegen ungeeignet. Trotzdem folgt Franklin L. Ford, der Autor des weit verbreiteten Buches »Der politische Mord von der Antike bis zur Gegenwart«, der Aufteilung von James W. Clarke.[18]

Mit dem Blick auf Tötungsverbrechen insgesamt kommt der Kriminalpsychologe Wolf Middendorff auf zehn Kategorien: die Konflikttaten, die Morde aus Gewinnsucht, die Deckungsmorde, die Sexualmorde, die Massenmorde, die politischen Morde, die »Tötungen aus eigenem Recht«, die »Isolationsmorde«, die Morde mit religiösem Hintergrund und schließlich die Selbstmorde. Für die Analyse von Attentätern hilft diese kriminologisch gewiß sinnvolle Unterscheidung allerdings nicht weiter.[19]

Nach der »Täterpersönlichkeit« unterscheidet der Jurist Hans Langemann sechs Kategorien: erstens die Idealisten, zweitens die verminderten Zurechnungsfähigen, drittens die »ewigen Landsknechte«, viertens die »Ausweglosen«, fünftens die indirekten Selbstmörder und sechstens die Kriminellen. In diese letzte Kategorie allerdings ordnet Langemann, entsprechend dem Verständnis der Zeit, in der er schrieb (den fünfziger Jahren des vergangenen Jahrhunderts), auch politisch motivierte Attentäter vom linken Rand des politischen Spektrums ein, nämlich die Anarchisten, während er rechtsextreme Attentäter zu den »ewigen Landsknechten« rechnete. Angesichts dessen sind Langemanns Kategorien ungeeignet für eine Untersuchung des Phänomens Attentäter. Das gleiche gilt für den alternativen Ansatz in seiner

Untersuchung, bei dem er nach den verwendeten Tatwaffen unterscheidet und auf die Kategorien Giftattentat, Stichwaffenattentat, Schußwaffenattentat und Sprengstoffattentat kommt.[20] Die für dieses Buch recherchierten Fälle zeigen dagegen, daß die Wahl der Waffe eine Frage allein der Verfügbarkeit ist, aber nichts mit den Motiven der Attentäter zu tun hat. Ziemlich beliebig schließlich unterscheidet Alphonse Nobel 1931 den »Mord in der Politik« unter anderem nach folgenden Kategorien: Tyrannenmorde, Königsmorde, nihilistische Morde und Morde in der Parteipolitik.[21]

Nicht nur für Historiker und Sachbuchautoren sind Attentate offensichtlich spannend. Immer wieder haben sich Schriftsteller im Laufe der Jahrhunderte mit dieser Extremsituation auseinandergesetzt, wie einige wenige Beispiele zeigen mögen: William Shakespeare etwa widmete dem politischen Scheitern des Attentäters Marcus Junius Brutus trotz des gelungenen Mordes mit »Julius Cäsar« (1599) eines seiner genialsten Dramen. Es ragt weit hinaus über alle anderen Bearbeitungen desselben Stoffes, der zu den am häufigsten aufgegriffenen historischen Themen in der Weltliteratur zählt. Friedrich Schiller schuf in »Wilhelm Tell« (1804) den Idealtypus des Tyrannenmörders, nachdem sich viele andere Autoren vom Philosophen bis zum Kirchenvater bereits mit dem Problem des legitimen Mordes auseinandergesetzt hatten. Eher als Steinbruch dient dagegen das reale Attentat auf Gustav III. von Schweden im Libretto zu Guiseppe Verdis Oper »Maskenball« (1859). Heinrich Mann stellt in seinem Roman »Die Vollendung des Königs Henri Quatre« (1938) das Attentat Ravaillacs zwar nicht in den Mittelpunkt, nutzt das gewaltsame Ende des Monarchen aber zur Verklärung seiner Hauptfigur. Harry Mulisch setzt sich in seinem Roman »Das Attentat« (1982) mit den Folgen eines Anschlages auf einen niederländischen Kollaborateur kurz vor Ende des Zweiten Weltkrieges auseinander. Friedrich Dürrenmatt beschreibt in »Justiz« (1985) den sinnlosen Mord eines Honoratioren an einem anderen Ehrenmann und das Verzweifeln des mit der Verteidigung beauftragten jungen Anwalts. Günter Grass schließlich konstruiert in seiner Novelle »Im Krebsgang« (2002) eine »Wiederholung« jenes Attentats, das 1936 David Frankfurter verübt hatte und dem Wilhelm Gustloff zum Opfer gefallen war.

Mindestens so herausfordernd wie für Schriftsteller sind Attentate für Juristen. Beruht doch jede menschliche Gesellschaft seit dem vierten vorchristlichen Jahrtausend auf der ausdrücklichen oder mindestens stillschweigend anerkannten Übereinkunft, daß nicht jeder gegen jeden kämpfen und am Ende derjenige obsiegen soll, der sich als stärker erweist oder der die mächtigeren Verbündeten gewinnen kann. Jeder Staat, von den frühesten Personenverbänden im Zweistromland bis zur Weltgemeinschaft des 21. Jahrhunderts, macht seinen Bürgern ein Versprechen: »Du wirst bekommen, was Dein Recht ist – aber nur, wenn Du bereit bist, auf den Einsatz von Gewalt zur Durchsetzung Deiner tatsächlichen oder angeblichen Ansprüche zu verzichten.« Zugeständnisse erzwingen dürfen nur Beauftragte der Gemeinschaft als ihre Sachwalter und nur streng nach den Regeln dieser Gemeinschaft. Gewaltmonopol des Staates nennt man dieses Konzept, das bei aller Unvollkommenheit derartig gut funktioniert, daß es die komplexen Gesellschaften der Moderne hervorgebracht hat. Es kommt dem kollektiven Interesse der Menschheit so weit entgegen, daß es schon Jahrtausende lang angewendet wurde, bevor zwei Staatsdenker des frühneuzeitlichen Englands, Thomas Hobbes und John Locke, es theoretisch formulierten.

Das Gewaltmonopol des Staates kann grundsätzlich auf zwei unterschiedliche Arten herausgefordert werden. Erstens durch Anarchie, durch Regel- und Gesetzlosigkeit: Wenn sie herrscht, wenn der Staat in seiner Funktion als Regulator des Zusammenlebens seiner Bürger also fundamental versagt, wird der Mensch wieder, nach Thomas Hobbes' berühmter Formulierung, des Menschen Wolf: »homo homini lupus«. Zweitens, wenn Privatleute Gewalt anwenden und ihre Gründe dafür nicht kriminell sind, sondern sie für sich eine höhere Rechtfertigung in Anspruch nehmen. Das Gewaltmonopol eines wohlgeordneten Rechtsstaates läßt drei Ausnahmen zu und hält sie aus: Notwehr, Nothilfe und das Widerstandsrecht mit seiner im Zusammenhang mit Attentätern interessanten Zuspitzung, dem Tyrannenmord. Unstrittig ist seit den Juristen der römischen Antike, daß jeder straffrei Gewalt anwenden darf, um einen unmittelbar drohenden Angriff auf sein eigenes Leben abzuwehren und dabei schlimmstenfalls den Angreifer auch töten darf. Notwehr setzt jedoch voraus, daß die Gewaltanwendung vom anderen ausgeht und im Moment der Abwehr durch kein anderes Mittel gestoppt werden kann. Das gleiche gilt für die Nothilfe, bei der man zur Gewalt greift, um einen unmittelbar drohenden Angriff nicht auf das eigene, sondern auf das Leben anderer Menschen abzuwenden. Alle ernstzunehmenden Rechtssysteme des Abendlandes haben Notwehr und Nothilfe prinzipiell anerkannt. Die Schwierigkeit lag stets im Nachweis, daß mit dem Einsatz von Gewalt tatsächlich ein unmittelbar drohender Angriff abgewehrt wurde.

Viel komplizierter ist die Lage beim Widerstandsrecht. Unter welchen Umständen darf wer zur Gewalt greifen, um einen schlechten Machthaber abzulösen? Wann ist ein Herrscher »schlecht«? Was macht ihn zum »Tyrannen«? Und wer hat darüber zu entscheiden? Wann steht das ungeschriebene Naturrecht über den von Menschen geschaffenen, den geschriebenen Gesetzen? Wo endet die Pflicht zur Loyalität, wo beginnt der Hochverrat? All diese Fragen sind derzeit nicht allgemein zu beantworten. Denn eine moderne Gesamtgeschichte des Widerstandsrechts im Abendland gibt es nicht, obwohl Dutzende einzelner Spezialstudien seit der letzten umfassenden Untersuchung von 1916[22] viele neue und wichtige Erkenntnisse zu Tage gefördert haben.

Über Attentate im allgemeinen gibt es eine Vielzahl von Büchern, allerdings in der Regel von eher bescheidener Qualität. Kaum die Lektüre wert sind etwa Alphonse Nobels »Mord in der Politik« (1931) sowie der Band »Der politische Mord« von Harry Wilde (1962). Etwas besser immerhin ist Lucian O. Meysels »Morde machen Geschichte« (1985). Ernstzunehmende kriminalwissenschaftliche Studien haben zum Beispiel Hans Langemann mit seiner Dissertation »Das Attentat« (1957) und Wolf Middendorff mit der Untersuchung »Der politische Mord« (1968) vorgelegt. Beide sind allerdings nicht gerade leserfreundlich und inzwischen naturgemäß längst überholt. Die DDR-Sicht auf einige spektakuläre Attentate der Nachkriegszeit faßt Peter Kaisers Band »Schüsse in Dallas. Politische Morde 1948 bis 1984« (1988) zusammen. Ähnlich wie im noch lieferbaren Band »Tod auf Bestellung. Politischer Mord im 20. Jahrhundert« des Fernsehjournalisten Herbert Blondiau (2000) steht auch bei Kaiser der »eigentlich Schuldige« stets von Anfang an fest: der US-Kapitalismus, besonders gerne in Form seines Geheimdienstes CIA – eine vielleicht etwas zu einfache Sicht des Phänomens. Die lange Zeit beste Darstellung des Themas Attentate stammt von dem US-Historiker

Franklin L. Ford (1985). Ihre Stärke liegt allerdings eher in der Fülle der Beispiele als in ihrer Analyse.

Seit Ende der achtziger Jahre sind einige nützliche Bände erschienen. Harris M. Lentz hat mit »Assassinations and Executions. An Encyclopaedia of Political Violence 1865–1986« im Jahr 1988 die bisher umfassendste Liste von politischen Gewaltakten seit dem Mord an Abraham Lincoln vorgelegt. Im Gegensatz zu anderen Zusammenstellungen wie der alphabetisch nach Opfern geordneten »Encyclopedia of Assassinations« des Polizeireporters und Autors Carl Sifakis (1991) ist das bei Lentz chronologisch präsentierte Material überwiegend zuverlässig, wenn auch häufig aus zweiter oder dritter Hand zitiert. Sehr gut geschrieben, aber mitunter dem Forschungsstand um Jahre hinterher ist das verbreitete Bändchen des Journalisten Jörg von Uthmann »Attentat. Mord mit gutem Gewissen« (1996). Zufällig im gleichen Jahr erschien die bislang beste geschichtswissenschaftliche Bearbeitung des Themas: Der Sammelband »Das Attentat in der Geschichte«, herausgegeben von Alexander Demandt, behandelt insgesamt zwar nur 22 Fälle, aber definiert für die meisten von ihnen den Wissensstand neu. 17 weniger bekannte Attentate des 20. Jahrhunderts präsentieren die Journalisten Werner Raith und Thomas Schmid in einem Sammelband unter dem Titel »Politische Morde«, der ebenfalls 1996 herauskam. Die derzeit lesenswerteste Darstellung des Themas in englischer Sprache ist das Buch »Assassination. The Politics of Murder« von Linda Laucella (1998). Sie stellt 67 Attentate aus drei Jahrtausenden chronologisch vor, verzichtet allerdings auf Nachweise und ist in ihren Wertungen mitunter zweifelhaft. Laucellas Buch ist zwar nicht ins Deutsche übersetzt, doch kann man in Katja Doubeks alphabetischem »Lexikon der Attentate« (2001) Laucellas Texte über weite Passagen plagiiert, nämlich schlicht übertragen lesen. Weitere, nicht von der amerikanischen Autorin übernommene Passagen in Doubeks Buch folgen nahezu wortwörtlich Artikeln zum Beispiel aus der Illustrierten »Der Stern«. Der weitgehende Verzicht auf eigene Recherche disqualifiziert dieses in der Lexika-Reihe des Eichborn-Verlages recht prominent präsentierte Buch.

Alle bisher genannten Bände behandeln vorrangig Attentate, ihre Opfer und die Folgen. Die Attentäter begegnen fast immer nur als Nebendarsteller – wahrscheinlich, weil die Rekonstruktion ihrer Biographien bei weitem aufwendiger ist als die Beschreibung des reinen

Tathergangs, seiner Vorgeschichte und seiner Auswirkungen. Ausdrücklich mit Attentätern beschäftigen sich bisher nur zwei Bücher, eines in englischer, das andere in französischer Sprache. René Reouven stellt in seinem »Dictionaire des Assassins« (1986) recht oberflächlich und ohne Nachweise gut zweihundert vorwiegend politisch motivierte Attentäter vor. Naturgemäß liegt sein Schwerpunkt auf Fällen aus der französischen Geschichte; die Grundlage seiner Arbeit sind vor allem einfache Überblicksdarstellungen. Deutlich besser ist das »Book of Assassins« von George Fetherling. Ebenfalls ohne detaillierte Nachweise, dafür aber mit verläßlichen Literaturhinweisen versehen stellt der kanadische Autor mehr als dreihundert Attentäter der Weltgeschichte knapp vor. Am meisten leidet sein Band unter dem modischen alphabetischen Lexikonformat, das chronologische oder gar systematische Zusammenhänge verwischt.

Neben diesen übergreifenden Werken über politische Morde, Attentate und Attentäter gibt es eine Vielzahl von Studien zu einzelnen Anschlägen. Zum 20. Juli zum Beispiel verzeichnet die maßgebliche Bibliographie nicht weniger als 387 vorwiegend deutschsprachige wissenschaftliche Titel zwischen 1945 und 1994; seither hat sich diese Zahl – vorsichtig geschätzt – um ein Drittel vermehrt.[23] Zu den meisten für dieses Buch recherchierten Anschlägen gibt es Spezialstudien – manchmal als ausdrücklich »Das Attentat« genannte Bände,[24] manchmal als Quellensammlungen über Täter und Opfer gleichermaßen,[25] meistens aber als mehr oder weniger ausführliche Abschnitte in den Biographien der Opfer. Auch hier gilt, wie bei den allgemeinen Studien über Attentate, das Hauptinteresse der meisten Forscher der Zielperson, der Vorgeschichte und den Folgen des Anschlags.

Für das vorliegende, das Thema systematisch erfassende Buch sind neben wissenschaftlichen Spezialstudien und den zahlreichen eher allgemeinen Sachbüchern deshalb in großem Umfang vorwiegend deutsche Presseartikel über einzelne Attentäter ausgewertet worden. Da die Mehrheit der ausgewählten Taten im 20. Jahrhundert geschah, auf dem Höhepunkt der gedruckten Massenmedien, ließen sich so viele wenig oder ganz unbeachtete Einzelheiten erschließen. Vor allem für Anschläge der vergangenen zehn Jahre erwiesen sich zudem Internetseiten als lohnende Quelle; zum Beispiel wenn dort Interviews oder Verhörprotokolle angeboten werden. Archivierte Materialen wie Gerichtsakten dagegen konnten aus praktischen Gründen für diese Überblicksdarstellung nicht herangezogen werden.

Dieses Buch versucht, einigen Dutzend Attentätern der Weltgeschichte und den Beweggründen ihrer Taten die gebührende Aufmerksamkeit zu geben – stellvertretend für ein seit Jahrtausenden bekanntes, doch viel zu wenig erforschtes Phänomen. Es rechtfertigt nicht das Mittel der individuellen Gewalt gegen herausragende Persönlichkeiten und Symbole. Wer allerdings nicht versteht, was Menschen treibt, ihr Leben einzusetzen, um andere Menschen umzubringen, wird eine wichtige Dimension der politisch oder gesellschaftlich motivierten Gewalt nicht verstehen können. Gegen religiöse Eiferer helfen nicht dieselben Mittel, die bei der Abwehr geistig verwirrter Einzeltäter vielleicht sinnvoll sein mögen. Die Geschichte der Attentäter zwischen Wahn und Widerstand ist zugleich die Geschichte einer grundsätzlich falschen Prämisse: dem Glauben, mit einer Kugel die Welt verändern zu können.

Nicht auf der Rechnung

Geistig verwirrte Einzeltäter

2

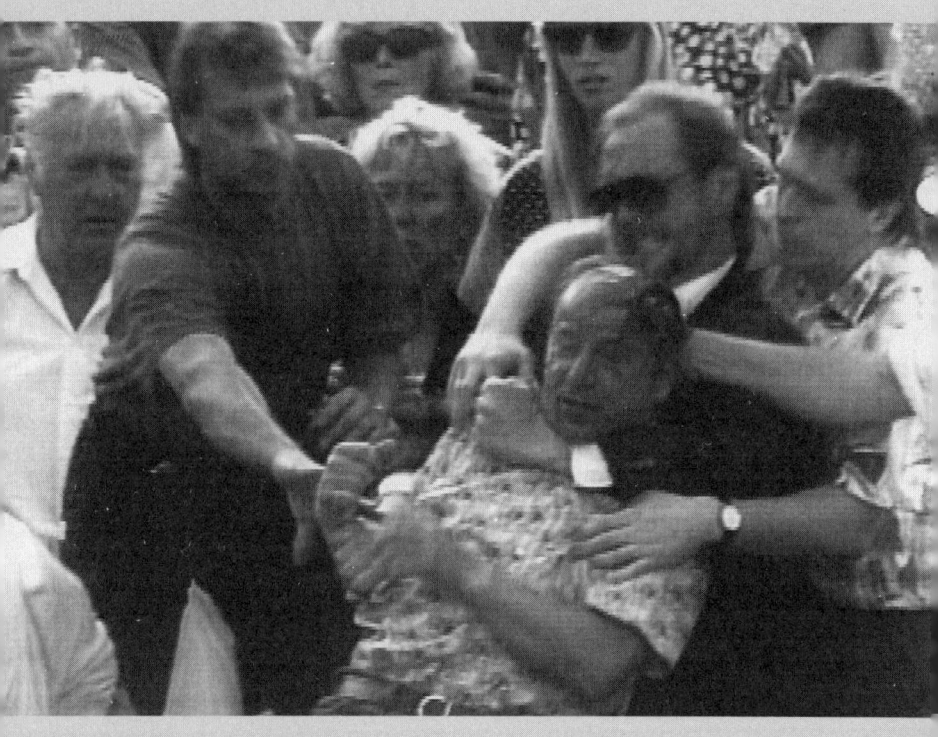

»Aber schließlich entschloß ich mich, es dort auf dem Centre Court zu
tun«: Zuschauer und ein Bodyguard ringen Günter Parche (Mitte) nieder.
Sekunden zuvor hat er der Tennisspielerin Monica Seles ein Messer in den
Rücken gerammt. Fernseh-Standbild vom 30. April 1993.

◆ ◆ ◆

E **in Fan aus Thüringen:** So sind zahlreiche Briefe unterschrieben, die Deutschlands Tennis-Star Steffi Graf Anfang der neunziger Jahre bekommt. Keine ganz normale Post: Mehrere Briefe, pünktlich eingegangen zu Steffis Geburtstag, enthalten jeweils 100 Mark. Als die Sportlerin, die mit Siegprämien und Werbehonoraren Jahr für Jahr Millionen verdient, in Brighton bestohlen wird, schickt der »Fan aus Thüringen« 300 Mark. Sie möge sich davon eine hübsche Kette kaufen. Steffis Mutter bekommt einen Brief mit 50 Mark – um einen Blumenstrauß für ihre Tochter zu kaufen. Nervig zwar, aber irgendwie rührend: So tut das Management von Steffi Graf diese Briefe ab. Bis zum 30. April 1993.[1]

Es steht an diesem warmen Freitag gegen 18.50 Uhr 6:4 im ersten und 4:3 im zweiten Satz auf dem Center Court des Hamburger Tennisclub Rothenbaum. Nichts mehr, so scheint es, kann den Sieg der größten Konkurrentin von Steffi Graf, der amtierenden Weltranglisten-Ersten Monica Seles, gegen die bulgarische Top-Ten-Spielerin Magdalena Maleeva verhindern. Seles liegt ein Break vorn, sie muß jetzt nur noch ihre nächsten beiden Aufschlagspiele durchbringen, dann steht sie im Halbfinale. Ein wahrscheinlich letztes Mal wechseln die beiden Spielerinnen die Seiten, machen eine kurze Pause. Monica Seles will gerade wieder aufstehen; der Schiedsrichter hat zum Weiterspielen aufgefordert. Plötzlich gibt es ein Getümmel hinter ihrer Bank. Sie schreit auf, taumelt nach vorn, fällt auf die Knie, geht längsseits zu Boden. Mit schmerzverzerrtem Gesicht greift sie sich an den Rücken. Erschrockene Helfer eilen herbei, einer drückt seine Hand auf eine blutende Wunde im Rücken der Tennisspielerin. Binnen Minuten wird Monica Seles ins nahegelegene Universitätsklinikum Eppendorf transportiert. Zwei Zentimeter tief ist die Stichwunde knapp neben ihrer Wirbelsäule, hat aber weder lebenswichtige Organe verletzt noch die Hauptschlagader. Die Turnierärzte stellen fest: »Monica hat viel Glück gehabt. Mit dieser Waffe hätte sie getötet werden können.«[2] Viel schlimmer als die tatsächliche körperliche Verletzung ist der Schock. Der Stich in den Rücken habe, so wird es später ein medizinischer Sachverständiger formulieren, den Lebensnerv von Monica Seles getroffen.[3]

Nur wenige Sekunden nach der fatalen Messerattacke überwältigen ein Sicherheitsmann und Zuschauer den Angreifer; wenige Sekunden zu spät. Niemand kann sicher sagen, ob der kleine Mann Ende dreißig mit dem pomadig über die fortgeschrittene Glatze gelegten Haarsträhnen ein weiteres Mal zustechen will. Manche Zeugen meinen, er habe noch einmal ausgeholt, andere bestreiten das. Fest steht: Nur Minuten zuvor hat sich Günter Parche durchgedrängelt in die erste Reihe. Den Bodyguards ist er nicht weiter aufgefallen; sie hatten genügend damit zu tun, Autogrammjäger von den VIP-Plätzen fernzuhalten. In einer Plastiktüte trägt er ein Ausbeinmesser bei sich, eine lange und schmale, scharfe Klinge, mit der Köche gewöhnlich Fleisch von Knochen trennen. Mit diesem Messer stößt der »Fan aus Thüringen« zu, der Steffi Graf so viele unerwünschte Briefe geschrieben hat. Er trifft die stärkste Konkurrentin der »Gräfin« – und zerstört eine der aufsehenerregendsten Karrieren im Damentennis. Genau das ist das Ziel von Günter Parche: »Ich konnte nicht ertragen, daß Steffi nicht mehr die Nummer eins der Weltrangliste ist. Ich wollte Monica Seles spielunfähig machen, sie nicht töten.«[4] In seiner Vorstellung handelt der Attentäter nur konsequent: »Anscheinend war seine Tat die natürlichste Sache für ihn: Sport – ist das nicht längst ein Kampf bis aufs Messer?«[5]

Liebe kann blind machen. Oder, besonders wenn sie einseitig ist, fanatisch. Günter Parche war seit Mitte der achtziger Jahre fanatisch in Steffi Graf verliebt. Er vergötterte die Tennisspielerin, sie wurde zum Mittelpunkt seines Lebens, ersetzte die normalen menschlichen Kontakte zu Freunden, Kollegen, zu allen anderen Frauen außer seiner Tante, bei der er seit seiner Jugend wohnte. Kein weibliches Wesen konnte in Parches Augen mithalten mit der blonden Fee aus Brühl; keine Frau in seiner Umgebung und eigentlich gar keine: »Für mich ist Steffi die Spitzenfrau. Sie ist nicht nur eine absolute Spitzensportlerin, sondern auch eine einzigartige Frau. Ihre Augen glänzen wie Diamanten. Sie ist eine absolute Traumfrau. Das möchte ich ganz besonders betonen, und es kommt mir aus dem Herzen.«[6]

Aber diese Liebe war eine reine Fernsehliebe. 1985 sah Günter Parche die Nachwuchsspielerin Steffi Graf zum ersten Mal im »Aktuellen Sportstudio«. Als DDR-Bürger hatte er keine Chance, seinem Idol nahe zu sein außer durch die unpersönlichen Augen diverser Fernsehkameras und Fotoapparate. Er kaufte sich für 10.000 DDR-Mark einen Videorecorder, nur um Steffis Spiele festhalten zu können; er sammelte jedes in Ostdeutschland greifbare Bild von ihr, fotografierte seine Schätze ab und schmückte mit vergrößerten Abzügen sein Zimmer. Mehr konnte der Bürger eines eingemauerten Staates nicht tun – bis 1989/90 die Wende kam und damit auch für den »Fan aus Thüringen« die Reisefreiheit. Doch anders als viele fanatische Fans reiste Günter Parche seinem Idol nicht hinterher – seine Liebe war so groß, daß er es nicht ertrug, in der Nähe der »Gräfin« zu sein. Nie hätte er versucht, sie um ein Autogramm zu bitten: »Ich wäre vor Angst gestorben«, sagte er in seinem ersten Prozeß.[7]

Günter Parche führte schon vor jenem 30. April 1993 ein trauriges Leben. Geboren 1955 in Hengen, lebte er seit seinem dritten Schuljahr erst bei seinen Großeltern, dann bei seiner Tante in Görsbach, einem Dorf bei Nordhausen in Thüringen. Nie hatte er eine Chance, aus der Isolation auszubrechen, verstrickte sich statt dessen immer weiter in die Selbstisolation. Auch der Beruf als Dreher in der Automotorenfabrik in Nordhausen half ihm nicht. Das Fernsehen bot die einzige Ablenkung, das Westfernsehen natürlich, und besonders Sportsendungen interessierten ihn, der nie selbst Sport getrieben hatte. Hier begegnete er jener selbstbewußten Welt, für die er weder Verständnis hatte noch Talent, nach der er sich aber um so mehr sehnte. Steffi Graf verkörperte für ihn alles Gute auf Erden. Doch schon im Frühjahr 1990 brach jene Welt für ihn beinahe zusammen; die verehrte Tennisdame hatte ausgerechnet in Berlin und ausgerechnet in »Anwesenheit unseres Bundespräsidenten« gegen Monica Seles verloren. Günter Parche dachte über Selbstmord nach, »wußte allerdings nicht, wie«.[8] So kündigte er nur bei seiner Firma, siedelte probeweise nach Westdeutschland über, scheiterte in Niedersachsen ebenso wie in Tübingen, kehrte zurück und zog sich enttäuscht von der Welt da draußen noch tiefer in seine Verehrung für Steffi Graf zurück. Er fieberte allen ihren Spielen entgegen, er fühlte mit, wenn sie verlor, er durchlitt Folterqualen, wann immer Monica Seles als Siegerin vom Platz ging. Nur dreimal zwischen 1990 und 1993 besiegte die drahtige, athletische gebürtige Serbin Parches »Göttin«, aber sie feierte alle drei Siege in Finalspielen von Grand-Slam-Turnieren.

Bevor er am 27. April 1993 nach Hamburg aufbrach, mit seinen gesamten Ersparnissen, einem Schlafanzug und dem Messer im Gepäck, nahm er all seine Poster ab und vergrub sie in einem Koffer. Er hatte seit »1991 oder spätestens 1992« vor, Monica Seles anzugreifen; sie so schwer zu verletzen, daß Steffi Graf wieder die Nummer eins werden könnte im Damentennis. Er wollte sich opfern für sein Idol, er glaubte, etwas Gutes zu tun. Parche plante sein Vorgehen genau: »Ich hatte schon an die verschiedenen Möglichkeiten, mich ihr zu nähern, gedacht. Ich war jeden Tag am frühen Morgen bei ihrem Training zugegen und dachte auch an die Möglichkeit, Monica einen Blumenstrauß zu überreichen. Ich dachte auch an die Möglichkeit, etwas Derartiges [einen Angriff – sfk] zu tun, während ich sie um ein Autogramm bat. Aber schließlich entschloß ich mich, es dort auf dem Centre Court zu tun.«[9]

Über die möglichen Konsequenzen seines Tuns war sich der Attentäter bewußt: »Ich glaube, ich werde wahrscheinlich 15 Jahre Gefängnis dafür bekommen. Wenn ich aus dem Gefängnis entlassen werde, wird Steffi Graf natürlich nicht mehr Tennis spielen, und ich würde eine solche Tat nicht wiederholen«, verkündete er noch am Tatabend. Doch da hatte Günter Parche die deutsche Justiz und das deutsche Strafrecht falsch eingeschätzt: Nicht wegen versuchten Mordes oder versuchten Totschlags verurteilte das Amtsgericht Hamburg ihn am 13. Oktober 1993, sondern wegen gefährlicher Körperverletzung. In erster Instanz entschied Amtsrichterin Elke Bosse, zwei Jahre Haft auf Bewährung seien eine angemessene Strafe und der Angeklagte solle sofort freigelassen werden. Zu seinen Gunsten berücksichtigte das Gericht Parches überzeugendes Geständnis, seine glaubwürdige Reue und die mehr als fünf Monate im Untersuchungsgefängnis, die er in Einzelhaft verbracht hatte.

Juristisch ein richtiges Urteil; es überstand sowohl 1995 die Berufungs- als auch 1997 die Revisionsinstanz.[10] Moralisch aber war dieses Urteil ohne Zweifel falsch: »Wie kann ein Mann, der, unter welchen Bedingungen auch immer, ein Menschenleben gefährdet hat, den Gerichtssaal in Freiheit verlassen?«, kommentierte Steffi Graf das

Urteil verbittert.[11] Die Verbandschefin der weiblichen Tennisprofis, Anne Pearson Worchester, wurde noch deutlicher: »Dieses Urteil widerspricht jeder Logik. Wenn ein Mensch vor Millionen von weltweiten Zeugen ein geplantes Attentat begangen hat, dafür aber nicht ins Gefängnis muß, kann etwas nicht stimmen.«[12] Auch dem Opfer fehlte jedes Verständnis; für Monica Seles war jedes der drei Urteile im Fall Parche ein neuer Tiefschlag, ebenso die Ablehnung ihrer zivilrechtlichen Schadensersatzklage gegen die Veranstalter des Hamburger Turniers in Höhe von umgerechnet zwölf Millionen Euro. 27 Monate, vom 30. April 1993 bis zum 14. August 1995, spielte sie kein einziges Match und erreichte auch nach ihrem Comeback nie wieder ihre alte Stärke: 32 Turniere hatte sie binnen genau vier Jahren 1989 bis 1993 gewonnen, davon acht Titel bei den vier wichtigsten Wettbewerben – aber in den acht Jahren zwischen Sommer 1995 und Frühjahr 2003 gelangen ihr nur 21 Siege, darunter nur ein einziges Grand-Slam-Turnier.[13]

Steffi Graf dagegen stieg wieder zur Nummer eins im Damentennis auf; sie konnte für den Angriff Günter Parches nichts, profitierte aber auf den ersten Blick doch davon. Der Attentäter hatte scheinbar sein Ziel erreicht. In seinem Verhör am Tatabend hatte er zu Protokoll gegeben: »Ich betrachte das Ganze auch als eine Warnung für die Eltern von Monica Seles. Nachdem ich zugestochen hatte, riefen einige Leute, ich sei ein Schwein. Und doch habe ich es auch für die Zuschauer getan. Die Reaktion der Zuschauer hat mich ein wenig überrascht.«[14]

»Parche war deutlich pathologisch entartet«, heißt es im psychiatrischen Sachverständigengutachten: »Sein Verhalten zeigte eine irreale Idealisierung mit wahrscheinlich unbewußten sexuellen Elementen und einem Fanatismus, der bis zur Selbstaufopferung ging.« Der Experte hielt fest, »daß diese geistige Störung einer schweren mentalen Anomalie entspricht, die zur Zeit des Verbrechens seinen Kontrollmechanismus wesentlich behindert hat, so daß eine beträchtliche Verringerung seiner Fähigkeit, sich zu beherrschen, zumindest nicht ausgeschlossen werden kann.«[15] In britischen Boulevardblättern, für ihre drastische Ausdrucksweise bekannt, hieß Günter Parche nur »madman« oder »maniac«. Er ist ein klassischer Vertreter des zahlenmäßig häufigsten Typs von Attentätern: des geistig verwirrten Einzeltäters. Weil erstens die Psychologie keine exakte Wissenschaft ist und zweitens der Umgang mit Attentätern in den vergangenen zweieinhalb Jahrtausenden fast immer weniger rücksichtsvoll war als in den westlichen Demokratien des ausgehenden 20. und beginnenden 21. Jahrhunderts, ist es nicht ganz einfach, zwischen psychisch gestörten Attentätern und geistig gesunden Idealisten zu unterscheiden. Das wichtigste Kriterium sind die Gründe für ihre Taten. Geistig verwirrte Einzeltäter leben immer in einer anderen Welt; ihr Wertemaßstab hat sich verschoben. Ihre Motive sind in jedem Fall irrational. Ausschließlich in ihren jeweiligen Wahnvorstellungen erscheint ihre Tat folgerichtig. Für Günter Parche war es unerträglich, daß Monica Seles Steffi Graf vom ersten Platz der Weltrangliste verdrängt hatte. Also mußte dieser an sich ganz normale Vorgang auch für andere Tennisfans unerträglich sein. Also griff er zum Ausbeinmesser.

Fast immer gibt es zwischen den Opfern geistesgestörter Einzeltäter und dem Ziel, das sie in ihren Wahnvorstellungen zu verwirklichen suchen, keinen oder höchstens einen indirekten Zusammenhang. Im Ergebnis erreichen sie sogar oft das Gegenteil dessen, was sie angestrebt hatten: Natürlich litt Steffi Grafs Comeback als beste Tennisspielerin der Welt unter der Tatsache, daß ihre stärkste Konkurrentin durch ein Verbrechen ausgeschaltet worden war. Vielleicht hätte die Deutsche auch ohne Günter Parches Messerattacke irgendwann einmal die Spitze der Rangliste von Monica Seles zurückerobert; doch so stand Grafs Leistung bis zum Ende ihrer aktiven Karriere immer im Schatten eines fanatischen Fans und seiner irrationalen Tat. Nüchtern betrachtet hat Parches Angriff auf Monica Seles ihrer Konkurrentin Steffi Graf mehr geschadet als ihr zu nützen.

Zwei Untertypen von geistesgestörten Einzeltätern sind zu unterscheiden: Erstens jene, die in ihrem Wahn ein festgelegtes Ziel verfolgen, die eine bestimmte Person töten oder – seltener – verletzten wollen. Sie steigern sich in ihrem irrationalen Haß solange, bis ihnen ihre Tat als Erlösung für die Menschheit und für sich selbst, manchmal sogar für ihr Ziel erscheint. Zweitens gibt es geistig gestörte Attentäter, denen die Tat nur Mittel zum Zweck ist, zum Beispiel um ein Zeichen ihrer »Liebe« zu geben, den eigenen Namen zu verewigen oder um ein politisches Fanal zu setzen. Überdurchschnittlich häufig richten sich die Anschläge dieser Art von Attentätern nicht gegen bestimmte Menschen, sondern gegen Symbole, zum Beispiel gegen wichtige Gebäude.

Verwirrte Einzeltäter hat es immer gegeben. Keine menschliche Gesellschaft ist völlig gefeit vor Geisteskranken. Je weiter ein Attentat jedoch zurückliegt, desto schwerer ist anhand der vorhandenen Quellen zu entscheiden, ob der Vorwurf des Wahnsinns tatsächlich berechtigt war oder nur das Unverständnis der Vernehmer und der Richter für die Motive eines Attentäters spiegelt. Andererseits gab es auch immer wieder die Neigung, Anschläge von Psychopathen in den gewohnten Bahnen der jeweiligen Epoche zu erklären – zum Beispiel lag es während der Religionskriege in Frankreich näher (und war mitunter politisch vielversprechender), einen Mordversuch am König als Tat eines religiösen Eiferers darzustellen denn als Tat eines Geisteskranken. Auch im vermeintlich so rationalen späten 19. und frühen 20. Jahrhundert gab es ein vergleichbares Phänomen: Jeder Attentäter stand damals unmittelbar unter dem Generalverdacht, »Anarchist« zu sein – eine Kategorie, die in der Regel mehr verdeckte als erklärte.

Verwirrte Attentäter hat es immer gegeben. Doch im 20. Jahrhundert hat die Zahl solcher Gewalttaten im Vergleich zu Attentaten aus idealistischen, religiösen oder terroristischen Motiven stark zugenommen. Das hat mehrere Gründe: Erstens hat sich die Zahl der potentiellen Ziele vermehrt. Denn dieser Typ von Attentätern greift nicht nur politisch herausragende Persönlichkeiten an, sondern auch bekannte Sportler, Schauspieler oder Musiker. Indirekt sind solche Anschläge eine Folge der Medienrevolution: Weil Zeitungen, Zeitschriften und vor allem das Fernsehen immer häufiger Menschen zu Stars aufbauen, machen sie diese Menschen zugleich zu Zielen für enttäuschte, frustrierte oder verwirrte Köpfe. Home-Stories, Klatschspalten und Interviews ermöglichen einen scheinbaren Blick in das (in Wirklichkeit natürlich nur für die Medien inszenierte) Privatleben, in die perfekte Welt der Reichen, Beliebten, Schönen. So schnell der Respekt abnimmt, so schnell wächst der Neid. Der extreme Kontrast zum meistens häßlichen, problembelasteten Leben potentieller Attentäter erhöht ihren Leidensdruck und läßt ihnen die Tat als um so verlockenderen Ausweg aus der Sackgasse ihres Lebens erscheinen.

Zweitens hat die Freizügigkeit der modernen Gesellschaften den

Zugang zu herausragenden Persönlichkeiten für potentielle Attentäter erleichtert. In wenigen Stunden kann man für wenig Geld weltweit nahezu jeden beliebigen Platz erreichen. Weil Stars sich in kapitalistischen Gesellschaften ebenso notwendig der Öffentlichkeit präsentieren müssen wie Politiker in Demokratien, braucht ein gestörter Einzeltäter gerade noch das Geld für einen One-way-Flug und genügend Zielstrebigkeit, sich dem Opfer zu nähern. In früheren Jahrhunderten lebten die Mächtigen zwar offener, wurden aber gegebenenfalls mit weit größerer Rücksichtslosigkeit vor der Öffentlichkeit geschützt. Außerdem waren Reisen zu möglichen Attentatsgelegenheiten für Einzeltäter weitaus schwieriger zu organisieren.

Drittens überlastet der immer weiter wachsende Rummel um Stars und Sternchen den stetig zunehmenden Schutz dieser Prominenten. Zwar gehört heute für die meisten Schauspieler oder »Interpreten« kommerzieller Liedchen eine Korona von Bodyguards zu den wichtigsten Statussymbolen, ebenso wie das Wohnen in bewachten Villenvierteln oder Appartmenthäusern. Doch all diese Schutzmaßnahmen genügen gerade, gegenüber Autogrammjägern, lästigen, aber ungefährlichen Groupies und den allgegenwärtigen Paparazzi eine minimale Privatsphäre aufrechtzuerhalten. Einen wirklich entschlossenen Attentäter vermögen sie nicht abzuschrecken: »Gegen den wahnsinnigen Einzeltäter aber ist der Apparat machtlos. Der geistig Verwirrte, der den tödlichen Anschlag plant, taucht in den gängigen Fahndungsrastern nirgends auf.«[16] Niemand hat ihn (oder sie) auf der Rechnung, was diesen Typ Attentäter so gefährlich macht. Selbst der am besten geschützte Mensch der Welt, der jeweilige Präsident der Vereinigten Staaten, kann sich der Bedrohung nicht völlig entziehen; am ehesten noch im Ausland, wenn mitunter wie beim Besuch von George W. Bush in Berlin im Sommer 2002 schon mal mehrere Quadratkilometer der Innenstadt komplett gesperrt werden – aus Sorge vor politischen Terroristen, aber ebenso vor gefährlichen Psychopathen.

Verwirrte Einzeltäter sind in ihren Vernehmungen nach versuchtem oder gelungenem Attentat in der Regel ehrlich. Sie versuchen nicht, ihre Tat zu relativieren oder nach den Maßstäben der Gesellschaft zu erklären; vielmehr geben sie ihre subjektiven Gründe wieder. Sehr schwer ist zu beurteilen, ob die von solchen Attentätern später oft geäußerte Reue ehrlich ist oder nur gespielt. Jeder Anwalt erklärt seinem Mandanten, daß solches Abschwören – jedenfalls in Rechtsstaaten – die drohende Strafe reduzieren kann. Es bleiben Zweifel, wenn etwa Günter Parche zwar nach dem Sieg im Berufungsverfahren wortkarg einräumte: »Es war falsch, was ich gemacht habe«, aber zugleich am liebsten schon ein Jahr nach dem Attentat wieder zum Tennisturnier nach Hamburg-Rothenbaum gefahren wäre, wenn es ihm die Veranstalter nicht verboten hätten.[17]

Den eigenen Namen zu verewigen, ist ein in Geschichte und Gegenwart weitverbreitetes Motiv für besondere Leistungen. Wer allerdings weder für die Politik noch für die Kunst oder die Wissenschaft ausreichend begabt ist, muß entweder auf Nachruhm verzichten – oder, wenn er wahnsinnig genug ist, mit einer einzigen destruktiven Tat ein Fanal setzen. Namensgebend für diesen Typ von geistig verwirrten Attentätern ist der Grieche Herostrat.[18] Näheres ist über ihn nicht bekannt. Fest steht nur soviel: Im Sommer des Jahres 356 vor Christi Geburt steckt er das weltberühmte Artemision von Ephesos an, einen der größten und berühmtesten Tempel der griechischen Kultur. Herostrat flieht nach dem Gelingen seiner Tat nicht, er gesteht und bleibt auch auf der Folter dabei: Um seinen Namen unsterblich zu machen, habe er die Kultstätte niedergebrannt. Angeblich übrigens in derselben Nacht, in der Makedoniens Dynastie der Prinz Alexander geboren wird, den man später »den Großen« nennen wird. Nur deshalb, spekulieren einige antike Schriftsteller, habe der Brand gelingen können – weil nämlich die Fruchtbarkeitsgöttin Artemis in jener Nacht ihr Heiligtum verlassen hatte, um bei der Geburt des künftigen Weltenherrschers dabei zu sein. Doch das ist nicht mehr als ein literarisches Motiv.

Den einzigen, äußerst knappen Augenzeugenbericht über diese Katastrophe für die kleinasiatische Metropole verdanken wir Aristoteles, der seinerzeit gerade 28 Jahre alt war: »Schon diese Feststellungen machen es klar, daß alle diese Phänomene [des Feuers – sfk] auf Wind zurückzuführen sind. Manchmal zeigt es sich aber auch der Augenschein, in neuerer Zeit etwa, was wir beim Brand des Tempels zu Ephesos beobachteten. Damals lösten sich in steter Folge einzelne Flammen (vom Brand) los und wurden in alle Richtungen fortgerissen«, schreibt der Philosoph in seinem naturwissenschaftlichen Traktat »Meteorologie«.[19]

Wie die meisten Zeitgenossen nannte auch Aristoteles den Namen des Brandstifters nicht – sehr wahrscheinlich, weil er die Strafe des ephesischen Stadtrates neben der unvermeidlichen Hinrichtung für richtig und angemessen hielt: Die Ratsherren hatten beschlossen, daß der Attentäter der »damnatio memoriae« verfallen sollte, sein Name nie wieder irgendwo oder von irgendwem genannt werden möge. Nur so, kalkulierten die Epheser zu Recht, könnten Nachahmungstäter abgeschreckt werden. Beinahe hätte das auch geklappt – wenn, ja wenn nicht der enzyklopädisch arbeitende Historiker Theopomp von Chios den Namen Herostrat erwähnt hätte.[20] Auf ihn stützten sich die drei einzigen antiken Autoren, die den Brandstifter selbst und nicht nur seine Tat erwähnten, nämlich die Geographen Strabon und Solin sowie der Sophist Aelian.[21] Alle anderen, von Aristoteles über Cicero und Gellius bis zu Valerius Maximus, hielten sich an das Schweigegebot. Genützt hat es nichts; der Name Herostrat ist sprichwörtlich geworden für irrationale Taten um eines höchst ambivalenten Nachruhms willen. Ob der Attentäter die Geschwätzigkeit der Menschen, in seinem Fall des Theopomp, einkalkuliert hat? Das ist reine Spekulation; wichtig ist einzig, daß er letztlich Erfolg gehabt hat, wie der Berliner Kulturhistoriker Alexander Demandt in einem Vierzeiler formuliert hat:

> Richtig rechnet Herostrat
> Mit dem Ruhm für seine Tat.
> Jedem gibt man seinen Namen,
> der versucht, ihn nachzuahmen.[22]

Die Grenze zwischen Mord aus religiösem Eifer und Mord aus schierem Wahnsinn ist schwimmend. Um Gott zu gefallen und um in der Hölle geringere Qualen zu leiden, unternimmt am 27. Dezember 1594 ein gewisser Jean Chastel ein Attentat auf Heinrich IV. von Frankreich.[23] Der König kommt gerade aus der Picardie zurück nach Paris. Die Gelegenheit nutzt der 20jährige Student der Rechte und mischt sich unter das Gefolge des Monarchen. Als Heinrich die Huldigung zweier Edelleute entgegennimmt und sich dazu zu ihnen hinabbeugt, springt Chastel auf ihn zu und stößt mit einem Messer auf seinen Hals ein. Doch statt den König tödlich zu treffen, verletzt der Attentäter ihn nur an der Lippe und schlägt ihm einen Zahn aus. In dem losbrechenden Tumult gelingt es Chastel beinahe zu entkommen; schließlich ist es angeblich das verwundete Opfer selbst, das die

Wachen auf den wirklichen Angreifer aufmerksam macht. Chastel wird festgenommen und wie damals üblich ohne weitere Umstände gefoltert. Dabei geht es weniger um sein Geständnis als um ein Ritual. Denn für die Regierung stehen die eigentlich Verantwortlichen, die Hintermänner für den Anschlag ohnehin schon fest: die Jesuiten, die in den vergangenen Jahren des Bürgerkriegs massiv gegen Heinrich IV. gehetzt haben, den mehrfach zum Calvinismus und zurück zum Katholizismus konvertierten König und mächtigen Gegner des Papstes.

Daher interessierten sich auch die Ermittler wenig für die wirklichen Motive Chastels und viel mehr dafür, der Societas Jesu eine Beteiligung nachzuweisen. Das war immerhin nicht ganz aus der Luft gegriffen, hatte doch der Sohn einer wohlhabenden und erzkatholischen Händlerfamilie aus Paris Philosophie und die Artes liberales bei den Jesuiten studiert, bevor er an die Sorbonne zum Studium der Rechte gewechselt war. Mehr allerdings hatten die Pariser Vertreter des mächtigen Ordens mit dem Mordanschlag offensichtlich nicht zu tun. Weil Chastel trotzdem von vornherein für das Werkzeug einer jesuitischen Verschwörung gehalten wurde, ignorierten die Richter seine Aussagen weitgehend. Dabei schilderte der gescheiterte Mörder durchaus schlüssig, was ihn zu dem Attentat bewegt hatte: Im Buch des Benediktiners Maurice Poncet über die »Die Furcht vor Gott« hatte Chastel über die furchtbaren Strafen gelesen, die Sündern in der Hölle drohten. Weil er aber ein überaus sündiges Leben führte, sich unter anderem zu seiner Schwester hingezogen fühlte und mit ihr sogar eine inzestuöse Beziehung gehabt haben soll, nahm die Angst vor der Hölle einen immer größeren Teil seines Denkens ein. In einer nur durch schwere Geistesstörung erklärbaren Logik kam er zum Schluß, eine »große Tat« vollbringen zu müssen, für die man ihn zum Tode verurteilen würde und sollte. Wenn ihm aber diese Tat gelänge, so glaubte der Attentäter, und wenn sie der Allgemeinheit »nützlich« sein würde, dann könnte sie das Übermaß seiner Sünden reduzieren. Im Verhörprotokoll heißt es: »Hat ausgesagt, die Tat würde seine Höllenpein mindern, er sei sicher, Gott würde ihn härter bestrafen, wenn er das Attentat auf den König nicht begangen hätte, so aber erwarteten ihn mildere Strafen, weil er versucht habe, ihm sein Leben zu nehmen.«[24] Auf die Frage, wer ihn denn diese Logik gelehrt habe, antwortete der Häftling: »die Philosophie«. Einen direkten »Auftrag« von Gott, den französischen König zu töten, reklamierte Jean Chastel dagegen nicht für sich.

Es hätte auch nichts geändert. Wegen Verbrechens gegen die weltliche wie gegen die göttliche Majestät, wegen des schlimmsten überhaupt denkbaren Vergehens also, wurde Chastel zum Tode auf besonders grausame Art verurteilt: Die Hand, mit der er den Angriff auf den König geführt hatte, wurde ausgebrannt und die Wunde mit flüssigem Blei ausgegossen, bevor man den Delinquenten räderte und anschließend vierteilte. Seine Familie wurde auf neun Jahre aus Frankreich verbannt und auf alle Zeit aus Paris und Umgebung. Das Haus der Familie, pikanterweise in der Nähe des Gerichtshofes gelegen, wurde abgerissen. Soweit entsprach der Schuldspruch dem seinerzeitigen Recht. Dagegen verstieß der zweite Teil des Urteils gegen die meisten damals geltenden Regeln. Denn der Pariser Gerichtshof entschied auch, daß alle Angehörigen der Societas Jesu und alle ihre Schüler Frankreich binnen dreier Tage zu verlassen hätten. Wer sich zwei Wochen nach dem Spruch noch auf dem Boden des Königreichs befinde, werde gleich Chastel wegen eines »crimen laesae maiestatis« bestraft. Außerdem wurde allen Untertanen Heinrichs IV. verboten, ihre Söhne auf Jesuitenschulen außerhalb Frankreichs zu schicken. 37 Jesuiten verließen wenige Tage später Paris, weitere Städte verwiesen die Ordensmitglieder, Bordeaux und Toulouse dagegen weigerten sich – und kamen damit durch. »Das Verfahren gegen die Jesuiten war gegen alles Recht. Man erhob keine Anklage, führte sie keinem Richter vor und erlaubte ihnen nicht, sich zu verteidigen. Es besteht kein Zweifel darüber, daß sie Chastels Mordpläne weder gekannt noch in direktem Zusammenhang mit ihnen gestanden haben. […] Die theologischen Meinungen der Pariser Jesuiten über den Tyrannenmord entsprachen der allgemeinen theologischen Lehrmeinung. Wollte man sie verdammen, hätte man gerechterweise auch Augustiner, Dominikaner und Kapuziner verurteilen müssen, die genauso dachten. […] In Wahrheit war das Attentat Chastels eine willkommene Gelegenheit, unter dem Vorwand eines Gerichtsurteils gegen einen Mörder politische Maßnahmen gegen eine Personengruppe zu ergreifen, die mißliebig war«, urteilt der Historiker Roland Mousnier.[25]

Ungerechtigkeit ist schwer zu ertragen; um so mehr, wenn sie einem Menschen die Existenz raubt. Gerichte sind berufen, Ungerechtigkeiten zu korrigieren oder wenigstens zu mildern, doch längst nicht immer gelingt ihnen das – aus welchen Gründen auch immer. Wo sie versagen, ziehen sich die meisten ungerecht behandelten Opfer in Verzweiflung zurück, bringen sich gelegentlich auch selbst um. Manchmal aber fühlen die Geschädigten sich auch berufen durchzusetzen, was sie für ihr Recht halten. Mischt sich derlei Neigung zur Selbstjustiz mit einem fanatischen Bedürfnis nach Rache, kann es leicht einen Unbeteiligten das Leben kosten. Der britische Premierminister Spencer Perceval ist knapp drei Jahre im Amt, als er am Nachmittag des 11. Mai 1812 zu einer der üblichen Unterhaussitzungen ins House of Commons in London kommt.[26] In der Lobby des Parlamentsgebäudes springt plötzlich hinter einer Säule ein Mann mittleren Alters hervor und schießt auf kürzeste Distanz auf den 49jährigen Regierungschef. Perceval sinkt getroffen zu Boden, stöhnt noch: »Oh, ich werde ermordet!« und stirbt dann. Der Attentäter unternimmt keinen Versuch zu flüchten; bei seiner Festnahme sagt er nur: »Mein Name ist Bellingham. Es handelt sich um eine persönliche Angelegenheit. Ich weiß, was ich getan habe. Der Grund ist die Verweigerung von Gerechtigkeit durch die Regierung.«[27] Damit widerspricht der Täter unmittelbar den sofort um sich greifenden Gerüchten über die Hintergründe des Mordes; immerhin ist Bellingham ein bei irischen Katholiken verbreiteter Name, und genau diese gehörten zu den Hauptgegnern von Percevals Politik. Ist der Premier also das Opfer eines Komplotts?

Die bereitwilligen Aussagen des 40jährigen Attentäters und die Ermittlungen der Behörden zeigten rasch, daß der Mord an Spencer Perceval keinerlei politische Hintergründe hatte. Dafür aber eine immerhin fast achtjährige Vorgeschichte: Schieres Pech führte dazu, daß im Jahre 1804 ein britisches Handelsschiff vor der russischen Küste verloren ging. Der Eigner, der Liverpooler Geschäftsmann John Bellingham, wurde daraufhin unter dem Vorwurf, gegen russische Gesetze verstoßen zu haben, von der zaristischen Polizei festgenommen – ob zu Recht oder zu Unrecht. Doch weder der für solche Fälle eigentlich zuständige britische Konsul noch der britische Botschafter in St. Petersburg halfen ihm. Sie stellten sich auf den Standpunkt, Bellingham sei selbst für seine Geschäfte verantwortlich, im Guten wie im Bösen. Nach einiger Zeit konnte der gescheiterte Händler in seine Heimat zurückkehren, wo nur die nächste Enttäuschung auf ihn wartete: Lloyd's, wo sein Schiff versichert war, weigerte sich zu zahlen. Bellingham, nun auch ökonomisch ruiniert, begann, Schiedsstellen, Behörden und Gerichte anzurufen. Doch überall erhielt er nur ablehnende Entscheidungen – ob zu Recht oder zu Unrecht, ist unklar. Jedenfalls schrieb Bellingham zuletzt auch an den britischen Premierminister, eben an Spencer Perceval, der allerdings in derartigen Fällen überhaupt keine Befugnisse hatte, erst recht nicht, nachdem der Fall bereits durch alle zuständigen Instanzen gegangen war. Die Antwort von Percevals Mitarbeitern lautete unvermeidlich: Man könne nichts tun für den Bittsteller.

Nun steigerte sich der enttäuschte Bellingham in einen irrationalen persönlichen Haß auf den Premier. Er besorgte sich zwei Pistolen, übte schießen und erkundigte sich geschickt, wo er in die Nähe Percevals kommen könnte. Am Nachmittag des 11. Mai 1812 besuchte der Attentäter ein Museum, entschuldigte sich dann bei seiner Begleiterin, weil er ein Gebetbuch kaufen wolle – und ging ins Parlament. Nur vier Tage nach dem tödlichen Schuß erging das unvermeidliche Urteil: Der auf frischer Tat ertappte und voll geständige Attentäter wurde zum Tod verurteilt; er kommentierte den Schuldspruch: »Niemals war ich so ruhig wie seit dieser traurigen, aber notwendigen Katastrophe.« Genau eine Woche nach dem Attentat wurde John Bellingham gehängt. Ironie der Geschichte: Während der Name des Opfers rasch vergessen wurde, beschäftigten sich mehrere Generationen angloamerikanischer Juristen mit dem Fall – war er doch ein Präzedenzfall dafür, daß ein offensichtlich geistig verwirrter Täter sehr wohl zum Tode verurteilt und hingerichtet werden dürfe. Bis heute wird der Fall Bellingham gelegentlich in diesem Sinne angeführt, wenn auch längst bei britischen und US-Gerichten die Meinung vorherrscht, daß Geistesschwäche und Unzurechnungsfähigkeit einen Angeklagten vor der Todesstrafe schützen sollen. Manchmal wird sogar von einer normalen Haftstrafe zugunsten der Einweisung in eine psychiatrische Klinik abgesehen.

Kann ein Attentäter, dessen Tat von seinen Zeitgenossen begeistert gefeiert wird, überhaupt ein irregeleiteter Psychopath sein? Müßten dann nicht alle Menschen, die ihn bejubeln, ebenfalls geistesgestört sein? Kann Karl Ludwig Sand ein geistig verwirrter Einzeltäter sein, wo doch sein Anschlag auf den Dichter und Publizisten August von

Kotzebue unmittelbar nach der Tat als Martyrium gerühmt wird?[28] »In Mannheim sei fast die ganze Bevölkerung für ihn gestimmt, preise den begangenen Mord als die Heldentat eines edlen vaterländischen Jünglings, für den die heftigste Teilnahme, die heißesten Wünsche sich kundgäben«, gibt der damalige preußische Gesandte am badischen Hof, Karl August Varnhagen von Ense, in seinen Erinnerungen die Berichte über die Stimmung am Tatort wieder.[29] Fast hysterisch mutet die Freude an, in die Teile des deutschen Volkes ausbrechen, als sie die Nachricht vom Mord in Mannheim erhalten; Sand wird in beinahe religiöser Art als Volksheld glorifiziert, sein Opfer dagegen in den meisten Berichten geschmäht. Zwar erinnert man im Berliner Hoftheater an den meistgespielten Dramatiker seiner Zeit, doch zum Beispiel in Königsberg endet eine Totenfeier zu Kotzebues Ehren als Mißerfolg.[30]

Vollzieht Karl Ludwig Sand also am 23. März 1819 den Willen des deutschen Volkes? Gegen fünf Uhr nachmittags wird er ins Haus Kotzebue eingelassen; dem Diener gegenüber gibt er an, Briefe von der Mutter des Schriftstellers übergeben zu wollen. Als Kotzebue erscheint und den gerade 23jährigen Besucher freundlich begrüßt, zieht Sand einen Dolch aus seinem Ärmel, ruft: »Hier, Du Verräter des Vaterlandes!« und sticht mehrfach zu. Sein Opfer wird sofort tödlich verletzt, reißt den Angreifer aber im Sterben noch mit zu Boden. Was daraufhin genau passiert, ist unklar; jedenfalls verletzt sich Sand auch selbst mit seinem Messer, stürzt dann vor die Tür auf die Straße und rammt sich hier seine Waffe nochmals in die eigene Brust – freilich nicht ohne vor den überraschten Passanten niederzuknien und zu deklamieren: »Ich danke Dir Gott für diesen Sieg!«[31]

Meuchelmord als »Sieg«: Verständlich wird die Tat des Karl Ludwig Sand nur, wenn man sowohl die aufgeheizte politische Stimmung in den Jahren nach den Befreiungskriegen betrachtet als auch die persönliche Situation eines fanatisierten Einzelgängers. Die Restauration der alten feudalen Gesellschaftsordnung hatte die deutschen Studenten enttäuscht, die entschlossen für die Befreiung vom französischen Joch gefochten hatten – wenn auch viel öfter mit dem Wort und viel seltener mit der Waffe, als man gemeinhin meint. Doch der Aufbruch zum einigen, freien, vielleicht sogar demokratischen Deutschland blieb aus; statt dessen errichteten die alten Herrscher wieder ihre Königreiche und Fürstentümer, schlossen sich lediglich im hochkonservativen Deutschen Bund zusammen mit dem einen Ziel, den Status quo zu bewahren.

Für die Burschenschafter, die radikalste Gruppierung der deutschen Studentenschaft, war das empörend; beim Wartburgfest am 18. Oktober 1817 gelobten sie, den Kampf für die Freiheit aufzunehmen – gegen die Tyrannen im eigenen Land. Aber sie verbrannten auch unter großem Jubel die Bücher mißliebiger, das heißt »undeutscher« oder »freiheitsfeindlicher« Autoren. Der gebürtige Oberfranke Karl Ludwig Sand, ehemals immatrikuliert an den Universitäten Tübingen und Erlangen, aber gerade gewechselt in das Burschenschafter-Zentrum Jena, stand an jenem Abend direkt neben dem Scheiterhaufen. Ins Stammbuch eines befreundeten Kieler Studenten trug er in dieser Nacht ein: »Wir haben heute Großes geschaut und gehört. Dies alles will Gott uns verleihen, so wie nur der einzelne den Glauben hat. In diesem Glauben ist uns alles gegeben: Freiheit, Ehre, Demut, Stärke und solche Taten, solches Große wie wir an diesen Tagen, obgleich bloße Einzelheiten, auszurichten vermochten.«[32] Ähnlich wirr las sich ein Manifest, das Sand an jenem Abend unter den Burschenschaftern auf der Wartburg verteilte: »Jedwedem Unreinen, Unehrlichen, Schlechten und wer nur immer seinen deutschen Namen entehrt, soll der Einzelne auf eigene Faust nach seiner hohen Freiheit zum offenen Kampfe entgegentreten, damit das Ganze des Rügens und Strafens mehr überhoben sei, und sein Wohl durch verwickelten Kampf nicht so leicht gefährdet werden.«[33] Schon Ende 1817 war Sand offensichtlich von dem Glauben durchdrungen, einzelne Erleuchtete hätten das Recht, das alte Regime mit dem Einsatz von Gewalt zu beschädigen. Bald nach Neujahr 1818 bat Sand seinen Freund Florian Klöter, ihm doch in Nürnberg auf dem Saumarkt ein halbes Dutzend Dolchklingen zu kaufen und sie »gut verpackt mit dem Postwagen« auf den Weg nach Jena zu schicken; angeblich wollte er sie für einige nachträgliche Weihnachtspräsente nutzen. Im selben Brief aber bemerkte Sand auch: »Es muß also dahin kommen, daß jedes Ich seine Überzeugung frei an der jedes anderen erproben kann, und es muß dahin kommen, daß der Mensch seinen anderen Hauptteil seiner Würde, das Gebiet seines freien Willens, die gottähnliche Schöpferkraft, an allem, was um ihn herum ist, geschweige denn bei Sachen, die ihn selbst betreffen und über ihn gehen – bewähren kann. Dies ist die notwendige Grundlage von allem und der einzige rechtliche

Zustand.«[34] Im nachhinein betrachtet steckte in diesen Sätzen die wahnsinnige, aber konsequente Überzeugung, einzig das Gewissen des berufenen einzelnen tauge als Maßstab für sein Handeln. Danach wäre jedes Recht, im Kleinen wie im Großen, konterkariert. Keine menschliche Gesellschaft könnte nach diesem Prinzip der individuellen Willkür funktionieren – doch Karl Ludwig Sand war davon überzeugt. »Für sein schweres, unbewegliches Wesen gab es im Grunde keine Ablenkung. Die äußere Welt sah er kaum. Wo die Natur in sein Leben hineinblickte, war sie eigentlich nie mehr als Dekoration für sein Gefühl«, faßte der Historiker Karl Alexander von Müller ein Jahrhundert nach dem Attentat seinen Eindruck von Sands Gemüt zusammen.[35]

Mit August von Kotzebue hatte Karl Ludwig Sand das ideale Zielobjekt für seinen Haß gefunden. Der Dichter war mit seinen mehr als 200 Bühnenstücken der meistgespielte Theaterautor jener Zeit; von großen Geistern wie Goethe wurde er zwar geringgeschätzt, dennoch ließ auch der Geheime Rat immerhin 87 Kotzebue-Stücke am Hoftheater Weimar aufführen und lobte herablassend, »wie viele Mittel er uns in die Hand gegeben hat, die Zuschauer zu unterhalten und der Kasse zu nutzen.«[36] Doch nicht seine moralisch und künstlerisch mehr oder weniger fragwürdigen Lustspiele ließen August von Kotzebue zum Ziel Karl Ludwig Sands werden, sondern seine andere, seine ernsthafte Seite. Denn als scharfzüngiger Publizist kämpfte er gegen jede politische Reform und erst recht gegen jede Revolution. Mit ätzenden Kommentaren charakterisierte er in Pamphleten und verschiedenen Zeitschriften die Ziele der Studenten und gab sie der Lächerlichkeit preis. Bewußt war er im April 1817 zurück in seine Heimatstadt Weimar gezogen, um dort – inmitten des von Goethe geprägten liberalen Klimas – eine konservative Zeitschrift herauszubringen. Noch schlimmer: Ganz offen arbeitete Kotzebue für den russischen Zaren Alexander I., stand als Staatsrat in seinen Diensten und schickte Berichte über Deutschland nach St. Petersburg. Das trug ihm den widersinnigen Vorwurf ein, Verräter seines Vaterlandes, ja sogar, Spion zu sein – widersinnig angesichts der vollständigen Offenheit, mit der Kotzebue diese Tätigkeit ausübte, weil er überzeugt war, eine Monarchie von Gottes Gnaden sei die einzige akzeptable Regierungsform, für Rußland ebenso wie für Deutschland. Doch bald wurde Kotzebue klar, daß er in Weimar seines Lebens nicht mehr sicher sein konnte; nicht in so geringer Entfernung von Jena, der Hochburg der radikalen Burschenschafter. Also zog der 57jährige Anfang 1819 um nach Mannheim, in die aufstrebende Handelsstadt in Nordbaden. Doch dem Attentäter vermochte er so nicht mehr zu entkommen.

Mit seinem Mord wollte Karl Ludwig Sand ein Fanal für die Freiheit setzen und für die seiner Meinung nach einzige Möglichkeit für politische Fortschritte: für die individuelle Gewalt. »Soll es etwas werden mit unserem Streben, soll die Sache der Menschheit aufkommen in unserem Vaterlande, soll in dieser wichtigen Zeit nicht alles wieder vergessen werden und die Begeisterung wieder auflohen im Lande, so muß der Schlechte, der Verräter und Verführer der Jugend, August von Kotzebue, nieder – das habe ich erkannt. Bis ich dies ausgeführt habe, habe ich nimmer Ruhe, und was soll mich trösten, bis ich weiß, daß ich mit ehrlichem Willen mein Leben daran gesetzt habe?«, lautete der letzte Eintrag in seinem Tagebuch vor dem Attentat.[37] Daß ihn der Anschlag sein eigenes Leben kosten würde, hatte er einkalkuliert; immerhin versuchte er, sich selbst umzubringen, verletzte sich durch die beiden Dolchstöße in die eigene Brust aber nur schwer. Einen seiner letzten Briefe vor dem Aufbruch Richtung Mannheim schloß er mit den Worten: »Lebe wohl! Gott helfe mir und Dir, daß wir bis in den Tod treu bleiben der Menschheit und dem Vaterlande, dem Volke, aus dem sie uns aufsteigt.«[38]

Letztlich erreichte Sand jedoch das Gegenteil seines Ziels: nicht mehr, sondern weniger Freiheit. Denn der starke Mann des Deutschen Bundes, der habsburgische Haus-, Hof- und Staatskanzler Klemens von Metternich, erkannte sofort die Chance, die ihm das Attentat verschaffte: »Ich habe die Nachricht von der Ermordung Kotzebues mit allen vorläufigen Details erhalten [...]. Ich für meinen Teil hege keinen Zweifel, daß der Mörder nicht aus eigenem Antrieb, sondern infolge eines geheimen Bundes handelte. Hier wird wahres Übel auch einiges Gute erzeugen, weil der arme Kotzebue nun einmal als argumentum ad hominem dasteht, welches selbst der liberale Herzog von Weimar nicht zu verteidigen mag. – Meine Sorge geht dahin, der Sache die feste Folge zu geben, die möglichste Partie aus ihr zu ziehen, und in dieser Sorge werde ich nicht lau vorgehen.«[39] Einen Geheimbund, in dessen Auftrag Sand gehandelt haben könnte, hatte es zwar nie gegeben. Aber mit Hilfe der Angst aller herrschenden Fürsten vor einem solchen »Bund« konnte Metternich eine radikale Einschränkung sämtlicher Freiheitsrechte im Deutschen Bund durchsetzen. Als »Karlsbader Beschlüsse« sind diese Verfassungsänderungen bekannt geworden; sie waren eine direkte Folge des Mordes von Mannheim.

Der Attentäter erlebte diese Konsequenz noch mit; erst am 11. April 1820 erging das Todesurteil gegen Karl Ludwig Sand, das am Pfingstsamstag, dem 20. Mai 1820, in Mannheim vollstreckt wurde. Wie schon direkt nach dem Attentat gehörte auch diesmal alle Sympathie dem Täter. Von überall waren die Schaulustigen gekommen, doch anders als bei den meisten öffentlichen Hinrichtungen fiel kein böses Wort gegen den Delinquenten. Sie bewunderten seine Entschlossenheit und erkannten nicht, daß die Restauration in ihm ihren Kronzeugen gefunden hatte. Sand ging lächelnd in den Tod; für einige Monate hatte seine irrationale Tat seinen Namen europaweit bekannt gemacht und bis heute erinnert man sich öfter an den Täter als an sein Opfer.

Nicht einmal einem absoluten Monarchen kann es gleichgültig sein, wie das Volk seiner Residenzstadt über ihn denkt – jedenfalls nicht, wenn er seine Macht nicht ausschließlich auf die Bajonette seiner Soldaten stützen will. So gesehen ist der 26. Juli 1844 für den preußischen König Friedrich Wilhelm IV. ein doppelt guter Tag.[40] Denn als der Herrscher zusammen mit seiner Frau an jenem Morgen im Hof des Berliner Schlosses seine Kutsche besteigt, um zur üblichen Sommerfrische nach Schlesien aufzubrechen, krachen plötzlich zwei Schüsse. Beide verfehlen ihr Ziel; die eine Kugel geht ganz vorbei, die andere bleibt in den dicken Falten des königlichen Mantels stecken. Der Täter wird sofort festgenommen; es handelt sich um den ehemaligen Bürgermeister von Storkow, Heinrich Ludwig Tschech. Es ist der erste Anschlag auf einen preußischen König überhaupt; verständlich, daß sich die Nachricht wie ein Lauffeuer in Berlin verbreitet. Doch nicht Schadenfreude über den Mordversuch oder Bedauern über sein Mißlingen dominieren, sondern echte Sympathie für den Monarchen, auch wenn er bis dahin vor allem als Witzfigur populär war. Als Friedrich Wilhelm IV. zwei Monate später nach Berlin zurückkehrt, stehen Tausende Hauptstädter Spalier an den Straßen und feiern das Herrscherpaar. Trotz des Schreckens des Attentats scheint sich der

26. Juli als doppelter Glückstag zu erweisen: Erstens haben die Schüsse nicht getroffen, und zweitens hat der Anschlag das Image des Herrschers grundlegend verbessert. Der berüchtigte Berliner Volksmund bringt liebevoll spöttische Verse auf das Herrscherpaar hervor:

> Wer war jemals wohl so frech,
> Als der Bürgermeister Tschech?
> Denn der traf bei einem Haar
> Unser teures Herrscherpaar.
> Der verruchte Hochverräter,
> Königsmörder, Attentäter.
> Er schoß unsrer Landesmutter
> Durch das gnäd'ge Unterfutter.[41]

Doch der Eindruck trog. Denn schon wenige Monate später schallten leicht abgewandelte, nun höchst hinterhältige Reime durch Berlins Straßen:

> Hatte je ein Mensch so'n Pech
> wie der Bürgermeister Tschech?
> Daß er diesen dicken Mann
> auf zwei Schritt nicht treffen kann!

Wieder einmal war es Friedrich Wilhelm IV. nicht gelungen, eine günstige Gelegenheit für sich und seine politischen Ziele zu nutzen. Wieder einmal führte des Königs guter Wille wegen seiner Unentschlossenheit und wegen des mangelnden Durchblicks seiner Berater zu nichts anderem als einem weiteren »PR-Mißerfolg«.[42]

Dabei hatte Tschech den Ministern eine ideale Vorlage geliefert, aus dem verlachten Herrscher eine Lichtgestalt zu machen. Es gab keinerlei politische Motive für den Anschlag; vielmehr handelte es sich um die Tat eines geistig verwirrten Mannes, der völlig ohne Grund für sein persönliches Scheitern den König verantwortlich machte. Heinrich Ludwig Tschech, ein Mann fortgeschrittenen Alters, hatte fünfzig Jahre lang in seinem Dorf südöstlich von Berlin im sicheren Bewußtsein vollkommener Sündlosigkeit gelebt, weil er immer nur seinem eigenen Gewissen folgte. Doch über die Jahre hatte seine herrische Rechthaberei zu immer mehr Streit mit den anderen Bürgern seines Ortes geführt; Tschech fühlte sich als verfolgte Unschuld und gab entrüstet von der Widerspenstigkeit der Storkower sein Amt auf. Um weiterhin ein Auskommen zu haben, bat Tschech um eine Anstellung im Staatsdienst, die ihm jedoch umgehend verweigert wurde; auch den zuständigen Beamten in den preußischen Behörden waren die Eigenheiten des Bewerbers zu Ohren gekommen. Für Heinrich Ludwig Tschech brach eine Welt zusammen. Er appellierte an den Thronfolger, an die Königin, schließlich an den König selbst – ohne Erfolg. Nun aber hatte Tschech immerhin ein lohnendes Ziel für seinen Haß; er nahm sich vor, die Strafe für seine Zurückweisung an Friedrich Wilhelm IV. zu vollziehen, der von der ganzen Angelegenheit naturgemäß nichts mitbekommen hatte. Ruhig bereitete Tschech seinen Anschlag vor, besorgte die Waffe, die nötigen Informationen und ließ sogar bei einem der Fotografen jener Zeit, den sogenannten Daguerrotypisten, ein Porträt anfertigen. Es zeigte ihn »in hochtheatralischer Stellung, die Hand erhoben, um Kraft von oben zu erflehen«.

Heinrich von Treitschke, Zeitgenosse des Anschlags und Jahrzehnte später Hofhistoriker des preußisch-deutschen Königshauses, schäumte in seiner »Deutsche Geschichte« über den Attentäter: »Seine Tat war gewiß kein eigentlich politisches Verbrechen, aber ebenso gewiß aus dem Geiste der Zeit heraus geboren. Aus ihr redete dieselbe freche, jede Obrigkeit, jede gegebene Ordnung des Menschenlebens verachtende subjektive Überhebung, die sich seit den Zeiten der Jakobiner und der Unbedingten in allen Wandlungen des modernen Radikalismus bekundet hatte.«[43] Ähnlich dachten auch die Minister und Berater des Königs, die ihm ausredeten, dem Attentäter gnadenweise die rechtlich unvermeidliche Todesstrafe zu erlassen. Friedrich Wilhelm zögerte, doch als auch sein Bruder, Prinz Wilhelm, auf ein Exempel drängte, willigte er ein. Angesichts der inzwischen kippenden öffentlichen Meinung über den Verrückten Tschech und seine angemessene Strafe beschloß der Ministerrat, die Hinrichtung insgeheim vollziehen zu lassen und die Öffentlichkeit erst im Nachhinein darüber zu informieren. Da Tschech seinerseits darauf verzichtete, den »ungerechten König« um Gnade zu bitten, fiel sein Kopf am 14. Dezember 1844 in der Richtstätte in der Zitadelle Spandau. »Durch diese [Entscheidung], die an bürokratischen Absolutismus in seiner schlimmsten Form erinnerte, verlor der König schlagartig einen Großteil jenes Wohlwollens im Volke, das ihm während dieses Jahres entgegengebracht worden war.«[44]

Aus Schaden wird man klug. Das weiß jedenfalls ein deutsches Sprichwort. Befolgt Friedrich Wilhelm IV. diese Volksweisheit, als er knapp sechs Jahre nach dem Attentat des Bürgermeisters Tschech erneut Ziel eines Anschlags wird? Oder steckt doch etwas anderes hinter der raschen Einweisung des Angreifers in eine Irrenanstalt?[45] Am Mittag des 22. Mai 1850 will der König am »Potsdamer Bahnhof« in Berlin seinen Zug in Richtung der idyllisch außerhalb der Hauptstadt gelegenen zweiten Residenz besteigen. Plötzlich eilt ein Mann in Uniform auf das Herrscherpaar zu, reißt eine Waffe empor und schießt aus unmittelbarer Nähe. Trotzdem trifft die Kugel Friedrich Wilhelm nur im Unterarm; sie schlägt eine stark blutende, ansonsten allerdings nicht besonders gefährliche Wunde. Der Attentäter wird unmittelbar nach dem Schuß niedergeschlagen und festgenommen; den verletzten Monarchen bringt man ins ruhige Schloß Charlottenburg, damit er sich erholen kann.

Rasch erwies sich, daß der Attentäter, ein 29 Jahre alter ehemaliger Artillerist namens Maximilian Josef Sefeloge, geistig gestört war; wegen Verwirrung wurde er bereits aus der Armee entlassen, ohne allerdings in ärztliche Behandlung oder wenigstens Beobachtung genommen zu werden. Das geschah nun, nach dem Anschlag: Ohne Prozeß wurde der Attentäter für unzurechnungsfähig erklärt und brachte die restlichen neun Jahre seines Lebens unter scharfer Bewachung in der »Provinz-Irren-Anstalt zu Halle« zu. Anders als 1844 gab es diesmal in Preußen keine Welle der Sympathie für den verletzten König; im Gegenteil äußerten viele Untertanen, vom Adligen bis zum Bauern, Enttäuschung, daß die Kugel ihr Ziel verfehlt hatte. Gleichzeitig wucherten Verschwörungstheorien: Der liberale Karl August Varnhagen von Ense vermutete ebenso wie der radikale Karl Marx eine royalistische Verschwörung hinter der Tat, und der hochkonservative Leopold von Gerlach konnte sich immerhin vorstellen, daß Anhänger der »reaktionären Partei« Sefeloge als Werkzeug benutzt hatten. Ähnliches vermutete in schon fast pathologischem Mißtrauen auch das Opfer, der König. Das rasche »Verschwinden« des Täters heizte derlei Spekulationen naturgemäß an, obwohl es nie ernstzunehmende Hinweise auf andere Hintergründe als die Geisteskrankheit Maximilian Josef Sefeloges gab.

Wie man aus den Attentaten geistig verwirrter Einzeltäter Kapital zu schlagen vermag, beweist knapp drei Jahrzehnte nach den beiden Anschlägen auf Friedrich Wilhelm IV. der Kanzler des nächsten preußischen Königs, des ersten Deutschen Kaisers. Otto von Bismarck versteht es virtuos, sich einen Anschlag auf sein Leben und zwei Angriffe auf seinen Monarchen Wilhelm I. innenpolitisch nutzbar zu machen. Bei keinem der drei Attentate zwischen 1874 und 1878 gibt es Hinweise auf Verschwörungen; dennoch gelingt es Bismarck, seine politischen Gegner mit den von ihnen gar nicht zu verantwortenden Gewalttaten unter Druck zu setzen. Auf dem Höhepunkt des »Kulturkampfes« zwischen dem protestantischen, preußisch-deutschen Kaiserreich und der katholischen Kirche schießt am 13. Juli 1874 der 21jährige Eduard Kullmann in Bad Kissingen auf den Reichskanzler, als der gerade mit einer Kutsche vorüberfuhr.[46] Seine Kugel trifft Bismarck an der rechten Hand, verletzt ihn aber nur leicht. Es ist nicht der erste Anschlag auf sein Leben.[47]

Der Attentäter, der unmittelbar nach der Tat gefaßt wurde, legte bereitwillig ein vollständiges Geständnis ab. Kullmann, ein sehr katholisch erzogener Böttchergeselle aus Magdeburg, hatte sich durch Bismarcks gegen die katholische Kirche gerichtete Politik immer weiter hineingedrängt gefühlt in eine ausweglose Situation. Die neuesten antikatholischen Gesetze hatten die berüchtigten Mai-Gesetze von 1873 noch einmal verschärft. Nunmehr konnten vakante Bistümer unter Zwangsverwaltung gestellt und die Neubesetzung verwaister Pfarrstellen blockiert werden, was das Gemeindeleben in katholischen Regionen gefährdete. Der junge Kullmann, der in Salzwedel in der Altmark lebte und dort Mitglied des »Katholischen Vereins« war, steigerte sich in den Wahn, Bismarck sei der wiedergekehrte Antichrist. Er nahm sich vor, den Reichskanzler zu ermorden, um den mächtigsten Gegner der einzig wahren Kirche zu beseitigen. Er reiste nach Bad Kissingen, paßte sein Opfer ab und schoß.

Bismarck erkannte die Chance; zwar distanzierten sich die Kirche sowie alle politischen und sozialen Organisationen des Katholizismus unmittelbar von Eduard Kullmann, den sie für gestört und wahnsinnig erklärten. Dennoch schleuderte der Kanzler der Zentrumsfraktion im Reichstag die ebenso wirkungsvollen wie perfiden Worte entgegen: »Verstoßen Sie den Mann, wie Sie wollen. Er hängt sich doch an Ihre Rockschöße!«[48] Gleichzeitig entdeckte Bismarck die Schriften Martin Luthers für seine politischen Zwecke; in den kommenden Monaten zitierte er so oft wie nie zuvor in Reden und Briefen den Reformator. Durch Kullmanns Attentat gestärkt, verschärfte er seinen antikatholischen Kurs: Im folgenden Jahr wurden nach den Jesuiten auch alle anderen Niederlassungen katholischer Orden mit Ausnahme der reinen Krankenpflegeorden aufgelöst. Gleichzeitig war Bismarck klug genug, seinen innenpolitischen Feinden keinen Märtyrer zu schenken: Eduard Kullmann wurde am 29. Oktober 1874 vom Schwurgericht Würzburg zu 14 Jahren Zuchthaus verurteilt. Wenige Jahre nach seiner Entlassung starb der gescheiterte Attentäter 1892.

Doch Bismarck war nicht nur der politische Katholizismus im Wege. Mindestens ebenso störten ihn die Sozialdemokraten und die Liberalen – erstere, weil der Reichskanzler alle ihre politischen Ziele zutiefst verabscheute, letztere, weil sie ihn daran hinderten, mit dem »Übel der Revolution« resolut aufzuräumen. Der Kulturkampf war noch nicht ganz ausgestanden, da verschärfte Bismarck die Gangart gegenüber der Arbeiterbewegung. Und zu Hilfe kamen ihm dabei zwei Attentäter, allem Anschein nach geistig verwirrte Einzeltäter.

Der 11. Mai 1878 ist ein durchschnittlicher Frühlingstag.[49] Wie an möglichst jedem einigermaßen warmen Tag läßt sich der 81jährige Kaiser Wilhelm I. auch an diesem Nachmittag in einer offenen Kutsche durch den Tiergarten fahren. Gegen 15.00 Uhr kehrt das kaiserliche Gespann mit dem Monarchen und dessen Tochter, der Großherzogin Louise von Baden, über den Boulevard Unter den Linden zurück in Richtung Berliner Schloß. Plötzlich krachen zwei Schüsse, die jedoch beide fehlgehen. Der Attentäter kann schnell festgenommen werden; es handelt sich um einen jungen, ungepflegten Mann namens Max Hödel, der unter einer abgestellten Droschke versteckt auf den Kaiser gewartet hat. Seine Waffe ist ein beschädigter Revolver, für sechs Mark gebraucht gekauft, mit dem selbst ein erfahrener Schütze kaum ein bewegliches Ziel hätte treffen können: »Hödels Revolver gehört zu jenen Mordwerkzeugen, die um die Ecke schießen; er hatte einen schiefen Lauf und schoß, nach dem Zeugnis eines als Sachverständigen vereidigten Hofbüchsenmachers, auf neun Schritte einen Fuß zu hoch und ebensoviel nach links«, kommentiert Franz Mehring mit beißender Ironie. Der Täter, ein arbeitsloser Klempnergeselle ohne jede Erfahrung mit Waffen, erklärt sich als radikaler Gegner der herrschenden Gesellschaftsordnung. Zwar distanzieren sich die Sprecher der deutschen Arbeiterbewegung umgehend von der Tat, doch auch diesmal will Bismarck die Chance nutzen: Er bringt keine zwei Wochen nach dem Anschlag ein Ausnahmegesetz gegen die Sozialdemokratie in den Reichstag ein – und erleidet eine Niederlage. Mit überwältigender Mehrheit (251 zu 57 Stimmen) lehnt das Parlament die Vorlage ab.

Beigetragen haben mag dazu, daß Max Hödel keineswegs ein typisches Mitglied der Arbeiterbewegung war: Als er festgenommen wurde, trug er kein Parteibuch der Sozialdemokratie bei sich, sondern eines der »Christlich-sozialen Arbeiterpartei«, der reaktionären, antisemitischen Partei um den Hofprediger Adolf Stoecker. Erst im Frühjahr war Hödel in Leipzig aus der Sozialdemokratischen Partei ausgeschlossen worden, am 9. Mai 1878, zwei Tage vor dem Attentat, erfolgte sein endgültiger Ausschluß durch das Zentralwahlkomitee. Der gescheiterte Revolutionär zog in die Reichshauptstadt und trieb sich im Dunstkreis von Stoeckers Gruppierung herum, die sich mit christlich-sozialpolitischen Versprechungen als Alternative zur Arbeiterbewegung darstellte – freilich ohne großen Erfolg. Im engeren Sinne politische oder gar idealistische Motive für den Anschlag auf Wilhelm I. hatte Hödel offensichtlich nicht; mit Sicherheit war er geistig verwirrt. Ob es sich bei dieser Geistesschwäche, wie Mehring vermutete, um die Folgen einer angeborenen Syphilis handelte, ist zweifelhaft; richtig lag der sozialistische Parteihistoriker dagegen mit dem Urteil, bei dem Attentat handele es sich um einen »mit idiotischen Mitteln gemachten Mordversuch eines Idioten«, der nicht »aufs Schafott oder auch nur ins Zuchthaus, sondern ins Irrenhaus« gehöre. Als Motiv diagnostizierte Mehring »Hödels herostratische Eitelkeit«.[50] Dafür spricht auch der Brief, den Hödel aus dem Untersuchungsgefängnis an seine Angehörigen schrieb: »Es tut mir aber sehr leid, fehlgeschossen zu haben – doch Polen ist noch nicht verloren!«[51]

In seinem Prozeß vor dem Staatsgerichtshof verkündete Hödel übrigens, eigentlich habe er gar nicht den Kaiser erschießen, sondern sich selbst vor seinen Augen töten wollen, um so der herrschenden Klasse die Erbärmlichkeit der dahinvegetierenden Massen zu demonstrieren. Retten konnte ihn diese durchsichtige Taktik auch nicht mehr; Bismarck war entschlossen, ein Exempel zu statuieren: Am Morgen des 16. August 1878 wurde Max Hödel hingerichtet. Für die Empfindlichkeit der Regierung spricht auch, daß die Bitte des führenden Pathologen Deutschlands, Rudolf Virchow, seinem Institut den Kopf des Delinquenten für anatomische Untersuchungen zu überlassen, abgeschlagen wurde.[52] Eine Rolle mag dabei gespielt haben, daß Virchow ein führender liberaler Politiker war.

Vielleicht hat zum scharfen Urteil gegen Max Hödel auch beigetragen, daß sein Anschlag einen Nachahmungstäter animiert, seinerseits auf den Kaiser zu schießen. Dieser zweite Attentäter verwundet den Monarchen im Gegensatz zu Hödel schwer, doch er kann nicht vor Gericht gestellt werden, weil er selbst lebensgefährlich verletzt ist.[53] Drei Wochen nach den Revolverschüssen Unter den Linden kracht es erneut, als die kaiserliche Kutsche über den Boulevard rollt: Aus dem Fenster seines Zimmers im zweiten Stock des Haus Unter den Linden Nummer 18 schießt Dr. Karl Nobiling. Zwei Schrotladungen treffen Wilhelm I. an Kopf, Hals und Schultern; sein Leben verdankt er allein seiner Pickelhaube, die zwar von 18 Bleikügelchen durchschlagen wird, ihnen aber die mörderische Energie nimmt. Trotzdem müssen die Ärzte weitere 30 Stück Schrot aus dem Körper des 81jährigen entfernen. Unmittelbar nach den Schüssen stürmen der Hauswirt und Passanten in Nobilings möbliertes Zimmer, der sofort das Feuer auf sie eröffnet, danach seine Waffe gegen sich selbst richtet und sich in den Kopf schießt. Wie durch ein Wunder überlebt Karl Nobiling den Selbstmordversuch, jedenfalls für einige Monate.

Für Bismarck, der noch an der Niederlage im Reichstag kaute, war das zweite Attentat ein Gottesgeschenk. Nach dem Zeugnis Christoph von Tiedemanns, des Chefs der Reichskanzlei, soll der Kanzler nach einer Schrecksekunde mit dem Stock auf den Boden gestoßen und gerufen haben: »Dann lösen wir den Reichstag auf!«[54] Erst danach habe er sich nach dem Gesundheitszustand des Kaisers erkundigt. In die Öffentlichkeit ließ Bismarck Meldungen lancieren, nach denen Nobiling sozialistischen Ideen anhänge; das Ziel dieser »offiziösen« Mitteilungen war, eine ähnliche Furcht vor revolutionären Gewalttaten hervorzurufen, wie sie mit weit mehr Grund in Rußland herrschte. Bismarck hatte Erfolg: Allgemein wurden die Sozialdemokraten für den Anschlag verantwortlich gemacht; Denunziationen häuften sich. Allein im Juni verhängten preußische Gerichte insgesamt über 500 Jahre Zuchthaus wegen »Majestätsbeleidigung«, oft wegen Äußerungen wie: »Der Kaiser ist wenigstens nicht arm, er kann sich pflegen lassen.«[55] In Wirklichkeit gab Nobiling bei den wenigen Verhören, denen er seiner Verletzung wegen unterzogen werden konnte, lediglich wirre allgemein-politische Aussagen von sich; auch seine Biographie war keineswegs typisch für einen Sozialdemokraten: Geboren 1848, im Jahr der gescheiterten Revolution, als Sohn eines wohlhabenden Domänenbesitzers, genoß er eine gute Ausbildung, studierte an der Universität Halle Landwirtschaft und promovierte. Doch Nobilings scheinbar vorgezeichneter Lebensweg geriet ins Schlingern, als sein Vater sich finanziell übernahm und den Freitod wählte. Fortan lebte der spätere Attentäter unstet, steigerte sich in Wahnideen hinein, unter anderem in Spiritismus. Er reiste durch Europa, arbeitete mal hier und mal da, hatte aber nicht die Kraft, sich im Alltag zu behaupten.

Offizielle Verlautbarungen über das Attentat gab es nicht, was Franz Mehring bitter kommentierte: Was Nobiling »über die Tat und ihre Beweggründe ausgesagt hat, darüber hat die Regierung immer sorgsam geschwiegen, ein negativer, aber durchschlagender Beweis dafür, daß sie für einen Zusammenhang Nobilings mit der Sozialdemokratie auch nicht die entfernteste Spur hat entdecken können.« Nach dem Hörensagen berichtete der gewiß parteiische, aber scharfsinnige Mehring weiter, der Attentäter habe nicht aus dem Leben scheiden wollen, ohne einen Großen mitzunehmen. »Hödels Glorie zeigte [Nobilings] Eitelkeit den Weg, nur daß er bei seinem höheren Bildungsgrade den Fluch der Lächerlichkeit erkannte, der dem Attentat Hödels trotz alledem anhing. Dagegen schützte er sich durch die bösartige Ausführung seines Mordplanes.«[56] Im Sommer 1878 inszenierte Bismarck einen furiosen Wahlkampf mit Stoßrichtung gegen die Sozialdemokraten; im neu gewählten Reichstag brachte er am 20. Oktober 1878 sein »Sozialistengesetz« vom Mai in deutlich verschärfter Form durch. Karl Nobiling erlebte diesen Sieg des Reichskanzlers nicht mehr; er erlag am 10. September seinen schweren Kopfverletzungen. Am 5. Dezember 1878 übernahm der genesene Kaiser Wilhelm I. wieder die Regierungsgeschäfte.

Enttäuschte Anhänger sind gefährlich – um so mehr, wenn sie sich von Anfang an falsche Vorstellungen gemacht haben. Charles J. Guiteau, ein 39jähriger Anwalt aus Chicago, wartet die ersten Monate des Jahres 1881 tagtäglich auf die erlösende Nachricht: Er rechnet fest damit, vom neugewählten Präsidenten James A. Garfield zum US-

Botschafter in Österreich oder zum Konsul in Paris berufen zu werden.[57] Im Rahmen seiner Möglichkeiten hat er die Wahlkampagne des Kompromißkandidaten Garfield im Herbst 1880 unterstützt; dafür erwartet er nach dem Sieg der Republikanischen Partei eine Belohnung. Doch seine Eingaben an den Stab des Präsidenten und direkt ans Weiße Haus werden freundlich abgewiesen oder ganz ignoriert. Guiteau, der zwar durch nichts für das angestrebte Amt qualifiziert ist, was aber auf dem Höhepunkt des »spoils system« (»Beute-Prinzip«) für viele Funktionsträger in der amerikanischen Demokratie gilt, wandelt sich vom Anhänger zum fanatischen Gegner Garfields. Er fühlt sich persönlich verletzt und verraten; in seiner Vorstellung gibt es dafür nur eine denkbare Strafe: den Tod. Vor Gericht wird Guiteau später angeben, einen entsprechenden »Auftrag Gottes« empfangen zu haben, was ihm aber niemand abnimmt.

Nicht einmal vier Monate ist der 20. US-Präsident im Amt, als er am 2. Juli 1881 das Weiße Haus verläßt, um in der Baltimore and Potomac Station einen Zug zu besteigen. Er ist in Begleitung seines Außenministers James Blaine, weiterer Mitarbeiter und einiger Sicherheitsbeamter – seit dem Mord an Abraham Lincoln 1865 wird jeder US-Präsident in der Öffentlichkeit von ausgewählten Polizisten begleitet. Sie nehmen ihre Aufgabe allerdings nicht besonders ernst: Guiteau kann sich nicht nur ungehindert von hinten bis auf wenige Meter an Garfield nähern, er kann sogar, nachdem der erste Schuß vorbeigeht, ein zweites Mal feuern. Diese zweite Kugel trifft den Präsidenten in den Rücken und verletzt ihn schwer. Tödlich allerdings ist nicht die Kugel, sondern eine Blutvergiftung, die Garfield vermutlich bei der Erstversorgung durch Ärzte im Weißen Haus erleidet. Qualvoll siecht der Präsident zehn Wochen hin; als er am 19. September 1881 stirbt, hat er gerade den 199. Tag seiner Präsidentschaft hinter sich.

Guiteau wurde unmittelbar nach seinem zweiten Schuß von Wachen festgenommen; bei der Untersuchung kam bald heraus, daß der Attentäter bereits Wochen vor dem 2. Juli mehrfach beim Weißen Haus vorgesprochen und sich nach dem Terminplan des Präsidenten erkundigt hatte. Außerdem tauchten Briefe von ihm auf, in denen er vielsagende Andeutungen von sich gab: »General Garfield, ich habe versucht, Ihr Freund zu sein [...] Dieser Brief beweist, daß [Außenminister James] Blaine ein gottloser Mann ist, und Sie sollten seinen umgehenden Rücktritt verlangen. Andernfalls werden Sie und die Republikanische Partei Schaden erleiden. Hochachtungsvoll Charles Guiteau«. Trotz dieser und vieler weiterer Hinweise auf die Absichten des enttäuschten Unterstützers befand niemand es für nötig, den Mann einer genaueren Untersuchung zu unterziehen, ihn zu beobachten oder zu verhören. In einer allerdings erst ein Jahr später bekanntgewordenen »Proklamation an das amerikanische Volk« schrieb Guiteau am 16. Juni 1881: »Ich hatte die Idee, den Präsidenten zu beseitigen, vor vier Wochen. [...] Dies ist kein Mord. Es ist eine politische Notwendigkeit. Ich will meinen Freund [Vizepräsident Chester Alan] Arthur zum Präsidenten machen und so die Republik retten [...]. Ich überlasse meine Beurteilung Gott und dem amerikanischen Volk.«[58]

So geschah es; allerdings anders, als Guiteau sich das vorgestellt hatte. Denn in seinem Prozeß, der gut zwei Monate nach dem Tode Garfields wegen Mordes geführt wurde und in dem sich der Attentäter als gelernter Jurist selbst verteidigte, wurden alle Begründungen für seine Tat beiseite gewischt. Drei Gründe führte Guiteau an, warum er wegen des gewaltsamen Todes seines Opfers nicht verurteilt werden könne: Erstens wegen Wahnsinns, wegen der Überzeugung, das Attentat sei Gottes Werk und nicht seines; zweitens weil Garfield nicht an seiner Kugel starb, sondern wegen eines ärztlichen Fehlers bei der Versorgung seiner Wunde; drittens weil der Präsident in seinem Privathaus in New Jersey gestorben war und damit außerhalb der Jurisdiktion des Gerichtes, vor dem er stand. Alle drei Argumente überzeugten die Jury nicht; die letzten beiden waren ohnehin gegenstandslos, das erste hätte dem Attentäter möglicherweise die Todesstrafe ersparen können, wenn es denn überzeugender vorgetragen worden wäre. Aber Guiteau machte mit seinen Haßtiraden gegen Garfield und seine Regierung keinen guten Eindruck bei den Geschworenen. Sie erkannten auf »schuldig« im Sinne der Anklage und damit automatisch auf Hinrichtung. In der Todeszelle verlor der Attentäter endgültig jeden Bezug zur Realität. Am 30. Juni 1882 sprach Charles Guiteau unmittelbar vor seiner Hinrichtung als letzte Worte ein selbstverfaßtes Gedicht:

Ich gehe zum Herrn, ich bin so froh
Ich gehe zum Herrn, ich bin so froh
Ich gehe zum Herrn, Glory halleluja, Glory halleluja

Ich gehe zum Herrn
Ich liebe Gott mit ganzer Seele, Glory halleluja
Und das ist der Grund, warum ich zum Herrn gehe,
Glory halleluja, Glory halleluja. Ich gehe zum Herrn
Ich habe meine Partei und mein Land gerettet, Glory Halleluja
Aber sie ermorden mich dafür,
und das ist der Grund, daß ich zum Herrn gehe[59]

So ging es einige Strophen lang weiter; Charles Guiteau sprach noch immer, als der Henker ihm die Schlinge um den Hals legte. Bevor sich die Klappe des Galgens unter seinen Füßen öffnete, kamen als letzte Worte dreimal »Glory« über seine Lippen. Der Delinquent war ohne Zweifel geistig schwer gestört, doch anders als zum Beispiel Richard Lawrence, der 1835 auf US-Präsident Andrew Jackson geschossen hatte, war Guiteaus Geisteskrankheit nicht unmittelbar durch sein Verhalten erkennbar, sondern drückte sich in seiner irrationalen Weltsicht und einer krankhaften Überzeugung der Berufenheit aus. Er sollte nicht der letzte Attentäter auf einen US-Präsident sein, der trotz einer erkennbaren geistigen Störung hingerichtet wurde.

Auch Attentate folgen einer geheimen Konjunktur. Jahre-, gelegentlich jahrzehntelang geschieht kein einziger Anschlag auf eine politisch bedeutende Persönlichkeit – und dann fallen binnen kurzem gleich mehrfach Schüsse. Manchmal beschränken sich solche »Hochkonjunkturen« auf ein Land, etwa in Großbritannien zwischen 1840 und 1842 mit fast einem halben Dutzend Attentate auf Queen Victoria, in Deutschland Mitte der siebziger Jahre des 19. Jahrhunderts oder in Rußland zwischen 1879 und 1888. Manchmal erfaßt eine Attentatswelle gleich mehrere Länder sogar beiderseits eines Ozeans. Typisch dafür sind die Attentate um die Wende vom 19. zum 20. Jahrhundert. Innerhalb weniger Jahre starben bei Anschlägen erst der französische Premier Jules Ferry (1893), dann der Präsident der französischen Dritten Republik, Sadi Carnot (1894), im folgenden Jahr der bulgarische Regierungschef Stefan Stambulow, 1897 der spanische Ministerpräsident Antonio Canovas de Castillo, ein Jahr später Kaiserin Elisabeth von Österreich, dann der italienische König Umberto I. (1900) und schließlich im Jahr 1901 US-Präsident William McKinley. Zahlreiche weitere Anschläge auf weniger bedeutende Persönlichkeiten und fehlgeschlagene Attentate, zum Beispiel auf Kaiser Wilhelm II. 1900 und 1901, ließen die Gefahr allgegenwärtig erscheinen.[60] In den meisten der angeführten Fälle hatten die betroffenen Regierungen eine bequeme Erklärung parat: Die Attentäter wurden als »Anarchisten« qualifiziert, was erstens den Vorteil hatte, unabhängig vom Ergebnis der Ermittlung sowohl für Einzeltäter wie für Vollstrecker einer Verschwörung zu passen, und zweitens ermöglichte, selbst aus Attentaten unverkennbar geistesgestörter Einzeltäter politisches Kapital zu schlagen.

Auch für Leon Czolgosz ist rasch das Etikett »Anarchist« zur Hand, nachdem er am 6. September 1901 auf US-Präsident William McKinley geschossen hat.[61] Der 28jährige Sohn polnischer Einwanderer schiebt sich bei einem Besuch des Präsidenten bei einer Messe in der Provinzstadt Buffalo im Bundesstaat New York an McKinley heran. Die rechte Hand hat er in ein weißes Tuch gewickelt; einem Wachposten fällt das auf und er fragt den späteren Attentäter, ob er sich verletzt habe und ob er nicht lieber eine Erste-Hilfe-Station aufsuchen wolle? Czolgosz antwortet: »Nachdem ich den Präsidenten getroffen habe, ich warte schon so lange.« Der Sicherheitsbeamte ist zufrieden und wundert sich auch nicht, als sich der seltsame junge Mann immer näher an den Präsidenten drängelt. Als Czolgosz unmittelbar vor McKinley steht, streckt er ihm die linke Hand entgegen, weil seine rechte verletzt sei, lenkt sein Opfer damit ab, hebt die angeblich verletzte Hand, in der er unter dem weißen Tuch einen kleinen Revolver hält, und drückt zweimal ab. Unmittelbar nach den Schüssen wird er von Wachen niedergerissen und verprügelt; McKinley sinkt getroffen zu Boden und murmelt noch: »Seid vorsichtig mit ihm, Jungs!« Der Präsident stirbt acht Tage später; ob er bei besserer medizinischer Versorgung überlebt hätte, ist Spekulation. In einer ersten Vernehmung begründete der Attentäter seinen Anschlag, es sei seine »Pflicht« gewesen, auf McKinley zu schießen. Als wichtigste Konsequenz aus dem Mordanschlag befiehlt der neue Präsident, der Haudegen und Selbstdarsteller Theodore Roosevelt, daß künftig der US Secret Service, der kleine Ermittlungsdienst des Finanzministeriums, für alle Aspekte der Sicherheit des Präsidenten zuständig sein soll. McKinleys Tod führt so zum Aufbau des besten Personenschutzes der Welt, der trotzdem mehrfach versagte.

Czolgosz wurde von fünf Psychiatern untersucht, die ihn einstimmig für geistig gesund und (vor allem) für voll schuldfähig erklärten; eine angesichts der Vorgeschichte des Anschlags durchaus zweifelhafte Feststellung. Als Motiv gab der Attentäter an: »Ich glaube nicht an die Regierungsform der Republik und ich glaube nicht, daß wir Herrscher haben sollten. Es ist rechtens, sie zu töten.«[62] Bei anderer Gelegenheit sagte Czolgosz aus, McKinley habe im ganzen Land das Ziel des Wohlstandes gepredigt, aber für den Mann auf der Straße gebe es keinen Wohlstand. Als wichtigstes Ereignis für seine Entscheidung, zum Präsidentenmörder zu werden, gab Czolgosz das Massaker in den Lattimer-Minen in Pennsylvania an, bei dem am 10. September 1897 19 streikende schwarze Minenarbeiter erschossen und rund 40 weitere verletzt worden waren. Kurz darauf erlitt er einen Nervenzusammenbruch, von dem er sich nicht mehr erholte. Er quittierte seine Arbeit, bei der durchaus positiv aufgefallen war, und lebte fortan bei und von seiner Familie in der Nähe von Cleveland.

Als Ende Juli 1900 die Nachricht vom Mord am italienischen König Umberto I. über den Atlantik kam, fand Leon Czolgosz seine neue »Berufung«: Im Namen des Anarchismus, so redete er sich im Verlauf des Jahres 1901 ein, müßte er den amerikanischen Präsidenten ermorden. Beigetragen haben mag zu seiner Wahnidee, daß er im Mai eine Rede der anarchistischen Aktivistin Emma Goldman hörte, für die er sich begeisterte und der er fortan gefallen wollte, obwohl sie an ihm desinteressiert war. Czolgosz nahm auch Kontakt zu anarchistischen Gruppen auf, stieß aber hier auf wenig Gegenliebe, zum Beispiel bei dem Parteifunktionär Emil Schilling: Der junge Mann sei arrogant und schlecht informiert über die theoretischen Aspekte des Anarchismus, urteilte Schilling.[63] Von nun an ließen sich die beiden Motive in Czolgosz' Denken nicht mehr trennen: Der Wunsch, die bewunderte Emma Goldman zu beeindrucken, die ihrerseits 1892 an einem Attentat auf einen amerikanischen Schwerindustriellen[64] beteiligt war, wurde ebenso wichtig wie seine eigene »politische« Überzeugung. Unter falschem Namen machte er sich Mitte Juli 1901 von Cleveland auf. Angeblich, um gen Westen zu reisen und sich ein neues Leben aufzubauen, tatsächlich aber mit dem Ziel, eine Gelegenheit zum Attentat auf McKinley zu finden. Am 31. August traf er in Buffalo ein, wo wenige Tage später der US-Präsident erwartet wurde.

Unter der Anklage eines Mordes ersten Grades, also einer besonders schweren, aus kriminellen Motiven begangenen Tötung, stand Czolgosz schon eine gute Woche nach dem Tod seines Opfers vor

Gericht. Czolgosz bekannte sich »schuldig«, doch der Richter ignorierte dieses Bekenntnis; wahrscheinlich, weil nach damaligem Recht im Staate New York nur ein Täter, der sich »nicht schuldig« bekannte, aber nach Überzeugung des Gerichtes eines Verbrechens überführt wurde, zum Tode verurteilt werden konnte. Das ganze Verfahren war eine Farce, die binnen acht Stunden vorüber war und mit dem absehbaren Urteil endete: der Todesstrafe. Am 29. Oktober 1901 starb Leon Czolgosz auf dem elektrischen Stuhl.

Emma Goldman, für die der Attentäter aus emotionaler Begeisterung seine Tat begangen hatte, schrieb dreißig Jahre später in ihrer Autobiographie verklärend: »Der Junge in Buffalo beging [...] seine Tat nicht aus persönlichen Gründen oder für Profit. Er tat es für sein Ideal: das Wohl des Volkes. Deshalb hat er meine Sympathie.«[65] Weitsichtiger waren zwei amerikanische Psychiater, Walter Channing und sein Assistent L. Vernon Briggs, die nach der Hinrichtung von Czolgosz auf den Fall aufmerksam wurden. Sie stellten die Diagnose ihrer fünf Kollegen in Frage und veröffentlichten streitbare Artikel, in denen sie dem Attentäter aufgrund seines Nervenzusammenbruchs und familiärer Belastungen eine geistige Störung attestierten, die jedenfalls die Verurteilung zum Tode ausgeschlossen hätte. Ihr Votum litt naturgemäß unter dem Makel, daß sie Czolgosz nie direkt untersucht hatten. Trotzdem spricht viel für ihre Deutung; nach heutigen Maßstäben wäre Leon Czolgosz mit hoher Wahrscheinlichkeit als geistesgestört in die Psychiatrie geschickt worden statt in die Todeszelle.

Seit dem Mord an William McKinley ist der Secret Service federführend für die persönliche Sicherheit der US-Präsidenten zuständig. Allerdings beginnt dieser umfassende Schutz in den folgenden Jahrzehnten erst mit der Amtseinführung; das gewählte, aber noch nicht amtierende Staatsoberhaupt der USA wird nicht sehr intensiv bewacht. So gibt es am 15. Februar 1933 keine besonderen Vorkehrungen, als der im November gewählte künftige Präsident, der Demokrat Franklin D. Roosevelt, in Miami spontan von seinem Auto aus eine kurze Rede hält.[66] Gerade bittet der schwer gehbehinderte Politiker den zufällig ebenfalls in Miami anwesenden Bürgermeister von Chicago, Anton J. Cermak, zu sich, als plötzlich Schüsse die friedliche Situation zerstören. Fünfmal knallt es, am Ende werden die Behörden einen Toten und vier weitere, teilweise schwer Verletzte zählen. Auf einem Stuhl inmitten der Menschenmenge stehend, hat der italienische Einwanderer Guiseppe Zangara das Feuer auf Roosevelts Limousine eröffnet. Doch gerade den künftigen Präsidenten trifft er nicht; die gefährlichste Kugel zerreißt Cermak den rechten Lungenflügel. Der Bürgermeister ruft noch: »Bringt den Präsidenten fort!« und sagt leiser zu Roosevelt: »Ich bin froh, daß es mich erwischt hat und nicht Sie.«[67] Trotz umgehender medizinischer Versorgung stirbt er drei Wochen später. Der künftige Präsident dagegen bleibt unverletzt. Der Attentäter wird fast sofort festgenommen, was sein Leben um einige Wochen verlängert, weil er sonst sicherlich von der empörten Anhängerschar Roosevelts gelyncht worden wäre.

Der 32jährige Attentäter stammte aus Süditalien. Dort hatte er bis zum Herbst 1923 gelebt, bevor er zusammen mit einem Onkel in die USA ausgewandert war. Über die knapp zehn Jahre in den USA ist vergleichsweise wenig bekannt; fast alles, was man weiß, stammt aus Zangaras eigenen Angaben. Danach starb seine Mutter, als der kleine Guiseppe gerade zwei Jahre alt war. Sein Vater heiratete bald wieder, eine Witwe mit sechs Kindern, die den Stiefsohn nicht besonders liebevoll aufzog. Nach nur zwei Monaten in der Schule nahm sein Vater den kleinen und schwächlichen Jungen aus der Klasse, um ihn arbeiten zu lassen. In Guiseppe Zangara begann Haß zu wuchern, auf seine Familie, auf die Obrigkeiten, auf die Gesellschaft im allgemeinen. Fanatischer Haß wurde zur wichtigsten Emotion seines Lebens. Selbst für die schweren Schmerzen im Brustkorb, die ihn seit seiner Kindheit quälten, machte er den Staat verantwortlich. Sobald er das nötige Alter erreicht hatte, verließ Zangara Vater und Stiefmutter, um zur italienischen Armee zu gehen. Auch hier hatte der immer noch kränkliche junge Mann zwar keinen durchschlagenden Erfolg, aber er konnte sich wenigstens von seinen Verwandten befreien. Damals schon hatte er die Idee, einen führenden Politiker zu ermorden, um ihn zu »bestrafen«. Doch Anfang der zwanziger Jahre fand Guiseppe Zangara keine Gelegenheit, an den italienischen König Viktor Emmanuel III. heranzukommen.

Auch die Auswanderung die USA brachte ihm keine Erlösung. Zwar wurde er problemlos eingebürgert, fand bald eine Arbeit als Maurer und verdiente gut, doch auch die amerikanischen Ärzte konnten ihm nicht wirklich helfen. Wieder wuchs der Haß in ihm, besonders, als er nach dem Ausbruch der Weltwirtschaftskrise 1929 auch noch seine Arbeit verlor und sich nur gerade so durch Wettgewinne und Aushilfstätigkeiten ernähren konnte. Anfang Februar 1933 traf er die Entscheidung, den scheidenden US-Präsidenten Herbert Hoover zu ermorden – er sei verantwortlich für die Arbeitslosigkeit, redete Zangara sich ein. Am 13. Februar kaufte er sich in Miami eine Pistole und erkundigte sich, wie er nach Washington D.C. kommen könnte. Am folgenden Tag entnahm er den lokalen Zeitungen, daß der künftige US-Präsident Franklin Roosevelt in Miami erwartet wurde. Daraufhin ließ er seinen eigentlichen Plan fallen und entschied sich, am kommenden Tag Roosevelt aufzulauern.

Zangara wurde zunächst des vierfachen Mordversuchs angeklagt; als Anton Cermak am 6. März 1933 starb, kam die Anklage wegen Mord ersten Grades hinzu. Der Richter fragte Zangara, ob ihm klar sei, was er getan habe. Der Angeklagte antwortete: »Natürlich weiß ich das. Ich habe versucht, den Präsidenten zu töten. Ich trug ein Bild des Präsidenten in meiner Tasche. Ich wollte nicht Cermak oder irgend jemanden anderen außer Roosevelt erschießen. Ich zielte auf ihn, ich schoß auf ihn. Aber irgend jemand stieß meinen Arm an. Irgendwelche Dummköpfe – sie hätten mich ihn töten lassen sollen.«[68] Angesichts dieser klaren Aussage sind alle Spekulationen, das eigentliche Ziel sei der Chicagoer Bürgermeister gewesen und Zangara eigentlich ein Auftragskiller im Sold der Mafia, gegenstandslos.[69] Als Grund für seine Tat gab der Attentäter seinen Haß auf den Kapitalismus an. Auf die Frage seines Pflichtverteidigers, ob er seine Tat bedauere, antworte er: »Sicher. Ich bedauere, daß ich ihn nicht getötet habe.«[70] Obwohl es in seinen Verhören und während des Prozesses viele Hinweise auf den Wahnsinn des Attentäters gab, auf seine pathologische Wut auf die Gesellschaft, wurde er wie ein normaler Verbrecher wegen Mordes an Anton Cermak zum Tode auf dem elektrischen Stuhl verurteilt. Am 21. März 1933 starb Guiseppe Zangara an mehreren Stromstößen. Er hatte sein Ziel zwar nicht erreicht, aber wenigstens wurde er von Staats wegen von seinem Leben erlöst.

Rätselhaft sind viele Anschläge, und manche müssen bis heute als ungelöst betrachtet werden. Aber ausgerechnet ein Attentat, das von den zuständigen Ermittlern gewissenhaft aufgeklärt wurde, das der Attentäter ohne Zögern und ohne wesentliche Widersprüche immer wieder gestand, das in einem allerdings schon nicht mehr rechtsstaatlichen Prozeß abgeurteilt wurde, gilt auch nach sieben Jahrzehnten als umstrittenster Kriminalfall der Weltgeschichte. Rational ist das nicht zu erklären – ebenso wenig wie der missionarische Eifer, mit dem ganz unterschiedliche politische Gruppen, von der extremen Linken bis weit in die antikommunistische Rechte hinein, im Laufe der Jahre in minimalen Variationen dieselbe Verschwörungstheorie verbreiten. Obwohl durch nichts als Geraune, Gerüchte und ein Bündel Fälschungen belegt, taucht diese »Deutung« zuverlässig zu jedem runden Jahrestag des Attentats, aber auch bei jeder anderen sich bietenden Gelegenheit in Büchern, Zeitungen, Zeitschriften, dem Fernsehen, dem Internet und endlos vielen, im Kern stets gleichen Leserbriefen wieder auf.

Dabei ist die Lösung des vermeintlichen »Rätsels« Reichstagsbrand[71] so einfach: Am 27. Februar 1933 steigt gegen 21.03 Uhr ein junger Mann über einen Balkon an der Westfassade in das Hauptgeschoß des deutschen Parlamentsgebäudes ein. Außer den bescheidenen Kleidern an seinem Leib, vier Paketen Kohleanzündern Marke »Oldin« und Streichhölzern hat der Einbrecher wenig bei sich. Er tritt das Doppelfenster ein und klettert in das Reichstagsrestaurant. Hier wirft er das erste brennende »Oldin«-Paket unter eine Gardine, ein zweites unter einen Tisch, entzündet mit der dritten Packung mehrere Vorhänge und beginnt einen Irrweg durch das menschenleere Gebäude, der ihn in wenigen Minuten durch die Kuppelhalle, dann in die Südwestecke des Erdgeschosses und wieder zurück ins erste Stockwerk führt, wo er im Plenarsaal wie in allen anderen Räumen zuvor brennbares Material entzündet, bevor er seinen Weg in den benachbarten Bismarcksaal fortsetzt. Seine Jacke und sein Hemd hat er längst ausgezogen und als Fackeln benutzt, ebenso mehrere Tischdecken.

Gegen 21.27 Uhr, etwa 24 Minuten nach dem Einbruch also, läuft der Brandstifter im Bismarcksaal dem Hausinspektor des Reichstags, Alexander Scranowitz, und dem Polizeiwachtmeister Helmut Poeschel in die Arme. Beide sind auf die ersten Meldungen von einem Feuer im Parlament hineingeeilt; wie mehrere andere Polizisten und Feuerwehrleute sind sie in diesen Minuten im Hauptgeschoß des Reichstags unterwegs, um einen Überblick über den Brand zu gewinnen und eventuell den oder die Brandstifter auf frischer Tat zu ertappen. Unbewußt lösen sie dabei den verheerenden »Flash over« im Plenarsaal aus, ein bekanntes und bei Feuerwehrleuten gefürchtetes physikalisches Phänomen, das den Brand unkontrollierbar werden läßt: Im gut verschlossenen Saal klettert die Temperatur durch kleine Brände der gewachsten Einrichtung und der schweren Vorhänge auf mehrere hundert Grad, entwickelt sich aber wegen Sauerstoffmangels noch nicht zum Großbrand weiter. Erst als die großen Türen zum Saal von den Beamten geöffnet werden, kann der Brand frischen Sauerstoff ansaugen – und weitet sich explosionsartig aus. Daß es sich um ein mutwillig gelegtes Feuer handelt, ist den Beamten sofort klar; durch einen Unfall können so viele kleine Brände an verschiedenen Stellen noch dazu in zwei Stockwerken gleichzeitig nicht ausbrechen. Als Scranowitz und Poeschel plötzlich ein naßgeschwitzter junger Mann mit nacktem Oberkörper gegenübersteht, der nicht zum Personal des Parlaments gehört, ist es für sie keine Frage: Vor ihnen steht der Täter. Scranowitz brüllt den Unbekannten an: »Warum hast Du das getan?«, und bekommt zur Antwort: »Aus Protest!«[72] Poeschel durchsucht ihn derweil, findet ein Taschenmesser, etwas Kleingeld und einen Paß. Während der Hausinspektor den Attentäter niederschlägt, schaut Poeschel in den Paß: Der Verdächtige heißt Marinus van der Lubbe, ist Holländer und 24 Jahre jung.

Von seiner ersten Reaktion auf Scarnowitz' Frage bis zum Ende seines Lebens blieb van der Lubbe stets dabei: Er selbst hatte den Reichstag angezündet, allein und ohne Helfer. Immer wieder gestand der Attentäter die Brandstiftung, aber genutzt hat es wenig: Bis heute wirken zahlreiche unbegründete Thesen nach, laut denen entweder die Kommunisten, die Deutschnationalen, eine Gruppe von Rechtsterroristen um den Schriftsteller Ernst von Salomon oder ein SA-Trupp die eigentlich Brandstifter gewesen seien, die lediglich den verwirrten Holländer als Sündenbock im brennenden Gebäude zurückgelassen hätten.[73] Doch einer detaillierten Prüfung hielt keine einzige dieser Behauptungen stand. Daher darf man feststellen: Nach kriminalistischen wie nach geschichtswissenschaftlichen Maßstäben ist die Brandstiftung im Reichstag aufgeklärt. Der Täter war Marinus van der Lubbe; er handelte allein und ohne Helfershelfer.

In seinen Verhören gab van der Lubbe an, ein »politisches Motiv« habe seiner Tat zugrunde gelegen. »Ich habe in Holland gelesen, daß jetzt in Deutschland die Nationalsozialisten an die Regierung gekommen sind«, sagte er am 2. März 1933 aus: »Ich habe festgestellt, daß die Anhänger der nationalen Konzentration [van der Lubbes Ausdruck für die Regierung Hitler – sfk] volle Freiheit in Deutschland haben, der Arbeiter aber nicht. Weiter ist der Kampf der Organisation der Arbeiter nicht der richtige, um die Arbeiter zum Kampf für die Freiheit aufzurütteln. [...] Ich habe eingesehen, daß die Arbeiter aus sich heraus nichts unternehmen. Von allein werden die Arbeiter in der heutigen Zeit vor den Wahlen nicht bereit sein, aus sich selbst heraus gegen das System anzukämpfen, das der einen Seite Freiheit und der anderen Unterdrückung gibt. Meine Meinung war, daß unbedingt etwas geschehen müßte, um gegen dieses System zu protestieren. Da nun die Arbeiter nichts tun wollten, wollte ich eben etwas tun. Für ein geeignetes Mittel hielt ich irgendeine Brandstiftung.«[74] Tatsächlich legte van der Lubbe vor dem fatalen Einbruch im Reichstag drei Brände: Am 25. Februar 1933 warf er nacheinander brennende Pakete Kohlenanzünder auf eine Baracke des Wohlfahrtsamtes Neukölln, ins Erdgeschoß des Roten Rathauses am Alexanderplatz und in einen Büroraum im fünften Stock des Berliner Stadtschlosses. Alle Feuer konnten wurden bald entdeckt und rasch gelöscht werden; nur vom letzten Brand wurde in den Berliner Zeitungen Notiz genommen. Enttäuscht machte sich van der Lubbe zu Fuß auf den Weg, Berlin zu verlassen; am übernächsten Tag allerdings faßte er sich nochmals ein Herz und kehrte in die Innenstadt zurück, um eine weitere Brandstiftung zu unternehmen. Als neues Ziel hatte er sich den Reichstag vorgenommen, »weil das ein Zentralpunkt des Systems ist«.

Marinus van der Lubbe war ein politischer Wirrkopf. Geboren 1909 in 's Hertogenbusch als jüngstes Kind des reisenden Krämers Franciscus Cornelis van der Lubbe, besuchte er die Volksschule und dann für anderthalb Jahre die Christliche Schule in Leiden – trotz schwieriger Familienverhältnisse: Die Eltern trennten sich früh, die Mutter blieb mit ihren sieben Kinder allein. 1921 starb sie. Unter Aufsicht einer Stiefschwester und ihres Mannes wuchs der Junge auf, absolvierte eine Lehre als Maurer und besuchte zusätzlich die Abendschule. Er war intelligent und hatte durchaus Begabungen: »Marinus, der ungebärdige, redegewandte und geistig bewegliche Bursche, spürte ohnehin in sich den dunklen, unbestimmten Drang, herauszukommen aus der Enge der holländischen Kleinstadtverhältnisse.«[75] In der öffentlichen Bücherei in Leiden lieh er sich zahlreiche Bücher aus, darunter waren Werke von Henry Ford ebenso wie das »Kapital« von Karl Marx und Reisebeschreibungen von Sven Hedin. Im Selbststudium und unter dem Einfluß von Arbeitskollegen entwickelte Marinus van der Lubbe eine schwärmerische, kommunistisch-anarchistisch durchdrungene Weltanschauung. Als ein Arbeitsunfall seine beiden Augen irreparabel schädigte, war sein Abstieg unaufhaltsam. Von nun an arbeitete er nur noch als Aushilfe und verbrachte seine meiste Zeit mit mehr oder weniger sinnvollen politischen Aktionen. Zum Ziel seines politischen Kampfes erkor er die staatliche Wohlfahrt; in Leiden beispielsweise warf er einige Fenster des Wohlfahrtsamtes ein und wurde prompt zu 14 Tagen Haft verurteilt. Protest gegen die herrschenden Umstände war bald der eigentliche Lebenszweck van der Lubbes; für eine dauerhafte und möglicherweise erfolgversprechende politische Arbeit in einer Partei fehlte ihm das Stehvermögen.

Leben konnte er mehr schlecht als recht von einer kleinen Invalidenrente, die er vom Wohlfahrtsamt bezog. Entgegen einer böswilligen Behauptung, die während des Reichstagsbrandprozesses von kommunistischen Agitatoren verbreitet wurde, war Marinus van der Lubbe kein Strichjunge und offensichtlich nicht einmal homosexuell; jedenfalls fiel er bei seinen ziellosen Wanderungen durch Mitteleuropa Anfang der dreißiger Jahre nirgends wegen der damals allerorten strafbewehrten »widernatürlichen Neigung« auf. Zum Schwulen »gemacht« wurde van der Lubbe nur, um eine Verbindung zum bekanntermaßen homosexuellen SA-Stabschef Ernst Röhm und seiner gleichfalls überwiegend schwulen Umgebung konstruieren zu können. Denn warum hätten sich die vermeintlichen SA-Brandstifter ausgerechnet eines holländischen Anarchisten bedienen sollen, der nur wenige Tage vor dem Feuer nach Deutschland gekommen war, wenn sie ihn nicht bereits länger und genau kannten? Statt den naheliegenden Schluß zu ziehen, daß nämlich van der Lubbe schlicht keine Kontakte zur SA hatte, konstruierten die Anhänger der »Nazitäter-These« van der Lubbes angebliche Homosexualität.[76]

Im Prozeß kamen auch zwei angesehene Psychiater zu Wort, die Nervenärzte Karl Bonhoeffer und Jürg Zutt. In ihren Gutachten vertraten sie die Auffassung, daß van der Lubbe zwar nicht wahnsinnig, aber doch seelisch ungewöhnlich sei: »Er war von brennendem Ehrgeiz, daneben bescheiden und kameradschaftlich, ein Wirrkopf, ohne rechtes Bedürfnis nach intellektueller Klarheit, dabei aber doch einer unbeugsamen Entschlossenheit fähig, für widersprechende Argumente einsichtslos und unbelehrbar. Er war gutmütig und nicht nachtragend, aber gegen alle Autorität lehnte er sich auf. Diese grundsätzliche aufrührerische Tendenz war wohl seine bedenklichste Eigenschaft, die ihn am ehesten auf den verhängnisvollen Weg wies, den er gegangen ist. Die frühe Verführung zu kommunistischen Ideen hat sicher in der gleichen Richtung gewirkt, aber das Ungezügelte in seinem Temperament machte es ohnehin nicht wahrscheinlich, daß er einen ruhigen und geordneten Weg durchs Leben ging.«[77]

Obwohl van der Lubbe im klinischen Sinne nicht als geisteskrank gelten konnte (was ja nebenbei auch die längst feststehende Todesstrafe gegen den Brandstifter unmöglich gemacht oder wenigstens ein weiteres rechtsstaatswidriges Sondergesetz erfordert hätte), muß er als verwirrter Einzeltäter gelten. Dafür spricht die Beliebigkeit seines Ziels – der Reichstag war ja erst vierte Wahl – ebenso wie die irrationale Begründung, es handele sich beim Parlament um einen »Zentralpunkt« der Regierung Hitler, was angesichts der allgemein bekannten Verachtung des gerade erst ernannten Reichskanzlers für den Parlamentarismus geradezu lächerlich war. Van der Lubbe, der von Anfang entschlossen war, sich nach seiner Tat zu stellen, um aus der Brandstiftung ein politisches Fanal zu machen, litt während des Prozesses am meisten darunter, nicht ernstgenommen zu werden. Die Suche nach angeblichen Mittätern mußte ihm wie eine fortwährende Erniedrigung vorkommen; niemand wollte seine herausragende Leistung, allein und ohne irgendwelche anderen Hilfsmittel als Kohleanzünder und Streichhölzer den gewaltigen Plenarsaal des Reichstages zerstört zu haben, anerkennen. In diesem Denken zeigt sich auch ein herostratisches Element, das jedoch eher nicht der Hauptantrieb seiner Tat war. Subjektiv war van der Lubbe überzeugt, ein wichtiges politisches Zeichen zu setzen; objektiv kann man seine Brandstiftung nur als Ausdruck einer Wahnidee beschreiben. Am 10. Januar 1934 bezahlte der Attentäter seinen Anschlag mit dem Leben: Nach einem rechtswidrig rückwirkend geltenden Gesetz zum Tode verurteilt, wurde Marinus van der Lubbe um 7.25 Uhr in der Richtstätte im Landgericht in Leipzig geköpft.

»Ihr werdet noch von mir hören – im Fernsehen, im Hörfunk, in der Presse!« Mit diesen Worten verabschiedet sich am 10. April 1968 Josef Bachmann von den Kollegen bei der Firma Süd-Hansa in München.[78] Neun Tage zuvor hatte der 23jährige dort einen Job als Hilfsarbeiter übernommen. Nun läßt er sich seinen Restlohn von 102,19 Mark auszahlen, 100 Mark Vorschuß hatte er schon erhalten. Josef Bachmann verläßt die Firma, holt seine wenigen Habe aus seiner Unterkunft, begibt sich zum Münchner Hauptbahnhof und besteigt um 21.52 Uhr den Interzonenzug Richtung Berlin (West). Am nächsten Morgen, dem Gründonnerstag 1968, steigt er gegen 9.10 Uhr aus dem Zug; niemandem in seinem Abteil und auch nicht den Grenzpolizisten der DDR ist die Wölbung an Bachmanns Jacke aufgefallen, die nur einen Grund haben kann: Der schmächtige Mann mit dem Milchgesicht eines 18jährigen trägt in einem Schulterhalfter eine Waffe bei sich. Gegen Mittag beginnt Josef Bachmann ziemlich hilflos die Suche nach seinem Ziel; zuerst fragt er einige Taxifahrer, dann erhält er von dem Kommunarden Rainer Langhans eine unwirsche Auskunft, schließlich, gegen 15.00 Uhr, läßt sich der junge Mann im Einwohnermeldeamt gegen eine Gebühr von einer Mark einen Auszug aus dem Melderegister geben. Er will nur eines wissen: Wo wohnt Rudi Dutschke?

Gegen 16.35 Uhr steht Bachmann unschlüssig vor dem Haus Kurfürstendamm Nummer 140, in dem der »Sozialistische Deutsche Studentenbund« (SDS) seinen Sitz hat – und in dem Rudi Dutschke polizeilich gemeldet ist. Er kann nicht einfach ins SDS-Büro spazieren und nach Dutschke fragen. Soll er zurück nach München fahren, wo der Studentenführer in wenigen Tagen erwartet wird? Plötzlich und unerwartet tritt Bachmanns Zielperson auf die Straße. Dutschke will weiter zu einer nahegelegenen Apotheke. Da geht ein junger Mann langsam auf ihn zu und spricht ihn an: »Sind Sie Rudi Dutschke?«[79] Als der Angesprochene bejaht, schreit der junge Mann: »Du dreckiges Kommunistenschwein!« und schießt seiner Zielperson eine Kugel in die Wange. Das Opfer bricht zusammen. Noch zweimal feuert Bachmann, trifft Dutschke in die Schläfe und in die Schulter. Während der Täter nun Reißaus nimmt, richtet sich der Studentenführer trotz seiner schweren Verletzung auf, torkelt ein paar Meter Richtung SDS-Büro und verliert erst dann das Bewußtsein. Es ist 16.39 Uhr.

Eine Minute später war die Polizei am Tatort, rasch kamen Feuerwehr und Sanitäter. Rudi Dutschke wurde in die neurochirurgische Abteilung des Westend-Krankenhauses gebracht. Hier nahmen mehrere Ärzteteams sofort den Kampf um Dutschkes Leben auf. Sie gewannen. Josef Bachmann wollte zu diesem Zeitpunkt eigentlich selbst schon nicht mehr leben. Er flüchtete sich in den Keller eines nahegelegenen Rohbaus und würgte zwanzig Schlaftabletten hinunter. Als Polizisten ihn stellten, feuerte er auf sie, bis er selbst getroffen wurde. Als Grund gab er nach seiner Festnahme an: »Ich wollte sterben. Ich wollte mich von der Polizei erschießen lassen.«[80]

Während die Ärzte in Westend Dutschke noch operierten und andere Ärzte dem Attentäter den Magen auspumpten, noch bevor Bachmann irgend etwas aussagte, standen für Dutschkes Anhänger die Verantwortlichen bereits fest: der Verleger Axel Springer, seine Zeitungen von »Bild« bis »Welt« und der Berliner Senat. Der SDS-Funktionär Bernd Rabehl sagte gerade einmal dreieinhalb Stunden nach den Schüssen im Audimax der Technischen Universität: »Ich erinnere daran, daß auch [der Berliner Innensenator Kurt] Neubauer und [der Regierende Bürgermeister Klaus] Schütz zusammen mit der Springer-Presse die Verantwortung für einen Mörder tragen, der sich an Rudi herangemacht hat, um ihn niederzuschießen. Und ich spreche ganz deutlich aus, die wirklichen Schuldigen heißen Springer, und die Mörder heißen Neubauer und Schütz!«[81]

Es kam, wie es wohl kommen mußte: In dieser Nacht eskalierte die Gewalt, vor dem Berliner Springer-Verlagshaus in der Kochstraße und vor anderen Druckereien und Redaktionen des Konzerns in der ganzen Bundesrepublik. Kleinlaster gingen in Flammen auf, empörte Studenten versuchten erfolglos, das Gebäude direkt an der Berliner Mauer zu stürmen. War Josef Bachmann von Springer-Zeitungen aufgehetzt worden? Der Glaube hält sich bis heute.[82] Immerhin behauptete Bachmann in seinem Prozeß verschiedentlich: »Vornweg habe ich die ›Bild‹-Zeitung gelesen! Sie ist die Tageszeitung, zu der man leicht greift, die einem zuerst ins Auge sticht.« Doch mindestens ebenso oft erklärte er: »Aber ich habe keine Springer-Zeitungen gelesen, möchte ich nebenbei bemerken.«[83] Bachmanns Aussagen, das zeigte sich rasch, waren nichts wert; er folgte den Erwartungen seiner Zuhörer ohne Rücksicht auf die Wirklichkeit.

In »Bild«, »Welt« und »BZ« wurde seit 1967 in zunehmend scharfem Ton über die deutsche und die West-Berliner Studentenbewegung berichtet. Oft wurden dabei die Grenzen des guten Geschmacks überschritten, mischten sich Diffamierungen und Hetzparolen in die Artikel. Gleichzeitig allerdings führte die Studentenbewegung einen publizistischen Krieg gegen den verhaßten Konzern: Über Monate hinweg geplant und unterstützt von DDR-Behörden und der Stasi, wurden Kampagnen unter dem Motto »Enteignet Springer!« gefahren.[84]

Rückblickend hat Peter Boenisch, seinerzeit Chefredakteur der »Bild«-Zeitung, die Vorgänge um Ostern 1968 nüchtern beschrieben: »In unseren Augen war Rudi Dutschke ein sozialistischer Wanderprediger mit Kontakten zur SED [...]. Seine Absicht, den Parlamentarismus abzuschaffen, empfanden wir als demokratiefeindlich. Aber niemand von uns war so hirnrissig oder so fanatisch, ihm den Tod zu wünschen. Doch wenn wir sagten, der Dutschke-Attentäter kommt aus einem ganz anderen Umfeld, hörte uns keiner zu.«[85] Tatsächlich bezog Josef Bachmann seinen Haß auf den SDS und dessen Gallionsfigur Rudi Dutschke aus einer anderen Quelle: der rechtsextremen »Deutschen Nationalzeitung«. Einen Ausschnitt aus diesem Blatt und nicht aus der »Bild«-Zeitung[86] hatte er auf seiner Reise nach Berlin bei sich; unter der Überschrift »Stoppt Dutschke jetzt!« waren dort wie auf einem Fahndungsplakat fünf Bilder des Studentenführers aus unterschiedlichen Perspektiven abgebildet.[87]

Dieser Artikel ließ Rudi Dutschke für den Hilfsarbeiter und Kleinkriminellen Josef Bachmann, der bis auf einen dumpfen Antikommunismus politisch desinteressiert war, zum Haßobjekt werden. Aber eigentlich war sein Attentat kein politischer Akt, sondern der Versuch eines zutiefst enttäuschten Menschen, seinem gescheiterten Leben doch noch einen Sinn zu geben. »Der erste Eindruck: ein Wicht, ein Kerlchen [...]. Der erste Eindruck ist erschreckend«, notierte der Gerichtsreporter des Magazins »Der Spiegel«, Gerhard Mauz, über Bachmanns Erscheinung während seines Prozesses: »Dieser Josef Bachmann ist einer von denen, die niemand auf der Rechnung hat. Er ist ein Nichts.«[88] Der Attentäter, am 12. Oktober 1944 unehelich geboren, wuchs in schwierigen Verhältnissen auf. 1956 flüchtete seine Familie aus der DDR in die Bundesrepublik, doch hier erlebte der junge Josef lediglich einen Mißerfolg nach dem anderen. Von schwächlicher Statur und eher bescheidener Intelligenz, versuchte er sich in seiner Clique mit teuren Mopeds und später schnellen Autos

Achtung zu verschaffen, die er stahl oder durch Einbrüche finanzierte. Schon mit 17 wurde er zum ersten Mal verurteilt, weitere Strafen folgten, darunter auch einmal neun Monate ohne Bewährung. Aus dem Kreislauf von »Bestätigungs-Konsum und Kriminalität« kam er nicht mehr heraus.[89] Auch in Frankreich fiel Bachmann negativ auf; im Sommer 1966 wurde er auf frischer Tat beim Einbruch in Saint-Raphael ertappt. Er randalierte, wehrte sich, flüchtete und sprang mit gefesselten Händen ins Meer. Ein Jahr Gefängnis ohne Bewährung war die Konsequenz; nach zwei Dritteln der Strafe wurde er nach Deutschland abgeschoben.

Hier fiel der gerade erst 22jährige durch Alkoholexzesse und selbstzerstörerische Anfälle auf, außerdem durch ständiges Wechseln seines Arbeitsplatzes. Doch nichts deutete daraufhin, daß er sich in einer Sackgasse fühlte, aus der es nur noch einen Ausweg gab: die große, mutige Tat, die ihm das Ansehen seiner Mitmenschen bringen würde, verbunden mit dem Selbstopfer. Zum Beispiel der Mord an dem umstrittenen Studentenführer Rudi Dutschke. Erhard Philipp, psychiatrischer Gutachter im Prozeß gegen Bachmann, erklärte den Weg von der gescheiterten Existenz zum Attentäter elf Jahre nach dem Verfahren so: Bachmann »träumte davon, ein großer Mann zu sein. Er träumte davon, schöne Frauen zu haben, Geld zu haben. Er träumte davon, ein schönes Leben zu führen. Und er idealisierte Führerfiguren, die er aber nicht erreichen konnte. [...] Bei Bachmann war das Ziel der Selbstverwirklichung das Herostratische. Er wollte mit einer negativen Tat als negativer Held in die Geschichte eingehen.«[90] Kurz nach seiner Festnahme hatte er den erstaunten Polizisten als Grund für seine Tat entgegengeschleudert: »Ich möchte mit Ihnen wetten, daß sich 70 Prozent der Bevölkerung im stillen die Hände reiben.«[91]

Nach dem Scheitern auch dieses, seines letzten Plans gab es für Josef Bachmann endgültig nichts mehr, was sein Weiterleben rechtfertigte. Schon in der Untersuchungshaft versuchte er fünfmal erfolglos, sich selbst zu töten. Auch das wegen seiner psychischen Probleme relativ milde Urteil, sieben Jahre Haft, änderte an seiner Verzweifelung nichts. Bei nächstbester Gelegenheit machte er seiner Existenz ein Ende: In der Nacht vom 23. auf den 24. Februar 1970 stülpte er in seiner Zelle in der Haftanstalt Tegel eine Plastiktüte über seinen Kopf und erstickte sich selbst. Rudi Dutschke, der sich nie ganz von den Folgen der beiden Kopfschüsse erholen sollte, reagierte beinahe hysterisch auf diese Nachricht: »Als Josef Bachmann tot war, habe ich Rudi das einzige Mal in wirklich aufgelöster Stimmung gesehen. Er hat geheult, lag auf der Nase und sagte, er hat alles falsch gemacht. Er hatte ihm doch erst Briefe geschrieben und ihn getröstet. Dann nicht mehr, weil er gedacht hat, wenn man zuviel Hilfsbereitschaft zeigt, werden die Schuldgefühle bei Bachmann noch größer. Vielleicht, sagte er, wenn er in Berlin geblieben wäre und ihn regelmäßig besucht hätte, hätte er diesen Selbstmord doch verhindern können.«[92] In sein Tagebuch notierte das Opfer über den Tod des Attentäters: »Bachmann hat Selbstmord begangen, noch immer sehe ich ihn deutlich; er repräsentierte die Beherrschung von unterdrückt gehaltenen Menschen, die ihre Möglichkeiten und ein lebendiges schöpferisches Leben bisher nie kennengelernt haben. Das Gefängnis ist für einen Menschen, der den Selbstmord durch politischen Mord verwirklichen wollte, die Vorraussetzung und Bedingung zum vollen Selbstmord. Seine Chancen waren minimal.«[93] Zu seiner Beerdigung legten einige Anhänger Dutschkes dem toten Attentäter rot-weiße Tulpen aufs Grab – mit der Aufschrift: »Ein Opfer der Klassengesellschaft«. Wenigstens bei ihnen, die von selbst von irrationalem Haß auf die bundesdeutsche Demokratie getrieben waren, fand Josef Bachmann am Ende die Anerkennung, nach der es ihn Zeit seines Lebens gedürstet hatte.

Inneren Stimmen muß man gehorchen. Das jedenfalls ist die feste Überzeugung von Mark David Chapman. Seit Wochen schon hört er immer die gleiche Stimme in seinem Kopf, und immer sagt sie dasselbe: »Tu es! Tu es! Tu es!«[94] Und weil man inneren Stimmen gehorchen muß, tut Chapman »es« – er schießt. Tatort New York City, Manhatten, vor dem eleganten und teuren Appartmenthaus Dakota, Montag, 8. Dezember 1980, gegen 22.50 Uhr: John Lennon steigt zusammen mit seiner Frau Yoko Ono aus seiner Limousine und geht, wie üblich umringt von einer Handvoll Fans, in Richtung der Lobby seines Hauses.[95] Der ehemalige Beatle, seinerzeit der mit Abstand erfolgreichste Musiker aller Zeiten, sieht nicht, daß hinter ihm ein dicklicher junger Mann mit Brille eine Waffe zieht und die martialische »Combat-Stellung« einnimmt: Halb kniend, stützt sein linker Arm die rechte Hand. So verfeuert Mark David Chapman die fünf

Patronen in der Trommel seines Revolvers. Zwei Schüsse treffen Lennon im Rücken, zwei weitere seine Schultern, die letzte geht daneben. Das Opfer stolpert noch in die Halle des Dakota Buildings, dann bricht er zusammen. Blut quillt aus seinem Mund. Yoko Ono schreit: »Man hat auf John geschossen!«, der Pförtner drückt den Knopf für den direkten Alarm im nächsten Polizeirevier. So schnell wie möglich wird Lennon ins nächstgelegene Krankenhaus gebracht, doch dem Musiker ist nicht mehr zu helfen. Blutverlust und Schock sind die offiziellen Todesursachen, doch sein Oberkörper ist so schwer getroffen, daß der Sänger und Songwriter auf jeden Fall gestorben wäre.

Mark David Chapman lächelte, als er nach seinem Attentat verhaftet wurde. Während die Menschen um ihn herum erst langsam realisierten, daß gerade eine lebende Ikone der modernen Gesellschaft niedergeschossen wurde, stellte er sich unter Bewachung einiger Polizisten unter die Lampe des Dakota Buildings, zog ein Taschenbuch heraus und las – in Jerome David Salingers Roman »Der Fänger im Roggen«, einem 1951 erstmals erschienenen Klassiker, der in den sechziger Jahre zur Bibel der Jugendkultur wurde. Salinger ließ seine Hauptfigur, den 16jährigen Ich-Erzähler Holden Caulfield, von seinem Aufbegehren gegen die Welt der Erwachsenen berichten, von seinem Leben in selbstgewonnener Freiheit. Doch 1980 ist das in Millionen Exemplaren weltweit verkaufte Buch etwas in Vergessenheit geraten; es hat jedenfalls nicht mehr den Kultstatus früherer Jahrzehnte. Für Mark David Chapman allerdings ist »Der Fänger im Roggen« noch immer eine Art Heilige Schrift.

Der Attentäter ist eine gescheiterte Existenz. Chapman wurde 1955 in einer Kleinstadt in Georgia in schwierige Familienverhältnisse hineingeboren. Sein Vater schlug seine Mutter, und der kleine Junge versuchte erfolglos, der Prügel Einhalt zu gebieten. Mark David rettete sich in Phantasien, baute im Kopf eine ganze Gesellschaft der »kleinen Leute« auf, deren wohltätiger König er selbst war. Für sie spielte Chapman so oft er konnte Musik der Beatles, der erfolgreichsten Popgruppe der sechziger Jahre. Als Jugendlicher fixierte er sich immer mehr auf John Lennon. Er begann Drogen zu nehmen, reiste mit anderen Hippies in Lager, las »Der Fänger im Roggen« und versuchte, sein Leben intensiver zu leben. Als das zu keinem Ergebnis führte, sagte sich Chapman von seinen bisherigen Überzeugungen los, wandelte sich zum fundamentalistischen Christen und fing an, den bis dahin verehrten John Lennon zu hassen. Die einzige Verbindung zu seinem früheren Leben war Salingers Roman. Erfolglos suchte Chapman nach neuen Idealen; er ging als Freiwilliger nach Beirut, um Flüchtlingen im libanesischen Bürgerkrieg zu helfen, er unterstützte vietnamesische Boat-People, er arbeitete mit Kindern. Erfüllung fand er nirgends.

Enttäuscht ging Chapman als Wachmann nach Hawaii. Hier erlitt er mehrere Nervenzusammenbrüche, suchte Hilfe in einer psychiatrischen Klinik, unternahm einen Selbstmordversuch. Am 2. Juni 1979 heiratete er eine japanischstämmige Amerikanerin – die letzte Chance, den Weg in ein »normales«, bürgerliches Leben zu finden. Doch auch das mißlang; spätestens als er Ende 1979 seinen Job aufgab und am letzten Tag mit »John Lennon« unterschrieb, war er endgültig in den Wahn abgeglitten. Fortan lebte er als Hausmann mit seiner Ehefrau zusammen, doch am 9. Oktober 1980, John Lennons Geburtstag, entschloß er sich, nach New York zu fliegen, um den Beatle zu töten. Er versuchte, den Musiker abzupassen, doch es gelang ihm nicht. Angeblich habe ihm ein Engel damals eingeflüstert, auf den Mord zu verzichten, und Chapman flog zurück nach Hawaii. Doch schon am 6. Dezember war er wieder in New York, fest entschlossen, diesmal zu schießen. Er kaufte sich ein neues Exemplar vom »Fänger im Roggen« und John Lennons aktuelle Platte »Double Fantasy«. Am 8. Dezember gegen 17.00 Uhr begegnete der Attentäter tatsächlich seinem Opfer. Doch diesmal schoß er nicht – statt dessen streckte Chapman Lennon die Platte hin und bat ihn um ein Autogramm, das er auch bekam. Zufällig hielt ein Amateurfotograf diese Szene fest: das Opfer, in Schwarz gekleidet, und sein Mörder mit einem Schal um den Hals, keine sechs Stunden vor den tödlichen Schüssen.[96]

Mark David Chapman tat nach seinen tödlichen Schüssen einiges, um seine Strafe so gering wie möglich zu halten. Er bekannte sich schuldig, er erklärte seine Tat als Folge seiner gespaltenen Persönlichkeit. Psychiatrische Sachverständige attestierten ihm Verhandlungsfähigkeit, stellten aber gleichzeitig fest, daß er »depressiv, schizophren und narzistisch« veranlagt sei.[97] Chapman wurde wegen Mord zweiten Grades (entsprechend etwa dem deutschen Totschlag) angeklagt und zu lebenslanger, mindestens aber 20jähriger Haft verurteilt. Seither sitzt Chapman im Staatsgefängnis in Attica in Einzelhaft. Nach zehn Jahren im Zuchthaus gab er in einem Interview zu erkennen, er bereue seine Tat, und berichtete von seinen Träumen, in denen ihm Lennons Witwe Yoko Ono und seine Söhne ihm verziehen hätten. Jedes Jahr erreichen den Mörder John Lennons hunderte Morddrohungen. Im Jahr 2000 beantragte Chapman seine Begnadigung, die jedoch abgelehnt wurde – obwohl der Attentäter versprochen hatte, in Freiheit als Missionar tätig zu werden und Gutes zu leisten. Bis auf weiteres bleibt Mark David Chapman im Gefängnis.[98]

Nur vier Monate nach den Schüssen auf John Lennon geschieht das nächste aufsehenerregende Attentat in den USA, und es gibt Hinweise darauf, daß Chapmans Kugeln eine Rolle dabei gespielt haben. Denn John Lennon gehört zu den Vorbildern von John W. Hinckley Jr., dem mißratenen Sohn eines erfolgreichen Ölmagnaten aus Denver. Zusammen mit vielen anderen Fans hat sich Hinckley Junior im Dezember 1980 tagelang vor dem Dakota Building aufgehalten, um seiner Trauer Ausdruck zu verleihen. Ende März 1981 nun quartiert er sich in Washington D.C. ein; sein Ziel ist es, den US-Präsidenten Ronald Reagan zu töten. Am 30. März lauert Hinckley seinem Opfer auf, als der Präsident gegen 14.30 Uhr das Hilton-Hotel in der US-Hauptstadt verläßt.[99] Sechsmal kann Hinckley schießen und außer Reagan drei andere Männer schwer verletzen, bevor er von Secret-Service-Agenten zu Boden gerissen wird. Die Bilder vom geschockten Reagan, der von seinen Sicherheitsbeamten ins Auto geschoben wird, während andere Beamte mit Maschinenpistolen die Präsidentenlimousine sichern, gehen um die Welt. Eine Kugel ist unter dem linken Arm in den Oberkörper des 70jährigen eingedrungen, des bis dahin ältesten US-Präsidenten. Doch weil der ehemalige Schauspieler bemerkenswert fit ist und die beste denkbare medizinische Versorgung erhält, erholt er sich rasch von seiner Verletzung.

John W. Hinckley war ein Attentäter wie aus dem Lehrbuch. Mit 26 Jahren war er ein gescheiterter Student, ein Versager, den sein Vater enterbt hatte, der trotz glänzender Voraussetzungen mit seinem Leben nicht klarkam, der keinerlei Beziehungen zu Frauen hatte, der in billigen Absteigen unterschlüpfte und von ein paar Dollar lebte, die ihm seine Mutter oder seine Geschwister gelegentlich zusteckten. Nur seine grenzenlose Bewunderung für die Schauspielerin Jodie Foster hielt Hinckley aufrecht. Seit er sie 1976 in dem Film »Taxi Driver« gesehen hatte, verehrte er sie. Vielfach hatte er versucht, Kontakt zu ihr aufzunehmen, schrieb ihr Briefe, rief sie an und verfolgte sie auf dem Campus der Yale University, wo sie studierte. Natürlich wies Foster ihn zurück, was Hinckley aber an seiner Liebe nicht zweifeln ließ.

Am 30. März 1981 verfaßte er seinen letzten Brief an Jodie Foster, nur eindreiviertel Stunden vor dem Attentat. Er schickte ihn aber nicht mehr ab, sondern ließ das Schreiben in seinem Hotel. »Liebe Jodie, es besteht die Möglichkeit, daß ich getötet werde bei meinem Versuch, Reagan zu erschießen. Deshalb schreibe ich Dir jetzt«, notierte er. Und weiter: »Jodie, ich würde die Idee, Reagan zu töten, sofort verwerfen, wenn ich Dein Herz gewinnen und für den Rest meines Leben mit Dir zusammenleben könnte. [...] Ich möchte Dir sagen, daß ich meinen Versuch [Reagan zu ermorden – sfk] jetzt unternehme, weil ich nicht länger warten kann, Dich zu beeindrucken.«[100] Dieses Bekenntnis und die ähnlich lautenden Einlassungen Hinckleys in seinen Verhören benutzten seine hochkarätigen Verteidiger, um vor Gericht eine einfache Strategie anzuwenden: Sie plädierten, unterstützt von gleich mehreren Sachverständigen, auf Schuldunfähigkeit wegen Geisteskrankheit – und sie hatten Erfolg: In allen dreizehn Punkten der Anklage wurde der Attentäter am 22. Juni 1982 freigesprochen: »Not guilty by reason of insanity«, lautete das Urteil der Geschworenen.[101] Statt ins Zuchthaus wurde Hinckley bis auf weiteres in die psychiatrische Klinik St. Elisabeth Hospital in Washington eingewiesen, wo er noch heute sitzt. Obwohl er also für die Öffentlichkeit keine Gefahr mehr darstellte, wurde das Urteil in den USA scharf kritisiert; vielen erschien es, als blieben die Schüsse auf den Präsidenten ungesühnt, die außer dem eigentlichen Ziel drei weitere Männer verletzten, von denen einer, Reagans damaliger Sprecher Jim Brady, seither im Rollstuhl sitzt. Schon 1984 bat Hinckley in einem Brief an Reagan um Vergebung; der längst genesene Präsident antwortete darauf zwar nicht, ließ aber bekanntgeben, er habe Hinckley in seine Gebete eingeschlossen. 1997 dagegen schickte der Attentäter ein Brief an Brady, der kein Wort der Reue enthielt, sondern lediglich eine nüchterne Beschreibung seiner Gefühle beim Schießen: »Ich hatte keinerlei Emotionen, als ich schoß.«[102] Keine Emotion – außer seiner ebenso grenzen- wie aussichtslosen Liebe zu Jodie Foster.

Wer denkt schon Böses bei einem Blumenstrauß? Vor allem, wenn eine Frau mittleren Alters, von eigentlich ganz normalem Aussehen, die Blumen in der Hand hält, um sie einem der beiden prominenten Politiker zu überreichen, die gerade Wahlkampf machen? Der Kölner Kriminalbeamte Siegfried van Almsick zum Beispiel.[103] Er hat am 25. April 1990 den richtigen Instinkt: Mehrfach weist der Kriminalhauptmeister die ganz in Weiß gekleidete, dunkelhaarige Frau mit ihren Blumen zurück, als sie während der Wahlkampfveranstaltung auf die Bühne gehen will, wo Nordrhein-Westfalens Ministerpräsident Johannes Rau und der SPD-Kanzlerkandidat Oskar Lafontaine sprechen. Erst als sich die Kundgebung in der Stadthalle von Köln-Mülheim gegen 20.45 Uhr ihrem Ende nähert, bekommt die Frau ihre Chance – gegen den Willen von van Almsick lassen einige Ordner der SPD sie auf die Bühne kommen. Vielleicht scheint es ihnen eine schöne Geste zu sein, wenn die beiden Spitzengenossen vor noch laufenden Fernsehkameras Blumen überreicht bekommen.

Doch plötzlich zieht die Frau in Weiß ein 30 Zentimeter langes Messer und stößt es Lafontaine seitlich in den Hals. Warum Lafontaine, warum nicht Rau? Zufall, wird die Attentäterin später einmal sagen: Der Kanzlerkandidat steht ihr im entscheidenden Moment gegenüber, nicht rechts neben ihr wie der stellvertretende SPD-Vorsitzende Rau. Ein anderes Mal wird sie die Auswahl ihres Ziels damit begründen, daß Lafontaine ihr plötzlich »politisch wertvoller« erschienen sei.[104] Das Messer trifft den Kanzlerkandidaten rechts direkt zwischen Ohr und Kiefer. Die Klinge durchtrennt den Großen Kopfnickmuskel und verletzte mehrere Blutgefäße schwer. Doch Lafontaine hat Glück im Unglück: Die Attentäterin verfehlt ihr eigentliches Ziel, die Große Halsschlagader. Wäre sie verletzt worden, hätte nichts mehr das Leben des saarländischen Regierungschefs und Herausforderers von Bundeskanzler Helmut Kohl retten können. So aber kommt Oskar Lafontaine, lebensgefährlich verletzt und mit schlimmem Blutverlust, in eines der besten Krankenhäuser Deutschlands, das Universitätsklinikum Köln. In einer zweistündigen Notoperation retten die Chirurgen das Attentatsopfer.

Unmittelbar nach dem fatalen Stich nahmen Sicherheitsbeamte die Attentäterin fest. Auf den Fernsehbildern jener Augenblicke ist sie mit einem merkwürdig entspannten, beinahe zufriedenen Gesichtsausdruck zu sehen. Es handelte sich um die Arzthelferin Adelheid Streidel, 42 Jahre alt. Am Morgen des Attentats ging sie zur Arbeit; seit dem 1. April 1990 arbeitete sie wieder als Sprechstundenhilfe. Um 12.30 Uhr verließ sie an diesem Mittwoch die Praxis – Mittwochnachmittag sind in Bad Neuenahr wie in ganz Deutschland die Arztpraxen geschlossen. Von nun an wich Adelheid Streidel ab von ihrem gewöhnlichen Tagesablauf: Sie aß in einer Pizzeria, trank einen Fernet Branca, bestieg ein Taxi und ließ sich nach Köln-Mülheim fahren, eine Strecke, die laut Taxameter immerhin fast 120 Mark kostet. In der Stadthalle wartete sie den ganzen Nachmittag, fiel trotz ihrer seltsamen Aufmachung – weißes Kleid, aber grellrot geschminkte Lippen und dunkel nachgezogene Augenbrauen – niemandem auf.

Es war 1990 bereits seit Jahren aktenkundig, daß Adelheid Streidel geistig gestört war und gemeingefährlich sein konnte. Spätestens seit 1978 wurde sie von »Stimmen« und »Erscheinungen« gepeinigt, später kamen Wahnvorstellungen hinzu: Sie fürchtete sich vor Gaswolken, die »die Politiker« freisetzten, um die normalen Bürger zu vergiften. Sie verteilte Flugblätter, in denen sie vor den »Menschentötungsfabriken der Bonner Regierung« warnte.[105] Dort würden aus Menschen der unteren sozialen Schichten Konserven hergestellt – oder aber sie würden zu Intellektuellen umfunktioniert, indem man ihnen ihre eigenen Köpfe abtrennte und durch andere Köpfe ersetzte.[106] Sie schickte dem zu mehrfach lebenslänglich verurteilten RAF-Terroristen Christian Klar per Fleurop Blumen – weil er ihr »leid« tat. Die Blumen verwelkten im Wachlokal des Hochsicherheitsgefängnisses Stuttgart-Stammheim.[107] 1986 dann legte sie in der Garage einer Druckerei Feuer, weil sich darunter geheime Gänge befänden, in denen Menschen verschwänden. Für sechs Wochen wurde sie in eine geschlossene Anstalt eingewiesen, drei weitere Monate tagsüber psychiatrisch versorgt. Mit Psychopharmaka gelang es, ihre Angstzustände in den Griff zu bekommen; die Vormundschaft durch ihre Schwester wurde aufgehoben. Doch im Frühjahr 1989 setzte sie die Medikamente ab; prompt verschlimmerte sich Adelheid Streidels Zustand wieder. Anfang Dezember 1989 unternahm sie einen Selbstmordversuch, danach richtete sie ihre Gewalttätigkeit wieder gegen andere Menschen. Am 17. Januar 1990 beantragte ihre Schwester Irene N. erneut die Pflegschaft, weil Adelheid Streidel »stark selbstmordgefährdet ist und durch die wieder auftretende Aggressivität auch eine Gefahr für andere besteht. Sie muß dringend in ner-

venärztliche Behandlung, am besten stationär, denn ohne Medikamente wird sich alles wiederholen, wie 1985«.[108] Doch erst nach dem
fatalen 25. April handelten die Behörden. Die Attentäterin wurde in
Untersuchungshaft psychologisch begutachtet; das Ergebnis war eindeutig: »Adelheid Streidel kann für die Tat, die sie an Oskar Lafontaine begangen hat, nicht zur Verantwortung gezogen werden. Sie sieht
das Unrecht nicht ein. Sie ist aufgrund ihrer Krankheit schuldunfähig.«[109] Die Staatsanwaltschaft beantragte daraufhin die dauerhafte
Verlegung der Angeklagten in eine psychiatrische Klinik; das Gericht
stimmte zu. Seither steht sie unter dem Schutz der ärztlichen Schwei-
gepflicht.

Attentäter halten sich nicht an die Gesetze der Statistik. Danach wäre
es nämlich im Herbst 1990 extrem unwahrscheinlich, daß (nach dem
Attentat Adelheid Streidels) ein weiterer deutscher Politiker Ziel
eines Anschlags wird. Den unscharfen Gesetzen der Wahrscheinlich-
keitsrechnung zum Trotz trifft keine sechs Monate nach der Attacke
auf Oskar Lafontaine ein ganz ähnliches Schicksal den Hoffnungsträger der anderen großen Volkspartei. Wieder geschieht es am Rande
einer Wahlkampfveranstaltung, wieder ist der Täter ein geistig Verwirrter, einer, »den niemand auf der Rechnung hat«. Wieder verdankt
das schwer verletzte Opfer sein Leben nur der nahezu perfekten
medizinischen Versorgung, die heutzutage in Mitteleuropa zur Verfügung gestellt werden kann. Anders als Lafontaine aber trägt Bun-
desinnenminister Wolfgang Schäuble nicht »nur« schwere seelische
Narben davon.[110] Der drahtige Politiker, der so gern Tennis spielte,
sitzt seit jenem schrecklichen Moment am Abend des 12. Oktober
1990, gegen 22.04 Uhr, querschnittsgelähmt im Rollstuhl. Zwei
Revolverschüsse haben ihn im Hals und im Rücken getroffen; teufli-
scherweise handelt es um spezielle Kugeln, die Jäger benutzten, um
verletztem Wild den Fangschuß zu geben – genau wie die völker-
rechtlich verbotenen Dumdum-Geschosse reißen sie besonders
große Wunden. »Ich kann meine Beine nicht mehr spüren«, murmelt
der schwer verletzte Schäuble im Schockzustand an jenem Abend in
Oppenau, seinem Heimatwahlkreis. Im selben Moment überwältigen
Sicherheitsbeamte den Schützen, einen knapp 37jährigen Mann
namens Dieter Kaufmann.
    Wieder einmal greifen die Leibwächter zu spät zu; doch wieder

einmal kann man ihnen kaum einen Vorwurf machen: Ein demokratischer Politiker muß sich in der Öffentlichkeit zeigen. Und man kann nicht bei jeder Kundgebung jeden einzelnen Besucher durchsuchen oder durch eine Sicherheitsschleuse wie auf Flughäfen schicken. Trotzdem fällt mindestens einem Kommunalpolitiker der irgendwie düster wirkende Mittdreißiger in der schwarzen Lederjacke auf, der weit hinten im Saal der »Brauerei Bruder« die ganze anderthalbstündige Rede von Schäuble angehört hat: »Geklatscht hat er nicht, nur ab und zu in den CDU-Prospekten geblättert, die er vor sich liegen hatte.«[111] Doch der Ortsvorsteher warnt Schäubles persönlichen Bewacher nicht; im Nachhinein gewiß ein Fehler, doch trotz der furchtbaren Folgen kaum vorwerfbar.

Während in der Universitätsklinik in der Nacht vom 12. auf den 13. Oktober 1990 mehrere Ärzteteams um das Leben des CDU-Politikers kämpften, machte Dieter Kaufmann bei der Polizei seine ersten Aussagen. »Erschreckend nüchtern«, fand Vernehmungsleiter Peter Raisch, äußerte sich Kaufmann zu seiner Tat. Als direkt entgegengesetzt zum Tonfall seiner Ausführungen erwies allerdings bald ihr Inhalt; der Attentäter weihte die Polizisten in seine »geheimen Erkenntnisse« ein. Danach wurde er in den achtziger Jahren während seiner Haft im Gefängnis Mannheim mit »Psychodrogen« gequält; danach mißhandelte »der Staat« ihn mit allen nur möglichen Mitteln; danach wurden die Bürger »elektrischen Wellen« und »Lauttechnik« ausgesetzt, um sie zu foltern; danach gab »es in Europa Menschenfabriken und unterirdische Operationssäle, wo Leute aus der Bevölkerung körperlich und geistig umfunktioniert werden«.[112] Vor solchen Wahnideen kapitulierten die Vernehmer. Rasch wurde ihnen klar, daß sie mit üblicher Ermittlungsarbeit in diesem Fall nichts erreichen würden.

Die Schüsse in der »Brauerei Bruder« sind die letzte Stufe auf der steilen Treppe Richtung Wahnsinn, auf der Dieter Kaufmann seit seiner Jugend abwärts taumelte. Geboren 1953 in einer badischen Kleinstadt als ältestes von insgesamt drei Kinder eines Vermessungstechnikers und seiner Frau, einer strenggläubigen Hausfrau, ruhten auf ihm von Kindesbeinen an große Erwartungen. Doch schon früh erwies sich Dieter als misanthropischer Einzelgänger. Er rebellierte gegen den Vater, rutschte in die Drogenszene ab. Mehreren Selbstmordversuchen folgte die Einweisung in eine psychiatrische Klink. In einer seiner lichten Phasen eröffnete er in Karlsruhe eine Kneipe, übernahm sich jedoch und versuchte mit Drogengeschäften, das fehlende Geld aufzutreiben. Wie fast alles in seinem Leben mißlang Dieter Kaufmann auch das: Fünfeinhalb Jahre Haft waren die Konsequenz. Als er 1988 auf Bewährung die Strafanstalt Mannheim verlassen durfte, war er psychisch ein Wrack, ruhiggestellt mit Medikamenten und davon überzeugt, daß der bundesdeutsche Staat einen Kreuzzug gegen seine Bürger im allgemeinen und gegen ihn im besonderen führte. Dagegen wollte Dieter Kaufmann mit seinem Anschlag ein Zeichen setzen – entweder gegen Innenminister Schäuble, den »Hauptverantwortlichen«, oder gegen Bundeskanzler Helmut Kohl, dem er notfalls auch mit einer »Machete den Kopf gespalten« hätte.[113]

Die Justiz ist gegenüber einem solchen Attentäter hilflos. Im modernen Rechtsstaat dient Strafe nicht mehr wie jahrtausendelang vornehmlich der Vergeltung, sondern der Besserung und der Resozialisierung. Ein geistig verwirrter Einzeltäter wie Dieter Kaufmann aber konnte weder gebessert noch resozialisiert werden, jedenfalls nicht im Gefängnis. Konsequenterweise wurde er für schuldunfähig erklärt und in die Psychiatrie eingewiesen. Für den Attentäter allerdings war das eine erneute Bestätigung seiner Wahnideen: Weil er einen der »Verantwortlichen« für das Unterdrückungssystem getroffen hatte, wurde er seiner Überzeugung nach für krank erklärt. »Ich bin völlig normal. Ich bin gesund«, sagte er in seinem kurzen Verfahren im Mai 1991 immer wieder.[114] Der Richter erhörte ihn nicht – zu seinem eigenen Besten.

Nicht einmal im Kino ist es einfach, den französischen Präsidenten ausgerechnet am französischen Nationalfeiertag und mitten in Paris zu erschießen. Der »Schakal« jedenfalls, namenloser Berufskiller in Frederick Forsyths gleichnamigem Thriller und dem danach gedrehten Film, schafft es nicht. Obwohl er sich geschickt einen idealen Platz für ein Attentat verschafft hat, obwohl er in völliger Ruhe seinen ersten Schuß vorbereiten kann. Wie viel schwieriger es noch ist, das Staatsoberhaupt der selbstbewußten Republik ohne jede Vorbereitung, einfach aus einer Laune heraus zu ermorden, stellt am 14. Juli 2002 der 25jährige Maxime Brunerie fest.[115] Jacques Chirac läßt sich gerade in einem offenen Jeep zur Bühne am Ende des Boulevards Champs-Elysées fahren, auf der er die traditionelle Militärparade zur

Erinnerung an den (angeblichen) Sturm auf die Bastille im Revolutionsjahr 1789 abnehmen will, als Brunerie 150 Meter entfernt, mitten in der Menschenmenge, plötzlich einen Karabiner aus seinem Gitarrenkoffer reißt. Er legt an und schießt einmal. Doch die Kugel geht fehl und schlägt in die Krone einer Platane ein. Der Attentäter versucht noch, die Waffe gegen sich selbst zu richten und seinem Leben ein Ende zu setzen, als ihm bereits reaktionsschnelle Zeugen des Anschlags das Gewehr aus der Hand schlagen, ihn niederreißen und festhalten, bis einige Sekunden später Polizisten erscheinen. Der Präsident bekommt übrigens von dem einen Schuß zunächst nichts mit; als sein Innenminister ihn informiert, sagt er nur: »Ach was?« Die Parade geht weiter wie geplant, und auch bei einem folgenden Fernsehinterview sagt Chirac kein Wort über den Anschlag. Seiner Gattin bleibt es vorbehalten, die Gerüchte über einen Anschlag zu bestätigen.

Schon in seinem ersten Verhör sagte Brunerie bereitwillig aus: »Ja, ich wollte Chirac töten und dann meinem Leben ein Ende setzen.«[116] Im Internet hatte er seinen Plan bereits am Tag zuvor angekündigt: »Schaut diesen Sonntag Fernsehen, ich werde ein Star sein«, mailte er am Sonnabendnachmittag an die Website einer britischen Neonazigruppe. Er unterschrieb die Nachricht mit »Tod der ZOG [Zionistisch besetzten Regierung – sfk]« und dem international verwendeten Kürzel aller Rechtsextremisten, »88«. Die beiden Ziffern symbolisieren jeweils den achten Buchstaben des Alphabets, nämlich »H«, und stehen gemeinsam für den »Deutschen Gruß«, für »Heil Hitler!«[117] Den Ermittlern erschienen die Umstände dieser Tat und das Auftreten des Verhafteten so merkwürdig, daß sie ihn zu seiner eigenen Sicherheit in eine psychiatrische Klinik brachten, statt ihn im Untersuchungsgefängnis zu inhaftieren.

Maxime Brunerie war zum Zeitpunkt seines Schusses längst polizeibekannt – als notorischer Rechtsextremist und Hooligan. Seit Jahren schon war der Sohn einer kleinbürgerlichen Familie Mitglied verschiedener rassistischer und neonazistischer Splittergruppen. Für eine Abspaltung der »Front National« des Populisten Jean-Marie Le Pen kandidierte Brunerie im Frühjahr 2001 sogar bei der Kommunalwahlen in Paris – allerdings nur als von vornherein aussichtsloser Zählkandidat. Doch selbst bei diesen Radikalen galt Brunerie als »Wirrkopf«. Zugleich gehörte er zu den gewaltbereiten Anhängern des

Fußballklubs Paris St. Germain – nach Meinung einer Nachbarin in dem Pariser Vorort Coucouronnes die einzige »Passion« des jungen Mannes. Ansonsten sei er »höflich, problemlos und zurückhaltend« gewesen. »Als ich gehört habe, Maxime soll das getan haben, glaubte ich an einen Scherz.«[118]

Ein Scherz war es nicht, wohl aber eine fixe Idee. Seit dem frühen Morgen des 6. Mai 2002 gärte in Bruneries Kopf die Vorstellung, Chirac umzubringen. In jener Nacht feierte eine Menschenmasse auf dem Place de la Bastille den gerade mit überwältigender Mehrheit wiedergewählten Staatspräsidenten. Eigentlich bejubelten sie nicht den durchaus unbeliebten und umstrittenen Politiker, sondern sich selbst – hatte doch eine in jüngerer Zeit beispiellose Mobilisierung in der Stichwahl für den überragenden Sieg des konservativen Bewerbers über den rechtsextremen Le Pen geführt. Angeblich faßte Brunerie während dieser Feier den Entschluß, Frankreich vom Wahlsieger zu »befreien«. Falls das stimmen sollte, so wäre immerhin bemerkenswert, wie schlecht sich der Attentäter auf seinen Plan vorbereitet hatte: Aus einer Menschenmenge heraus mit einem kleinkalibrigen Gewehr, dessen Munition höchstens auf 25 Meter Entfernung sicher traf, ein 150 Meter entferntes bewegtes Ziel anzugreifen, wäre selbst für einen hochtrainierten Scharfschützen ein ziemlich aussichtsloses Unterfangen. Für Brunerie war es völlig unmöglich, unter solchen Bedingungen zu treffen – auch wenn er zuvor Schießen geübt hatte.

Immerhin von seinen Gesinnungsgenossen bekam der Attentäter Beifall, wenn auch gemischt mit einer gewissen Herablassung. In einem offenen Brief zwei Wochen nach dem Anschlag »bedankte« sich die rechtsextreme Gruppierung »Unité radicale« unter der Überschrift »Merci Maxime«. Zwar sei das Attentat ein »absurder Akt« und »kümmerlich« gewesen, aber zugleich ein »immenser Schrei der Verzweiflung«. Chirac sei als »Symbol der Dekadenz der Republik« ein legitimes Ziel.[119] Für die französische Regierung war dieser offene Brief eine Steilvorlage, um die bis dahin in der Öffentlichkeit kaum bekannte Gruppe zu verbieten. Gegen Brunerie wurde ein Ermittlungsverfahren eingeleitet; ob und inwieweit er für den Mordanschlag zur Verantwortung gezogen werden kann, muß das zuständige Gericht entscheiden.

Vergißmeinnicht auf dem Grab

Idealistische Einzeltäter

3

»Wenn sie mich erwischen, dachte ich, muß ich eben die Strafe auf mich nehmen«: Das offizielle Vernehmungsfoto zeigt Johann Georg Elser (links), wie er im Gestapo-Hauptquartier in Berlin einem Ermittler seinen Bombenanschlag auf Adolf Hitler im Münchner »Bürgerbräukeller« erläutert.

✦ ✦ ✦

Zehn Minuten. Am Ende fehlen nur zehn Minuten, die die Weltgeschichte anders hätten verlaufen lassen. Zehn Minuten zu früh verläßt am Abend des 8. November 1939 die Zielperson den Tatort eines der am besten geplanten Attentate aller Zeiten. Über ein Jahr haben die Vorbereitungen gedauert; genauer kann es der Täter im Rückblick nicht mehr angeben. Über eine halbe Million Minuten also – und dann scheitert der ausgeklügelte Plan an zehn Minuten. Noch schlimmer: Rein technisch betrachtet funktioniert alles perfekt. Die Bombe explodiert genau zur eingestellten Zeit, um 21.20 Uhr. Der Sprengsatz tötet sieben Menschen auf der Stelle, darunter alle, die sich in seiner unmittelbaren Umgebung befunden hatten – genau wie geplant. Ein weiterer Mann erliegt sechs Tage später seinen schweren Verletzungen. Außerdem werden 63 Personen verletzt, 16 davon schwer. Und trotzdem ist der Anschlag gescheitert. Denn die eigentliche Zielperson hat dem Ort des Attentats zehn Minuten zu früh den Rücken gekehrt.[1]

Adolf Hitler will an diesem Abend seinen für 21.31 Uhr Abfahrtszeit angesetzten Sonderzug erreichen – und verläßt deshalb die Versammlung seiner »Alten Kämpfer« zum Gedenken an den gescheiterten, vom Bürgerbräukeller ausgehenden Putsch vom 8. und 9. November 1923 wenige Minuten nach dem Ende seiner knapp einstündigen Rede, gegen 21.10 Uhr.[2] Zehn Minuten zu früh. Als ob der Sonderzug auf den »Führer und Reichskanzler« nicht auch gewartet hätte, ob nun zehn Minuten oder zehn Stunden. Gewöhnlich hält sich der »Führer« an diesem höchsten Feiertag seiner »Bewegung« deutlich länger bei seinen Kameraden auf, pflegt auch länger zu sprechen, nämlich rund anderthalb Stunden. Später wird es heißen, »dringende Staatsgeschäfte« hätten den »Führer« gedrängt, in seine Regierungszentrale zurückzukehren, die Neue Reichskanzlei an der

Berliner Voßstraße. Tatsächlich hat Hitler in diesen bewegten Novembertagen des ersten Kriegsjahres Wichtigeres zu tun, als in Erinnerungen an einen 16 Jahre zurückliegenden (und schmachvoll gescheiterten) Aufstand zu schwelgen. Seinen Generälen hat er vor Wochen schon aufgegeben, am 12. November, nur anderthalb Monate nach der Kapitulation Polens, an der Westfront anzugreifen, in Frankreich, Belgien und Holland. Doch absehbar schlechtes Wetter läßt dieses Datum unrealistisch erscheinen; der Angriffstermin wird um eine Woche verschoben. Für den 9. November 1939 ist die endgültige Beschlußfassung angesetzt, in Berlin.[3] Am Vormittag dieses Tages trifft Hitler kurz nach zehn Uhr auf dem Anhalter Bahnhof ein.[4] Er hat natürlich bereits in der Nacht von dem Glück erfahren, das ihn offensichtlich gerettet hat. Sein Zug ist in der Nähe von Nürnberg gestoppt und mit den neuesten Informationen versorgt worden. Der Mystifizierung sind fortan Tür und Tor geöffnet. Hitler sieht bei seiner Rettung die »Vorsehung« am Werke. Sein Leibfotograf Heinrich Hoffmann erinnert sich gut anderthalb Jahrzehnte später sogar, »innere Unruhe« habe den »Führer« an jenem Abend aus dem Bürgerbräukeller getrieben.[5] Goebbels schwärmt am nächsten Tag: »Er steht doch unter dem Schutz des Allmächtigen. Er wird erst sterben, wenn seine Mission erfüllt ist.«[6]

Als die Bombe im Bürgerbräukeller an der Münchner Rosenheimer Straße explodiert, sitzt ihr Konstrukteur schon über eine halbe Stunde in Gewahrsam. Gegen 20.45 Uhr am 8. November 1939 haben zwei Grenzbeamte, der Zollassistent Xaver Rieger und der Hilfsgrenzangestellte Waldemar Zipperer, auf dem Grundstück des Wessenbergschen Erziehungsheims in Konstanz einen illegalen Grenzübertritt in die Schweiz verhindert und den potentiellen Grenzverletzer festgenommen. Der Mann weist sich mit einem allerdings abgelaufenen Ausweis für den kleinen Grenzverkehr als Johann Georg Elser aus, von Beruf Tischler, und behauptet, er habe lediglich einen Bekannten diesseits der Grenze besuchen wollen, sich dabei aber verlaufen. Die beiden Grenzer nehmen Elser mit auf ihr Zollamt am nahegelegenen Kreuzlinger Tor und durchsuchen ihn. Dabei fördern sie neben einer Beißzange, bestens geeignet, die Drahthindernisse an der deutsch-schweizerischen Grenze zu beseitigen, ein Bündel Notizblätter mit Angaben über Munition und ihre Herstellung zutage. Außerdem finden sie ein Abzeichen des »Roten Frontkämpferbundes« und eine unbeschriebene Ansichtskarte mit einer Innenansicht des Münchner Bürgerbräukellers. Elser antwortet auf die Frage, warum er diese beiden Gegenstände bei sich trage: »Aus Sympathie«.[7] Ebenfalls ungewöhnlich sind Metallteile wie Spiralfedern, Bolzen und Schrauben, die der Festgenommene als »Teile einer Uhr« erklärt. Doch einer der beiden Zöllner kennt sich von seiner Militärzeit her genügend gut mit Munition aus, um spontan festzustellen, daß es sich um Bauteile eines Aufschlagzünders handelt. All das erscheint ausreichend verdächtig, um Elser erst einmal in Haft zu behalten. »Nach einer Stunde, als das Verhör erst die Personalien erbracht hat, gegen 23 Uhr, kommt über den Fernschreiber die Meldung vom Bürgerbräuattentat. Die Grenzen seien zu schließen und schärfstens zu bewachen. Johann Georg Elser gibt sich unbeeindruckt, als ein Fernschreiben nach dem anderen eintrifft. Es fällt das Wort Sprengstoffattentat, aber Elser behält die Nerven, läßt sich nichts anmerken.«[8]

Noch in der Nacht setzt das erst Ende September 1939 geschaffene Reichssicherheitshauptamt, die Oberbehörde aller Polizeieinheiten und für die innere Sicherheit zuständigen Institutionen, eine »Sonderkommission Bürgerbräuattentat« ein. Zu ihrem Sitz wird die Staatspolizeileitstelle München erkoren, im Wittelsbacher Palais in der Brienner Straße. Die Sonderkommission teilt sich in eine Tatortkommission und eine Täterkommission, die unmittelbar ihre Ermittlungen aufnehmen. Allein in der Nacht gehen 120 Hinweise auf Verdächtige ein, die sich alle später als haltlose Verleumdungen erweisen. Alle – bis auf einen. Die Staatspolizeileitstelle Karlsruhe schickt ein Fernschreiben, das die Festnahme eines gewissen Johann Georg Elser bei einem versuchten illegalen Grenzübertritt in die Schweiz vermeldet. Routinemäßig erhält das Grenzkommissariat Konstanz den Befehl, Elser nach München zu überstellen. Dort neigen die zuständigen Gestapobeamten nach einem ersten Verhör jedoch dazu, den Verdächtigen als flüchtigen Wehrdienstverweigerer einzuschätzen – der schlimmstenfalls, angesichts der Notizzettel in seinen Taschen, auch noch ein kleiner Spion sein könnte. »Zünderteile und eine ›Visitenkarte‹ mit Ansicht vom Bürgerbräukeller waren als Beweisstücke zu schön, um wahr zu sein.«[9]

Aber dann mehren sich die Indizien, daß Elser etwas mit der Detonation zu tun haben könnte. Mehrere Angestellte des Bürgerbräukellers erinnern sich an einen kleinen Mann mit schwäbischem Akzent, der sich in den Wochen vor dem Attentat verdächtig häufig in dem Lokal aufgehalten haben soll. Ebenso ein Geschäftsmann, der als Lieferant des im Schutt aufgefundenen Isolationsmaterials ausfindig gemacht wird. Johann Georg Elser ist klein und spricht mit schwäbischem Akzent. Grund genug für Kriminalrat und SS-Obersturmbannführer Franz-Josef Huber, den Verdächtigen am 13. November 1939 selbst zu vernehmen. Inzwischen hat die Tatortsonderkommission festgestellt, daß die Bombe in einer Säule fast genau hinter Hitlers Redepult versteckt war – und zwar knapp über dem Fußboden des Galeriegeschosses.[10] Wer immer die Bombe dort eingebaut hat, muß längere Zeit auf den Knien gearbeitet haben. Huber läßt sich Elsers Knie zeigen und stellt fest: Sie weisen wunde und entzündete Stellen auf. Der handwerklich begabte, aber intellektuell eher einfältige Verdächtige beginnt, unsicher zu werden. Er fragt, was einer zu erwarten habe, der »so etwas« wie den Anschlag auf den »Führer« begehe. Noch in dieser Nacht gibt Johann Georg Elser zu, versucht zu haben, Adolf Hitler mit einer Bombe zu töten. Sein Geständnis trägt das Datum 14. November 1939. Ob der Attentäter bereits im Wittelsbacher Palais mißhandelt wurde, ist unbekannt. Er wird in die Gestapozentrale nach Berlin überstellt und hier »verschärften Vernehmungen« unterzogen, also gefoltert. Trotzdem bleibt Elser dabei, allein gehandelt zu haben. Es gebe keine Hintermänner, schon gar nicht, wie von der NS-Spitze krampfhaft vermutet, eine Verschwörung von Hitlers altem Rivalen Otto Straßer und dem britischen Secret Service. Das Vernehmungsprotokoll aus Berlin hat sich erhalten – im Gegensatz zum Münchner Protokoll, das nach 1945 nie mehr aufgetaucht ist. Es enthält eine detaillierte Beschreibung der Umstände, die Johann Georg Elser zum Attentäter werden ließen.

»Ich wollte durch meine Tat ein noch größeres Blutvergießen verhindern.« So schlicht formulierte Elser am 20. November 1939 in der Gestapozentrale an der Berliner Prinz-Albrecht-Straße den Grund für sein Attentat. Der 1903 geborene Sohn einer streng religiösen, evangelisch-schwäbischen Mutter und eines Holzhändlers aus Königsbronn hielt sich zwar für unpolitisch, wählte aber in den Jahren der Weimarer Republik stets die KPD, »weil ich dachte, das ist eine Arbeiterpartei, die sich doch sicher für die Arbeiter einsetzt. Mitglied dieser Partei bin ich nie gewesen«. In den erhaltenen Verhörprotokollen zeigt sich eine einfache, aber konsequente Weltanschauung. Drei wesentliche Motive für seine Ablehnung des Nationalsozialismus werden darin deutlich: Erstens die sich stetig verschlechternde soziale und wirtschaftliche Lage der Arbeiterschaft – »der Stundenlohn eines Schreiners hat im Jahr 1929 eine Reichsmark betragen, heute wird nur noch ein Stundenlohn von 68 Pfennig bezahlt«, rechnete er seinen Vernehmern vor. Zweitens die antichristliche Ideologie des Regimes: »Dagegen glaube ich, daß die deutsche Regierung die in Deutschland bestehenden Kirchen, das heißt Religionen, abschaffen will.« Im Zusammenhang mit seinem Vorhaben entwickelte Elser religiöse Gefühle; er ging 1939 regelmäßig in Kirchen, ob katholisch oder protestantisch, um dort das Vaterunser zu beten. »Es ist schon so, daß ich nach einem Gebet immer etwas beruhigter war.« Drittens und schließlich auslösend für den Entschluß, Hitler zu töten, waren die Vorbereitungen zum europäischen Krieg, die Elser anläßlich der sogenannten Sudetenkrise deutlich zu spüren begann, also im September 1938: »Ich war deshalb bereits voriges Jahr um diese Zeit der Überzeugung, daß es bei dem Münchner Abkommen nicht bleibt, daß Deutschland anderen Ländern gegenüber noch weitere Forderungen stellen und sich andere Länder einverleiben wird und daß deshalb ein Krieg unvermeidlich ist [...] Ich stellte allein Betrachtungen an, wie man die Verhältnisse der Arbeiterschaft bessern und einen Krieg verhindern könnte [...] Die von mir angestellten Betrachtungen zeitigten das Ergebnis, daß die Verhältnisse nur durch eine Beseitigung der augenblicklichen Führung geändert werden könnten.«[11]

Obwohl Elser noch viele weitere Male verhört wurde, bestand er stets auf seiner Aussage: Er allein hatte den Sprengsatz im Bürgerbräukeller installiert. Er baute sogar binnen kurzer Zeit eine originalgetreue Nachbildung des Zünders und der gesamten Bombe, nur aus dem Kopf und trotzdem passend zu den Befunden der Tatortkommission. Die Propagandamaschine der Nazis verbreitete trotzdem immer neue Meldungen über seine angeblichen Hintermänner; der Sicherheitsdienst der SS kidnappte sogar zwei britische Geheimdienstoffiziere auf niederländischem Gebiet. Elser wurde als »Sondergefangener des Führers« unter einigermaßen erträglichen Bedingungen in den Zellenbau des KZ Sachsenhausen gesperrt. Hier, an einer Stätte der denkbar unmenschlichsten Verbrechen, lebte Elser unter ständiger Aufsicht rund fünf Jahre in Einzelhaft. Er durfte sich sogar in seinem erlernten Beruf betätigen, als Tischler; er stellte Möbel für seine Bewacher her. Natürlich hatte das Regime mit ihm noch etwas vor – er wurde für einen großen Schauprozeß nach dem »Endsieg« aufgespart, in dem er zusammen mit den beiden verhafteten britischen Geheimagenten angeklagt und nicht nur des längst gestandenen versuchten Mordes an Adolf Hitler, sondern auch der Konspiration mit einer feindlichen Macht überführt werden sollte. Dazu kam es nicht mehr; der Krieg entwickelte sich ganz anders, als Hitler, Goebbels und große Teile des deutschen Volkes erwartet hatten. Am 5. April 1945 schickte daher Gestapo-Chef Heinrich Müller einen »Schnellbrief« an den Kommandanten des Konzentrationslagers Dachau, wohin Elser unter einem Tarnnamen Anfang Februar 1945 verlegt worden war. Darin hieß es: »Auch wegen unseres besonderen Schutzhäftlings ›Eller‹ wurde erneut an höchster Stelle Vortrag gehalten. Folgende Weisung ist ergangen: Bei einem der nächsten Terrorangriffe auf München bzw. auf die Umgebung von Dachau ist angeblich ›Eller‹ tödlich verunglückt. Ich bitte, zu diesem Zweck ›Eller‹ in absolut unauffälliger Weise nach Eintritt einer solchen Situation zu liquidieren.«[12] Der Brief brauchte vier Tage von der Reichshauptstadt ins KZ, wo der Befehl umgehend ausgeführt wurde: Am 9. April 1945 erschoß der SS-Oberscharführer Theodor Heinrich Bongartz, der Henker im Dachauer Krematorium, gegen 23.00 Uhr den »besonderen Schutzhäftling« – zufällig am selben Tag, an dem die SS noch weitere offene Rechnungen beglich: In Flossenbürg starben Admiral Wilhelm Canaris, Hans Oster und Dietrich Bonhoeffer, in Sachsenhausen Hans von Dohnanyi. Durch Aussagen zweier KZ-Häftlinge sind die Umstände von Elsers Tod recht gut bekannt. Am 15. Jahrestags seines Anschlag, am 8. November 1954, fertigte der Untersuchungsrichter am Landgericht München II Nikolaus Naaf die Todeserklärung für Johann Georg Elser aus.[13]

Eindeutiger als Elser hat selten ein Attentäter die Gründe für seinen Anschlag formuliert. Er war sich während der gesamten, über einjährigen Vorbereitung stets über die möglichen Konsequenzen seines Tuns für sich bewußt. Seine praktische Intelligenz erlaubte dem bekennenden Nicht-Leser nicht nur, aus einfachen Einzelteilen eine nahezu perfekte »Höllenmaschine« (so das Gestapo-Protokoll) zu bauen, sondern auch, einen Plan für sein weiteres Vorgehen nach einem geglückten Attentat zu entwerfen: »Schon damals, im Jahr

1938, als ich den ersten Entschluß zu meiner Tat faßte, war ich mir darüber im klaren, daß ich nicht länger in Deutschland bleiben kann. Ich wollte, schon ehe meine Uhren die Explosion auslösten, in der Schweiz sein [...] Ich hatte außerdem die Absicht und dies mir schon eingehend überlegt, von der Schweiz aus an die deutsche Polizei zu schreiben, zu erklären, daß ich der Alleinschuldige an dem Attentat sei, keine Mitwisser oder Mittäter gehabt habe. Ich hätte außerdem eine genaue Zeichnung meines Apparates sowie eine Beschreibung über die Ausführung meiner Tat mitgeschickt, so daß man meine Behauptung hätte nachprüfen können [...] Mit der anderen Möglichkeit, daß es mir etwa nicht gelingen sollte, in die Schweiz zu gelangen, habe ich kaum gerechnet. Wenn sie mich erwischten, dachte ich, muß ich eben die Strafe auf mich nehmen.«[14]

Johann Georg Elser ist das Musterbeispiel eines idealistischen Einzeltäters. Wichtig ist allerdings, daß man diese Einstufung wertfrei versteht: Idealistische Einzeltäter verfolgen keineswegs immer, wie zufällig gerade im Fall Elser, ein legitimes Ziel. Selbstverständlich war sein Attentat auf Hitler ein versuchter Tyrannenmord und als solcher ein Akt des Widerstandsrechts – auch wenn er den Tod von Unbeteiligten billigend in Kauf genommen hatte, was zum 60. Jahrestag seines Anschlags zu einer skurrilen Debatte in deutschen Feuilletons führte.[15] Jedoch können idealistische Einzeltäter durchaus objektiv illegitime und im historischen Rückblick falsche Ziele verfolgen. Wichtig für die Abgrenzung von wahnsinnigen Einzeltätern ist allein, ob ihre subjektive Motivation rational geprägt war – oder ob sie von unrealistischen Wahnvorstellungen zu ihrer Tat getrieben wurden. Ein idealistischer Einzeltäter ist sich von vornherein über die möglichen Konsequenzen seiner Handlung für sich selbst im klaren. Er hat den Entschluß gefaßt, für die Beseitigung einer von ihm für gefährlich gehaltenen Person ein hohes Risiko auf sich zu nehmen. Einen anderen Antrieb kennt er nicht. Die Sucht nach Ruhm treibt ihn ebensowenig an wie mögliche materielle Vorteile. Allerdings macht er sich meistens keine Vorstellung davon, welche Auswirkungen seine Tat haben kann – weder im guten noch im schlechten. Über die politischen Folgen sinnieren idealistische Einzeltäter kaum und über einen möglichen Lohn für die Tat schon gar nicht. Für einen idealistischen Einzeltäter ist sein Tun selbst das Ziel. Darüber hinaus denkt er selten; und wenn, dann nur (wie im Fall Elser) ganz eng entlang seiner eigenen Tat. Zum Beispiel, um die eigene Schuld beweisen zu können. Es besteht kein Grund, idealistische Einzeltäter aufgrund ihrer subjektiven Rationalität pauschal für legitimiert zu halten. Im Gegenteil muß man jedes einzelne Attentat genau betrachten, um entscheiden zu können, ob es sich um einen zulässigen Tyrannenmord oder um einen unzulässigen politischen Gewaltakt handelt. Das ändert allerdings nichts daran, daß die Gemeinsamkeiten dieses Typs von Attentätern so groß sind, daß es lohnt, sie gemeinsam einer Betrachtung zu unterziehen.

»Auf der Höhe der Karriere zu sterben, im Moment der höchsten Leistung hier in dieser Welt, allgemein geehrt und bewundert […] ist nicht das am wenigsten zu beneidende Schicksal«, hat Winston Churchill einmal gesagt.[16] An einen gewaltsamen Tod hat der berühmte Kriegspremier, der Ende 2002 per Internetabstimmung zum »bedeutendsten Briten aller Zeiten« gewählt wurde, dabei zwar nicht gedacht. Aber auch für die Opfer von politischen Attentaten gilt Churchills Erkenntnis; jedenfalls manchmal. Wer zum Beispiel wüßte heute noch etwas mit dem Namen Jean-Paul Marat anzufangen, wenn er nicht 1793 ermordet worden wäre und Jacques-Louis David, der große Gestalter der französischen Revolution (und spätere Hofmaler Napoleons), das berühmte Bild vom toten Citoyen in der Badewanne geschaffen hätte? Für Marats Nachruhm war der Mord ein Geschenk. Der gewaltsame Tod hat ihn für anderthalb Jahre zum Mittelpunkt eines republikanischen Kultes gemacht, ihm sogar knapp fünf Monate (vom 21. September 1794 bis zum 8. Februar 1795) vorläufig letzte Ruhe im Pariser Panthéon eingebracht, im Allerheiligsten des französischen kollektiven Gedächtnisses, wo seit der Revolution die Großen der Grande Nation zur Ruhe gebettet werden.[17]

Damit allerdings hat die Täterin nicht gerechnet, als sie am Abend des 13. Juli 1793 den verhaßten Publizisten aufsucht. Bereits zweimal hat Charlotte de Corday d'Armont, die Tochter eines Landadeligen aus der Normandie, an diesem Tag versucht, zu ihm vorzudringen; zweimal ist sie gescheitert. Diesmal hat sie sich vorbereitet: Sie weist einen Brief vor, laut dem sie Marat etwas Wichtiges mitteilen wolle. Doch der Diener des Revolutionärs will die junge Dame auch diesmal nicht einlassen. Marat hört die lautstarke Auseinandersetzung, befiehlt, Corday zu ihm zu lassen, und erwartet sie sitzend in einer Badewanne. Wegen einer schweren Hautkrankheit verbringt er viel Zeit dort, das Wasser ist versetzt mit Heilkräutern, die den Juckreiz lindern. Eine Viertelstunde sprechen Corday und Marat; sie nennt ihm die Anführer einer angeblichen Verschwörung gegen die Republik in Caen, er notiert sich die Namen und fällt gleich das Todesurteil: Die Verräter sollen in wenigen Tagen guillotiniert werden. In diesem Moment zückt Charlotte Corday ein Messer und rammt es dem überraschten Mann in die Brust. Marat kann noch um Hilfe schreien, der Diener eilt herbei und schlägt die Täterin nieder. Doch sein Herr ist tödlich verletzt; er wird noch aus der Badewanne gehoben und auf sein Bett gelegt, doch die (beschränkte) Kunst der besten verfügbaren Ärzte kann Jean-Paul Marat nicht mehr retten. Er stirbt binnen kurzem. Charlotte Corday wird verhaftet und verhört.[18]

Die 25jährige Attentäterin wußte, daß ihr Leben verwirkt war. Ob sie vorgehabt hatte, nach der Tat zu flüchten, ist unklar; jedenfalls ist es eine Legende, Charlotte Corday sei nach dem Mord aus der Wohnung gegangen und habe auf dem Trottoir auf ihre Festnahme gewartet. Ihrem Vater hatte sie schon am 9. Juli geschrieben, sie wolle bald nach England gehen, die Zufluchtsstätte vieler Gegenrevolutionäre. Doch nun, als Mörderin des wortmächtigsten Jakobiners auf frischer Tat ertappt, hatte sie dazu keine Chance mehr. In ihren Verhören äußerte sie sich sehr offen: Den offenen Bürgerkrieg zwischen gemäßigten und radikalen Republikanern, zwischen Girondisten und Jakobinern habe sie durch ihre Tat verhindern wollen. Aus der Provinzperspektive der Normandie, einer Hochburg der Revolutionsgegner und Revolutionsskeptiker, erschien Marat als einer der wichtigsten Jakobinerführer. Aus dem Pariser Blickwinkel dagegen war er ins Abseits geraten. So gesehen richtete sich Charlotte Cordays Tat gegen das falsche Opfer; zudem erreichte sie auch das Gegenteil ihres eigentlichen Ziels: Statt den Bürgerkrieg zu vermeiden, führte der Mord zu einer weiteren Radikalisierung der Jakobiner, die in der Diktatur des »Wohlfahrtsausschusses« unter Robespierre 1793/94 und den massenhaften Hinrichtungen auf der Guillotine gipfelte.

Dort endete auch Charlotte Corday, nur vier Tage nach ihrer Tat. Es war das Ende eines kurzen, aber sorgfältig vorbereiteten Auftritts in der Politik. Wahrscheinlich Ende Juni 1793 traf die junge Adlige die Entscheidung, Marat zu töten. Sie war zwar keine Parteigängerin der

Girondisten in Caen, aber mit ihnen bekannt; hineingespielt haben mag, daß ihre Familie infolge der Revolutionswirren Haus und Besitz weitgehend verloren hatte. Sie traf ihre Entscheidung allein, wie sie in ihrem kurzen Prozeß immer wieder betonte; tatsächlich konnten ihre letzten Tage vor der Tat weitgehend rekonstruiert werden und boten keinerlei Hinweise auf eine Verschwörung. Unter dem Vorwand, sich für eine Jugendfreundin einsetzen zu wollen, brach Charlotte Corday nach Paris auf – damals eine beschwerliche und langwierige Reise. Am 11. Juli stieg sie in einem Gasthaus in der Hauptstadt ab; am folgenden Tag erfuhr sie, daß Jean-Paul Marat seiner Krankheit wegen nicht mehr in den Konvent käme. Ihr ursprünglicher Plan, den Mord am Tag der Bastille-Erstürmung zu vollbringen, am 14. Juli, war deshalb nicht umzusetzen. Also suchte sie die Wohnung ihres Ziels auf. Zweimal wurde sie zurückgewiesen, bis sie schließlich am Abend des 13. Juli tatsächlich eingelassen wurde und ihre Tat begehen konnte. An ihren idealistischen Motiven kann kein Zweifel bestehen, auch wenn sich ihr Attentat letztlich statt als befriedende Tat als »Prélude de la Terreur«, als Vorspiel zur Schreckensherrschaft Robespierres, erwies.[19]

Baden-Baden ist ein friedliches und schönes Städtchen – heute immer noch; um so mehr vor gut 140 Jahren. Durch den Kurpark flanieren ältere Herrschaften, um die Ruhe und das meist milde Klima zu genießen. Doch im Sommer kann es auch hier, am Westrand des Schwarzwaldes, empfindlich heiß werden. Möglicherweise deshalb bricht der bereits 64jährige Wilhelm I., amtierender, aber noch nicht gekrönter König von Preußen, am 14. Juli 1861 bereits früh, gegen 8.00 Uhr morgens, von seinem Hotel aus zu einem längeren Spaziergang auf. Er fühlt sich wohl in der Bäderstadt; seit Jahren verbringt er seinen Sommerurlaub stets im Tal des Flüßchens Oos und stets im selben Quartier, dem komfortablen Hotel Messmer. Über seine Ankunft und seinen Aufenthalt berichtet das lokale »Wochenblatt für die großherzoglichen Bezirke Baden und Brühl« ausführlich. Wilhelm fühlt sich nicht nur wohl, sondern auch sicher; er verläßt das Hotel auf dem Weg Richtung Kloster Lichtenthal allein. Seine Frau Augusta ist mit einigen Hofdamen bereits vorausgegangen. Unterwegs begegnet der König dem Grafen Albert Georg Friedrich Flemming, Preußens Gesandtem am badischen Hof, der sich kaum zufällig während der Sommerfrische seines Monarchen ebenfalls in dem Kurort aufhält. Die beiden gehen, angeregt diskutierend, weiter gen Lichtenthal. Zwischen 8.30 und 8.45 Uhr, Wilhelm und Flemming haben in langsamem Schritt die Oos-Brücke gut 150 Meter hinter sich gelassen, zerreißen plötzlich zwei Schüsse die Stille. Nur vier oder fünf Meter schräg hinter dem König steht ein junger Mann, angemessen gekleidet. In seiner Hand hält er ein Terzerol, eine kleine doppelläufige Vorderladerpistole, mit der er auf Preußens Monarchen geschossen hat. Der Attentäter unternimmt keinen Versuch zu flüchten.[20] Graf Flemming schreit ihn an: »Hast Du geschossen?« Oskar Becker, Student der Rechte in Leipzig, gibt ruhig zurück: »Ja, ich habe geschossen.« In diesem Moment reißt ein weiterer Passant, ein einheimischer Rechtsanwalt, den Attentäter nieder.[21]

Der 22jährige, in Odessa geborene Oskar Becker wehrte sich nicht gegen seine Festnahme. Doch Flemming wollte ganz sicher sein. Mit insgesamt vier zufällig vorbeikommenden Helfern verfrachtete er den Attentäter in eine ebenfalls gerade des Weges kommende Droschke. König Wilhelm war nur ganz leicht verletzt; eine Kugel hatte seine linke Schulter getroffen, war aber vom festen Stoff seines Überrocks abgelenkt worden. Sie hinterließ nur eine leichte Rötung seiner Haut. Die zweite Kugel hatte den preußischen Monarchen ganz verfehlt. Allerdings fühlte sich Wilhelm unwohl, spürte einen »Schmerz an der linken Seite des Halses« und »eine Dröhnung im ganzen Kopf«.[22] Trotzdem setzte er seinen Weg Richtung Lichtenthal fort, traf seine Frau und ihr Gefolge, und mit ihnen zusammen trat er, ebenfalls zu Fuß, den Rückweg zum Hotel Messmer an.

Währenddessen vernahmen mehrere Personen den Attentäter. Er gestand den Anschlag uneingeschränkt. Nach dem Grund gefragt, verwies er auf einen Brief in seiner Tasche. In dem einseitigen Schreiben hieß es: »Ich habe mich entschlossen zur Tat, die ich begehen werde, deshalb, weil ich der Meinung bin, daß seine Majestät der König von Preußen, trotz vielfältiger anerkennenswerter Bestrebungen, nicht im Stande sein wird, die Umstände zu meistern, die sich sicher der Lösung der Aufgabe entgegensetzen, die er als König von Preußen in Bezug auf die Einigung Deutschlands zu erfüllen hätte.« In seinem Bekennerschreiben, offensichtlich vorbereitet für den Fall, daß er vor oder während des Anschlags getötet worden wäre, offenbarte Becker sein Motiv. Zwar habe sein Opfer noch nicht falsch gehandelt, doch sei es absehbar, daß er scheitern werde. Sein Anschlag sollte also gewissermaßen ein Präventivmord sein; nicht getrieben von persönlichen Gefühlen, sondern von der »Erkenntnis«, daß Wilhelm versagen müsse. In der Weltgeschichte der Attentäter ist das eher selten. In seinem Brief zeigt Becker auch Verständnis für alle, die seinen Anschlag nicht begreifen könnten: »Ich weiß, daß viele meine Tat mißverstehen werden [...] Ich kenne die bedauerlichen Folgen, die diese meine Tat für meine Person haben wird – aber mich trägt die Hoffnung, daß sie von wohltätiger Wirkung für die Zukunft Deutschlands sein wird. Mögen doch endlich die Deutschen vom furchtlosen Hin- und Herreden sich zur Tat wenden!«[23] Wilhelm kommentierte dieses Bekenntnis trocken: »Der Himmel bewahre Deutschland vor solchen Beglückern.«[24] In einer Aufzeichnung über das Attentat interpretierte der Monarch das Scheitern als Beweis seines Gottesgnadentums: »Mordversuch bleibt etwas sehr Schweres, aber erhebend ist, daß göttliche Gnade dabei allein mich retten konnte und wollte.«[25]

In seinen Vernehmungen bestätigte Becker den Eindruck, den bereits sein Bekennerschreiben machte: Der Attentäter war ein Einzeltäter, der ein klares Kalkül verfolgte, das zwar sachlich falsch war (unter Wilhelm I. entstand, allerdings gegen seinen Willen und vor allem angetrieben durch die harte Hand seines Regierungschefs Bismarck, binnen eines Jahrzehnts tatsächlich aus dem zersplitterten Deutschen Bund das einheitliche Deutsche Reich), aber in sich schlüssig war. Er war, wie später auch das Gericht feststellte, keineswegs unzurechungsfähig, selbst wenn seine Großmutter in einer Irrenanstalt untergebracht war und seine Mutter wegen »Schwermut« behandelt wurde. Auch verfolgten ihn keine Wahnideen über sein Opfer wie sein mutmaßliches Vorbild Karl Ludwig Sand. Becker hatte seinen Anschlag offensichtlich schon längere Zeit geplant. Schon in Leipzig hatte er das Scheibenschießen geübt und sich zwei Terzerole gekauft; dann war er auf eine Zeitungsnotiz hin, die Wilhelms Urlaub in Baden-Baden ankündigte, dorthin aufgebrochen. Er war sich der Strafbarkeit seines Vorhabens stets bewußt, was auch sein Brief bewies, und ging planmäßig an die Umsetzung des Attentats: Am 14. Juli frühstückte er besonders zeitig und legte sich dann vor dem Hotel Messmer auf die Lauer. Als Wilhelm erschien, verfolgte er den König und Flemming eine Zeitlang, um dann zu schießen.

Während seines Prozesses vor dem Schwurgericht Bruchsal unternahm Becker dann doch noch einmal eine Volte. Er versuchte, seine Schüsse auf den preußischen König als Versehen darzustellen. Zwar habe er tatsächlich vorgehabt, auf Wilhelm zu schießen, allerdings nur mit einer blind geladenen Waffe, mit Pulver, aber ohne Kugeln also. Sein Ziel sei es gewesen, durch den Scheinangriff Deutschland moralisch aufzurütteln. Jedoch habe er irrtümlich die zweite, scharf geladene Waffe eingesteckt. Doch diese Erklärung glaubten die Geschworenen dem Angeklagten nicht. Sie befanden ihn für voll zurechnungsfähig und für schuldig des »vollendeten Mordversuchs«. Die Gesetze des Rechtsstaats Baden, um die Mitte des 19. Jahrhunderts in Europa beispiellos fortschrittlich, sahen für eine solche Tat eine 20jährige Haftstrafe vor, zu der Becker denn auch verurteilt wurde. Doch schon Ende 1866 wurde der Attentäter amnestiert, allerdings bei gleichzeitiger Verbannung. Er soll erst nach Amerika ausgewandert, dann aber nach Ägypten gegangen und dort 1868 gestorben sein.[26]

Preußens Repräsentanten leben gefährlich im 19. Jahrhundert. Friedrich Wilhelm IV. ist zweimal von Attentätern angeschossen worden, sein Bruder und Nachfolger Wilhelm I. wird gar viermal das Ziel von beinahe erfolgreichen Anschlägen. Und auch Otto von Bismarck, der politische Kopf des preußisch-deutschen Reiches, erlebt zwei Attentate – und überlebt beide praktisch unverletzt. Am 7. Mai 1866, Bismarck kommt gerade vom Vortrag beim König und ist auf dem Weg in seine Amtsräume an der Wilhelmstraße, geschieht das erste.[27] Noch am selben Tag berichtet die »Norddeutsche Allgemeine Zeitung« bemerkenswert präzise in einem Extrablatt: »Als der Ministerpräsident Graf Bismarck heute Nachmittag 5 1/2 Uhr in der Mitte der Linden-Allee entlang ging, hörte er, in der Nähe des Russischen Gesandtschafts-Hotels angekommen, zweimal hinter sich schießen. Er sah sich um und erblickte vor sich einen kleinen, etwa 24 Jahre alten Menschen stehen, welcher zum dritten Mal einen Revolver auf ihn anlegte. Der Ministerpräsident sprang auf den Verbrecher los, der zum dritten Mal schoß und abermals fehlte. Als er sich aber von dem Grafen gleichzeitig an Brust und am rechten Faustgelenk gefaßt sah, gelang es ihm, den Revolver in die linke Hand zu nehmen und noch zwei Schuß auf den Grafen Bismarck abzugeben.« Der Regierungschef hat Glück im Unglück: Er trägt, weil er gerade erst von einer Erkrankung genesen war, einen besonders dicken Gehrock. Der Stoff hält sogar die beiden letzten, aus geringer Entfernung abgefeuerten Schüsse auf. Dann bringen Passanten und die Soldaten eines zufällig vorbeimarschierenden Gardebataillons den Angreifer unter Kontrolle. Bismarck, der vom Angriff außer der ruinierten Kleidung nur ein paar Blutergüsse auf der Brust davongetragen hat, geht zu Fuß weiter in die Wilhelmstraße, wobei der bisher höchst unbeliebte Politiker Sympathiebekundungen seiner Landsleute auf der Straße genießen kann.[28]

Während Bismarck im Palais Wilhelmstraße Nummer 76 wenig später den König und weitere hochgestellte Persönlichkeiten empfängt, die sich seines Wohlbefindens versichern wollen, wird der festgenommene Revolverschütze durchsucht und das erste Mal verhört. In seinen Taschen finden sich eine Uhr und ein Schlüsselbund, ein Portemonnaie, ein Kamm und Münzen, ein Schnupftuch und ein Stadtplan von Berlin. Der Festgenommene gibt als Namen Ferdinand Cohen-Blind an, 24 [richtig: 22 – sfk] Jahre alt und in Baden geboren, und versichert, er sei nach Berlin gekommen, um den Grafen Bismarck zu töten. Er wird vom Polizeirevier in der Dorotheenstraße ins Polizeipräsidium am Alexanderplatz gebracht, um dort vom Polizeidirektor Waldemar Karl Friedrich von Drygalski selbst vernommen zu werden. Gleichzeitig wird Cohen-Blinds Zimmer im Hoth'schen Hotel in der Markgrafenstraße durchsucht. Am Abend muß der Polizeidirektor einmal das Vernehmungszimmer kurz verlassen; er beauftragt den Wachtmeister Johann Heinrich Karl Bethke, den Attentäter zu bewachen. Später berichtet der Schutzmann über die folgenden Ereignisse: »Blind saß auf einem Stuhle neben dem Schreibtische und ich stand von ihm einige Schritte entfernt. Ich nahm wahr, wie derselbe sein Schnupftuch aus der Tasche zog und sich damit das Gesicht wischte. Er ließ das Schnupftuch hierauf auf seinen Schoß fallen und machte plötzlich eine heftige Bewegung nach seinem Halse. Ich sprang plötzlich hinzu, bemerkte, daß er eine Waffe in der Hand hielt, entwand ihm dieselbe und drückte ihn zu Boden. Da außer uns niemand weiter im Zimmer war und ich bemerkte, daß Blind am Hals stark blutete, so rief ich laut um Hilfe.« Doch es ist zu spät: Obwohl sofort Ärzte den Attentäter behandeln, der sich mit einem in seiner Weste versteckten Taschenmesser selbst die Halsschlagader aufgeschnitten hat, stirbt er am folgenden Morgen gegen vier Uhr.[29]

Ferdinand Cohen-Blind hinterließ zwei Briefe, einen an seinen Stiefvater Karl Blind, den 48er-Revolutionär, der 1866 zusammen mit

Ferdinands Mutter im Londoner Exil lebte, und einen an seine mütterliche Freundin Mathilde Weber in Tübingen. Da der Brief an Karl Blind in den Polizeiakten nicht mehr aufzufinden ist, bleibt nur das Schreiben nach Tübingen als Quelle für die Hintergründe des Attentats – allerdings als eine ungewöhnlich genaue und verläßliche Quelle. Ferdinand Cohen-Blind wurde geboren am 25. März 1844 als Sohn des Kaufmanns Jacob Abraham Cohen und dessen zweiter Frau Friederike. Nach dem Tod ihres Mannes 1848 heiratete sie den sieben Jahre jüngeren Karl Blind, einen Aktivisten der revolutionären Bewegung in Heidelberg. Nach der Niederschlagung des badischen Aufstandes 1849 mußte das Paar mit seinen Kindern Deutschland fluchtartig verlassen und fand erst 1852 in London eine Heimat. Ferdinand war trotzdem 1862 nach Deutschland zurückgekehrt und hatte bis März 1866 an der landwirtschaftlichen Hochschule Hohenheim bei Stuttgart studiert – mit exquisiten Ergebnissen übrigens. Danach begab er sich, wie damals üblich, auf Wanderschaft und faßte in diesem Frühjahr seinen folgenreichen Entschluß: »Schon ehe ich meine Reise antrat, tauchte der Gedanke öfters in mir auf, daß die einzige Lösung der jetzigen verwickelten Lage in Deutschland die Beseitigung Bismarcks sei; doch war es mehr ein Gedanke, der noch in weiter Ferne dämmerte und den ich immer wieder verbannte. Auf der Reise jedoch, wo ich so recht Zeit hatte, über diese Frage nachzudenken, und die Gefahr, in der Deutschland schwebte, immer größer wurde, überzog mich ein rechtes Schamgefühl, daß sich niemand in Deutschland findet, der den Verräter beseitigt. Bismarck ist ganz entschieden ein Verräter an Deutschland. Er ist die Hauptveranlassung zu dem bevorstehenden Krieg«, schrieb er an Mathilde Weber. Aus seiner Wahrnehmung des preußischen Ministerpräsidenten, die durchaus korrekt war (tatsächlich führte Bismarck den innerdeutschen Krieg von 1866 in jenen Monaten einigermaßen mutwillig herbei), zog Cohen-Blind einen bemerkenswerten Schluß: »Ein gewöhnlicher Mensch, wenn er den hundertsten Teil von dem begangen hätte, was Bismarck sich hat zu Schulden kommen lassen, wäre schon längst dem Gesetz verfallen. Bismarck, der jedoch hoch gestellt ist, kann von den Gesetzen nicht belangt werden und achtet sie nicht. Läßt sich dann nicht ganz logisch der Schluß ziehen, daß derjenige, der außerhalb der Gesetze steht, von dem Einzelnen belangt werden kann?« Cohen-Blind wurde aus pazifistischen Motiven zum politischen Mörder: »Wenn man, wie ich es getan, durch die blühenden Gefilde Deutschlands gewandert ist, die bald unter den harten Fußtritten des Krieges verwüstet sein werden, und die große Zahl von jungen Leuten hat hinausziehen sehen, die ihr Leben für rein egoistische Zwecke einzelner lassen müssen, so fällt es einem nicht so schwer, und kommt der Gedanke ganz von selbst, den Urheber dieses Übels zu strafen, und wenn es mit Aufopferung des eigenen Lebens verbunden ist.«[30]

So klare Rechtfertigungen für politischen Mord oder Mordversuch sind in der zweieinhalbtausendjährigen Geschichte des Widerstandsrechts selten: Wer sich selbst den geltenden Gesetzen nicht unterwerfe, genieße auch nicht ihren Schutz und dürfe daher umgebracht werden. Nach dieser Argumentation wäre allerdings das Gewaltmonopol des Staates, eine der wichtigsten Stützen jedes Rechtsstaates, erledigt. Denn der »logische Schluß« funktioniert nur, wenn Richter und Henker identisch sind, wenn also die Person, die das Unrecht des potentiellen Opfers feststellt, zugleich zum Vollstrecker des zwangsläufigen Urteils wird. Soweit allerdings hat Cohen-Blind nicht gedacht.

Besonders schwer ist die Beurteilung dieses Attentäters, weil er die politische Lage durchaus richtig analysierte; sieben Wochen nach seinem fehlgeschlagenen Attentat ließen auf dem Schlachtfeld von Königgrätz ungefähr 50.000 Soldaten des preußisch-norddeutschen Heeres und des österreichisch-süddeutschen Aufgebots ihr Leben. Trotzdem lag Cohen-Blind, historisch betrachtet, falsch. Denn Bismarck erwies sich im Sieg als genialer Stratege und nutzte die Gelegenheit nicht, um die Verlierer zu demütigen, sondern um die süddeutschen Staaten von ihrer Vormacht Österreich zu lösen: der wichtigste Schritt auf dem Weg zur deutschen Vereinigung 1871. Das konnte der Attentäter freilich nicht ahnen, auch wenn er sich über die Folgen seiner Tat vollkommen klar war: »Ich kann Sie versichern, daß ich mich nicht mutwillig in diese Affäre stürze. Ich bin noch jung, die Welt steht mir offen, ungern scheide ich aus dem Leben [...] Daß ich von den Menschen verflucht werde, weiß ich, ich begehe auch nicht die Tat, um mir Dank zu erwerben. Mit unsittlichen Mitteln kann man das nicht«, schrieb er in seinem Abschiedsbrief an Mathilde Weber. Sie stellte den Brief der württembergischen Regierung zur Verfügung, die erleichtert war, ein solches Geständnis zu haben, das jede Verdächtigung, Cohen-Blind sei Vollstrecker einer Verschwörung gewesen, widerlegen würde.

Doch Bismarck war damit unzufrieden. Er wollte nicht an die Einzeltäterschaft glauben, obwohl es keinerlei Hinweise auf Mittäter gab. Er schickte Beamte zu Ermittlungen im Umfeld von Karl Blind nach London, er veranlaßte Untersuchungen in Hohenheim, bei denen der Fiktion eines revolutionären Bundes von sieben Studenten nachgegangen wurde, die angeblich das Attentat geplant hatten. Die Wirklichkeit sah viel einfacher aus: Ferdinand Cohen-Blind, der in großer Hochachtung vor seinem Stiefvater und dessen Rolle in der Revolution von 1848/49 aufgewachsen war, hatte für sich allein entschieden, Deutschland von einem »Verräter« zu befreien. Seine Vorbereitungen traf er einigermaßen kurzfristig; seinen Revolver kaufte er erst am Tag vor dem Anschlag in Berlin. Über die Beerdigung des gescheiterten Idealisten vermeldete ein deutschsprachiges Wochenblatt in London: »Spät nachts, am verflossenen Sonnabend, fand die Beerdigung auf dem Nicolai-Friedhof statt. Es war nachts elf Uhr. Die Behörden hatten diese späte Stunde vorgeschrieben, wie auch, daß die Bestattung in der tiefsten Stille erfolge. Eine freundliche Hand hatte dem Märtyrer einen Tannenzweig auf die Brust gelegt; Blumen und Efeugewinde, Maiglöckchen, Vergißmeinnicht und andere Frühlingsspenden wurden später auf das Grab gestreut.«[31] Eine besonders boshafte Volte fügten noch die beiden ebenfalls in England lebenden Exilanten Friedrich Engels und Karl Marx der Affäre Cohen-Blind hinzu: »Was ist das für eine sonderbare Geschichte mit dem blinden Cohen, der den langen Bismarck in fünf Schüssen nicht treffen kann und sich vom ihm obendrein noch arretieren läßt«, schrieb Engels am 9. Mai 1866 an seinen Freund. Marx antwortete: »Das Komische an der Sache ist, daß [Karl] Blind nicht seinen eigenen Sohn, sondern den Isaak des alten Cohen durch sein blödsinniges Fürstenmordgeschwätz auf dem Altar der Freiheit geopfert hat.«[32] Bismarck bewahrte übrigens zeit seines Lebens die Tatwaffe auf – geladen und schußbereit lag sie stets auf seinem Schreibtisch.

Wer durch Münchens Innenstadt spaziert und vom Promenadenplatz in die Kardinal-Faulhaber-Straße abbiegt, kann bei genauem Hinsehen im Bürgersteig vor der Seitenfront des Palais Montgelas das wahrscheinlich unauffälligste Mahnmal für ein Mordopfer in

Deutschland erkennen: Eine schmale helle Gravur in einer dunkel-grauen Stahlgußplatte umschließt eine schraffierte Fläche, die dem Umriß eines am Boden liegenden Mannes gleicht. Zur Straße hin schließt eine Texttafel das Denkmal ab. Darauf steht: »Kurt Eisner, der am 8. November 1918 die bayerische Republik ausrief, nachmaliger Ministerpräsident des Volksstaates Bayern, wurde an dieser Stelle am 21. Februar 1919 ermordet.« Unwillkürlich fragen sich auch nicht böswillige Geister, ob in diesem Mahnmal vielleicht ein tieferer Sinn verwirklicht wurde: Immerhin wird das Gedenken an Eisner auf diese Art tagtäglich von hunderten Menschen mit Füßen getreten. Der Künstlerin Erika Maria Lankes, die das Denkmal 1988/89 schuf, lag derlei zwar sicher fern. Dennoch kann man sich des Eindrucks nicht erwehren, daß hier auf subtile Weise ein mißliebiger Politiker mehr als acht Jahrzehnte nach seiner Ermordung weiter bestraft wird.

Die Sonne scheint über München am 21. Februar 1919.[33] Die Schriftstellerin Ricarda Huch erinnert sich an einen »jener strahlenden Vorfrühlingstage, die man, wie man wohl weiß, mit Wochen, ja Monaten bösen Nachwinters zu büßen hat, an denen man aber nicht umhin kann, sich glücklich zu berauschen«.[34] An diesem Freitag verläßt der Sozialdemokrat und Ministerpräsident des Volksstaates Bayern, Kurt Eisner, gegen 9.45 Uhr seine Dienstwohnung im Palais Montgelas, das seinerzeit das Münchner Staatsministerium des Äußeren beherbergt. Er will nur wenige Dutzend Meter zu Fuß gehen, hinüber in die Prannerstraße, wo der Bayerische Landtag zusammengetreten ist. Begleitet wird er von zwei Vertrauten; vor den drei Männern gehen zwei Polizisten, die Eisner in der aufgeladenen politischen Atmosphäre jenes Revolutionswinters schützen sollen. Jedoch fällt keinem der beiden Personenschützer der junge Mann in Zivilkleidern auf, der sich seit geraumer Zeit an der gegenüberliegenden Ecke herumdrückt, im Haupteingang der Bayerischen Hypothekenbank. Nicht einmal, als der Zivilist sich in Bewegung setzt, über die Straße kommt und sich der Gruppe um Eisner von hinten nähert, werden sie aufmerksam. Dabei zögert der Mann sogar kurz mitten auf der Promenadenstraße (der heutigen Kardinal-Faulhaber-Straße), als sei er unschlüssig, wohin er gehen müsse. Dann aber nähert er sich rasch den gemächlich gehenden Männern, schließt unmittelbar zu ihnen auf, reißt eine Pistole hervor und schießt Kurt Eisner zweimal in den Nacken. Der Ministerpräsident ist auf der Stelle tot.

Jetzt erst reagierten die Polizisten: Sie rissen den Attentäter zu Boden und schossen mehrfach auf ihn. Zwei Kugeln trafen und verletzten Anton Graf Arco-Valley schwer.[35] Sein lebloser Körper wurde zunächst einige Zeit achtlos liegengelassen und erst dann in die Universitätsklinik in der Nußbaumstraße gebracht. Hier praktizierte ein deutschlandweit bekannter Chirurg: Ferdinand Sauerbruch. In seinen drei Jahrzehnte später, nach dem Zweiten Weltkrieg, diktierten Memoiren berichtete er bemerkenswert offen: »Ende Februar 1919 wurde Eisner auf offener Straße auf dem Weg zum Landtagsgebäude durch Pistolenschüsse ermordet. Die Nachricht durcheilte mit Windeseile München. [...] Eisner war von einem Angehörigen des nationalen Bürgertums erschossen worden, der sein junges 22jähriges Leben daransetzte, den Usurpator zu töten. [...] Ich hörte, daß Graf Arco durch viele Schüsse aus allernächster Nähe niedergeschossen und getötet worden sei. Wie erstaunt, betroffen und – ehrlich gesagt – beglückt war ich, als mir [...] ein Assistent zuflüsterte, eben sei Graf Arco schwerverletzt bei uns eingeliefert worden. Ich glaube, ich habe den Kollegen mit offenem Mund angestarrt und vielleicht an seiner Gesundheit gezweifelt, so unwahrscheinlich schien mir die Nachricht.«[36] Mit all seiner ärztlichen Kunst rettete Sauerbruch den Attentäter und verhinderte so, daß er zum Märtyrer werden konnte.

Arco hatte zwar akzeptiert, daß er beim Attentat getötet werden könnte, doch unbedingt opfern wollte er sich nicht. In seiner ersten Vernehmung sagte er dazu ganz klar: »Ich habe mir vorgestellt, ich werde durch die Menge, die drumherum ist [...] entweder [nieder]geschossen [...] oder ich komme vor ein Gericht und werde dann abgeurteilt und werde dann später – es kommt noch darauf an, was für eine Regierung am Ruder ist, wenn es eine Regierung ist, die nicht radikal ist, dann begnadigt werde.« An seinem subjektiv rationalen Motiv ließ der ehemalige Leutnant des bayerischen Heeres keinen Zweifel: »Ich habe seit langem den Ministerpräsidenten weghaben wollen.« Am liebsten durch freiwillige Abdankung, um blutige Aufstände zu vermeiden. »Dies ist aber nicht geschehen, nein, freiwillig ist er nicht weggegangen. Es war auch nicht möglich, ihn durch Zwang zum Abgang zu zwingen, weil das Volk keine Mittel hatte, ihn zu zwingen. Da mußte sich einer im Volke hergeben dazu, ihn zu beseitigen.«[37] Arco konnte nicht wissen, daß Eisner just in jener Landtagssitzung am 21. Februar 1919, die er nie erreichen sollte, seine

Demission bekanntgeben wollte: Die Rücktrittserklärung trug er in der Tasche, als er erschossen wurde.

Allerdings ging es dem Attentäter, einem Offizierssohn, der trotz der jüdischen Herkunft seiner Mutter völkisch-antisemitisch dachte, nicht nur um die Person des Ministerpräsidenten. Seine Motivation gab er dem Staatsanwalt gegenüber freimütig zu. Er habe erstens mit seinen Schüssen die »Ehre des bayerischen Volkes wieder gut« machen wollen, die Eisner verschandelt habe. Zweitens sei es ihm um das Selbstgefühl des bayerischen Volkes gegangen. Drittens habe er Anarchie und Bolschewismus in Bayern verhindern wollen. Arco räumte ein, gegenüber Freunden, Kameraden und sogar Fremden gelegentlich gesagt zu haben, Eisner müsse beseitigt werden. Trotzdem bestand er darauf, alleine und ohne Komplizen gehandelt zu haben. Gegenteiliges konnte ihm nicht nachgewiesen werden, was keineswegs nur am Desinteresse der Staatsanwaltschaft lag, Mittäter zu ermitteln: Die Umstände sprachen dafür, daß Arco tatsächlich ein Einzeltäter war.

Wie wenig Justiz und medizinische Sachverständige an einem baldigen Prozeß interessiert waren, zeigte sich an den ständigen Verschiebungen des Verfahrens wegen »Verhandlungsunfähigkeit« des Angeklagten. Sauerbruch und andere Koryphäen attestierten Arco immer wieder mit verschiedenen Diagnosen, ein Verfahren sei ihm noch nicht zuzumuten. Anfang Dezember wurde erneut ein bereits anberaumter Termin für die Eröffnung des Hauptverfahrens kurzfristig abgesagt, was die sozialdemokratische Zeitung »Münchner Post« kommentierte: »Die ärztlichen Gutachten in Ehren. Aber die Öffentlichkeit ist im Falle Arco mit all seinen merkwürdigen Begleitumständen mißtrauisch geworden, und das mit Recht. Warum versucht man nicht, wie es schon Dutzende mal gegen andere kranke Angeklagte geschah, in die Verhandlung einzutreten?«[38] Am 16. Januar 1920 war es schließlich doch so weit: Vor dem Volksgericht München wurde die Anklage gegen Anton Graf Arco-Valley wegen Mordes an Kurt Eisner verhandelt. Gericht und Sachverständige zeigten viel Verständnis für den geständigen Täter; der Psychiater zum Beispiel erläuterte das Zustandekommen der Tat: »In ebenso rascher wie unreifer Logik folgerte er aber: Alle Welt will von diesem Menschen [Eisner – sfk] nichts wissen, aber er bleibt, gestützt auf die Gewaltherrschaft Einzelner, also kann das Bayernvolk nur durch Gewalt von ihm befreit werden. Es findet sich aber niemand, ihn zu beseitigen – sie, die alle so schimpfen, sind ja doch alle zu feige dazu – also wird er das Volk vom Tyrannen befreien. Tyrannenmord ist kein gemeiner Mord. Er ist unter gewissen Umständen unumgänglich notwendig, ein sittliches Gebot.«[39]

Trotzdem verneinte der Gutachter eine verminderte Schuldfähigkeit des Angeklagten. So konnte das Volksgericht nur zu einem gesetzmäßigen Urteil kommen: der Todesstrafe. Arco bat um das letzte Wort und forderte seine Gesinnungsgenossen publikumswirksam auf, ihn nicht (wie bereits geplant) gewaltsam zu befreien. Sie sollten lieber helfen, das Vaterland (gemeint war Bayern) wieder aufzubauen.[40] Schließlich konnte sich Arco sicher sein, nicht aufs Schafott geschickt zu werden. Denn für das inzwischen in München regierende reaktionäre Establishment war das Todesurteil unbefriedigend. Der zuständige Staatsanwalt hatte schon in seinem Plädoyer vorgebaut: Weil Arco frei von jedem persönlichen Haß- oder Rachegefühl gehandelt habe, sei eine Begnadigung zu einer Freiheitsstrafe zu befürworten; und zwar zu ehrenwerter Festungshaft statt zu unehrenhaftem Zuchthaus. Der bayerische Ministerrat setzte am folgenden Tag diese »Anregung« buchstabengetreu um.[41] Vier Jahre später, im April 1924, wurde Anton Graf Arco dann amnestiert und aus der Festung Landsberg entlassen. Er heiratete und lebte sein Leben, als sei nie etwas geschehen, verdiente sein Geld als Prokurist bei der Lufthansa und als Publizist. Am 3. Mai 1941 wurde schließlich auch das Urteil aus dem Strafregister getilgt – auf Anweisung des Generalstaatsanwalts in Berlin.[42] Kurz nach Kriegsende, am 29. Juni 1945 starb Anton Graf Arco bei einem Autounfall in der Nähe von Salzburg.

Mord kann gerecht sein. Das ist die Lehre eines Attentats, das 1921 die Aufmerksamkeit der Berliner fesselt. Noch hat sich die Reichshauptstadt nicht erholt von den Wirren der Nachkriegszeit, von republikanischer Revolution, Spartakus-Aufstand und reaktionärem Kapp-Putsch. Die Sorgen des Alltags beschäftigen die Menschen. Da ist ein saftiger Kriminalfall eine willkommene Abwechslung. Vor allem, wenn der Täter auf frischer Tat gestellt wird und voll geständig ist, man also keine Angst mehr vor ihm haben muß. Um so mehr, wenn der Tatort eine feine Adresse im reichen Bezirk Charlottenburg ist, die Hardenbergstraße. In eleganten Stuckpalästen halten Großbürger sich hier komfortable Stadtwohnungen, die manchmal ein ganzes Stockwerk einnehmen. Neun Zimmer in der Beletage des Hauses Hardenbergstraße Nr. 4 hat zum Beispiel der türkische Staatsangehörige Sali Ali Bey gemietet. Seit gut zwei Jahren wohnt der Endvierziger nun schon in Berlin, zusammen mit seiner deutlich jüngeren Frau und seinem Neffen. Schlechtes ist über den stets gut gekleideten Mann nicht bekannt. Wohlhabende Ausländer sind in den frühen zwanziger Jahren durchaus üblich in Europas Metropolen. Tausende reiche Russen etwa sind über Berlin, Paris und London verstreut, vertrieben von der bolschewistischen Revolution. Und auch in der Türkei hat die Niederlage im Weltkrieg einen politischen Umschwung mit sich gebracht, der das alte Regime beiseite gefegt und viele seiner Repräsentanten ins Exil gezwungen hat. Sie treffen sich regelmäßig, zum Beispiel in der Wohnung von Sali Ali Bey in der Hardenbergstraße. Doch derlei ist kein Grund für Mißtrauen, nicht einmal im eleganten Charlottenburg.

Ins Nachdenken kommen die Nachbarn allerdings, als sich gegen Mittag des 15. März 1921 herumspricht, der türkische Herr sei nur wenige Blocks weiter ermordet worden.[43] Ein junger Mann sei von hinten an Ali Bey herangetreten und habe ihm in den Kopf geschossen. Binnen kurzem sperrt die herbeigeeilte Kriminalpolizei den Tatort vor dem Haus Hardenbergstraße 17 ab; mehr als einen schnellen Blick auf den in seinem Blut liegenden Leichnam kann niemand erhaschen. Trotzdem (oder vielleicht gerade deshalb) kursieren rasch erste Gerüchte. Der Täter, ein persischer oder armenischer Student, habe nicht nur den türkischen Herrn getötet, sondern auch seine Begleiterin schwer verletzt. In seinen Taschen hätten sich 12.000 Mark befunden, sein Motiv sei Eifersucht gewesen. Kurz nach dem Schuß seien einige fremdländisch oder orientalisch aussehende Männer am Bahnhof Zoologischer Garten in einen Zug gestiegen und abgefahren. Vielleicht Komplizen des gestellten Mörders? Gleichzeitig hält sich hartnäckig die Information, Sali Ali Bey sei ein falscher Name, hinter dem sich in Wirklichkeit der ehemalige Großwesir des Osmanischen Reiches Talaat Pascha verborgen habe. Zwar dementiert ein Polizeibericht von 14.30 Uhr diese Mutmaßung – trotzdem informiert das hochseriöse »Berliner Tageblatt« seine Leser in der Abendausgabe des 15. März 1921 auf der ersten Seite über den Mord und den angenommenen politischen Hintergrund.[44]

Am folgenden Morgen konnte das »Tageblatt« schon wesentlich mehr berichten. Erstens stand nun die Identität des Opfers fest – es handelte sich tatsächlich um den 47jährigen ehemaligen Innenminister und letzten Regierungschef des Osmanischen Reiches: »Talaat hatte sich nur in einen Sali Ali verwandelt, weil er sich verfolgt und umlauert fühlte und die falsche Visitenkarte ihm in diesem unsicheren Dasein nützlich erschien«, erläuterte »Tageblatt«-Chefredakteur Theodor Wolff.[45] Zweitens waren die Motive des Mordes rein politisch, und eine Verletzte hatte es auch nicht gegeben. In Wirklichkeit war lediglich eine zufällig neben Talaat Pascha gehende Dame im Moment des Anschlages vor Schreck ohnmächtig geworden und zusammengebrochen. Schließlich erwies sich auch der Täter als voll geständig: Als Namen gab der 24jährige Salomon Teilirian an, manchmal auch Sogmohon Tehlerjan geschrieben. Über den Ablauf des Anschlags berichteten »Tageblatt«, »Berliner Morgenpost« und das Boulevardblatt »BZ am Mittag« nahezu einhellig: Der Armenier Teilirian war schon vor einigen Wochen nach Berlin gekommen und hatte sich zuerst im Bezirk Schöneberg, dann in einer Pension gegenüber von Talaats Wohnung in der Hardenbergstraße eingemietet. Gut zehn Tage lang beobachtete er von dort aus sein Ziel, um dessen Gewohnheiten kennenzulernen. Jeden Morgen um neun Uhr verließ der ehemalige Großwesir seine Wohnung, um sich Zeitungen zu besorgen. Teilirian verfolgte ihn und sah auf dem Rückweg, kurz nach elf Uhr, eine günstige Gelegenheit gekommen: Er trat von hinten an Talaat Pascha heran, rief ihm kurz etwas zu und schoß dann eine Kugel in seinen Hinterkopf. Der Getroffene sank mit einem letzten Schrei zu Boden und war fast auf der Stelle tot. Der Täter warf seine Waffe fort und rannte in Richtung eines naheliegenden U-Bahnhofs, um zu flüchten. Doch umstehende Passanten hinderten ihn an der Flucht und prügelten auf Teilirian ein. Ein Stockhieb hinterließ eine klaffende, 20 Zentimeter lange Wunde am Oberkörper. So verletzt wurde er der Polizei übergeben. Verärgert über seine Festnahme soll er noch gerufen haben, auf die Leiche weisend: »Er Türke, ich Armenier – kein Deutscher! Was haben Deutsche damit zu tun?«[46]

Überzeugender argumentierte der Täter wenig später auf dem Polizeirevier. Mittels eines Dolmetschers setzte Teilirian seinen Vernehmern auseinander, daß der Ermordete verantwortlich gewesen sei für den Mord an weit über einer Million Armenier zwischen 1915 und

1917. »Seine Eltern hätten in aller Ruhe in einem kleinen armenischen Dorf an der Grenze zu Persien gewohnt, bis sie eines Nachts von Beauftragten des damaligen Großwesirs Talaat Pascha aus ihrer Wohnung herausgeholt und verschleppt worden seien. Er hätte später nur noch gehört, daß sie eines schrecklichen Todes gestorben wären. Damals hätte er dem ›Massenmörder‹ ewige Rache geschworen«, faßte die »BZ am Mittag« die Einlassung Teilirians zusammen.[47] Mitwisser oder Komplizen habe er nicht gehabt, allerdings hätten ihn viele armenische Landsleute finanziell unterstützt. Die Boulevardzeitung fantasierte noch von einer angeblichen Verbindung zu einem »revolutionären armenischen Komitee«, doch handfeste Hinweise auf eine Verschwörung gab es nicht.

Juristisch eine klare Sache: Mord auf offener Straße und ein geständiger Täter. Keine ernstzunehmenden Hinweise auf Komplizen, keine Zweifel an den dargelegten Beweggründen. Die Kriminalpolizei schloß die Ermittlungen noch am 16. März ab.[48] Das Berliner Schwurgericht konnte schnell tätig werden: Schon am 2. Juni 1921 trat Salomon Teilirian vor seine Richter. Bei der Beschreibung des Angeklagten bedienten sich »BZ am Mittag« und »Tageblatt« geläufiger Vorurteile: »Salomon Teilirian hat […] das typische Aussehen eines politischen Fanatikers: klein und überaus schwächlich, hohe Denkerstirn, darunter dunkelglühende, tief in den Höhlen liegende Augen. Das schmale Gesicht wird oft von einer nervösen hektischen Röte überflogen«, hieß es im Gerichtsbericht des Boulevardblatts. Auch dem Reporter des »Berliner Tageblatts« erschien der Angeklagte als »der Typ eines Fanatikers«.[49] Die Anklage lautete auf Mord. An Vorsatz und Motiv konnte kein Zweifel bestehen; also boten die drei renommierten Verteidiger eine ganze Phalanx medizinischer Sachverständiger auf, um die Unzurechnungsfähigkeit ihres Mandanten bestätigen zu lassen. Sie hatten sich auch passender Zeugen versichert: Ein Konsultationssekretär vom Berliner Generalkonsulat der 1918 bis 1923 offiziell bestehenden Republik Armenien bestätigte, Teilirian habe in seiner Anwesenheit einen epileptischen Anfall erlitten. Ein anderer Landsmann schilderte den Angeklagten als nervenkrank. Ein dritter, der beim Polizeiverhör im März gedolmetscht hatte, beschwor, daß Teilirian nach dem Anschlag nicht »in normaler geistiger Verfassung« gewesen sei.

Ihren größten Trumpf aber spielten die Verteidiger erst danach aus:

Sie ließen mehrere Zeugen und den Angeklagten die Greuel schildern, die türkische Militärs und Milizen seit Frühjahr 1915 an Armeniern begangen hatten. Um diesen Schilderungen Nachdruck zu verleihen, traten schließlich noch zwei hochgeachtete Fachleute in den Zeugenstand. Der ehemalige Leiter der deutschen Orientmission, Johannes Lepsius, der kurz zuvor zwei Bücher über die Armeniermassaker veröffentlicht hatte, darunter eine offiziöse Darstellung auf der Grundlage zahlreicher Akten des Auswärtigen Amtes, sagte aus: »Was in Armenien vorging, war keine Umsiedlung, sondern die offene Absicht, ein ganzes Volk zu vernichten.« Zwischen einer und anderthalb Million Menschen fielen dem Mordprogramm laut Lepsius zum Opfer. Zahlen vermochte Liman von Sanders, preußischer General und während des Weltkrieges Kommandeur an der türkischen Front, in seiner Aussage zwar nicht zu nennen. Aber er bestätigte die Massenmorde, wenn es ihm auch besonders darauf ankam, die Proteste deutscher Militärs und Diplomaten zu betonen. Erschüttert von den geschilderten Grausamkeiten, ließen die Geschworenen die Vernehmungen unterbrechen, nachdem sie festgestellt hatten, »sie wären der Ansicht, daß der Angeklagte felsenfest von der Urheberschaft Talaats an den Greueltaten überzeugt war«. Die erste Runde hatte Teilirians Verteidigung gewonnen.[50]

Nun kam es nur noch darauf an, dem Schwurgericht einen Weg zum Freispruch zu ebnen. Drei namhafte Mediziner diagnostizierten den Angeklagten als Epileptiker, zwei weitere empfahlen sogar, den Paragraphen 51 Strafgesetzbuch anzuwenden, der die Bestrafung von unzurechnungsfähigen Tätern ausschließt. Auch die zweite Runde ging an die Verteidigung: Selbst der Staatsanwalt hielt in seinem Schlußplädoyer zwar pro forma an seinem Strafantrag fest, man sollte Teilirian wegen Mordes verurteilen. Alles weitere, fügte er freilich an, müsse der Gnadeninstanz überlassen bleiben, also dem Reichspräsidenten. Eine perfekte Vorlage für die drei Verteidiger. Nacheinander redeten sie den Geschworenen ins Gewissen, erinnerten an das Schicksal der Armenier und die Seelenqualen des Attentäters. Der Völkerrechtler Prof. Niemeyer beschloß die Plädoyers mit dem Aufruf: »Ein Freispruch mache die Eltern und Geschwister des Angeklagten nicht wieder lebendig, ein Freispruch mache den Angeklagten nicht wieder gesund, aber ein Freispruch gebe dem Angeklagten, was jeder Mensch zu verlangen habe, nämlich Gerechtigkeit.«[51]

75 Minuten Beratungszeit benötigten die Geschworenen, dann stand das Urteil fest. Ihr Obmann Otto Reinecke verkündete: »Auf Ehre und Gewissen bezeuge ich als den Spruch der Geschworenen: Ist der Angeklagte Soghomon Tehlerjan schuldig, am 15. März 1921 vorsätzlich einen Menschen, den Talaat Pascha, getötet zu haben? Nein.«[52] Daraufhin brach das Publikum, überwiegend Landsleute des Angeklagten, in heftigen Jubel aus. Auch als Teilirian am Nachmittag das Untersuchungsgefängnis Moabit verließ, wurde er von Hunderten Unterstützern begeistert gefeiert und mit einem blumengeschmückten Wagenkonvoi abgeholt. Ernst Feder, der Innenpolitikchef des »Tageblatts«, kommentierte: »Der Freispruch [...] bietet juristisch kein außerordentliches Interesse.«[53] Damit allerdings lag der bekannte liberale Journalist falsch: Gerade juristisch war das Urteil höchst bemerkenswert. Die Geschworenen hatten nämlich eigentlich nicht über die Schuld des geständigen Täters entschieden, sondern über die Verantwortung des Opfers. Auf der Anklagebank saß in Wirklichkeit der tote Talaat Pascha, nicht Salomon Teilirian. Ein Verteidiger hatte ihn im Plädoyer sogar mit Wilhelm Tell verglichen.

War das Attentat vom 15. März 1921 ein legitimer Akt politischen Widerstandes? Moralisch vielleicht, rechtlich sicher nicht. Rache ist kein Rechtfertigungsgrund für eine Tötung. Notwehr und Nothilfe kommen ebenfalls nicht in Frage: Als Teilirian schoß, wollte er keine ihm selbst oder anderen unmittelbar drohende Gefahr abwehren. Auch als Tyrannenmord konnte der Anschlag kaum durchgehen – immerhin richtete sich die Tat gegen einen exilierten ehemaligen Regierungschef. Daß ein türkisches Gericht Talaat Pascha 1919 in Abwesenheit zum Tode verurteilt hatte, führten die Verteidiger schließlich aus gutem Grund nicht als Argument an. Denn eigentlich war der Schuß auf der Hardenbergstraße ein klassischer Fall von (verbotener) Selbstjustiz, wie übrigens auch vier weitere Morde an Hauptverantwortlichen für die Armeniermassaker in den zwölf Monaten nach dem Freispruch in Berlin.[54] Damit freilich hatte Salomon Teilirian nichts mehr zu tun. Er ging in die USA ins Exil, wo er 1960 starb. Aus dem Völkermord in Kleinasien 1915/16 sind allerdings keine politischen Konsequenzen gezogen worden. Der nächste Genozid forderte viermal so viele Opfer.

Salomon Teilirian ist nicht der einzige Attentäter, der aus politischen Gründen freigesprochen wurde. Zwei ganz ähnliche Fälle, beide aus den zwanziger Jahren, zeigen die damalige Unsicherheit rechtsstaatlicher Gerichte bei der Beurteilung zweifellos illegaler, aber möglicherweise legitimer Mordanschläge. Maurice Conradi, ein 27jähriger Sohn Schweizer Eltern, der in St. Petersburg geboren und aufgewachsen war, aber wegen der bolschewistischen Revolution Rußland verließ und in die Heimat seiner Eltern übersiedelte, erschießt am 10. Mai 1923 in Lausanne den sowjetischen Diplomaten Wladislaw Worowsky.[55] Nach der Tat läßt er sich widerstandslos festnehmen und sagt bereitwillig aus. Dabei erweist sich: Der Täter hat gleich ein doppeltes Motiv: Sein Onkel und dessen Sohn sind während des russischen Bürgerkrieges ermordet worden, er selbst hat unter den »weißen« Generalen Kornilow und Wrangel gegen die Bolschewisten gekämpft. Offensichtlich haben Rache und politische Feindschaft gemeinsam zu dem Attentat geführt. Obwohl Conradi ein Alkoholproblem hat (vor seinen Schüssen auf Worowsky trinkt er sich Cognacglas für Cognacglas Mut an), wird er als voll zurechnungsfähig vor Gericht gestellt.[56] Das Verfahren allerdings entwickelt sich unerwartet: Die Verteidigung verlagert den Schwerpunkt des Prozesses von der Bestrafung eines Mordes auf eine Untersuchung sowjetischer Grausamkeiten. Nach damals gültigem Recht des Kantons Waadt entscheidet eine Jury von neun Geschworenen über den Angeklagten; sechs von ihnen müssen übereinstimmen, um zu einem Schuldspruch zu kommen. Doch nur fünf der Geschworenen sehen in Conradis Tat ein Verbrechen, die anderen vier halten die Schüsse angesichts der Untaten des bolschewistischen Regimes für gerechtfertigt.[57] Als freier Mann kann der Attentäter daraufhin das Gericht verlassen. Doch sein Leben bekommt er trotz des günstigen Ausgangs des Mordprozesses nicht mehr in den Griff. Mit nur 51 Jahren stirbt Maurice Conradi 1947 nahezu vergessen.[58]

Nicht gegen einen Vertreter der Sowjetunion, sondern gegen einen ihrer schärfsten Gegner richten sich die fünf Schüsse, mit denen Salomon Schwarzbart am 25. Mai 1926 in Paris Simon Petljura tötet. Der 47jährige ehemalige starke Mann der nationalistischen Ukrainischen Republik ist während des russischen Bürgerkrieges zwischen sowjetischen Milizen und den antikommunistischen, »weißen« Truppen für zahlreiche Pogrome und Massaker an ukrainischen Juden verantwortlich gewesen, die bis zu 100.000 Opfer forderten.[59] Nach der Niederlage gegen Trotzkis Rote Armee 1920 flieht Petljura nach Paris. Dort kommt ihm Salomon Schwarzbart auf die Spur, ein Jude aus einer frommen Familie aus Smolensk, der sich früh der zionistischen Bewegung angeschlossen hat. Schon mit 20 Jahren verläßt er 1906 seine Heimat, geht nach Paris und baut sich eine Existenz als Uhrmacher auf. Den Ersten Weltkrieg erlebt und überlebt er als Soldat auf französischer Seite. 1917 kommt er im Auftrag der französischen Militärkommission nach Odessa und erfährt von der Verfolgung der Juden durch Petljura. Nach den ersten Pogromen organisiert er Selbstschutzgruppen, die jedoch nur wenig gegen die blutdurstigen Kosaken der nationalukrainischen Armee ausrichten können. Desillusioniert flieht auch Schwarzbart in die französische Hauptstadt. Systematisch sucht er nach Spuren Petljuras, findet ihn im Dezember 1925, kundschaftet ihn ein halbes Jahr lang aus und lauert ihm schließlich beim Verlassen eines Restaurants auf. Schwarzbart ruft ihm zu: »Sind Sie Petljura?« und beginnt fast im gleichen Moment zu schießen. Nach seiner Tat unternimmt er keinen Fluchtversuch, sondern läßt sich widerstandslos festnehmen. »Ich bin glücklich, einen Mörder getötet zu haben«, erklärt er seine Tat. Als Motiv gibt er an, der Ermordete sei der Urheber verschiedener Pogrome gegen ukrainische Juden gewesen.[60]

Anderthalb Jahre wartet der auf frischer Tat festgenommene Attentäter auf sein Verfahren. Als es schließlich zum Prozeß kommt, sind die Fronten eindeutig: Die Angehörigen des Opfers versuchen, Schwarzbart als gedungenen Mörder im Auftrag der bolschewistischen Regierung darzustellen. Dagegen solidarisiert sich ein großer Teil der öffentlichen Meinung in Frankreich mit dem Attentäter. Die Verteidigung benennt als Entlastungszeugen unter anderem Léon Blum, Maxim Gorki und Albert Einstein. Auch Paul Langevin, Physiker und bekannt für sein Engagement in Fragen der Menschenrechte, bezieht Position für Schwarzbart: »Ich stelle mir diesen Menschen vor, solidarisch mit seiner verfolgten Rasse, vor sich den Chef der Armee, die diese Verbrechen begangen hat, als Symbol der Verantwortung: wie er nun, mangels anderer Gerechtigkeit, die er erwartet hätte, sich selbst zum Rächer macht.«[61] Schwarzbart selbst antwortet auf die wiederholten Vorwürfe von Staatsanwaltschaft und Nebenklägern, er sei geschickt worden, mehr verwundert als verärgert: »Wer soll mich geschickt haben? Niemand hat mich geschickt!« Der medizinische Sachverständige stellt fest, Schwarzbart sei ein Schwärmer, aber voll verantwortlich für seine Tat. Nach der Beweisaufnahme ziehen sich die Geschworenen zu einer kurzen Beratung zurück, dann verkünden sie einstimmig ihr Urteil: Schwarzbarts Schüsse seien nicht als Mord zu werten, weil jeder in seinem Herzen angesichts der Grausamkeiten an den ukrainischen Juden Verständnis für die Tat habe. Der Angeklagte wird unter dem Beifall des gesamten Publikums und sehr zum Ärger der reaktionären französischen Zeitungen freigesprochen. Das liberale »Berliner Tageblatt« sieht sich sogar genötigt, in seine Berichterstattung eine redaktionelle Stellungnahme einzubauen: »Es bedarf in diesen Spalten, in denen erst kürzlich die Sinnlosigkeit der Todesstrafe dargetan wurde, keiner besonderen Versicherung, daß wir den politischen Mord für ein Verbrechen halten. Der Fall Schwarzbart macht davon keine Ausnahme. Aber hier wie überall ist nicht allein die Tat zu werten, sondern auch der seelische Beweggrund, aus dem sie wuchs. Der Prozeß gegen Schwarzbart erinnert an den gegen den Mörder Talaat Paschas, den Armenier Teilirian: Wie damals in Berlin, so haben jetzt in Paris die Geschworenen die Schuldfrage verneint. Ihr Wahrspruch kann nicht den juristischen Sinn haben, daß Schwarzbart unschuldig sei; er ist der Ausdruck des menschlichen Empfindens, daß hier sterbliche Menschen nicht Richter sein können. Racheakte, die sich von dem düsteren Hintergrund so furchtbarer Erlebnisse abheben, wie sie die Armeniermetzeleien und die Petljura-Pogrome darstellen, zeigen, daß riesengroß hinter der Schuld des Mörders wie des Gemordeten die Schuld des Zeitalters steht.«[62]

Doch das zwanzigste Jahrhundert hält noch weit größere Grausamkeiten bereit. Wie meist gibt es auch vor dem Holocaust genügend Hinweise auf das kommende Verhängnis. Mitte der dreißiger Jahre kennt jeder einigermaßen aufmerksame Zeitungsleser in Mitteleuropa die antisemitischen Ansichten des deutschen »Führers und Reichskanzlers« Adolf Hitler. Seit seine NSDAP an der Macht ist, wird den jüdischen Deutschen Stück für Stück das Leben erschwert, werden sie ausgegrenzt und entrechtet. Doch viele, viel zu viele Zeitgenossen verschließen vor dem offensichtlichen Unrecht Augen und Ohren;

übrigens außer in Deutschland auch in den meisten anderen europäischen Staaten. Selbst die Juden stehen nicht auf. Sie ertragen jede neue Schikane, jede neue in Gesetze oder Verordnungen gegossene Diskriminierung scheinbar widerspruchslos. Für den Medizinstudenten David Frankfurter ist das eine unerträgliche Situation. Am Sonntag, dem 4. Februar 1936, klingelt er in Davos an der Haustür von Wilhelm Gustloff, dem Führer der kleinen »Landesgruppe Schweiz der NSDAP«. Seine Frau öffnet und bittet den freundlichen, gut gekleideten Besucher ins Haus. Frankfurter will, so sagt er, im Auftrag der deutschen Studentenschaft dem Landesleiter einige Papiere persönlich übergeben. Als Gustloff kommt, um den Gast zu begrüßen, zieht der junge Mann eine Waffe, schießt fünfmal und trifft. Tödlich verletzt sinkt Gustloff zu Boden. Der Täter flieht zunächst, denkt über Selbstmord nach, stellt sich dann aber doch der Polizei. Denn er will seine Tat nicht als Verbrechen beurteilt wissen, sondern als politisches Fanal.[63]

Das allerdings sahen Staatsanwaltschaft und Gericht in Chur ganz anders. Sie wiesen den Versuch der Verteidigung zurück, die Situation der Juden in Deutschland in den Mordprozeß einzubringen. Dagegen erlaubten sie den Vertretern von Gustloffs Witwe, im Verhandlungssaal nationalsozialistische Judenhetze zu verbreiten. Ob Druck aus dem Deutschen Reich dazu führte, ist unklar – immerhin verweigerte die eidgenössische Regierung in Bern gleichzeitig und mit nahezu einmütiger Unterstützung der Presse die Ernennung eines Nachfolgers Gustloffs.[64] Wahrscheinlich verhielten sich die antisemitischen Propagandisten nur geschickter. Beide Seiten, Nebenklage wie Verteidigung, sahen in dem Prozeß gegen Frankfurter einen Musterfall: Der Täter, 1909 in Slawonien geboren, stammte aus einer konservativen jüdischen Familie. Seine Verwandten waren geachtete Bürger, sein Onkel und sein Bruder promovierte Ärzte, sein Vater Oberrabbiner. Auch David nahm das Studium der Medizin auf, zuerst in Leipzig, dann in Frankfurt am Main und ab dem Wintersemester 1933/34 in Bern. Beunruhigt von den antisemitischen Ausschreitungen nach der Machtübernahme der NSDAP hatte David Frankfurter Deutschland verlassen. Er war kränklich, litt unter Knochenmarkseiterungen und versagte im Studium, was er jedoch seinen Eltern vorenthielt. Die Nebenklage interpretierte diese Tatsachen auf ganz eigene Weise: Frankfurter, ein »typischer Ostjude« aus »verjudeten Akademikerkreisen«, beruflich ein Versager, sei von »den Juden« beauftragt worden, Gustloff zu ermorden. Die Verteidigung dagegen schob die Zerrüttung ihres Mandanten auf die antisemitischen Ausschreitungen, deren Zeuge er geworden war.

Der Prozeß gegen Frankfurter litt unter der enormen Politisierung. Die Verteidigung versuchte, die angeschlagene Gesundheit des Täters strafmildernd geltend zu machen. Das Gericht nahm diese Vorlage auf, allerdings nur, um den Mord als Tat eines zwar gestörten, aber trotzdem schuldfähigen Angeklagten zu bewerten statt als symbolische Tat gegen die NS-Judenpolitik. Das Urteil gegen David Frankfurter lautete schließlich auf 18 Jahren Zuchthaus wegen Mordes. Die »Neue Zürcher Zeitung«, konservatives Flaggschiff der schweizerischen Presse, kommentierte: »Indem das Gericht dem Antrag des Amtsanklägers gefolgt ist, fällt es einen Spruch, der auch den bloßen Schein vermeidet, als würde in der Schweiz der politische Mord als solcher grundsätzlich milder beurteilt als das gemeine Verbrechen. Auch in dieser Hinsicht, wie die schweizerische Öffentlichkeit nicht anders erwartet hat, sauberes schweizerisches Rechtsempfinden und saubere schweizerische Justiz.«[65] Nachdem David Frankfurter knapp die Hälfte seiner Strafe abgesessen hatte, am 27. Februar 1945, beantragte er Straferlaß. Interessanterweise wurde seinem Antrag erst am 1. Juni 1945 entsprochen, drei Wochen nach der bedingungslosen Kapitulation des Deutschen Reiches. Im Zuchthaus hatte der Häftling seine Gesundheitsprobleme überwunden: »Der Mord in Davos hat ihn gesund gemacht«, vermutete der Schriftsteller Peter O. Chotjewitz.[66] David Frankfurter durfte das Gefängnis, mußte aber gleichzeitig die Schweiz verlassen. Er emigrierte und ließ sich in Israel nieder. Im September 1969 wurde seine Ausweisung formell aufgehoben. Im Juli 1982 starb Frankfurter in Tel Aviv.

»Beim Vergleich ist der Student David Frankfurter in allen Punkten milder zu beurteilen als die drei freigesprochenen Mörder [Teilirian, Conradi und Schwarzbart – sfk]«, schrieb Emil Ludwig, ein von den Nazis vertriebener deutscher Bestsellerautor aus jüdischer Familie, in seiner Streitschrift »Der Mord in Davos« über den Fall Gustloff 1936.[67] Natürlich durfte sein Büchlein nicht in Deutschland verbreitet werden; bemerkenswert aber ist, daß auch die Schweiz den Import des in Amsterdam erschienenen Bandes untersagte. Gewirkt hat Ludwigs Schrift trotzdem; der nationalsozialistische Publizist Wolfgang

Diewerge zum Beispiel wütete: »Das Buch von Ludwig-Cohn über den ›Mord in Davos‹ ist eines der wertvollsten und besten Beweisstücke für die Richtigkeit der nationalsozialistischen Rassengesetzgebung und die Notwendigkeit der Ausmerzung des Judentums aus dem deutschen Kulturleben.«[68] Neun Jahre später, nach Frankfurters Begnadigung, ergänzte Ludwig in der Neuauflage unter dem Titel »David und Goliath« sein früheres Urteil: »Hatte sich die moralische Lage in diesen neun Jahren geändert? War ein neues Argument gefunden? Nur weil Hitler nicht mehr gefährlich war, ist der Jude Frankfurter befreit worden. Der Zusammenbruch der Barbaren änderte die öffentliche Meinung der Behörden gegenüber einem Idealisten, der ein Jahrzehnt zuvor dieselben Barbaren bekämpft hatte.«

Emil Ludwig gegenüber teilte David Frankfurter im Sommer 1945 eine überraschende Information mit: Eigentlich wollte er nicht Gustloff töten, sondern den Hauptverantwortlichen für den Rassenwahn – Adolf Hitler: »Das war mein erster Plan, aber er blieb unerreichbar. Einmal ging ich mit einer Waffe in der Tasche zu einem Einzuge Görings und wurde von der Menge an die spalierbildende SS gedrängt. Dabei spürte einer den Druck des Revolvers, ich drehte mich rasch um, erhob die Hand zum Gruß und rief Heil Hitler. Da dachte der gute Mann, ich gehörte dazu, und ließ mich los – aber inzwischen war von Göring nichts mehr zu sehen.«[69] Statt den ersten oder wenigstens den zweiten Mann der NSDAP zu töten, erschoß Frankfurter eine höchst unbedeutende Randfigur, weil dieses Opfer für ihn erreichbar war.

Wenige andere Menschen dürften das Ziel so vieler Attentatspläne geworden sein wie Adolf Hitler. 42 ernsthafte Versuche zählt der Sachbuchautor Will Berthold, auf immerhin 28 kommt der Historiker Peter Hoffmann.[70] Doch nur zweimal explodiert tatsächlich eine Bombe in der Nähe des Diktators – 1939 Georg Elsers Sprengsatz und 1944 Stauffenbergs Ladung. Von tatsächlich versuchten Pistolen-, Messer- oder Giftanschlägen ist nichts bekannt. Alle Überlegungen potentieller Attentäter blieben entweder im Sicherheitskordon um den »Führer« hängen oder scheiterten an unwahrscheinlichen Zufällen. Doch im Dritten Reich konnte nicht nur ein tatsächlich unternommener Anschlag auf den Staatschef den Kopf kosten, sondern bereits ein lediglich gestandener Plan. Und zwar nicht nur einen

Deutschen, sondern auch einen Ausländer, wie das Beispiel Maurice Bavaud zeigt.[71]

Der 22jährige Sohn einer streng katholischen Familie aus der französischsprachigen Westschweiz, der Theologie studiert und Missionar werden will, reist im Oktober 1938 nach Deutschland – um Adolf Hitler zu erschießen. Bei einem Abstecher nach Basel kauft er eine kleine Pistole Kaliber 6,35 Millimeter, geeignet nur für Schüsse auf Ziele in unmittelbarer Nähe. In Berlin und in Berchtesgaden kommt Bavaud nicht an den Diktator heran. Doch obwohl er kein Wort Deutsch beherrscht, kann er sich über die entfernte Verwandtschaft zu einem Mitarbeiter des Propagandaministeriums und die zufällige Bekanntschaft mit zwei jungen Französischlehrern Informationen über den Zugang zum »Führer« beschaffen. Er erfährt, daß eine Audienz zwar unmöglich sei, Hitler aber beim alljährlichen Gedenken an den Putsch vom 9. November 1923 auftreten werde. Als einziger Ausländer und ohne Prüfung seiner Angaben (Bavaud gibt sich als schweizerischer Journalist aus, kann aber keinen Presseausweis vorlegen), erhält er eine Karte für die Ehrentribüne gegenüber der Heiliggeistkirche. Von hier aus kann der Schweizer zwar nicht sehen, aber immerhin hören, wie sich der »Führer« mit seiner Entourage nähert: Von Osten her, aus Richtung Isar, schwillt das Geschrei »orkanartig« an, reißen begeisterte Pimpfe die Arme hoch, kreischen Frauen hysterisch vor Begeisterung, drängen sich die Menschen der Absperrung aus SA-Männern derartig schwungvoll entgegen, daß das Spalier nur gerade eben so hält. Auch auf der Ehrentribüne springen die Menschen auf, klettern auf die Bänke, um einen etwas früheren Blick auf Hitler zu erhaschen. Umbrodelt von frenetischem Geschrei, von fanatischer Verzückung, erkennt Bavaud Göring, Himmler und dann Hitler. Doch die NS-Führung bewegt sich nicht in der Mitte der Straße, sondern am anderen Straßenrand. Die Entfernung ist weitaus größer und damit ungünstiger. Aber nicht daran scheitert schließlich das Attentat – der Schweizer kommt nicht zum Schuß, weil die Hitler-Anhänger vor ihm die Arme hochreißen. Die freie Schußbahn, die der unerfahrene Schütze unbedingt braucht, ist verdeckt. Während sein Ziel vielleicht 20 Meter vor ihm langsam vorüber läuft, muß Maurice Bavaud tatenlos bleiben. Er hat seine Waffe nicht einmal aus der Tasche genommen.

Noch zwei weitere Male versuchte Bavaud, den »Führer« in Reich-

weite seiner Pistole zu bekommen – mittels gefälschter Empfehlungsschreiben französischer Politiker. Doch beide Male wurde er zurückgewiesen, ohne daß die Sicherheitskräfte irgendwelchen Verdacht
schöpften. Am Abend des 12. November 1938 mußte er aufgeben: Er
hatte nicht mehr genug Geld, um per Taxi zur Dependance der
Reichskanzlei auf dem Obersalzberg zu fahren. Ein wichtiger Bote
jedoch würde kaum zu Fuß kommen. Von seinen letzten fünf Reichsmark kaufte er sich etwas zu essen und ein Billett nach Freilassing.
Doch für den Fahrschein für den Schnellzug gen Frankreich reichte
sein Geld nicht mehr. »Bavaud wurde noch immer nicht verfolgt, als
er erschöpft im Zug saß; mehrfach von Verwandten und einer Ver-
mieterin denunziert, vielfach – eigentlich ständig – aufgefallen, doch
niemals aufgeflogen. Den Rückzug hatte er nicht geplant, und so
unterlief ihm dabei eine Reihe von Fehlern: Er hatte weder die
gefälschten Empfehlungsschreiben vernichtet noch die Waffe mit der
Munition weggeworfen.«[72] Doch nicht einmal das wurde ihm zum
Verhängnis, sondern eine Fahrkartenkontrolle. Denn im Schnellzug
Richtung Westen ertappte ein Schaffner den Schwarzfahrer, übergab
ihn in Augsburg der Polizei, die Bavauds Taschen durchsuchte und
fündig wurde. Der verhinderte Attentäter kam in Gewahrsam der
Gestapo, die ihn – wie auch immer – zu einem umfassenden Geständnis brachte.

»Beim Mittagessen wies der Chef darauf hin, daß er bei den beiden
Attentaten, die sein Leben wirklich ernsthaft gefährdet hätten, nicht
durch die Polizei, sondern durch ausgesprochene Zufälle gerettet
worden sei«, notierte der zeitweilige »ständige Tischgast« im Führerhauptquartier, Henry Picker, über einen der typischen »Führer«-
Monologe im Mai 1942. Hitler zog daraus die Lehre, sein Leben stün-
de unter dem Schutz einer besonderen »Vorsehung«. Aber er machte
sich auch Gedanken um die Chancen eines Attentäter: »Die Aussagen dieses Schweizers seien für ihn [Adolf Hitler – sfk] insofern von
besonderem Interesse gewesen, als sie seine Auffassung bestätigt hätten, daß gegen einen idealistisch gesinnten Attentäter, der für seinen
Plan rücksichtslos sein Leben aufs Spiel setze, kein Kraut gewachsen
sei. [...] Da es gegen den Idealisten unter den Attentätern bei offiziellen Angelegenheiten mit vorher bekanntem Programm keinen hun-
dertprozentigen Schutz gebe, stelle er sich ruhig aufrecht in den
Wagen. [...] Wenn ein idealistischer Attentäter ihn niederschießen

oder mit einer Bombe töten wolle, so sei dagegen ja auch im Sitzen keine Abwehr möglich. Allerdings sei die Zahl idealistischer Attentäter, die ihm gefährlich werden könnten, immer gering gewesen. Bei den Bürgerlichen und den Marxisten fänden sich kaum Attentäter, die das Attentat mit dem Vorsatz durchführten, notfalls auch ihr eigenes Leben dranzusetzen. Gefährlich seien daher nur die von den Schwarzen im Beichtstuhl aufgeputschten Attentäter oder national gesinnte Leute aus den von unseren Truppen heute besetzten Ländern.«[73]

Über die Motive Bavauds besteht durchaus Unklarheit. Fest steht allein, daß dabei ein psychisch gestörter Kommilitone namens Marcel Gerbohay eine Rolle spielte. Er gründete einen Geheimbund, der sich angeblich dem Kampf gegen den Kommunismus widmete. Wie ernsthaft diese Verschwörergruppe allerdings war, liegt im Dunkeln; die Ausführungen des Volksgerichtshofs sollte man nicht allzu ernst nehmen. Vielmehr scheint es so, als habe Gerbohay zwar den sensiblen Bavaud bei seinem Entschluß beeinflußt, Hitler zu töten, um eine Gefahr von der Menschheit im allgemeinen und der katholischen Kirche im besonderen abzuwenden, aber ansonsten keine Rolle gespielt.[74] Andererseits hält Peter Hoffmann, Experte für den militärischen Widerstand gegen Hitler, Maurice Bavaud für den Vollstrecker einer Verschwörung eben jenes Geheimbundes: »Bavaud wurde beauftragt, Hitler zum Angriff gegen die Sowjetunion zu bestimmen und zu töten, wenn das nicht gelänge.«[75] Gegen diese Deutung allerdings spricht vieles. Bavaud besorgte sich seine Waffe in Basel, bevor er zum ersten Mal auch nur versuchte, in Hitlers Nähe zu kommen. Sein gut dokumentierter Versuch, den »Führer« am 9. November 1938 in München zu erschießen, paßt nicht zu dem angeblichen Kalkül, Hitler für einen Krieg gegen den Bolschewismus zu gewinnen. Schließlich sprechen jedenfalls einige der widersprüchlichen Geständnisse Bavauds gegen die Verschwörungstheorie.

Für das Urteil waren solche Überlegungen ohnehin ohne Bedeutung. Der Volksgerichtshof erhob Anklage gegen den gescheiterten Attentäter, obwohl er sich im Sinne des Gesetzes des Mordvorwurfs gar nicht schuldig gemacht hatte. Immerhin hatte Bavaud nicht ein einziges Mal seine Pistole auf Hitler angelegt, geschweige denn tatsächlich geschossen. Folgerichtig erhob der zuständige Oberreichsanwalt gar nicht aufgrund des einschlägigen Paragraphen 211

Strafgesetzbuch Anklage, sondern aufgrund eines Verbrechens gegen den Paragraphen 5 der »Verordnung zum Schutz von Volk und Staat«, bekannter als »Reichstagsbrandverordnung«, dem eigentlichen »Grundgesetz« des Dritten Reiches. Dort heißt es: »Mit dem Tode oder, soweit nicht bisher eine schwerere Strafe angedroht ist, mit lebenslangem Zuchthaus oder mit Zuchthaus bis zu 15 Jahren wird bestraft, wer es unternimmt, den Reichspräsidenten oder ein Mitglied oder einen Kommissar der Reichsregierung oder einer Landesregierung zu töten.«[76] Nach dieser bewußt schwammigen Formulierung konnte auch die an sich straflose Vorbereitungshandlung mit der Todesstrafe geahndet werden. So war es nicht überraschend, daß Bavaud am 18. Dezember 1939 genau dieses Urteil erhielt. In der Begründung heißt es, Bavaud habe zwar durch die »Greuelhetze in fast der gesamten schweizerischen Presse sowie durch die bösartigen mündlichen Greuelnachrichten seitens aus Deutschland emigrierter Angehöriger von katholischen Ordensorganisationen ein völlig schiefes und falsches Bild vom neuen Deutschland« gehabt. Allerdings, so das Urteil weiter: »Diese Tatsachen konnten den Angeklagten jedoch nicht im geringsten entlasten; denn vom ersten Augenblick seiner Einreise ins Reichsgebiet an (9. Oktober 1938) bis zu seiner Verhaftung (13. November 1938) hatte er doch reichlich Gelegenheit, in verschiedenen Städten und Orten Deutschlands sich davon zu überzeugen, daß die wahren Zustände in Deutschland ganz andere waren, als wie sie in der meist von Juden beeinflußten Presse des Auslandes, insbesondere auch in der Schweiz [...] ihm geschildert worden waren.«[77] 16 Monate saß Bavaud in der Todeszelle; in dieser Zeit drängte zwar das »Politische Departement« in Bern, das Außenministerium der Schweiz, seinen Berliner Gesandten mehrfach, sich für den Verurteilten einzusetzen. Allerdings mißachteten die führenden schweizerischen Diplomaten in der Reichshauptstadt diese Anweisung; sie waren informell mit dem Auswärtigen Amt übereingekommen, in Sachen Bavaud nichts zu unternehmen. Am 14. Mai 1941 schließlich holte der Henker der Berliner Hinrichtungsstätte Plötzensee den Schweizer.[78]

Ein trauriges Nachspiel hatte der Fall Bavaud in der noch jungen Bundesrepublik: Die Angehörigen des Hingerichteten beantragten 1955 die Wiederaufnahme des Verfahrens. Doch das Berliner Landgericht wertete die Tat als versuchten Mord, in klarer Verletzung des geltenden Rechts, und verurteilte den längst Hingerichteten unter Aufhebung des Todesurteils zu fünf Jahren Haft und fünf Jahren Ehrverlust. Das Gericht stellte fest: »Bavaud hat sich des versuchten Mordes schuldig gemacht. Er hat vorsätzlich und mit Überlegung versucht, einen Menschen zu töten. Das Leben Hitlers ist im Sinne des Paragraphen 211 Strafgesetzbuch in gleicher Weise als geschütztes Rechtsgut anzuerkennen wie das Leben eines jeden anderen Menschen.« Eine Erlaubnis zur »Diktatorentötung«, also zum Tyrannenmord, sei »dem Strafrecht fremd und besteht auch im übrigen nicht«. Maßnahmen zur Wiederherstellung des Rechtsstaates stünden allenfalls verantwortungsbewußten, ideentragenden Persönlichkeiten zu. Diese Begründung, so ernst sie gemeint war, stand juristisch auf derartig schwachem Fundament, daß das Urteil schon ein Jahr später vom Berliner Kammergericht aufgehoben wurden.[79] Maurice Bavaud hat davon nichts mehr gehabt.

Politische Morde erschüttern die Gesellschaften, in denen sie begangen werden, mal mehr und mal weniger. Das hat mit den Umständen der Tat zu tun, mit der Prominenz des Opfers und vor allem mit dem Zustand der Gesellschaft. Die zahlreichen Gewalttaten in den ersten Jahren der Weimarer Republik zum Beispiel sorgen zwar für Aufsehen, aber erst als mit Außenminister Walter Rathenau einer der wichtigsten Politiker dem Terror zum Opfer fällt, kommt es zu einer entschiedenen politischen Reaktion. Im Mai 2002 dagegen, als der Rechtspopulist Pim Fortuyn im holländischen Hilversum erschossen wird, läuft unmittelbar eine Schockwelle durch das Land.[80] Obwohl oder vielmehr: weil es der erste politische Mord in den Niederlanden seit über 400 Jahren ist, einer auf ihre Rationalität und Friedfertigkeit so stolzen Gesellschaft. So etwas erschüttert tatsächlich die Fundamente der Politik, das Selbstverständnis eines ganzen Landes. Zehntausende Niederländer trauern öffentlich um das Mordopfer, Vertreter aller Parteien, selbst die schärfsten politischen Gegner Fortuyns, können sich dem nicht entziehen – auch wenn der Populist am trüben rechten Rand der niederländischen Gesellschaft nach Stimmen fischte, Vorurteile bediente, gegen mittellose Ausländer zum Beispiel, die er »Sozialflüchtlinge« nannte, oder gegen die Konsensgesellschaft, die niemandem und erst recht nicht Straftäter angemessen zur Verantwortung ziehe. Harry Mulisch, der als Schriftsteller stets zwischen

Zeitgeschichte und Zeitdiagnose schwankt und unter anderem durch seinen Roman »Attentat« international bekanntgeworden ist, wagt am Tag nach dem Mord eine erste Einschätzung: »Unser Land hat seine Unschuld verloren. Hier herrschte lange das Gefühl: Deutschland und Frankreich, das sind alles ziemlich schreckliche Länder mit einer schrecklichen Geschichte, bei uns ist es anders und besser. Das hat sich geändert. Holland hat ja einmal angefangen mit einem politischen Mord – von einem gewissen Balthazar Gérard an Wilhelm von Oranien, dem ›Vater des Vaterlandes‹. Das heile Holland gibt es seit gestern nicht mehr.«[81]

Zum Teil auch deshalb, weil nicht ein psychisch Kranker oder ein politischer Terrorist, wie aus vielen anderen europäischen Ländern bekannt, der Täter war. Sondern ein zwar radikaler Mann, dessen Ziele aber doch für viele Holländer ansatzweise verständlich sind. Unmittelbar nach den fünf Schüssen auf dem Parkplatz des Mediaparks Hilversum am 6. Mai 2002 kurz nach sechs Uhr abends, als die Notärzte noch vergeblich um das Leben des Opfers Pim Fortuyn kämpfen, wird ein unscheinbarer junger Mann mit schütterem Haar in Jeans und Pilotenjacke verhaftet. Außer seinem Namen, Volkert van der Graaf, sagt er nichts. Doch die Indizien sind überwältigend: Er trägt Plastikhandschuhe, an denen Kriminaltechniker später Schmauchspuren finden, an seinen Kleidern haften Spritzer von Fortuyns Blut. In van der Graafs Wohnung findet man weitere Munition, die zur Tatwaffe paßt, in seinem Auto einen Plan von Fortuyns Wohnung. Der mutmaßliche Täter ist fanatischer Tierschützer und Veganer, lehnt also die Ernährung mit jeder Art von tierischen Produkten ab – also nicht nur Fleisch, sondern auch Milch, Eier und Honig. Das »Algemeen Dagblad« bringt sein Denken auf eine knappe Formel: Van der Graaf sei einer, der auch »die Flöhe auf dem Rücken der Hunde schützen« wolle.[82] Trotzdem rätseln die Medien weiter über den Antrieb für den Anschlag. Fortuyn hatte zwar mit populistischen Tönen gegen Ausländer im allgemeinen und Muslime im besonderen gehetzt, doch der Verhaftete ist kein Ausländer. Fortuyn hatte sich als Homosexueller bekannt, doch van der Graaf ist nicht als Schwulenfeind bekannt. Vorerst findet sich nur eine Verbindung: Fortuyn wollte ein Gesetz verhindern, das die Zucht von Pelztieren verbieten soll, und dem mutmaßlichen Täter ist das Leben von Tieren wichtiger als das seiner Mitmenschen.

Ein halbes Jahr lang schwieg Volkert van der Graaf beharrlich, sagte zu seiner Motivation gar nichts. Statt dessen trat er sogar in den Hungerstreik, um bessere Haftbedingungen zu erzwingen, und ließ seine Anwälte Zweifel an der Version der Polizei streuen: Van der Graaf sei ein Pazifist und hätte nie eine Waffe in die Hand genommen. Ein Freund berichtete, der mutmaßliche Täter sei erst vor drei Monaten Vater geworden und »so glücklich über sein Baby« gewesen.[83] Erst Ende November 2002 beendete der Angeklagte dieses Spiel; er gestand die Tat, die er alleine vorbereitet und ausgeführt habe. »Als Tatmotiv gab van der Graaf an, den populären Politiker aus Überzeugung ermordet zu haben, weil Fortuyn seiner Meinung nach eine Gefahr für die schwächsten Gruppen der Gesellschaft dargestellt habe. Um diese Gefahr zu stoppen, habe es nur eine Möglichkeit gegeben: Mord. Die Pistole habe er schon länger besessen.«[84] Im Gegenzug stimmten die niederländischen Behörden zu, den Täter psychiatrisch untersuchen zu lassen und in eine Psychiatrie zu verlegen. Die Nervenärzte stellten, wenig überraschend, eine psychische Störung fest: Der Attentäter, ein »Pedant, ein käsiger Inquisitor mit herostratischer Veranlagung«, habe eine »zerstörerisches Zeichen« setzen wollen.[85]

Van der Graafs Weltanschauung hat ohne Zweifel Züge des Wahnsinns; wer Tiere für schützenswerter hält als Menschen, kann jedenfalls nicht als ganz gesund gelten. Trotzdem war seine Tat geprägt von rationalen Überlegungen: Er erkannte in Pim Fortuyn einen Verführer, dessen Charisma auch die urdemokratisch denkenden Niederländer mehrheitlich erliegen könnten. Um den absehbaren Sieg des politischen Seiteneinsteigers zu verhindern, entschied sich der Attentäter zum Mord. Natürlich kann er keine widerstandsrechtliche Rechtfertigung anführen. Er hat keinen Tyrannenmord unternommen und mit seinen Schüssen auch keine für sich oder für andere unmittelbar drohende Gefahr abgewendet. Also kommen weder Notwehr noch Nothilfe als Rechtfertigung dieses Attentats in Frage – jedenfalls objektiv. Die Konsequenz daraus zog Mitte April 2003, knapp ein Jahr nach dem Attentat, ein Strafgericht im Amsterdam und verurteilte den Attentäter zu 18 Jahren Haft.[86] Doch subjektiv erschienen ihm sein Plan und seine Tat als logisch und legitim. So gesehen erweist sich selbst Volkert van der Graaf als idealistischer Einzeltäter.

Gott will es

Religiöse Eiferer

4

»Wenn ein Jude sein Land und sein Volk an den Feind ausliefert, dann hat
man die Pflicht, ihn zu töten«: Das Standbild aus einem Amateurvideo
zeigt den Moment, in dem Yigal Amir (Pfeil rechts) am 4. November 1995
auf den israelischen Ministerpräsidenten Yitzhak Rabin (Pfeil links)
schießt.

✦ ✦ ✦

Triumph und **Katastrophe** liegen gelegentlich ganz dicht beieinander. Manchmal trennen nur zwei Minuten und ein paar Stufen einen überragenden Sieg von einer tödlichen Niederlage. Eine schmale Treppe führt von der Bühne auf dem Platz der Könige in Tel Aviv hinunter zum Parkplatz am Rathaus; für den Weg braucht man kaum 90 Sekunden. Vor der Bühne haben sich am 4. November 1995 rund 150.000 Menschen eingefunden, um für Frieden im Nahen Osten zu demonstrieren. Sie sind für Zugeständnisse an die Palästinenser, um den mörderischen Konflikt zu entschärfen. Auf der Bühne hat sich neben den Angehörigen verschiedener Friedensinitiativen fast das gesamte israelische Kabinett versammelt, mit Ministerpräsident Yitzhak Rabin sowie seinem jahrzehntelangen Konkurrenten und innerparteilichen Gegner, Außenminister Shimon Peres, an der Spitze. Beide sind für ihre Bemühungen um einen Ausgleich zwischen Israelis und Palästinensern mit dem Friedensnobelpreis ausgezeichnet worden, doch einig über die Demonstration sind sie nicht. Rabin befürchtet vorher, es könnten zu wenig Menschen kommen und so aus der erhofften Stärkung der Friedensfraktion in Israels zerrissener Gesellschaft eine Niederlage machen. Monatelang schon hetzen der konservative Likudblock um Benjamin Netanjahu sowie allerlei religiöse und rechtsextreme Gruppierungen gegen Rabin und seinen Willen zum Ausgleich mit der PLO. Flugblätter kursieren, die den Ministerpräsidenten in SS-Uniform zeigen; vor dem Haus der Rabins finden immer öfter Schmähungen statt.[1]

Doch der ehemalige Generalstabschef und Kriegsheld irrt sich: Die Menschen strömen in ungeahnter Zahl zu der Kundgebung. Gerüchte über geplante Terroranschläge palästinensischer Extremisten können sie nicht abhalten. Die Organisatoren haben Wert darauf gelegt, daß vor allem jüdische Israelis kommen; arabische Bürger Israels verzichten größtenteils auf ihre Teilnahme, obwohl Rabin auch für sie Hoffnungsträger ist. Eine Gegendemonstration religiöser Eiferer erlaubt das zuständige Gericht allerdings – Israel ist ein Rechtsstaat und die einzige Demokratie im Nahen Osten. Trotzdem wird die Großkundgebung auf dem Platz der Könige zum Erfolg. Geradezu euphorisch feiern die Menschen auf dem Platz mit den Prominenten oben auf der Bühne den gemeinsamen Willen zur Aussöhnung. Rabin hält eine kurze Ansprache: »Diese Regierung, an deren Spitze zu stehen ich das Privileg habe, zusammen mit meinem Freund Shimon Peres, ist entschlossen, dem Frieden eine Chance zu geben. Frieden wird die meisten Probleme des Staates Israel lösen [...] Frieden steht in unseren Gebeten an erster Stelle, aber nicht nur in unseren Gebeten. Frieden ist der Antrieb des jüdischen Volkes, der wirkliche Antrieb.«[2] Mit dem »Lied für den Frieden«, der Hymne der israelischen Friedensbewegung, beschließen die Organisatoren das Programm; selbst Rabin, der von sich sagt: »Ich kann nicht singen« und als ehemaliger Generalstabschef gewiß wenig anfangen kann mit den israelischen Pazifisten, stimmt nach einigem Zögern ein.[3] Kameraleute des israelischen Fernsehens sind mit auf der Bühne. Ihre Bilder zeigen einen tief bewegten, glücklichen Yitzhak Rabin. Die Kundgebung ist nicht nur ein Erfolg, sie ist ein Triumph für seine Politik und eine Niederlage seiner innenpolitischen Gegner. Gelöst und lächelnd verläßt Rabin mit seiner Frau und mehreren Leibwächtern die Bühne über die 26 Stufen der Treppe zum Parkplatz. Dort wartet seine gepanzerte Dienstlimousine auf ihn.

Was in den nächsten Augenblicken passiert, hat der israelische Filmamateur Roni Kempler mit seiner Videokamera festgehalten. Lea Rabin ist sekundenlang aufgehalten worden; sie folgt ihrem Mann in Begleitung des Chefleibwächters mit einigen Metern Abstand. Zwei der Sicherheitsbeamten Rabins entfernen sich, um in ihr Auto zu steigen. Der Rücken des Ministerpräsidenten ist nun ungedeckt, und die beiden verbliebenen Leibwächter schauen nach rechts. Es ist ungefähr Viertel vor zehn Uhr.[4] Plötzlich ein Schuß, Aufregung, Polizisten und Agenten reagieren, doch sie sind zu langsam. Noch zweimal kracht eine Pistole, bis sie einen jungen, schlanken Mann überwältigen können, der sich Rabin von hinten links genähert und auf ihn geschossen hat. Andere stoßen den offensichtlich verletzten Ministerpräsidenten in seine Limousine, die sofort Richtung Krankenhaus abfährt. Doch obwohl die Ärzte alles unternehmen, 50 Minuten lang um das Leben des Attentatsopfers kämpfen, stirbt Yitzhak Rabin gegen 23.00 Uhr. Zwei selbstgebastelte Dumdum-Geschosse haben ihm beide Lungenflügel und die Milz zerfetzt, die dritte Kugel traf einen Leibwächter am Handgelenk.

Während im Krankenhaus noch um das Leben des Ministerpräsidenten gerungen wurde, vernahmen Sicherheitsleute erstmals den Festgenommenen. So unprofessionell sie sich unmittelbar vor dem Anschlag benommen hatten, so perfekt funktionierten sie danach: Statt den Attentäter sofort zu töten, brachten sie ihn an einen sicheren Ort und versuchten, möglichst schnell möglichst viele Einzelheiten aus ihm herauszuholen. Das gelang ihnen – vor allem dank der Arroganz des Mörders: »Tun Sie Ihre Arbeit«, sagte er: »Ich habe meine getan.«[5] Schon auf den unmittelbar nach den tödlichen Schüssen entstandenen Bildern ist Yigal Amir mit einem seltsam entspannten Lächeln zu sehen – ganz so, als ob ihn nicht gerade ein Polizist im Schwitzkasten hielte. In diesem Moment muß der 25jährige erkannt haben, daß er seine beiden Ziele erreicht hatte: Rabin war tödlich verletzt, und er selbst würde seine Tat überleben. Zwar war Amir bereit gewesen, sein Leben gegen das Rabins einzutauschen. Doch um jeden Preis aufopfern wollte er sich nicht. Noch wenige Stunden vor dem Attentat hatte er in einer Synagoge gebetet, »er möge die Gelegenheit bekommen, den Ministerpräsidenten zu ermorden, sein eigenes Leben aber möge verschont bleiben«.[6]

Fast ein Jahr lang hatte Yigal Amir schon versucht, den verhaßten Friedenspolitiker zu töten. Erstmals lauerte er ihm am 22. Januar 1995 auf, ausgerechnet in der Holocaust-Gedenkstätte Yad Vashem. Doch hier wie weitere drei Male kam Amir entweder nicht nahe genug an Rabin heran, um ihn mit einer Pistole zu töten, oder der Ministerpräsident erschien gar nicht erst. Ebenso scheiterten mehrere Überlegungen, das tödliche Werk mit Sprengstoff oder Gift zu vollbringen. Auch ein Scharfschützengewehr oder eine Panzerabwehr-Rakete vermochte Amir sich nicht zu beschaffen – trotz bester Kontakte seines Freundeskreises zu einer Eliteeinheit der israelischen Armee. Also blieb nur das Attentat Auge in Auge; angesichts des Rufs israelischer Sicherheitsbeamter ein gewagtes Unterfangen.

In allen seinen Verhören blieb Yigal Amir[7] stets bei derselben Darstellung: Er allein habe das Attentat vorbereitet und ausgeführt. Rabin sei ein Verräter an Israel gewesen, weil er die Aussöhnung mit den Palästinensern gesucht habe und dafür auch laut Bibel zu »Eretz Israel« gehörende Gebiete wie das Westjordanland habe aufgeben wollen. Nach dem jüdischen Gesetz, der »Halacha«, sei der Ministerpräsident ein »Rodef« und ein »Mosser« gewesen, also ein »Verfolger«, der Juden in Lebensgefahr bringe, und ein »Verräter«, der das Eigentum von Juden ihren Feinden ausliefere. Ein Jude sei berechtigt, einen »Rodef« oder einen »Mosser« zu töten, um schlimmeres Unheil von der Judenheit abzuwenden.[8] Zwei Rabbiner, so Amir im Polizeiverhör, hätten Yitzhak Rabin so bezeichnet – ihre Namen allerdings nannte der Mörder nicht.[9] Vor Gericht wechselte er seine Argumentation geringfügig: »Wenn ein Jude sein Land und sein Volk an den Feind ausliefert, dann hat man nach dem Gesetz der Religion die Pflicht, ihn zu töten.« Der Richter unterbrach und fragte, welcher Rabbi das gelehrt habe? Diesmal antwortete Amir: »Niemand hat mich das gelehrt. Ich habe mein Leben lang den Talmud studiert, und ich kenne ihn in allen Einzelheiten.« Auf die Nachfrage, ob er denn nicht auch das achte Gebot kenne (»Du sollst nicht töten«), gab der selbstsichere Angeklagte zurück: »Die Zehn Gebote sind nicht abgeschafft. In der Thora gibt es 613 Gebote. Darunter sind wichtigere als ›Du sollst nicht töten‹. Dort heißt es auch, man soll Leben retten. Wenn jemand einen anderen ums Leben bringen will, fordert die [religiöse] Pflicht, den Angreifer zu töten.«[10]

Im Rückblick mag Yigal Amirs Weg zum Mörder zwangsläufig erscheinen. 1970 als Sohn jemenitischer Juden in Israel geboren, wuchs er in einem streng religiösen, sozial einfachen Umfeld auf. Sein Vater Shlomo, ein eher schlichter Mann, und die dominierende Mutter Geula erzogen Amir und seine sieben Geschwister in frommer Tradition. Nach den Anschlägen distanzierten sich die Eltern Amir zunächst von der Tat ihres zweitältesten Sohns, schrieben sogar einen Beileidsbrief an Lea Rabin, gaben Interviews und beteuerten, keine Ahnung von den Plänen Yigals und seines älteren Bruders Hagai gehabt zu haben.[11] Während in Israel durch das Verhalten von Shlomo und Geula Amir bei der Prozeßeröffnung und bei der Hochzeitsfeier für eine ihrer vier Töchter nur sechs Wochen nach dem Mord rasch Zweifel an der Ehrlichkeit dieser Bekenntnisse aufkamen, konnten die Eltern noch Ende Januar 1996 eine deutsche Journalistin überzeugen, sie seien über den Mord erschüttert.[12] Inzwischen haben weitere Zeugenaussagen ergeben, daß Shlomo und Geula von den Plänen wahrscheinlich wußten und sie mindestens stillschweigend unterstützten. Damit waren sie keineswegs allein: »Die Versuche einiger wohlmeinender Israelis, die Amirs als monströse Ausnahme darzustellen, sind von vorneherein zum Scheitern verurteilt«, faßte ein Journalist der Tageszeitung »Haaretz« seine Erfahrungen zusammen: »Sie stellen vielmehr einen festen Bestandteil der israelischen Bevölkerung dar und sind ziemlich weit verbreitet. Täglich begegnet man Menschen wie den Amirs. So sprechen sie auf der Straße, im Bus und sogar in der Knesset.«[13]

Wie viele junge Israelis seiner Generation besuchte Yigal Amir von Kindesbeinen an religiöse Schulen. Doch von ihren Altersgenossen unterschieden sich Yigal und Hagai, ein Waffennarr, durch die Faszination, die Gewalt auf sie ausübte. Statt wie viele Klassenkameraden nach der Oberschule an eine normale Talmudschule zu wechseln und damit dem Wehrdienst zu entgehen, entschied sich Yigal für ein besonderes Programm der Armee, das Militärzeit und religiöse Studien miteinander verband. Er pendelte zwischen gefährlichen Einsatzorten wie dem Südlibanon oder dem Gazastreifen und einer idyllisch gelegenen Talmudschule südlich von Tel Aviv. Bei seinen Kameraden war der Soldat Yigal Amir als religiöser Fanatiker bekannt und verschrien; nur weil er im Dienst mit Begeisterung bei der Sache war und freiwillig immer wieder zusätzliche oder besonders schwierige Aufgaben übernahm, ließen sie ihm seinen Fanatismus durchgehen.

Unproblematisch dagegen erschien seinen Kameraden Amirs Brutalität gegenüber Palästinensern. Boaz Nagar, ein Kamerad aus derselben Einheit, erinnerte sich: »Alle Soldaten im Golani-Bataillon verprügelten die Palästinenser, ich auch; aber Yigal war wirklich etwas Besonderes, ein Fall für sich. Ich weiß noch, wenn wir Jabaliya (ein großes Flüchtlingslager bei der Stadt Gaza) durchsuchten, sagte der Offizier, bevor wir ein Haus betraten, immer: ›Gründliche Überholung‹ (wie beim Auto). Yigal führte seinen Befehl getreu aus. Er prügelte und zerstörte nach besten Kräften. Die Mißhandlungen machten ihm Spaß. Deshalb schätzte ihn der Befehlshaber der Abteilung.«[14] Amir war nicht nur ein religiöser Fanatiker und ein Nationalist, sondern auch noch Rassist. Für ihn war jeder Araber, also auch jeder Palästinenser, ein Untermensch – allein schon deshalb, weil er nicht zum »auserwählten Volk Israel« gehört. Nach seiner Verhaftung beschwerte sich Amir bei den Polizisten, daß sie ihn fesselten: »Warum Handschellen? Ich bin doch kein Araber!«[15]

Nach der Armeezeit schrieb sich Yigal Amir an der als rechtsradikal berüchtigten Bar-Ilan-Universität in Tel Aviv ein. Zwar gibt es durchaus auch abweichende Erfahrungen[16] mit dieser Hochschule, der ältesten in Israel; aber trotzdem erscheint Bar-Ilan als Brutstätte eines besonders radikalen religiösen Rechtsextremismus.[17] Hier studierte Yigal Amir mit mäßiger Begeisterung (weltliches) Recht und nebenbei mit großem Elan die Thora und den Talmud. Er organisierte Demonstrationen, Diskussionszirkel und illegale Aktionen im Westjordanland. Spätestens ab Herbst 1994 äußerte Amir mal in kleinerem, mal in größerem Kreis, Rabin müsse »beseitigt« werden. Obwohl insgesamt wohl Hunderte Kommilitonen Zeugen wurden, warnte nur genau eine die Behörden vor den Drohungen – die 23jährige Geschichtsstudentin Hila F. Allerdings nannte ihr Verlobter, der für sie die Anzeige erstattete, aus Angst Amirs Namen nicht, sondern beschrieb ihn lediglich so genau, daß er bei einer ernsthaften Ermittlung sofort entdeckt worden wäre. Doch die Informationen blieben beim Inlandsgeheimdienst Shin Bet liegen, statt weiter bearbeitet zu werden.[18]

Das war nur einer von vielen Fehlern des Shin Bet, die den Mord an Yitzhak Rabin überhaupt erst ermöglichten; zusätzlich zum mangelhaften Personenschutz für den Ministerpräsidenten, den irrtümlichen Warnungen vor palästinensischen Selbstmordanschlägen auf dem Platz der Könige und der mangelnden Überwachung der rechtsradikalen, nationalreligiösen Fanatiker. Natürlich kamen angesichts dessen unmittelbar nach dem Mord Verschwörungstheorien auf. Danach soll der Shin Bet den Anschlag geplant und den potentiellen Attentäter Amir mit Platzpatronen ausgestattet haben. Das Ziel sei gewesen, durch einen vermeintlichen (und selbstverständlich erfolglosen) Anschlag nach der triumphalen Kundgebung die Stimmung zugunsten Rabins zu drehen.[19] In diese Theorie paßten perfekt die rätselhaften Worte, die entweder der Attentäter selbst oder einige der Leibwächter unmittelbar nach den Schüssen von sich gaben. Auf Kemplers Video sind sie zu verstehen, wenn auch nur mit Mühe. Je nach Übersetzung rief irgend jemand entweder: »Es sind nur Platzpatronen« oder: »Das ist nur ein Scherz«.[20] Lea Rabin erinnerte sich daran, ein Leibwächter habe ihr kurz nach den Schüssen genau das gesagt, und sie habe zurückgefragt: »Was ist nur ein Scherz?«[21] Es ist nie geklärt worden, was es mit diesem Ruf auf sich hatte.

Im Verlauf des Jahres 1994 entschied sich Yigal Amir, sein weiteres Leben der Zerstörung des israelisch-palästinensischen Friedensprozesses zu widmen. Auf diese Idee brachte ihn offenbar die Tat eines anderen nationalreligiösen jüdischen Attentäters, des Arztes Baruch Goldstein, der Ende Februar 1994 mit einem Sturmgewehr 29 betende Moslems in der Ibrahim-Moschee in Hebron erschossen hatte.[22] In Amirs Zimmer im Haus seiner Eltern fanden sich neben religiösen Werken nur drei Bücher: »Baruch. Ein ganzer Kerl«, eine verklärende Biographie des Attentäters von Hebron; »Die Akte Rabin«, eine Schmähschrift gegen den Ministerpräsidenten; schließlich ausgerechnet Frederick Forsyths Bestseller »Der Schakal« über ein fiktives Attentat auf Charles de Gaulle in hebräischer Übersetzung.[23] Auslösender Faktor scheint schließlich die Entscheidung seiner kurzzeitigen Freundin Nava H. gewesen zu sein, sich nach fünfmonatiger Beziehung von ihm zu trennen und einen anderen Bar-Ilan-Studenten zu heiraten.[24] Wenige Wochen später wartete Yigal Amir zum ersten Mal mit einem Revolver bewaffnet auf Yitzhak Rabin.

Die israelische Gesellschaft, die unter Terror so sehr leidet wie keine andere Demokratie (und, natürlich, im Westjordanland, dem Gazastreifen und dem Südlibanon vor, während und nach Rabins Amtszeit in größerem Maß als jede andere Demokratie Gewalt ausübt), war nach den Schüssen Amirs besonders geschockt von der Abstammung des Attentäters. »Ein Jude bringt keinen Juden um«, lautete eine immer wieder ungläubig ausgesprochene und doch durch die Realität widerlegte Überzeugung. Terroristen sind Araber, lautete die hundertfach schmerzlich gemachte Erfahrung, die bis zum 4. November 1995 galt. Deshalb wurden die rechtsradikalen, nationalreligiösen Zirkel an der jüdischen Bar-Ilan-Universität nicht ernsthaft überwacht. Deshalb achteten die Sicherheitsbeamten hinter der Bühne auf dem Platz der Könige nicht auf Yigal Amir – er war ja ein Jude. Und »ein Jude bringt keinen anderen Juden um«. Sie sprachen mit ihm, drei Polizisten standen gar während der Kundgebung minutenlang mit ihm zusammen – gewundert haben sie sich nicht, hielten den durchtrainierten, selbstbewußten jungen Mann für ihresgleichen: einen Sicherheitsbeamten in Zivil. Nach dem Attentat war man klüger. In einer lesenswerten Studie hat Nachman Ben-Yehuda, Professor für Soziologie an der Hebräischen Universität Jerusalem, alle 92 politischen Attentate beschrieben, die in Palästina und Israel seit Ende des 19. Jahrhunderts durch Juden begangen wurden. »Die meisten der politischen Attentate wurden unternommen von Juden gegen andere Juden […]. Diese Opfer wurden in der Regel ›Verräter‹, ›Informanten‹ oder ›Kollaborateure‹ genannt und als reale und seriöse Gefahr betrachtet, weniger für die Weltanschauung der Terrorgruppen, sondern vielmehr für das, was diese Gruppen unter ›der Nation‹ verstanden.«[25] Allerdings, und insoweit war der bis 1995 verbreitete Eindruck in der israelischen Gesellschaft nicht ganz falsch, fanden 73 von 92 politischen Gewalttaten von Juden zwischen 1939 und 1948 statt, also in der Phase, die der Gründung des Staates Israel unmittelbar vorausging, und nur sechs zwischen 1949 und 1995. Eine Parallele dagegen ergab sich über die Jahrzehnte hinweg bei der Analyse der Motive: Politische Gewalttaten von Juden an anderen Juden in Israel gingen und gehen ganz überwiegend vom rechtsextremen, mal nationalistischen, mal nationalreligiös-rassistischen Rand der Gesellschaft aus. Linksextremer Terrorismus spielt dagegen keine nennenswerte Rolle.

Der Mord an Yitzhak Rabin ist ein typisches Ergebnis der gefährlichen Vermengung von Politik und Religion, und der Mörder Yigal Amir ist ein typischer religiöser Eiferer. Gegenüber allen anderen Typen von Attentätern haben religiöse Eiferer den unschätzbaren »Vorteil«, daß ihre moralische Rechtfertigung von vorneherein feststeht: Das Opfer hat den heiligen Glauben verletzt, deshalb muß es sterben. Sie empfinden keine Zweifel, sie fühlen sich von Gott beauftragt, sie morden mit gutem Gewissen. Deshalb nehmen sie in der Regel ihre Strafe widerspruchslos hin und versuchen in ihren Prozessen (so es denn ein Verfahren gibt) nicht ernsthaft, sich auf mildernde Umstände zu berufen. Für sie ist ihr Leben mit der gelungenen Tat vollendet; ihren Lohn erhalten sie im Himmel. In seinem Schlußwort nach der Verurteilung zu lebenslanger Haft plus weiteren zeitlich begrenzten Haftstrafen bekannte Amir »Ich habe es für Gott getan.«[26]

Religiöse Eiferer zeichnen sich durch selektive Wahrnehmung religiöser Gebote aus – mindestens, was die drei monotheistischen Buchreligionen Judentum, Christentum und Islam angeht. Sie klauben sich aus der Fülle der Beispiele in Thora, Bibel und Koran sowie aus den erläuternden Schriften wie Talmud, den Kirchenvätern oder Fatwas und Hadith gerade jene heraus, die ihr Vorhaben zu stützen scheinen. In der Regel, aber nicht immer werden religiöse Eiferer dabei von Geistlichen bestärkt. Im Fall Amir zum Beispiel scheint es mindestens zwei, möglicherweise auch drei oder mehr Rabbiner gegeben zu haben, die dem Attentäter die Rechtfertigung seines Vorhabens durch entsprechende Auslegungen heiliger Schriften erleichterten. Ihre Namen hat Amir nie bekanntgegeben; allerdings hat der Israel-Korrespondent von »Le Monde«, Amnon Kapeliuk, aufgrund zahlreicher Äußerungen im Umfeld des Prozesses gleich neun radikale Rabbiner benannt, die auf dieselbe Art wie der Attentäter gegen Rabin argumentierten – vor und zum Teil auch nach der Tat. Mindestens einige von ihnen kannte Amir persönlich.[27] Dagegen nimmt sich die offizielle »Erklärung des Oberrabbinats Israels zum Mord an Ministerpräsident Rabin«, die zwei Tage nach den Todesschüssen veröffentlicht wurde, merkwürdig unentschlossen aus. Zwar betonte der Rat des Oberrabbinats, daß niemand außer ihnen und den von ihnen anerkannten Thoragelehrten im Namen des jüdischen Religionsgesetzes Recht sprechen dürfe. Doch zur Rolle des religiösen Fanatismus als Ursache des Mordes äußerten sich die Rabbis nicht.[28]

Noch öfter als über geistliche Unterstützung verfügen religiöse Eiferer über ein Umfeld aus Laien, das sie unterstützt. Mit ihnen gemeinsam bereiten sie Anschläge vor, von ihnen lassen sie sich ausdrücklich oder auch nur unausgesprochen bestätigen, daß sie im Sinne Gottes handelten. Im Falle Yigal Amirs waren das auf jeden Fall sein älterer Bruder Hagai und der gemeinsame Freund Dror Adani, sehr wahrscheinlich auch seine (platonische) Freundin Margalit Har-Shefi. Alle drei wurden in weiteren Prozessen zu Haftstrafen zwischen neun Monaten und zwölf Jahren verurteilt.[29] Unbewiesen ist die Mitwisserschaft von Yigals Eltern. Eine große Verschwörung dagegen, zum Beispiel unter Beteiligung des Sicherheitsdienstes Shin Bet, konnte trotz aller Gerüchte und Ungereimtheiten nicht nachgewiesen werden und ist angesichts der im Kern eindeutigen und gleichlautenden Geständnisse des Täters auch unwahrscheinlich.

Im Gegensatz zu vielen anderen Attentaten religiöser Eiferer ist übrigens der Mordanschlag auf Yitzhak Rabin von der amtierenden Regierung nicht benutzt worden, um den religiösen Fanatismus gewaltsam zu unterdrücken. Das hat einerseits mit Israels rechtsstaatlicher Tradition zu tun, andererseits mit der tiefen Zerrissenheit des

Landes zwischen laizistisch-modernen und am Frieden interessierten Bürgern, den nationalistischen Gruppen um den Likud-Block sowie den religiösen und ultraorthodoxen Radikalen. Yigal Amir, der aller Voraussicht nach das Gefängnis lebendig nicht mehr verlassen wird, kann sich im Nachhinein übrigens bestätigt fühlen: Sein Attentat hat wirklich den Friedensprozeß gestoppt; die Entwicklung seit dem 4. November 1995 legitimiert den Mord zwar keineswegs, dürfte den Mörder aber zufrieden machen.

Religiöse Eiferer wenden sich seltener gegen die Anhänger anderer, aus ihrer Sicht »falscher« Religionen. Solche vermeintlich »Ungläubigen« werden zu ihrem Ziel vor allem dann, wenn ihretwegen der Kult des eigenen Glaubens eingeschränkt oder gar verboten wird. Öfter richten sich Attentäter aus Glaubensfanatismus gegen echte oder vermeintliche »Verräter« ihrer eigenen, der »wahren« Religion. Aus der Sicht von Radikalen kann schon der Versuch, einen konfessionellen Konflikt beizulegen, einem Verrat an Gott gleichkommen und damit ein »Todesurteil« nach sich ziehen. Gleich zwei französische Könige sind an der Wende vom 16. zum 17. Jahrhundert religiösen Eiferern zum Opfer gefallen. Ihr wesentliches »Verbrechen« war es, für einen Ausgleich zwischen katholischer Mehrheit und calvinistischer Minderheit in ihrem Land sorgen zu wollen.

Wer kann schon ungefährlicher sein als ein junger Mönch? So denken mehrere Beamte am Hofe Heinrichs III. im Sommer 1589.[30] Seit fast drei Jahrzehnten ist das Land vom Konfessionskrieg zerrissen. Zwar steht der kinderlose König fest zum katholischen Glauben, aber er hat den Calvinisten Heinrich von Navarra zu seinem potentiellen Nachfolger ernannt. Zudem hatte Heinrich III. sich mit der mächtigen Familie der Guise überworfen, die den Herrschaftsanspruch des frühabsolutistischen Monarchen ablehnen und mehr Mitsprache verlangen. Ein knappes Jahr zuvor hatte er dann die beiden Führer dieser Adelsopposition ermorden lassen, den Herzog von Guise und seinen Bruder, den Erzbischof von Reims. Seither hetzen die erzkatholische »Liga« und die revolutionäre Bewegung der »Pariser Sechzehn« heftig gegen den König.[31] Doch gefährlich werden können dem König die Flugblätter und Traktate ihrer verschiedenen Propagandisten nicht wirklich. Das meinen jedenfalls die Berater Heinrichs III.

Deshalb hat der junge Mönch Jacques Clément wenig Schwierigkeiten, mit gefälschten und mit erbettelten Empfehlungsschreiben an den königlichen Hof vorzudringen. Er behauptet, dem König einige Briefe überreichen und ein Geheimnis anvertrauen zu wollen, das er nur persönlich weitergeben dürfe. Der Generalprokurator Jacques de La Guelse, bei dem Clément vorspricht, schöpft keinen Verdacht, sondern bringt den geistlichen Gast im Gegenteil sogar bei sich unter und verschafft ihm für den nächsten Tag eine Audienz. Der Dominikaner kniet vor Heinrich III. nieder und gibt ihm die Briefe. Doch das Geheimnis will er nur unter vier Augen mitteilen. Der König schickt seine Wachen fort. Clément gibt ihm ein weiteres Schriftstück, und während Heinrich dieses liest, zieht der Mönch aus dem weiten Ärmel seines Gewandes ein Messer und stößt es ihm in den Unterleib. Der König ruft um Hilfe, seine Wachen stürzen in das Gemach und töten den Attentäter umgehend. Auch Heinrich III. stirbt, am folgenden Tag.

Im postum veranstalteten Prozeß gegen den Attentäter wurde einiges über seine Herkunft und seine Motive ermittelt. Danach war Clément Anfang bis Mitte zwanzig, stammte aus der französischen Provinz, aus Serbonne, einem Ort bei Sens im Burgund, und lebte seit gut einem Jahr in Paris. Er nahm die Propaganda der erzkatholischen Liga ernst, die spätestens seit dem Mord an den beiden Guise-Brüdern 1588 in Heinrich III. einen illegitimen Gewaltherrscher sah. Von zeitgenössischen Geschichtsschreibern wurde der Mönch als »Gläubiger von großer Rechtschaffenheit und einem guten Gewissen«[32] beschrieben, allerdings von Fanatismus getrieben: »In seinem Glaubenseifer wollte er es sein, der den Tyrannen auslöschte. Clément betete unablässig und hörte die Stimme Gottes, die zu ihm sprach, er solle sein Vorhaben ausführen. Kein anderer als er werde den Tyrannen töten – Gott gebe ihn in seine Hände.« Dennoch wollte sich der junge Mönch seine Entscheidung nochmals bestätigen lassen. Er ging zu einem älteren, erfahrenen Dominikanerpater und bat ihn um Rat. Er sei von einem Beichtenden gefragt worden, ob man Heinrich III. töten dürfe? Clément erhielt zur Antwort: »Beruhige ihn im Auftrage Gottes; er braucht ganz und gar nicht zu fürchten, gegen sein Gewissen zu handeln, wenn er nicht aus privater Rachsucht dazu getrieben wird, sondern aus Glaubenseifer, zu Ehren Gottes und der Religion, und zum Frieden des Landes. Er belastet keineswegs sein Gewissen, er macht sich sogar sehr verdient, und sollte er dabei umkommen, wird seine Seele gewiß gerettet und Gott glücklich über ihn sein.«[33]

Ob Jacques Clément in den Himmel kam oder nicht, muß offen bleiben; allerdings erhoben ihn die radikalen Katholiken der Liga nach dem Attentat umgehend zum Helden. Jean Boucher, Prediger und schärfster Gegner Heinrichs III., hatte noch vor dem Mord eine mehr als fünfhundert Seiten starke Abhandlung verfaßt über die Rechtmäßigkeit, den König als Tyrannen abzusetzen; sie war am 1. August 1589 bereits gesetzt und weitgehend gedruckt, erschien aber erst Ende des Monats. Darin sind alle seinerzeit kursierenden Argumente zusammengefaßt, laut denen Heinrich III. ein Tyrann sei und daher ermordet werden dürfe.[34] Die zweite Auflage 1591 widmete Boucher dann dem erfolgreichen und verewigten Mörder; vorher bereits erschienen verschiedene Broschüren, die Clément zum Märtyrer ernannten.[35]

Manches Attentat gelingt nur wegen einer unglaublichen Reihe von Zufällen. Daß der Herzog von Sully, Finanzminister von Frankreich, am 14. Mai 1610 unpäßlich ist und Heinrich IV., König von Frankreich und Navarra, ihn aus Rücksicht aufsuchen will, statt ihn in den Pariser Louvre zu zitieren: Zufall.[36] Daß der Monarch gleichzeitig dem Hauptmann seiner Garde einen anderen Auftrag gibt und seine Leibwächter im Palast zurückläßt: Zufall. Daß in der engen Rue de la Ferronnerie zwei Lastkarren seiner Kutsche den Weg versperren und sie deshalb anhalten muß: Zufall. Daß der König den wenigen Lakaien seiner Begleiter befahl, die Abkürzung über den Friedhof Saint Innocent zu nehmen, statt zu helfen, das Hindernis aus dem Weg zu räumen: Zufall. Daß auch die beiden letzten Diener, die noch an der offenen Karosse ausgeharrt hatten, abgelenkt wurden: Zufall. Daß schließlich in genau diesem Moment ein großer, rothaariger Mann auf das Rad der Kutsche sprang, dem König zweimal in die Brust stach und Heinrichs Schlagader zwei Finger über dem Herz traf: Zufall. Wirklich?

Natürlich kamen angesichts so vieler Zufälle sofort Gerüchte auf, der Täter François Ravaillac müsse Komplizen gehabt haben. Man brachte den Attentäter fast genauso schnell in ein nahegelegenes Palais wie den tödlich verletzten König zurück in den Louvre. Als Heinrich IV. bereits verschieden war, wurde der Mörder erst einmal gefoltert – gewohnheitsmäßig sozusagen, bevor überhaupt irgend jemand ihn befragt hatte. Schon im ersten Verhör am selben Nachmittag beschwor Ravaillac dann, seine Tat ohne Unterstützung geplant und vorbereitet zu haben. Doch davon wollten die königlichen Räte, die ihn vernahmen, nichts wissen: »Darauf hingewiesen, daß sein [Ravaillacs – sfk] Stand zu niedrig sei, um einen solchen Plan auszusinnen, ohne bei jemandem Rat und Unterstützung zu finden, hat er ausgesagt, er allein sei es gewesen.«[37] Niemand glaubte ihm. Fortwährend versuchten die königlichen Räte den Attentäter zu Geständnissen über vermutete Mittäter oder Hintermänner zu bewegen – vergebens. François Ravaillac blieb dabei: Er allein hatte den Entschluß gefaßt, den König zu töten, und er allein hatte sein Vorhaben in die Tat umgesetzt. Im Mai 1610 war er zum dritten Mal binnen eines halben Jahres nach Paris gekommen, um Heinrich aufzulauern, nach Weihnachten und Ostern. Diesmal gelang es – durch eine Kette unglücklicher Zufälle.

Durch die vergebliche, aber um so verbissenere Suche nach möglichen Komplizen stand nicht Ravaillacs Person selbst im Mittelpunkt der Verhöre. Trotzdem verraten die Protokolle viel über die Motive und über das Leben des Attentäters. Er stammte aus einer mittelgroßen Stadt in Westfrankreich, aus Angoulême, war zum Zeitpunkt des Mordes 31 Jahre alt und hatte für einen einfachen Mann aus der Provinz ein recht bewegtes Leben hinter sich. Als Beruf gab er »Prozeßbevollmächtigter« an, was nach mehr klang als es bedeutete: Er half gegen kleine Honorare seinen heimatlichen Auftraggebern, im fernen Paris Prozesse zu betreiben, die oft die Anwesenheit des Klägers, des Beklagten oder eben eines Bevollmächtigten erforderten. Deshalb war er relativ häufig in der Hauptstadt, oft zu Fuß. Doch als er wegen offener Rechnungen selbst in den Schuldturm gesperrt wurde, war es mit dieser Tätigkeit vorbei. Ravaillac hielt sich fortan mit Betunterricht über Wasser; seine Mutter war eine sehr fromme Frau und hatte ihn zu großem Glaubenseifer erzogen.

Die Religion war die große Konstante im Leben des späteren Königsmörders. Hier konnte er brillieren und wurde dafür anerkannt. In religiösen Gemeinschaften fühlte er sich wohl, trat sogar als Laienbruder einem Tochterorden der Benediktiner bei. Ravaillac war unendlich enttäuscht, als er nach kurzer Zeit wieder ausgeschlossen wurde – wegen »Visionen« während der Andachten. Als ihn dann auch noch die Jesuiten zurückwiesen, bei denen er sich im Anschluß beworben hatte, weil er bereits Mitglied eines anderen Ordens gewesen war, wuchs in Ravaillac das Bedürfnis, durch eine gottgefällige Tat seinen besondere Glaubensstärke zu beweisen: Er beschloß, Frankreich von Heinrich IV. zu befreien. War des Königs Weigerung, die französischen Calvinisten mit Gewalt zum rechten, also zum katholischen Glauben zu zwingen, etwa kein todeswürdiges Verbrechen? Heinrich, selbst aufgewachsen im reformierten Glauben und insgesamt sechsmal in seinem Leben konvertiert, war als König selbstverständlich in den Schoß der römisch-katholischen Kirche zurückgekehrt – immerhin trug der französische Monarch traditionell den Ehrentitel »rex christianissimus«, »allerchristlichster König«. Doch sei die Rückkehr nur pro forma gewesen, wie Ravaillac und viele andere Erzkatholiken überzeugt waren und wie ihnen die Position des Herrschers im Konfessionenkonflikt zu beweisen schien. Hatte er den »Ketzern« etwa nicht, statt sie mit Stumpf und Stiel auszurotten, im Edikt von Nantes weitgehende Toleranz zugesagt? Bereitete er etwa nicht im Frühjahr 1610 einen Feldzug gegen das Haus Habsburg vor, das immer treu zum Katholizismus gestanden hatte? Obwohl Heinrich die nötige Macht hatte, beseitigte er die Spaltung Frankreichs und Europas in zwei Konfessionen nicht – und schädigte so, jedenfalls in Ravaillacs Augen, den »wahren« Glauben.[38] Schlimmer noch: Die Calvinisten planten seiner Ansicht nach, unterstützt vom König, sich für die »Bartholomäusnacht«, das Hugenottenmassaker des Jahres 1572, zu rächen und alle Katholiken zu ermorden. Insgeheim hätten sie damit schon begonnen – glaubte Ravaillac.

In den Verhören gab der Attentäter dennoch zu, falsch gehandelt zu haben. Er entschuldigte sich bei Gott, der Witwe des Königs, dem neuen König, ihrem Sohn Ludwig XIII., und gleich bei der ganzen Welt. Er sei vom Teufel verblendet worden und habe deshalb gemordet, beteuerte er. Wie ernst gemeint diese Erkenntnis war, ist schwer zu ermessen; immerhin gab er gleichzeitig zu Protokoll, auf Gottes Gnade zu hoffen, weil er zwar falsch, aber trotzdem in gutem Glauben gehandelt habe. Der Herr werde ihm daher die Gnade zuteil werden lassen, ihm eine besonders schlimme Passion aufzuerlegen, so daß er trotz seines verbrecherischen Mordes errettet werde und nicht in der Hölle ende. Diesen Wunsch immerhin erfüllte ihm der Hof mit Begeisterung: Mit jeder bekannten Foltermethode wurde Ravaillac gequält, damit er doch noch seine Komplizen preisgebe. Viel spricht dafür, daß seine Richter ihm so unwillentlich einen Gefallen taten. Nach dem unvermeidlichen Todesurteil wurde er auf die denkbar grausamste Art hingerichtet: Zuerst verbrannte ihm der Henker die Mörderhand mit glühendem Schwefel und füllte geschmolzenes Blei in seine Wunden. Während ihm Theologen der Sorbonne Trost zusprachen, forderte ihn ein Gerichtsschreiber nochmals auf, seine Komplizen zu nennen. Doch Ravaillac blieb standhaft, auch als bereits der letzte Akt begonnen hatte: An seinen beiden Armen und seinen beiden Beinen wurde je ein Pferd festgemacht. Anderthalb Stunden lang mühten sich die Tiere ab, den Mörder in vier Teile zu zerreißen, während das Volk von Paris die Hinrichtung begeistert verfolgte und den Delinquenten in einem fort verwünschte. Schließlich gab François Ravaillac tatsächlich den Geist auf – angeblich mit einem Gebet auf den Lippen.

Am religiösen Eifer als Motiv für den Mord an Heinrich IV. gibt es keinen Zweifel – aber wie ernst gemeint war Ravaillacs Eingeständnis, einen Fehler gemacht zu haben, vom Dämon verführt worden zu sein? Mit Gewißheit beurteilen kann man das nicht; die Quellenbasis ist für rückwirkende psychologische Untersuchungen viel zu schmal. Doch erscheint seine Argumentation einigermaßen widersprüchlich. Möglicherweise hat Ravaillac in diesem Punkt den Forderungen seiner Vernehmer nachgegeben (immerhin wurde er mehrfach vor und während der Verhöre gefoltert), um im wichtigsten Punkt, seiner Alleintäterschaft, Standhaftigkeit beweisen zu können. Zwar wurden nach seiner Hinrichtung die Jesuiten in Frankreich des Landes verwiesen, doch das war nicht wirklich eine Folge des Attentats. Vielmehr handelte es sich beim Anschlag des von den Jesuiten zurückgewiesenen Bewerbers Ravaillac lediglich um den willkommenen Anlaß, den verhaßten, weil unkontrollierbaren Orden zu verbannen. Über tatsächliche Unterstützer Ravaillacs ist nichts bekannt. Ausschließen kann man allerdings nicht, daß irgendwelche Geistlichen den Attentäter bestärkt haben – gegen den konvertierten Calvinisten auf Europas »allerchristlichstem« Thron gab es auch im Jahr 1610 noch enormen Widerwillen. Nur nachweisen ließ sich eben die Mitwisserschaft anderer Personen nicht. Am Hofe jedenfalls waren sie mit Sicherheit nicht zu suchen. Trotz so vieler unerklärlicher Zufälle.

Im eigenen Land gilt der Prophet mitunter wenig. Das weiß schon das Neue Testament[39] – und diese Weisheit gilt nicht nur für Christen, sondern ebenso für Hindus. Mohandas »Mahatma« Gandhi ist ein Prophet.[40] Ein Prophet der Unabhängigkeit seiner Heimat Indien vom britischen Kolonialreich, ein Prophet der Toleranz und, vor allem, ein Prophet der Gewaltlosigkeit. Immer wieder hat Gandhi seine politischen Ziele durchgesetzt, indem er fastet. Mit fünf Tagen Hungerns erzwingt Gandhi zum Beispiel Mitte Januar 1948 das Ende der antimoslemischen Ausschreitungen in Indien. Weltweit wird der kleine, schmächtige Mann für seine Durchsetzungskraft und seine Konsequenz bewundert, als Beispiel für eine bessere, menschlichere Politik angeführt. Und doch stirbt der Prophet Mahatma Gandhi am 30. Januar 1948 durch Gewalt, durch die Kugeln eines Attentäters. Eines Inders wie ihm selbst, eines Hindu wie ihm. Bestrafen wollen Nathuram Godse und seine Mitverschwörer den spirituellen Führer der indischen Unabhängigkeitsbewegung. Bestrafen, weil er als Hindu Millionen andere Hindus ins Unglück gestürzt habe und weil er zur anderen großen Religion auf dem indischen Subkontinent, den Moslems, zu tolerant sei.

Im nachhinein mag es so erscheinen, als habe Gandhi seinen bevorstehenden gewaltsamen Tod gespürt. Wenige Tage vor dem Attentat sagt er zu Vertrauten: »Ich möchte nicht sterben durch das schleichende Schwinden meiner Kräfte, als besiegter Mann. Wenn die Kugel eines Attentäters meinem Leben ein Ende setzt, würde ich das begrüßen.«[41] Am 28. Januar 1948 erklärt Gandhi dann: »Falls ich sterbe durch die Kugel eines Wahnsinnigen, kann ich mit einem Lächeln sterben. Ich brauche keine Angst zu haben. Gott wird in meinem Herz sein und auf meinen Lippen.«[42]

Ein Prophet ist Mahatma Gandhi ohne Zweifel. Trotzdem beruhen die Sätze über seinen möglichen Tod durch Mörderhand nicht auf Visionen oder göttlichen Warnungen, sondern auf schlichten Tatsachen. Am 20. Januar 1948 war in seiner Nähe in einer Villa bei Delhi bereits eine Bombe hochgegangen, deren Explosion zu einem komplizierten Mordplan gehörte. Zu Schaden war niemand gekommen, und einer der Verschwörer war sogar festgenommen worden. Der indische Regierungschef Jawaharlal Nehru und sein Innenminister Vallabhbhai Patel drängen Gandhi daraufhin, massiven Personenschutz anzunehmen – doch der Apostel der Gewaltlosigkeit lehnt ab.

»Wenn er nur einen Polizisten in Uniform auf dem Gelände erblicken sollte, würde er ein Fasten bis zum Tode beginnen«, droht er den besorgten Politikern.[43] Wieder setzt sich Gandhi durch; ein letztes Mal.

Angst haben nicht nur Nehru und Patel, sondern auch die Verschwörer, die mit der kleinen Sprengbaumwollbombe am 20. Januar Verwirrung hatten stiften wollen, um Gandhi danach mit Pistolen und Handgranaten töten und trotzdem fliehen zu können. Nun entscheidet sich Nathuram Godse, sein Leben zu opfern, um Gandhis Leben auszulöschen. 52 Jahre nach dem Mord erklärt Gopal Godse, der Bruder des Attentäters und selbst verurteilt als Mitverschwörer, in einem Interview, warum: »Es war eine Spannung in unseren Gedanken – wir mußten unser Vorhaben beenden, bevor die Polizei uns schnappte. Also nahm es Nathuram selbst in die Hand.«[44] Am 30. Januar ist es so weit: Mit einer Beretta-Pistole betritt der Attentäter den Garten der Villa, in dem Gandhi jeden Nachmittag öffentlich betet. Die Begleiterinnen des Mahatma sind nicht erstaunt, als sich plötzlich ein Mann mittleren Alters in traditionellen Gewändern vor Gandhi zu Boden wirft, die Hände in einer typischen Hinduhaltung gefaltet: Sie sind solche Reaktionen gewohnt. Um so mehr schockt sie, was Nathuram Godse im nächsten Sekundenbruchteil tut: Er reißt eine Waffe aus seinem Gewand, schießt dreimal auf Gandhi und trifft dreimal. Der Mahatma geht tödlich verletzt zu Boden; seine letzten Worte sind: »Mein Gott!«[45]

Der Attentäter unternahm keinen Versuch zu flüchten; er stand mit der Waffe in der Hand vor seinem Opfer und ließ sich widerstandslos festnehmen. Er war überzeugt, im Namen Gottes gehandelt zu haben, und hatte mit seinem Leben abgeschlossen. Im Gefängnis bereitete Godse in den folgenden Wochen die Begründung seiner Tat vor, die er in seinem Prozeß vortrug.[46] Geboren 1910 in eine hinduistische Familie, die der obersten Kaste der Bramahnen angehörte, wuchs Godse als überzeugter Hindu auf. Als Kind soll er besondere spirituelle Fähigkeiten besessen haben, die jedoch in seiner Jugend verloren gingen. Möglicherweise ist das aber nur Teil einer nachträglichen Stilisierung. Godse konnte im Gegensatz zu vielen seiner Altersgenossen eine höhere Schule besuchen, wo er sich als intelligent und lernwillig erwies. Der Weg an eine Universität allerdings blieb ihm verschlossen, und so las er sich statt dessen autodidaktisch erhebliches Wissen an. In den dreißiger Jahren schlug sich Godse endgültig auf die Seite der radikalen Hindu-Nationalisten, die sowohl Gandhis Antimodernismus als auch seinen Weg der Gewaltlosigkeit ablehnten. Als Privatsekretär des Nationalistenführers und Gandhi-Gegners Vinayak Sakavar sowie als Herausgeber einer kleinen nationalistischen Propagandazeitung steigerte sich Godse immer mehr in seinen Haß auf Gandhi. Vor Gericht argumentierte der Mörder: »Ich habe niemals verstanden, daß bewaffneter Widerstand gegen eine Aggression Unrecht sein soll. Ich glaube, daß es eine moralische und religiöse Pflicht ist, einem gewaltsamen Feind mit Gewalt entgegenzutreten und ihn, wenn möglich, zu besiegen.« Gandhi sei, so paradox es erscheine, ein »gewalttätiger Pazifist« gewesen, der im Namen von Wahrheit und Gewaltlosigkeit unaussprechliche Schwierigkeiten über Indien gebracht habe. »Die gesammelten Provokationen von 32 Jahren, die in seinem letzten Fasten zugunsten der Muslime gipfelten, brachten mich schließlich zur Überzeugung, daß Gandhis Existenz so schnell wie möglich beendet werden mußte. Er hatte sehr viel Gutes getan zugunsten der Rechte und des Wohlergehens der Inder in Südafrika. Aber als er nach Indien zurückkehrte, entwickelte er die Ansicht, er alleine sei der oberste Richter darüber, was Recht sei und was Unrecht.«

Einen noch tieferen Einblick ins Denken des Mörders ermöglichen die retrospektiven Interviews seines jüngeren Bruders. Zum 50. Jahrestag des Attentats etwa sagte Gopal Godse: »Wir töteten Gandhi, weil er schlecht war für Indien. Es war ein selbstloser Akt. Niemand gab uns auch nur einen einzigen Penny. Unsere Liebe für unser Land ließ uns die Tat begehen.« Doch der Nationalismus der Godse-Brüder war untrennbar von ihrem religiösen Fanatismus, vor allem ihrem Haß auf Moslems. Auf die Frage, ob Hindus und Anhänger des Islam friedlich zusammenleben könnten, antwortete Gopal Godse 1998: »Ja, aber nur, wenn die Moslems ihren verblendeten Glauben aufgeben. [...] Wenn sie nicht wollen, daß die Hindus zu ihren Göttern beten, wie können beide dann zusammenleben?« In Gopal Godses Denken und wahrscheinlich auch in dem seines Bruders tritt an die Stelle von Toleranz dem anderen Glauben gegenüber die Forderung nach Unterwerfung, gepaart mit rassistischen Einflüssen: »Als einzelner mag ein Moslem gut sein zu Hindus. In der Gruppe aber steht er außerhalb der [indischen – sfk] Nation.«[47]

Nathuram Godse unternahm keinen Versuch, seine Richter milde zu stimmen – im Gegenteil: Er provozierte sie bewußt. »Ich habe keinen Zweifel«, beschloß er seine Ausführungen vor Gericht, »daß ehrenhafte Geschichtsschreiber meine Tat wägen und ihren wahren Wert feststellen werden – irgendwann in Zukunft.« Ob der 1949 gehängte Gandhi-Mörder damit Recht behält, ist zweifelhaft; bis heute jedenfalls ist das ganz überwiegende Urteil über seinen Anschlag negativ. Vielleicht aber hat Nathuram Godse bei seinen »ehrenwerten Geschichtsschreibern« auch vor allem an andere Hindu-Nationalisten gedacht. Bei ihnen ist er längst zum Märtyrer aufgestiegen; es gibt Gedächtnisseiten im Internet, Hausaltäre mit seinem Bild und sogar eine unbeholfene, von Shakespeares Marcus Junius Brutus in »Julius Cäsar« inspirierte Dramatisierung von Nathuram Godses Entscheidung zum »Tyrannenmord«.

Zu einem Attentat gehören erstens ein entschlossener Täter und zweitens die passende Gelegenheit. Potentielle Attentäter gibt es weitaus häufiger als tatsächliche Attentate. Das ist eine Folge des Schutzes herausragender Persönlichkeiten, der zwar keine hundertprozentige Sicherheit gewährleisten kann, aber die Gelegenheiten für einen erfolgversprechenden Anschlag zu minimieren vermag. Wenn also beim Anführer einer terroristischen Gruppe ein Mann vorspricht, der nicht nur bereit ist, einen führenden Politiker zu töten, sondern gleich noch für ein Attentat günstige Umstände herbeiführen kann, gibt es allen Grund zu feiern.[48] Ob der Elektriker Abdel Salam Farag Ende September 1981 feiert, ist zwar unbekannt; doch er unterstützt den 24jährigen Oberleutnant des ägyptischen Heeres Khaled Islambuli vorbehaltlos. Erst seit einigen Monaten gehört Islambuli zum Kreis um Farag, einer Splittergruppe der islamistischen Untergrundbewegung in Ägypten. Eher zufällig ist er in die Fundamentalistengruppe hineingerutscht. Fromm war er zwar schon lange; sein älterer Bruder gehört sogar zu den Anführern einer islamischen Studentenorganisation, ist aber bei der großen Verhaftungsaktion gegen potentielle Aufrührer Anfang September verhaftet worden. Islambuli zürnt: »Die Zeit des Tyrannen wird zu Ende gehen!« Am 23. September 1981 bekommt der junge Offizier, der Sohn eines angesehenen Rechtsanwalts, dann den Befehl, beim Aufmarsch zum Gedenken an den Yom-Kippur-Krieg gegen Israel 1973 eine Einheit anzuführen.

»Ich hätte am liebsten gar nicht an der Militärparade teilgenommen, aber dann erklärte ich mich doch bereit, weil mir schlagartig klar geworden war, daß es der Wille Gottes war, daran teilzunehmen, um seinen Auftrag zu erfüllen«, erklärt er später in seinem Verhör.[49]

Der »Held des Yom-Kippur-Krieges« ist, jedenfalls in der offiziellen Lesart, Ägyptens Präsident Anwar el-Sadat. Er hatte 1973 den Angriff auf Israel am höchsten jüdischen Feiertag befohlen, er hatte immerhin einen ehrenvollen Friedensschluß erzwungen, und er hatte sich seither im Alleingang um eine Entspannung des mehr als drei Jahrzehnte währenden Konflikts zwischen dem jüdischen Staat und seinen arabisch-islamischen Nachbarn bemüht. Die alljährliche Parade zur Erinnerung an den Krieg, der das Trauma des israelischen »Blitzsieges« 1967 korrigieren sollte, ist der höchste Feiertag für Sadat. Mit einer eigens geschneiderten Galauniform und der grünen »Schärpe der Gerechtigkeit« geschmückt, macht sich der Präsident auf zur Tribüne in einem Vorort von Kairo, um den Vorbeimarsch seiner Armee abzunehmen. Alles geht glatt, einschließlich der Tiefflüge mehrerer Mirage-Kampfjets, die einen Höllenlärm über der Paradestrecke erzeugen, der viele der Zuschauer paralysiert – bis um 12.38 Uhr plötzlich eine Zugmaschine sowjetischer Bauart mit einer schweren Kanone aus dem Konvoi der Fahrzeuge ausschert und stoppt. Vier Uniformierte springen aus dem Lastwagen und rennen auf die Prominententribüne zu. Bevor Sadats Sicherheitsbeamte oder er selbst reagieren können, pfeifen bereits Schüsse um sie, explodieren Handgranaten. Seltsamerweise hält sich Sadat jedoch noch einige Sekunden aufrecht, duckt sich nicht und wird auch nicht von seinen Leibwächtern niedergerissen wie seine Frau und sein Stellvertreter Hosni Mubarak. Sadat bleibt stehen und wird insgesamt von 37 Schüssen tödlich getroffen. Außer ihm sterben im Kugelhagel weitere sieben Menschen. Fast sofort gehen die unscharfen Bilder von dem Attentat um die Welt: Das ägyptische Fernsehen überträgt die Parade live und schneidet gleichzeitig mit.

»Ich zwang den Fahrer [der Zugmaschine – sfk] anzuhalten, indem ich ihn mit dem Gewehr bedrohte. Er hielt aus Angst an. Ich sprang aus dem Wagen und warf die erste Handgranate. […] Ich weiß nicht mehr genau, was ich tat. Ich hatte jedes Gefühl verloren. Ich wollte aber niemanden außer dem Präsidenten töten«, sagte Islambuli in seinem Verhör. Sadats Sicherheitsleute nahmen die Angreifer fest; ihren

Präsidenten hatten sie zwar nicht beschützen können, doch wenigstens die Aufklärung des Attentats verhinderten sie nicht. Zimperlich gingen die Behörden mit dem Mördern nicht um; mit Folter wollten sie möglichst schnell umfassende Geständnisse erzwingen. Tatsächlich verrieten die Attentäter bald ihre Hinterleute: Salam Farag und 18 weitere Verdächtige aus seinem Umkreis wurden umgehend festgenommen. So konnte der Anschlag rasch aufgeklärt werden: Treibende Kraft war Khaled Islambuli, der in dem Befehl zur Militärparade einen »Fingerzeig Gottes« erkannte. Farag konnte binnen eines Tages die übrigen drei Attentäter gewinnen, junge Männer aus dem Umfeld seiner islamistischen Gruppe. Der Oberleutnant befahl mehreren seiner Männer, sich für den 6. Oktober krank zu melden, und schleuste so die drei Mitverschwörer ein. Aus den Gewehren aller zur Parade befohlenen Soldaten wurden befehlsgemäß die Schlagbolzen entfernt – aus allen bis auf die vier von Islambulis Trupp. Obwohl Sadat sich im Kreise seiner Armee sicher fühlte, wollten seine Leibwächter kein Risiko eingehen. Sie hatten nicht bedacht, daß einer der Offiziere, die diesen Befehl kontrollieren sollten, selbst ein Attentäter sein könnte.

Der Mord an Anwar el-Sadat sollte sowohl den (angeblich) abtrünnigen Moslem wie den Tyrannen treffen, als den die islamistischen Radikalen den Präsidenten empfanden. Sadat hatte Frieden mit Israel geschlossen, dafür weltweit Lob bekommen und den Nobelpreis, aber er hatte damit auch die Front der arabischen Staaten aufgesprengt. Also konnte er nur ein Agent »amerikanisch-zionistischer Kreise« sein. Zugleich hatte Sadat, der in seinem eigenen Land immer unbeliebt gewesen war und das als Nachfolger des großen Gamal Abd el Nasser wohl auch sein mußte, in den Wochen vor seinem Tod innenpolitisch eine deutlich härtere Gangart eingeschlagen. Hunderte Moslem-Radikale wurden, oft ohne ausreichenden Grund und ohne auch nur den Anschein eines rechtsstaatlichen Verfahrens, eingesperrt. Islambuli und mit ihm der breite fromme Untergrund fühlten sich zu Recht bedrängt. Trotzdem legte Farag Wert auf die Erlaubnis eines Geistlichen, den verhaßten Präsidenten zum Ziel eines Anschlages zu machen. Doch seine Gruppe hatte dafür den richtigen Kandidaten parat: Omar Abd al-Rahman, bekannter als der »blinde Scheich« und später in den USA verurteilt wegen geistiger Urheberschaft am ersten Terroranschlag auf das World Trade Center

1993.[50] Rahman wurde die Frage vorgelegt, ob es gerecht sei, einen Herrscher zu töten, der nicht nach den Geboten Gottes regiere? Der Scheich bejahte diese Frage in einem Rechtsgutachten, einer Fatwa. Aber er äußerte sich nicht zur zweiten Frage, ob nämlich Sadat die Grenze zur Ungläubigkeit tatsächlich überschritten habe? Deshalb entging der Geistliche einer Verurteilung wegen des Sadat-Mordes.

Mit der Fatwa war die Entscheidung gefallen. Islambuli und Farag waren überzeugt, mit dem Mord an Ägyptens Präsidenten Gottes Willen zu vollstrecken; der beste Schütze des Attentäterteams, Leutnant der Reserve Abbas Mohammed, bekannte im Prozeß: »Ich war schon zu der Ansicht gelangt, daß dieser Mann getötet werden mußte, bevor man mich bat, an der Verschwörung teilzunehmen.« Haß habe er nicht empfunden gegen sein Opfer: »Ich bin Moslem, und ich halte das Gebet. Meine Sorge gilt einzig dem Islam.«[51] Und auch Islambuli zeigte sich uneinsichtig: »Trauert nicht, denn ich werde Allah sehen«, rief er im Gerichtssaal seinen Angehörigen zu: »Wir sind frei, die Gefangenen seid Ihr!«[52] So war der Ausgang des Verfahrens absehbar: Die vier Schützen und ihr Hintermann Farag wurden zum Tode, die übrigen Angeklagten zu langjährigen Haftstrafen verurteilt. Ob Islambuli tatsächlich unmittelbar vor seiner Hinrichtung am 15. April 1982 noch einmal schwankte und einen Geistlichen um Auskunft bat, ob er richtig und im Auftrag Gottes gehandelt habe, wie Sadats Witwe unter Berufung auf einen Offizier des Erschießungskommandos berichtet, ist unklar; es wäre jedenfalls ungewöhnlich für einen religiösen Eiferer wie den Mörder Anwar el-Sadats.

Jeder seriöse Drehbuchautor würde sich schämen, eine Geschichte wie jene zu erfinden, die sich am 24. Januar 1984 in Köln tatsächlich ereignet.[53] Am frühen Nachmittag betritt Sabine G., 32 Jahre alt und Angestellte im Archiv der Universität, den Seminarraum im Martin-Buber-Institut für Judaistik. Gerade hält Professor Hermann Greive seine Vorlesung. Die Frau hat eine altertümliche Vorderlader-Pistole in der Hand und geht wortlos auf den Dozenten zu, hebt die Waffe und schießt ihm aus knapp einem Meter eine Bleikugel in die linke Schläfe. Die etwa zehn Studenten geraten in Panik, verschanzen sich hinter umgeworfenen Tischen. Doch Sabine G. hat nicht vor, sie ebenfalls zu töten; sie verläßt den Seminarraum und schießt statt dessen auf dem Flur auf zwei weitere Dozenten, ohne sie nennenswert zu verletzten. Dann kann sie überwältigt und der Polizei übergeben werden.

Das Verbrechen erschien rätselhaft; von persönlichen Beziehungen zwischen Opfer und Täterin war nichts bekannt. Rache konnte ebenfalls kaum eine Rolle spielen: Ihr Examen hatte Sabine G. 1983 ausgerechnet bei Prof. Greive mit »sehr gut« bestanden. Warum kaufte sie insgesamt 15 frei erhältliche Nachbauten alter Duellpistolen, lud sie und ging mit zehn davon in ihr ehemaliges Institut? Rasch sickerte durch, daß religiöser Fanatismus das Motiv war: Sabine G., selbst zum jüdischen Glauben übergetreten, lehnte es strikt ab, daß Nicht-Juden Judaistik lehrten. Sie geriet mit ihren Professoren und Kommilitonen aneinander, wenn Lehrveranstaltungen an jüdischen Feiertagen stattfanden. Offensichtlich hatte sich die Universitätsangestellte immer mehr in den Wahn gesteigert, ein Exempel statuieren zu müssen. Und sie hatte sich gut vorbereitet: Am Tattag schleppte sie nicht nur die Waffen in das Institut, sondern gleich auch noch eine Tasche mit Waschzeug und Büchern – sie wollte gerüstet sein für die Untersuchungshaft. Dort allerdings blieb sie nicht lange; zwar hatte der Staatsanwalt Haftbefehl wegen Mordes beantragt, doch schon drei Wochen nach der Tat wurde Sabine G. in die geschlossene Abteilung einer psychiatrischen Anstalt überwiesen.[54] Zu einem Prozeß ist es nicht gekommen.

Der sechszackige gelbe Stern ist stoffgewordene Grausamkeit – für Juden sowieso, aber ebenso für alle Anhänger anderer Religionen, die jedenfalls einigermaßen unbelastet von antisemitischen Vorurteilen ihr Leben verbringen. Der gelbe Stern steht für die systematische Entrechtung und Verfolgung von Millionen Menschen, für einen der größten Genozide der Weltgeschichte und für die wahrscheinlich furchtbarste Verbindung moderner Organisation mit überwunden geglaubter altertümlicher Grausamkeit. Trotzdem trägt Baruch Goldstein den sechszackigen gelben Stern wie einen Orden. Mehrere Fotos zeigen den Arzt aus der jüdischen Siedlung Kiryat Arba oberhalb von Hebron mit dem Judenstern an der Brust.[55] Auch am 25. Februar 1994 trägt der 37jährige das Symbol des nationalsozialistischen Rassenwahns, als er mit einem Sturmgewehr bewaffnet und in seine Uniform als Hauptmann der Reserve gekleidet zum Grab des Patriarchen Abraham in Hebron aufbricht. Es ist früher Morgen, etwa

5.30 Uhr, als Goldstein die Ibrahim-Moschee betritt, in der Hunderte Moslems beten. Ungehindert von den israelischen Soldaten, die an diesem sowohl Islam wie Judentum heiligen Ort die Gläubigen der beiden Religionen trennen sollen, beginnt Goldstein im Betraum zu schießen. Zweieinhalb Magazine verfeuert er, genau 111 Schuß, mit denen er 29 Menschen tötet und zwischen 60 und 250 weitere verletzt, bevor einige Betende ihren Schock überwinden können und sich gemeinsam auf den Angreifer stürzen. Offenbar mit einem Feuerlöscher wird Baruch Goldstein in dem folgenden Handgemenge erschlagen. Die israelischen Sicherheitskräfte vor der Moschee verstehen die Lage sowenig wie die Moslems im Gotteshaus. Aus purer Gewohnheit sperren sie erst einmal, »sicherheitshalber«, die Straßen rund um das Grab des Patriarchen; natürlich nur für Araber. Nach Angaben eines palästinensischen Menschenrechtskomitees hätten weniger Menschen an diesem Morgen des 25. Februar 1994 sterben müssen, wenn die Angeschossenen auf schnellstem Wege in umliegende Krankenhäuser gebracht worden wären. Außerdem wird, »routinemäßig«, der Strom in den arabischen Vierteln Hebrons abgeschaltet. Nur dank ihrer Generatoren können die Krankenhäuser die Versorgung der Verwundeten sicherstellen.[56] Die Routine der Soldaten verschlimmert die Lage noch weiter. Der mühsame Weg zum Frieden im Nahen Osten wird binnen weniger mörderischer Minuten noch steiler, noch steiniger.

Im Gegensatz zu den meisten Eiferern richtete sich Baruch Goldsteins Anschlag nicht gegen eine oder mehrere vorher bestimmte Personen, sondern gegen ein Symbol, gegen das Beten von Moslems und Juden an einem beiden Religionen gleichermaßen heiligen Ort. Die Recherchen von Journalisten und die offiziellen Untersuchungen nach dem Anschlag ergaben das Bild eines mörderisch konsequenten religiösen Fanatikers, der im Massaker von Hebron seine Erlösung suchte und fand. Wie so oft scheint die retrospektive Betrachtung seines Lebens unübersehbare Hinweise auf kommendes Unheil aufzuweisen – und wie so oft hat niemand diese Hinweise ernst genommen. Baruch Goldstein war am 9. Dezember 1956 in den USA geboren worden und dort aufgewachsen, genauer: im New Yorker Stadtteil Brooklyn, der Hochburg orthodoxer und radikalreligiöser Juden in den Vereinigten Staaten. In den USA ging Goldstein zur Schule, hier studierte er Medizin; allerdings nur, um nach seinem

Abschluß möglichst rasch nach »Eretz Israel« auszuwandern.[57] Seit 1982 lebte Goldstein im Judenstaat, hier leistete er seinen Militärdienst und hier wohnte er, verheiratet und Vater von vier Kindern, in der künstlich geschaffenen Siedlung Kiryat Arba oberhalb von Hebron. Hier fand er Gleichgesinnte und hier reifte sein Fanatismus, der ihn schließlich zum Selbstopfer »im Dienste Gottes« trieb. Goldstein war Anhänger des nationalreligiösen Rabbis Meir Kahane und Mitglied in dessen gewaltbereiter »Kach«-Bewegung, zu deren wichtigsten Hochburgen die Siedlung Kiryat Arba zählt.

Das allein hätte die israelischen Sicherheitsbehörden aufmerksam machen sollen. Doch unter den jüdischen Einwanderern aus den USA gab es viele Radikale. Spätestens aber, als sich Goldstein während seines Dienstes als Armeearzt weigerte, verwundete Palästinenser zu behandeln, hätten die Alarmglocken schrillen müssen. Zwar befahl ihm der Oberste Militärrabbiner, trotz religiöser Bedenken alle Verwundeten unabhängig von ihrer Religion zu behandeln, doch Goldstein weigerte sich weiterhin beharrlich. Der störrische Mediziner wurde aber nicht etwa aus der Armee ausgestoßen, sondern lediglich versetzt und nach seiner aktiven Zeit sogar als Hauptmann der Reserve zugeteilt. In seinen Führungszeugnissen wurde die Insubordination nicht einmal erwähnt; erst nach dem Massaker in Hebron brachten liberale israelische Zeitungen die Tatsachen ans Licht.

Baruch Goldstein war nicht nur religiöser Eiferer, er war zugleich auch noch Rassist. In einem Interview, das erst nach seinem Attentat in der Tageszeitung »Yediot Achronot« veröffentlicht wurde, hatte Goldstein dem Journalisten Tom Rosenberg gesagt: »Wir belügen uns, wenn wir meinen, wir könnten zusammen mit den Arabern Seite an Seite leben. Das ist unmöglich. Sie machen uns krank. Die Araber sind wie eine Epidemie. Sie sind die Krankheitserreger, die uns infizieren.«[58] Wenn Glaubenswahn und die Überzeugung zusammenkommen, ein Volk sei einem anderen naturgemäß überlegen, entsteht ein extrem brisanter politischer Sprengstoff. Eine gefährlichere Mischung ist kaum vorstellbar. Aber Goldstein war nicht nur ein radikaler Araberfeind. Er war auch lange vor dem fatalen Morgen des 25. Februar 1994 als Gewalttäter einschlägig polizeibekannt. Die umgehend eingesetzte offizielle Untersuchungskommission stellte fest, daß mindestens dreimal Ermittlungsverfahren gegen ihn eingeleitet worden waren – unter anderem, weil er islamische Gebetsutensilien mutwillig beschädigt und weil er während eines Dienstes als Reservist offen einen ihm mißliebigen Befehl verweigert und zerrissen hatte.

Baruch Goldstein lebte und starb für einen Satz aus dem Pentateuch: »Alles Land, darauf Eure Fußsohle tritt, soll Euer sein; von der Wüste bis an den Berg Libanon und von dem Strom Euphrat bis ans Meer im Westen.«[59] Wenn aber Gott will, daß Palästina die Heimat seines auserwählten Volkes ist, dann müssen alle Juden alles dafür tun, diesen Wunsch umzusetzen. Und das bedeutet, daß kein Quadratmeter des Westjordanlandes an die Palästinenser übergeben werden darf. Deshalb bewachen mehrere tausend israelische Soldaten die gerade 600 jüdischen Einwohner von Hebron; deshalb wurde Kiryat Arba gebaut.[60] Hier setzten andere Anhänger von Meir Kahane dem Massenmörder Baruch Goldstein ein pompöses Grab. Die Inschrift lautet: »Hier ruht der Heilige, der Arzt Baruch Kappel Goldstein. Möge der Gerechte gesegnet sein. Möge Gott sein Blut rächen. Ohne Fehl und mit reinem Herzen opferte er sich für sein Volk, die Thora und das Land Israel. Möge seine Seele in Frieden ruhen.«[61] Radikale Rabbis erklärten den Mörder zum Vorbild; einer von ihnen, Dov Lior, sollte anderthalb Jahre später verdächtigt werden, zu den geistigen (und geistlichen) Urhebern des Mordes an Yitzhak Rabin zu gehören. In Kiryat Arba galt Goldstein nach dem Mord als »a wundarbarar Mentsch, aber auch a bissele meschugge«. Der erfahrende »Spiegel«-Reporter Erich Wiedemann brachte die seltsame Haltung der ehemaligen Nachbarn auf die ebenso traurige wie treffende Formel: »Ein Araber, der Israelis umbringt, ist ein Terrorist. Ein Israeli, der Araber umbringt, ist schlimmstenfalls meschugge.«[62] Charakteristisch für das Selbstverständnis der Siedler von Kiryat Arba ist auch eine Frage der Witwe von Baruch Goldstein in einem Radio-Interview: Sie erkundigte sich wenige Tage nach dem Massaker allen Ernstes, wann denn endlich die Mörder ihres Gatten vor Gericht gestellt würden? Eine andere Bewohnerin der Siedlung brach in Tränen aus, als sie von dem Anschlag hörte – allerdings nicht wegen der 29 Opfer: »Ich weinte um seine Witwe, die ich seit Jahren kannte, und um seine vier Kinder.«[63] Als die israelische Regierung das Grab 1999 abräumen ließ, gab es heftige Proteste radikaler Goldstein-Jünger. Die Gedenkplatte allerdings blieb – und Goldsteins letzte Ruhestätte ist weiterhin ein Anziehungspunkt für seine Brüder im Geiste. Auf den Punkt brachte den religiösen Wahnsinn die Siedlerin Schoschana Blechmann: »Er war ein guter Jude, ein Arzt und ein Heiliger. Er wußte, daß die Araber die Juden angreifen wollten, und er ist ihnen zuvorgekommen. Er hat getan, was wir tun müßten: einen Präventivschlag führen.«[64]

»Verlasse die Wohnung nicht, bevor Du gewaschen und sauber bist, denn die Engel werden Dir vergeben, wenn Du sauber bist.« Attentäter müssen ganz praktische Vorbereitungen treffen. Jedenfalls wenn sie für Gott morden und in den Himmel kommen wollen. Mohammad Atta bereitet sich in der Nacht vom 10. auf den 11. September 2001 besonders gründlich vor.[65] Auf ihn und jeden seiner Komplizen warten, davon ist er überzeugt, im Paradies 70 Jungfrauen, 70 Häuser und unvorstellbare Annehmlichkeiten. Er kann sich auf eine genaue Anleitung verlassen, die nach dem größten Attentat der Weltgeschichte in seiner zufällig nicht mit zerstörten Reisetasche entdeckt und als »Terroristenfibel« weltweit bekannt wird: »Am Abend bevor Du Deine Tat verübst: Du sollst rezitieren, daß Du für Gott stirbst. Rasiere das gesamte überschüssige Haar von Deinem Körper, parfümiere Deinen Körper. Sieh Dir Deinen Plan sehr gut an und kenne ihn, und erwarte eine Reaktion sowie auch Widerstand vom Feind. Rezitiere die Verse über Vergebung und über das, was Gott für Märtyrer bereithält, denn sie kommen ins Paradies. Entsinne Dich, daß Du in dieser Nacht zuhören und gehorsam sein sollst, denn Du wirst mit einer ernsten Situation konfrontiert werden. Stehe in der Nacht auf und bete für den Sieg, dann wird Gott alles leichter machen und Dich beschützen.«[66]

Hat Mohammed Atta gesiegt? Jedenfalls ist sein Plan besser gelungen, als er und seine Komplizen es sich selbst wohl hätten träumen lassen. Binnen hundert Minuten nach dem Einschlag zweier gekaperter Boeing-Passagierflugzeuge in die beiden Türme des World Trade Centers in New York stürzen diese Symbole des westlichen Wirtschaftslebens, des »American Way of Life« ins sich zusammen. Rund 2800 Menschen sterben dabei – kein terroristischer Anschlag hat je mehr Opfer gefordert. Fast zeitgleich wird ein weiteres Flugzeug ins Pentagon gelenkt, eine vierte Maschine, die das Kapitol in Washington[67] zerstören sollte, stürzt auf offenem Feld in Pennsylvania ab. Eine Tat wie diese habe sich zuvor niemand vorstellen können, heißt es in den ersten Kommentaren. Das ist allerdings falsch; verzeihlich zwar, aber falsch: Der Bestsellerautor Tom Clancy hatte 1994 in seinem Roman »Ehrenschuld« einen Terroristen erfunden, der einen Jumbo-Jet auf das Kapitol stürzen läßt.[68] Und schon 1974 hatte ein geistig schwer verwirrter US-Bürger, Samuel Byck, versucht, ein ziviles Flugzeug zu kapern und den Piloten zu zwingen, seine Maschine ins Weiße Haus zu steuern, um Richard Nixon und die vom Watergate-Skandal schwer angeschlagene US-Regierung auszulöschen.[69] Mit sehr großer Wahrscheinlichkeit kennt Mohammed Atta diese beiden »Vorbilder« nicht – weder liest der strenggläubige Moslem populäre Thriller, in denen die Fähigkeiten des US-Militärs heroisiert werden, noch kennt er sich mit der US-Innenpolitik vergangener Jahrzehnte aus. Offensichtlich ist ihm die Idee, Passagiermaschinen zu fliegenden Bomben umzufunktionieren, schon zwei Jahre vor dem 11. September gekommen; jedenfalls fanden sich auf einem Computer aus seiner Umgebung Informationen über Flugsimulatoren, aus dem Internet gefischt im November 1999.[70]

Was trieb den Todespiloten und seine in Hamburg geschmiedete Gruppe an? In der »Terroristenfibel« heißt es: »Tue dies nicht für Dich selbst, sondern für Gott den Allmächtigen […] Gott sagt, daß man auf Erden ohne Wünsche sein sollte, aber Gott will Dich am Ende, wenn Du stirbst, belohnen. Wenn die Arbeit getan und alles gut verlaufen ist, werden sich alle die Hände reichen und sagen, daß dies eine Aktion im Namen Gottes war.«[71] Die Ermittlungen von Polizei, Geheimdiensten und Journalisten haben ergeben, daß Atta keineswegs ein »Schläfer« war, also ein zum Selbstmordattentäter bestimmter Terrorist, der zur Ausbildung nach Deutschland geschickt wurde: »Nichts spricht mehr für die ›Schläfer‹-Theorie. Den spektakulärsten Terroranschlag aller Zeiten haben ein paar Jungs begangen, die sich Stück für Stück in einen Haß gegen den Westen hineinsteigerten, als sie längst im Westen lebten. Zunächst hatten sie noch fleißig studiert, ganz so, als wollten sie die Chance nutzen, Teil der für sie neuen, fremden Welt zu werden. Doch von Tag zu Tag wurden sie gefährlicher; sie wurden Feinde des Systems, in dem sie lebten und das sie benutzten. Sie haben sich nicht akklimatisiert in Deutschland, sie haben sich immunisiert.«[72]

Immerhin nachträglich läßt sich der Weg Mohammed Attas einigermaßen genau rekonstruieren.[73] Geboren 1968 als einziger Sohn eines ägyptischen Rechtsanwalts, standen ihm so viele Türen offen wie wenigen anderen seiner Landsleute. Er wuchs in gutbürgerlichem Umfeld in Giseh bei Kairo auf, kam dank familiärer Beziehungen um den Militärdienst herum und studierte ab 1985 an der Universität Kairo Architektur. Als er noch in Ägypten lebte, fiel seinen Schulkameraden und Kommilitonen nichts auf, was auf einen Hang zum religiösen Fanatismus deutete. Ein Mitschüler erinnerte sich: »Mohammed hat sich nur für die Schule interessiert und den Lehrern sogar oft nach Ende des Unterrichts noch Fragen gestellt. Sein Ziel war es, Klassenbester zu sein.« Zugleich wirkte Mohammed Atta sensibel. Mokthar el Rafei, ein Studienkollege, gab nach dem 11. September zu Protokoll: »Ich habe Mohammed sehr kindlich in Erinnerung, mit kindlichen Äußerungen und Empfindungen. Er wirkte unschuldig und unerfahren.«[74] 1992 kam Atta nach Deutschland, um an der Technischen Universität Harburg sein Studium in Richtung Stadtplanung zu vertiefen. Auch hier fielen seine Intelligenz auf, seine Höflichkeit und – jedenfalls seinem Bekannten Abdelghani Mzoudi – seine »Weichheit«.[75]

Mitte der neunziger Jahre wurde jedoch aus dem »Musterstudenten« Atta ein radikaler Moslem. 1996 verfaßte er ein Testament, das deutliche Spuren des religiösen Fanatismus erkennen läßt – zum Beispiel die Bestimmung, Frauen sollten weder bei seiner Beerdigung zugegen sein noch sich irgendwann später an seinem Grab einfinden. Nun begann er, seinen Lebenszweck im Kampf gegen die Ungläubigen, gegen den Westen insgesamt zu sehen. Auch hier schlugen wieder Attas Perfektionismus und seine Intelligenz durch. Er opferte sich selbst nicht etwa bei einem »kleinen« Selbstmordanschlag mit einigen wenigen Opfern; er wollte den ganz großen Sieg des Islam über den Westen erringen: »Alle westlichen Zivilisationen, die ihre Macht genießen, sind in ihrem Inneren sehr schwach«, heißt es in der »Terroristenfibel«. Sie zum Einsturz zu bringen, das fühlte Mohammed Atta offenbar, war Allahs Auftrag für ihn. Um seinen Lohn mußte er sich nicht sorgen, versprach doch seine Anleitung: »So habe keine Angst und keine Furcht, wenn Du ein Gläubiger bist, denn Gläubige fürchten nur Gott den Allmächtigen, der die Macht über alles innehat. Gläubige glauben in dem Vertrauen, daß der Ungläubige am Ende besiegt wird.«[76] Also sammelte Atta andere junge Moslems um sich und baute über mehr als drei Jahre hinweg eine Terrorzelle auf, die religiöser Fanatismus und die gemeinsame »Aufgabe« zusammenhielten: »Eine Sekte waren die Mörder des 11. September, und Mohammed Atta war ihr Guru.«[77]

Wann und wie genau der Kontakt zu Osama bin-Ladens Netzwerk Al Qaida geknüpft wurde, ist nicht geklärt. Fest steht aber seit der Verhaftung des engsten Atta-Vertrauten Ramzi Binalshibb in Pakistan ein Jahr nach dem 11. September, daß tatsächlich Atta der Anführer und bin-Laden der Finanzier der Terrorattacke waren. Auch wenn weiter zahlreiche Verschwörungstheorien[78] kursieren; auch wenn Attas Vater sich verzweifelt in hilflose Spekulationen rettet: »Wie könnte mein Sohn plötzlich vor 240 Hebeln und Lämpchen sitzen und die große Maschine aus großer Höhe in die gewünschte Höhe lenken? Es gehört doch unglaubliches Können dazu, das Stahlkorsett eines Gebäudes zu treffen mit der Genauigkeit, mit der man auf einen Bleistift schießt. So etwas erfordert doch einen gewaltigen Aufwand.« Und genauso genau, wie Vater Atta weiß, daß sein Sohn nicht der Attentäter war, genauso genau vermag er die wirklichen Schuldigen zu benennen: »Den Zionisten geht es darum, einen jungen Ägypter in den Schmutz zu ziehen, weil Ägypten den rassistischen Zionisten ein Dorn im Auge ist.« 2800 Tote und ein zweistelliger Milliardenschaden – nur um einen brillanten jungen Ägypter »in den Schmutz« zu ziehen: Man bekommt eine Ahnung, von welchem geistigen Umfeld Mohammed Atta in Kindheit und Jugend geprägt wurde.[79]

Religiöse Eiferer sind, das hat der Anschlag vom 11. September 2001 wieder einmal gezeigt, die effektivsten und daher insgesamt die gefährlichsten Attentäter. Sie handeln ohne Rücksicht auf Verluste, sie zweifeln nicht an ihrer Berufung, sie halten strikt zusammen. Und weil für sie das Opfern des eigenen Lebens nicht nur akzeptabel ist, sondern meistens sogar erwünscht, gibt es gegen Mörder aus Glaubensgründen noch weniger Schutz als gegen jeden anderen Typ von Attentäter.

Eine Frage des Geldes

Gedungene Mörder

5

»Selbst eine Panzerweste hätte ihn nicht gerettet. Das Kaliber war zu
groß«: Das Bild einer Überwachungskamera im Hof des Regierungsgebäudes in Belgrad zeigt, wie Sicherheitsbeamte den tödlich verletzten
serbischen Ministerpräsidenten Zoran Djindjić am 12. März 2003 in seine
Limousine schieben.

◆ ◆ ◆

Kann ein Spitzname zum Schicksal werden? Den »serbischen Kennedy« oder – abwertend – einen »Balkan-Kennedy« nennen westliche Medien, aber auch Anhänger und Gegner im eigenen Land den smarten, polyglotten Politiker Zoran Djindjić schon Ende der neunziger Jahre, als sich die Herrschaft des radikal-nationalistischen Diktators Slobodan Milošević ihrem Ende zuneigt.[1] Spätestens nach dessen Sturz, als Djindjić im Oktober 2000 zum Ministerpräsidenten in Belgrad aufsteigt und Reformen einleitet, knüpfen sich immer größere Hoffnungen an den knapp 50jährigen: Ihm, dem aufrechten Oppositionellen, der schon 1974 eine nicht-kommunistische Studentengruppe gegründet hatte und 1989 die Demokratische Partei, traut eine Mehrheit der serbischen Wähler zu, die enormen Probleme beim Aufbau einer modernen demokratischen und marktwirtschaftlichen Gesellschaft zu bewältigen. Denn er kommt im Ausland gut an, gerade in Deutschland. Hier hat Djindjić studiert und hier, in Konstanz, wurde er ausgerechnet über Karl Marx' Gesellschaftstheorie promoviert. In Deutschland kann er sich praktisch akzentfrei verständigen. Zudem sieht er gut aus und gibt damit der verwickelten und zu Recht schlecht beleumundeten serbischen Politik ein mehr als nur ansehnliches Gesicht. So bekommt seine Heimat eine Chance, bei Regierungen und Unternehmen im finanzstarken Westen das düstere Image vergessen zu machen, das mit Unwörtern wie »ethnischer Säuberung« und mit Kriegsverbrechern wie Radovan Karadzič oder Ratko Mladic verbunden ist. Djindjić hat den Mut, auch unpopuläre Entscheidungen durchzusetzen – zum Beispiel liefert er gegen massiven, teilweise bewaffneten Widerstand den abgesetzten Diktator Milošević an das Internationale Kriegsverbrechertribunal in Den Haag aus. Kein Zweifel: Zoran Djindjić ist in den ersten Jahren des 21. Jahrhunderts die personifizierte Hoffnung Serbiens auf Aufbruch, auf Fortschritt, auf eine bessere Zukunft – genau wie John F. Kennedy Anfang der sechziger Jahren in den USA.

Niemand denkt ernsthaft daran, daß sich Djindjić' Spitzname auch auf eine ganz andere, auf eine tödliche Art bewahrheiten könnte – bis zum 12. März 2003. Es ist ziemlich genau 12.25 Uhr, als plötzlich mindestens zwei, vielleicht auch drei Schüsse durch die Innenstadt von Belgrad peitschen. Als der Ministerpräsident gerade im Hof des Regierungsgebäudes seine gepanzerte Limousine bayerischer Bauart besteigen will, wird aus dem zweiten Stock eines gegenüber gelegenen, immerhin 200 Meter entfernten Hauses das Feuer eröffnet. Eine Kugel trifft Djindjić in die Brust; sie zerreißt seine rechte Herzkammer. Zwar stoßen ihn seine Leibwächter sofort in den Wagen und rasen ins nächste Krankenhaus. Doch dort kann nur festgestellt werden, daß er keinen Puls mehr hat. Wiederbelebungsmaßnahmen bleiben ohne Erfolg. Gegen 13.30 Uhr wird der klinische Tod des Regierungschefs offiziell festgestellt. »Selbst eine Panzerweste hätte ihn nach Expertenmeinung nicht gerettet. Das Kaliber war zu groß.«[2]

Djindjić, der angeblich gerne der »serbische Kennedy« genannt wurde, starb wie sein Vorbild: durch die Kugeln eines Scharfschützen. Wie bei Kennedy waren es mehrere Schüsse, wie bei Kennedy aber machte ein fataler Volltreffer jede Behandlung aussichtslos. Kurioses Detail am Rande: Djindjić starb fast zur selben Tageszeit wie knapp 40 Jahre zuvor das amerikanische Staatsoberhaupt – gegen halb ein Uhr mittags. Wie der Mord am 35. US-Präsidenten stürzte auch dieses Attentat ein ganzes Land in kollektive Fassungslosigkeit, ja Verzweifelung, obwohl wie nach Kennedys Tod in den USA auch in Serbien Djindjić' Regierungskollegen rasch handelten und die Nachfolge beinahe überstürzt regelten.

Doch anders als in den USA 1963 entfaltete die serbische Regierung unmittelbar nach den Todesschüssen umfassende Aktivität, um die verantwortliche Verschwörung aufzudecken. Binnen Stunden gab es einen ersten offiziellen Verdacht über die Hintermänner des Anschlags; binnen weniger Tage wurden mehr als 7.000 Personen festgenommen und verhört, von denen über 2.000 in Haft blieben; binnen knapp zwei Wochen saß auch der mutmaßliche Attentäter Zvezdan »Zveki« Jovanović hinter Gittern, waren mehrere mutmaßliche Auftraggeber des Attentats erschossen worden, als sie sich ihrer Verhaftung widersetzten. Zu den Gründen für diese schnelle Reaktion zählte gewiß Aktionismus, den der Djindjić-Nachfolger Zoran Živcović an den Tag legte, um jeden Eindruck der Lähmung zu vermeiden. Vielleicht auch der Wunsch, angesichts der einhelligen öffentlichen Bestürzung über den Mord in Belgrad und im Schatten des zufällig zeitgleich beginnenden dritten Golfkriegs alte Rechnungen zu begleichen, bislang unangreifbare Gegner der Reformpolitik auszuschalten und damit den immer noch vorhandenen Einfluß ehemaliger Milošević-Anhänger. Ironie der Geschichte: Möglich war dieses kraftvolle, aber rechtsstaatlich durchaus bedenkliche Zupacken nur durch das Erbe der gestürzten Diktatur. »Wieder einmal zeigt sich, wie einfach es sich regiert, wenn man eine von Slobodan Milošević gemachte Verfassung im Rücken hat: Man verhängt den Ausnahmezustand und macht, was man will. Die Polizei braucht keinen Haft- oder Durchsuchungsbefehl, die Verhafteten haben kein Recht auf einen Anwalt und können bis zu 30 Tagen eingesperrt werden. Man kann abhören, Medien ausschalten und eine Zensur anordnen, Parteien verbieten genauso wie Proteste oder Streiks. Kurz: Man schert sich nicht um lästige Menschenrechte.«[3] Immerhin: Nach fünf Wochen hob die Regierung den Ausnahmezustand wieder auf, rechtzeitig zum serbisch-orthodoxen Osterfest.[4]

Bei den Ermittlungen tat sich ein Abgrund von Korruption und organisierter Kriminalität in Justiz und Sicherheitsbehörden auf: Über 30 Richter und Staatsanwälte gestanden die Zusammenarbeit mit Mafia-Clans, als Reservoir und Operationsbasis der Attentäter erwies sich ausgerechnet eine Spezialeinheit des Innenministeriums, die »JSO« abgekürzte »Einheit für Besondere Operationen«, üblicherweise »Rote Barette« genannt. Der Schütze »Zveki« Jovanović (bis zum Redaktionsschluß dieses Buches gab es noch kein Verfahren gegen ihn, aber sein Geständnis und nach Polizeiangaben unzweifelhafte kriminaltechnische Indizien, daß er die tödlichen Schüsse abgefeuert hatte[5]) war bis zum 12. März 2003 stellvertretender Kommandant der »JSO«. Unterstützt haben soll ihn das »JSO«-Mitglied Sascha »Pele« Pejaković. Als Kopf hinter dem Mordkomplott und Hauptauftraggeber nannte die Regierung den 2001 abgelösten Kommandanten dieser Einheit, Milorad »Legija« Luković, einen der Köpfe der Mafia in Serbien. Mit ihm hatte Djindjić im Herbst 2000 ein Stillhalteabkommen geschlossen, das den friedlichen Sturz des Milošević-Regimes erst ermöglicht hatte, das aber durch die immer weitergehende Durchdringung des serbischen Staates durch die Mafia längst einseitig gekündigt war, als Djindjić Anfang 2003 eine schärfere Gangart einschlug. Ob umgekehrt die politischen Gegner des Reformpolitikers ihrerseits die serbische Mafia unterstützt haben, wurde in den Wochen nach dem Anschlag noch nicht deutlich; Vermutungen in diese Richtung jedenfalls äußerte Djindjić' Nachfolger.[6]

Über Jovanović wurde in den Wochen nach seiner Festnahme zunächst nur wenig bekannt. Geboren 1965 in Pec, hatte er nach einer militärischen Ausbildung offensichtlich ab 1991 im jugoslawischen Bürgerkrieg auf serbischer Seite gekämpft. Ob der mutmaßliche Attentäter tatsächlich, wie von einigen Medien vermutet, zu den verurteilten Gewaltverbrechern gehörte, die das Milošević-Regime mit dem ausdrücklichen Auftrag nach Bosnien-Herzegowina schickte, dort Kriegsverbrechen zu begehen, ist unklar. Auf jeden Fall war er ein sicherer Scharfschütze und ein Mitglied des organisierten Verbrechens in Serbien. Ob die Regierung unter Djindjić' Nachfolger in der Lage sein wird, diesen profitablen Sumpf auszutrocknen, ist ebenfalls zweifelhaft; immerhin ist es gelungen, die »JSO« gewaltlos aufzulösen.[7] Sie war einst gegründet worden, um die aus dem bosnischen Bürgerkrieg heimkehrenden, des Massenmordes mindestens verdächtigen Paramilitärs aufzunehmen und einer gewissen Kontrolle zu unterwerfen. Daß die Einheit schon unter dem Diktator Milošević zum Nachwuchspool der serbischen Mafia wurde, war vielleicht unvermeidlich, aber wohl nicht ursprünglich beabsichtigt. Ob schließlich die rund 350 »JSO«-Männer in den anderen Polizeieinheiten, in die sie nach der Auflösung ihrer Truppe versetzt wurden, weniger gefährlich sein werden, ist nicht sicher. Fest steht dagegen, daß die tödlichen Schüsse auf Zoran Djindjić den Reformprozeß in Serbien gebremst haben. Wie sehr, werden erst allerdings die kommenden Jahren erweisen.

Der mutmaßliche Djindjić-Mörder »Zveki« Jovanović ist kein Lohnkiller, wie Thrillerautoren ihn sich vorstellen. Sie fantasieren in ungezählten Romanen und Drehbüchern von völlig emotionslosen Mördern, die für die »angemessene« Belohnung jedes beliebige Opfer sauber und ohne Spuren zu hinterlassen umbringen, die nach der Tat verschwinden und nie ermittelt werden. In der Regel wird ihnen eine solide militärische oder geheimdienstliche Ausbildung angedichtet, besonders gerne in Diensten der CIA, des KGB oder des Mossad. Viele Bücher und Filme beschreiben Vorbereitung und Durchführung von Mordanschlägen aus der Perspektive der hochspezialisierten, gelegentlich sogar im Dienste einer »höheren Gerechtigkeit« antretenden Killer. Doch daß es solche »Facharbeiter des Mordens« überhaupt gibt, ist ungefähr genauso wahrscheinlich wie die Existenz von Agenten mit einer offiziellen staatlichen »Lizenz zu töten«.[8]

In der Realität sind Lohnkiller meistens gescheiterte Existenzen.[9] Männer, die in der Grauzone von Verbrechen und Verzweifelung leben wie der Hamburger »Kiez-Killer« Werner Pinzner, der Mitte der achtziger Jahre mindestens sieben Menschen erschoß und dann dem eigenen Leben ein Ende setzte.[10] Am nächsten kommen den typischen Auftragsmördern in Thrillern noch die Killer aus den Nachfolgestaaten der ehemaligen Sowjetunion, die nach Recherchen von Journalisten seit den neunziger Jahren den Markt in West- und Mitteleuropa beherrschen.[11] Sie werden offenbar tatsächlich »gebucht«, reisen an, erledigen ihren »Job« und verschwinden wieder in ihre Heimat, wo sie vor Strafverfolgung weitgehend sicher sind. Zwischen 5.000 und 10.000 Euro plus Spesen soll ein durchschnittlicher Mordauftrag heute kosten, wenn man einen solchen Killer engagiert. Selbst sie passen aber kaum zum Bild vom nüchternen Spezialisten, vom mitunter sogar eleganten Experten für ästhetisches Töten. Nach allem, was bei den selten erfolgreichen Ermittlungen gegen solche Mörder festgestellt wird, haben sie meist eine gewalttätige Vergangenheit, zum Beispiel als Söldner, als Schläger für Mafiabanden oder ähnliches.

Verschiedene Motive kommen in Frage für die Entscheidung, einen Auftragsmörder zu engagieren. So kann es sein, daß der Auftraggeber sich die Tat selbst nicht zutraut – sei es aus psychischen, aus physischen oder aus technischen Gründen. Andererseits erschwert die Ausführung des Mordes durch eine mit dem Opfer unbekannte Person die Ermittlungen, falls der Attentäter nicht auf frischer Tat ertappt wird. Keine Rolle dagegen spielt die Hoffnung auf eine geringere Strafe. Formal nämlich droht dem überführten Auftraggeber eines Lohnkillers dieselbe Strafe wie dem Täter selbst. Das deutsche Strafrecht zum Beispiel legt fest: »Als Anstifter wird gleich einem Täter bestraft, wer vorsätzlich einen anderen zu dessen vorsätzlich begangener rechtswidriger Tat bestimmt hat.«[12] In der Praxis wird diese an sich klare Regel in beide Richtungen ausgeweitet – beispielsweise gibt es, wenn der Haupttäter aufgrund bestimmter Umstände rechtlich schuldlos handelt, die Denkfigur der »mittelbaren Täterschaft« des Auftraggebers; andererseits haben Gerichte festgestellt, daß ein Anstifter nur für die in Auftrag gegebene Tat verantwortlich gemacht werden kann, nicht aber für im selben Zusammenhang vom Täter begangene Exzesse. Auch wird der Auftraggeber eines Lohnkillers nicht immer als Anstifter beurteilt, sondern manchmal auch als Gehilfe oder Mittäter.[13] Diese Unterscheidungen haben juristisch durchaus Sinn, sind allerdings nicht geeignet, das Phänomen Auftragsmorde durchschaubarer zu machen.

Von dem düster-faszinierenden Ideal des Auftragsmörders, das die Unterhaltungsbranche in ungezählten Versionen verbreitet, muß man sich verabschieden. Viel eher trifft das Bild vom gedungenen Gewalttäter die Wirklichkeit, vom gewissenlosen Kriminellen, der um eines materiellen Vorteils willen zur Waffe greift. Niemand weiß, wie viele Auftragsmorde es tatsächlich gibt. Die Statistik des Bundeskriminalamtes weist Tötungsdelikte durch Berufskiller nicht eigens aus. Auf jeden Fall »sterben« in den Produktionen deutscher TV-Stationen deutlich mehr Opfer durch die Hand »gedungener Mörder«, als es überhaupt Tötungsdelikte in Deutschland gibt, geschweige denn Auftragsmorde. Man kann nicht einmal mit Sicherheit feststellen, daß es heute signifikant mehr solche Verbrechen gibt als in früheren Zeiten. Die größere Aufmerksamkeit vor allem der Medien und die Sensibilität der Gesellschaft könnten allein für diesen verbreiteten Eindruck verantwortlich sein. Solange es keine verläßlichen Zahlen gibt, lassen sich gewagte Schlußfolgerungen ebensowenig beweisen wie widerlegen: »Tatsache aber ist, daß diese Verbrechensform, die früher eine Seltenheit darstellte, seit den achtziger Jahren in der Bundesrepublik besorgniserregend zugenommen hat«, teilt zum Beispiel der Journalist Peter Niggl den Lesern seines Buches »Auftrag: Mord« mit. Den Beweis muß er allerdings schuldig bleiben.[14]

In jedem Fall spielen Lohnkiller bei Anschlägen auf politisch oder gesellschaftlich herausragende Personen und Symbole eine unterdurchschnittliche Rolle – ganz gleich wie hoch ihr Anteil an der Gesamtzahl aller Tötungsdelikte auch immer sein mag. Selbst wenn man annimmt, daß alle nicht aufgeklärten Attentate von Lohnkillern verübt worden seien, käme man auf eine niedrige Zahl verglichen mit den Morden durch geistig verwirrte Einzeltäter, durch religiöse Eiferer oder durch politische Terroristen. Der Grund dafür ist einfach: Lohnkiller töten vorrangig aus materiellen Gründen. Wenn sie ihr Leben oder ihre Freiheit während oder infolge des Anschlags verlieren, nützt ihnen die versprochene Belohnung nichts mehr. Gedungene Mörder streben daher immer danach, nach ihrem Attentat unerkannt zu entkommen. Sie müssen zwar stets die Gefahr eingehen, auf frischer Tat ertappt oder getötet zu werden, doch sie kalkulieren dieses Risiko genau und setzen ihren Preis entsprechend fest. Je besser ein mögliches Opfer geschützt wird, desto gefährlicher wird die Tat für den gedungenen Mörder. Mit der Gefahr aber steigt der Preis für den Auftrag – und sinkt umgekehrt die Wahrscheinlichkeit, daß potentieller Auftraggeber und potentieller Auftragnehmer zueinander finden.

Ein zweiter Grund für die geringe Zahl von gedungenen Mördern unter Attentätern ist der besonders starke Ermittlungsdruck nach spektakulären Anschlägen. Wird ein führender Politiker, gar ein Staatsoberhaupt getötet oder schwer verwundet, so sind Polizei und Sicherheitsbehörden zum Fahndungserfolg geradezu verdammt. In Rechtsstaaten werden in solchen Fällen schon mal ein paar besonders weitgehende Bürgerrechte informell ignoriert – der Fall Djindjić mit über 7.000 Festnahmen und rücksichtslosen Ermittlungsmethoden zeigt es. Man mag sich kaum vorstellen, was das Milošević-Regime und seine paramilitärischen Polizeieinheiten mit der serbischen Opposition angestellt hätten, wäre der Diktator bei einem Attentat verletzt worden oder wäre etwa seine Frau gestorben. Auch hier regiert eine nüchterne Risikoabwägung: Warum soll sich ein Lohnkiller auf diese Gefahr einlassen, wenn er doch seinen Lebensunterhalt auch mit relativ risikoarmen Morden an ganz normalen Opfern verdienen kann, an untreuen Ehemännern, geschäftlichen Konkurrenten oder Unterweltbossen?

Es gibt sie trotzdem, die überwiegend von materiellen Interessen angetriebenen Attentäter. Mitunter mischt sich dieser Antrieb mit anderen Motiven, zum Beispiel mit religiösem Haß oder mit der Sorge um die eigene Existenz. Der mutmaßliche Djindjić-Mörder »Zveki« Jovanović war ein Mitglied jener Subkultur des organisierten Verbrechens, der sein Opfer den Kampf angesagt hatte. Falls der »serbische Kennedy« mit seinem letzten Vorhaben Erfolg gehabt hätte, wäre auch »Zvekis« Position möglicherweise unhaltbar geworden. Dennoch deutet nichts darauf hin, daß der Mörder seine Tat aus idealistischen Gründen beging. Er war offenbar bereit, das Attentat zu begehen, das Risiko auf sich zu nehmen, einen demokratisch gewählten und weltweit anerkannten Politiker zu töten – ohne eine großzügige Belohnung, so darf man vermuten, hätte er kaum den Abzug gedrückt. In einem anderen Mordfall, der offensichtlich ebenfalls im Auftrag des Gangsterbosses »Legija« Luković durch Mitglieder der »JSO« verübt wurde, der Entführung und »Beseitigung« des ehemaligen serbischen Präsidenten Iwan Stambolic, betrug der Lohn für die Attentäter immerhin 100.000 Mark.[15] Alles spricht dafür, einen ähnlichen Hintergrund auch bei Jovanović' Tat zu vermuten. In diesem Fall allerdings erwies sich seine Risikoabwägung im nachhinein als falsch.

Ein direkter Auftrag ist gewiß die häufigste, aber nicht die einzige Art, einen Lohnkiller auf ein Opfer zu hetzen. Dasselbe Ergebnis kann man mit dem öffentlichen Aussetzen eines großzügig bemessenen Kopfgeldes erreichen. Dafür gibt es einige Beispiele, etwa im sogenannten Wilden Westen der USA in der zweiten Hälfte des 19. Jahrhunderts. Einzigartig in der Geschichte der politischen Gewalt aber dürfte sein, daß nicht nur der Auftraggeber einen Anschlag veranlaßt, nämlich durch Ausloben einer Mordprämie, sondern daß auch das Opfer selbst dafür bezahlt, nämlich durch die Finanzierung der Waffe, die sein Leben zerstören wird. Am 8. Juli 1584, einem Sonntag, trifft im Prinzenhof in Delft Balthazar Gérard zum ersten Mal auf den Anführer der aufständischen Niederlande, Wilhelm von Oranien.[16] Unter dem falschen Namen »François Guyon« hat sich der fanatische Katholik Gérard in der Residenz eingeschlichen, angeblich, um dem Prinzen neue Nachrichten über den Tod eines wichtigen Verbündeten zu bringen. Der 20jährige hat nicht damit gerechnet, direkt zu Wilhelm vorgelassen zu werden; er wollte sich eigentlich nur über den Schutz seiner Zielperson informieren. Deshalb ist er weder bewaffnet noch hat er sich Gedanken über seine Flucht gemacht. Trotzdem ergreift Gérard die unerwartete Gelegenheit beim Schopfe und bittet Wilhelm um eine kleine finanzielle Unterstützung – angeblich um sich neue Schuhe und Strümpfe zu kaufen. Tatsächlich bezahlt »Guyon« von dem Geld zwei Pistolen und Munition, um seinen Mordplan umzusetzen.

Die nächste Gelegenheit ergibt sich gegen Mittag des 10. Juli 1584, einem Dienstag. Wie immer spricht Wilhelm nach dem Essen noch mit Bittstellern, bevor er sich in die Privaträume seiner Delfter Residenz zurückziehen will. Doch als der 51jährige die wenigen Treppenstufen hinaufsteigt, steht plötzlich der angebliche Bote unmittelbar vor ihm und schießt ihm in die Brust. Der tödlich getroffene Wilhelm von Oranien sagt noch: »Mein Gott, mein Gott, hab' Mitleid mit mir und mit diesem Volk«, wird zurück ins Speisezimmer getragen, wo er in den Armen seiner Frau und seiner Schwester die letzten Atemzüge tut.[17] Gérard dagegen, der sich diesmal Zugang zum Prinzenhof verschafft hatte unter dem Vorwand, einen Paß zu benötigen, kann durch eine Seitentür entkommen, sein im Hof angebundenes Pferd besteigen und fliehen. Doch nun scheitert der sorgfältig ausgedachte Plan: Wilhelms Wachen verfolgen den flüchtigen Attentäter und holen ihn ein. Er wird vom Pferd gerissen und arretiert. Sein Opfer stirbt, bevor ihm die Nachricht von der Festnahme des Attentäters gebracht werden kann.

Wilhelm von Oranien war die Gefahr bewußt, die ihm drohte. Fast genau vier Jahre schon lebte er unter einer perfiden Morddrohung. Am 15. Juli 1580 war folgender Bann ergangen: »Damit die Vernichtung des besagten Oranien schneller geschehe und unser Volk schneller von seiner Tyrannei und Unterdrückung befreit werde, und weil wir die Tugend zu belohnen und das Verbrechen zu bestrafen wünschen, geben wir das Wort eines Königs und Dieners Gottes: Wenn sich einer finden sollte, ob Untertan oder Fremdling, der einen so guten Willen und einen so starken Wunsch hat, uns und dem öffentlichen Wohl einen Dienst zu erweisen, daß er unserer Anordnung Geltung verschafft und uns von dieser Plage befreit, indem er uns Oranien lebend oder tot ausliefert oder ihn nur tötet, erhält er oder erhalten seine Erben die Summe von 25.000 Goldkronen in Land oder in Geld, je nach Wunsch, sobald er die Tat vollbracht hat. Sollte er ein Verbrechen begangen oder sonstwie das Gesetz gebrochen haben, versprechen wir, daß wir ihn begnadigen werden. Sollte er kein Edelmann sein, versprechen wir, ihn für seine gute Tat in den Stand eines Edelmannes zu erheben.«[18] Deutlicher konnte ein Mordauftrag nicht formuliert werden. Die Belohnung war opulent; 25.000 Goldkronen entsprächen nach heutigem Wert grob geschätzt mindestens einer Million Euro. Das Versprechen, den Täter in den Adelsstand zu erheben, erhöhte die Attraktivität zusätzlich. Noch bemerkenswerter an dieser in ganz Westeuropa verbreiteten Proklamation war ihr Urheber: König Philipp II. von Spanien, Herr über den größten Teil der iberischen Halbinsel, über große Teile Nord-, Mittel- und Südamerikas und über bedeutende Landschaften in Mitteleuropa wie Burgund, Luxemburg, Brabant und Flandern.

Der Bann zielte auf Spaniens Staatsfeind Nummer eins. Wilhelm von Oranien, ehemals selbst Statthalter der spanischen Krone in den Niederlanden, führte im Sommer 1580 die Freiheitsbewegung in dieser Provinz schon mehr als ein Jahrzehnt an. Gerichtet war die Proklamation an die Verlierer der sozialen oder ökonomischen Umwälzungen jener Jahre, an enttäuschte Landsknechte der Konfessionskriege zum Beispiel, die damals die Spanischen Niederlande und Frankreich erschütterten. Eine ganze Anzahl von Abenteurern fühlte sich von Philipps Angebot angesprochen. Der erste bekannte war am 18. März 1582 ein Baske namens Jean Jaureguy. Er lauerte seinem Ziel in Antwerpen auf, schoß auf ihn und verletzte ihn schwer am Kopf. Die Wachen Wilhelms von Oranien töteten den Attentäter umgehend; seine Flucht hatte Jaureguy offenbar nicht besonders gut vorbereitet. Das Opfer schwebte wochenlang in Lebensgefahr, erholte sich schließlich aber doch. Weitere Anschläge im Juli 1582, im März 1583 und im April 1584 überstand der Prinz durch Glück und Zufall unbeschadet. Wie viele Mordpläne unausgeführt und deshalb unentdeckt blieben, vermag niemand zu sagen. Immer wieder jedenfalls meldeten sich bei den Vertretern der spanischen Krone in Brüssel und andernorts Männer, die versprachen, den Mordplan gegen eine geringe Anzahlung umzusetzen. Anfangs gingen die Vertreter Philipps darauf ein, doch stets sahen sie sich um ihr Geld geprellt. Deshalb lehnten sie bei weiteren »Bewerbern« um das Kopfgeld einen Vorschuß ab.

So geschah es auch Balthazar Gérard. Der junge Mann aus dem spanischen Lehen Burgund drang zwar zu Alexander Farnese vor, dem Statthalter der Spanischen Niederlande, Feldherren Philipps II. und Antipoden Wilhelms. Gérard versprach, den Mord zu begehen, erbat jedoch einen kleinen Vorschuß. Auch diesmal wies Farnese dieses Ansinnen zurück, versprach aber, nach Wilhelms Tod die gesamte Summe umgehend auszuzahlen. Er hatte wahrscheinlich nicht damit gerechnet, von Gérard noch einmal etwas zu hören. Doch darin täuschte er sich. Der fanatische Katholik, der zuletzt in untergeordneter Stellung als Schreiber für den Statthalter Luxemburgs gearbeitet hatte, war wild entschlossen, sich den vom spanischen König versprochenen Mordlohn und das Adelsprädikat zu verdienen. Mit den Jesuiten in Trier hatte er bereits über die Rechtmäßigkeit einer solchen Tat gesprochen; sie bestärkten ihn in seinem Vorhaben ebenso wie einige Franziskaner in Doornick. Auch ohne Anzahlung machte sich Gérard deshalb auf nach Delft, wo Wilhelm von Oranien das Frühjahr und den Sommer 1584 verbrachte. Nun fehlten ihm nur noch eine Waffe und eine Gelegenheit. Gérard legte sich einen falschen Namen zu und eine Legende, die ihm Zugang zur Umgebung seines Opfers verschaffen konnte: Er trat als Sohn eines calvinistischen Bürgers von Besançon auf, der seines Glaubens wegen hingerichtet worden sei. Derlei war in der Frühen Neuzeit kaum und mitten in aufreibenden Konfessionskriegen gar nicht zu überprüfen. Mit dieser Legende konnte Gérard sowohl seine Anwesenheit in Delft begründen wie seinen Wunsch, dem Prinzen zu begegnen. Ein guter Plan. Falls Gérard noch letzte Zweifel gehabt haben sollte (die Berichte über seine Vernehmungen lassen allerdings nichts in dieser Richtung vermuten), dürften sie sich am 8. Juli 1584 erledigt haben: Daß ihm ausgerechnet Wilhelm selbst das Geld für die Mordwaffe vorstreckte, mußte dem Attentäter als göttliches Zeichen erscheinen.

Balthazar Gérard war fanatischer Katholik und im aufgeheizten Klima der Konfessionskriege schon allein deshalb ein Gegner Wilhelms von Oranien. Doch offensichtlich genügte sein religiöser Eifer allein nicht, um aus ihm einen Attentäter zu machen; den Anstoß gab erst die ausgelobte Belohnung, wie er auch in seinen auf der Folter gemachten Aussagen bestätigte. Bei den Martern ging es wie in jener Zeit üblich weniger darum, ihn zum Geständnis zu bringen (seine Täterschaft stand ja außer Frage), sondern allein darum, ihn zu quälen. Bei Fürstenmördern ergänzte die Folter die unvermeidliche Todesstrafe. Wie anderen Attentätern jener Jahrzehnte wurde auch Gérard die Tathand mit einem glühenden Eisen ausgebrannt, wurden ihm auf dem Rad sämtliche Knochen gebrochen. Über Details seiner Hinrichtung am 14. Juli 1584 gibt es unterschiedliche Versionen; ausgesucht grausam war sie in jedem Fall.[19]

Unerwartet großmütig erwies sich übrigens der indirekte Auftraggeber dieses Attentats, Philipp II. Getreu seiner Proklamation zahlte er den Mordlohn an die Eltern des Mörders aus und erhob sie in den Adelsstand. Eine weitere Ehrung wurde Gérard nach seinem Tod zuteil: Ein radikaler Missionar in Köln verwahrte sein abgetrenntes Haupt über viele Jahre hinweg und ließ es als Reliquie verehren. Mehrfach versuchten in den kommenden Jahrzehnten andere katholische Bewunderer erfolglos, den Attentäter heilig sprechen zu lassen.[20] Ein kanonisierter Lohnkiller – das wäre selbst für die keineswegs besonders strikten Anforderungen des Vatikans an die Friedfertigkeit eines potentiellen Heiligen zuviel gewesen.

Sechs ausgeführte Attentate binnen elf Jahren, dazu mindestens fünfzehn Anschlagspläne, die vor Ausführung der Tat aufgedeckt und von der Polizei für ernsthaft gehalten werden[21] – Frankreichs »Bürgerkönig« Louis Philipp steht in der Top Ten der »beliebtesten« Zielpersonen von Attentätern ziemlich weit oben, zusammen mit Queen Victoria, auf die ebenfalls sechsmal geschossen wurde (allerdings in mehr als 40 Jahren), und Alexander II. von Rußland, der dem neunten auf ihn verübten Anschlag schließlich erlag.[22] Alleine hält der französische Monarch dafür einen anderen zweifelhaften »Rekord« in der Weltgeschichte der Attentäter: Nie wurden auf eine einzelne Person mehr Kugeln auf einmal abgefeuert, und bei keinem anderen Attentat mit Schußwaffen sind so viele Unbeteiligte getötet und verletzt worden wie am 28. Juli 1835 auf dem Boulevard du Temple in Paris.[23]

Es soll ein ganz normaler Feiertag werden, um an die Juli-Revolution fünf Jahre zuvor zu erinnern. Doch längst hat der damals auf den Thron aufgestiegene Louis Philipp das in ihn gesetzte Vertrauen verspielt. Nur widerwillig und unvollständig hat sich die Nationalgarde zur vorgesehenen Musterung durch den König gesammelt; immerhin schwirren Gerüchte durch Paris, an diesem Tag werde die republikanische Partei ein Zeichen setzen. In Zeitungen erschienen in den Tagen zuvor bittere Karikaturen und zynische Bemerkungen – zum Beispiel: »Der Bürgerkönig ist gestern mit seiner herrlichen Familie nach Paris gekommen, ohne in irgendeiner Weise ermordet worden zu sein.«[24] Die Polizei durchsucht noch in der Nacht vor der Parade einige Häuser entlang des Boulevard du Temple, findet aber nichts Verdächtiges. Als der König dann am Morgen des 28. Juli, einem drückend heißen und schwülen Tag, mit großem Gefolge langsam zwischen den stummen Reihen der Nationalgardisten auf der einen und der regulären Truppen auf der anderen Seite des Boulevards entlang reitet, hinter denen sich große Menschenmengen versammelt haben, geschieht das eigentlich Erwartete: Plötzlich prasselt ein ganzer Kugelregen los. Es kracht, als ob ein ganzes Peloton auf einmal gefeuert hätte. Reihenweise scheuen die Pferde.[25] Wie durch ein Wunder bleibt Louis Philipp allerdings unverletzt, ebenso wie seine beiden ältesten Söhne, die neben ihm reiten. Andere Begleiter dagegen werden getroffen, darunter ein Marschall und ein General. Da die Schüsse von der Straßenseite der Linientruppen aus abgegeben worden sind, sterben auch einige Nationalgardisten auf der anderen Seite des Boulevards, außerdem mehrere Zuschauer. Elf Menschen sind sofort tot, weitere acht erliegen in den folgenden Tagen ihren Verletzungen. Darüber hinaus sind 22 Verwundete zu beklagen, die aber überleben.

Eine Pulverwolke verriet den aufgeschreckten Soldaten, aus welchem Fenster in welchem Haus die Schüsse gekommen waren: Boulevard du Temple, Nummer 50, einem schmalen, etwas heruntergekommenen Gebäude mit zwei Obergeschossen und einem Staffelgeschoß. Rasch wurde das Haus gestürmt und im Zimmer im dritten Stock die Tatwaffe gefunden. Es war eine geschickt konstruierte »Höllenmaschine«,[26] bestehend aus 24 Gewehrläufen auf einem beweglichen Gestell, jeder mit vier Kugeln geladen, und durch eine trickreiche Konstruktion gleichzeitig abzufeuern. Drei Läufe hatten nicht gezündet, zwei waren krepiert, aber offensichtlich waren auf einen Schlag rund 80 Geschosse auf den vorbeireitenden König abgefeuert worden. Angesichts dessen ist es ein kleines Wunder, daß Louis Philipp unversehrt überlebte, und selbst die Zahl von 41 Toten und Verletzten hätte leicht höher ausfallen können.

Der Täter hatte seine Flucht gut vorbereitet; je nach Lage der Dinge wollte er entweder an einem Seil in den Hof hinabklettern oder im Gegenteil über die Dächer der Häuserzeile entkommen. Doch scheiterte sein Plan gleich doppelt: Erstens überlebte der König, zweitens explodierten zwei Läufe beim Abschießen der Höllenmaschine und verletzten den Attentäter schwer im Gesicht und an den Armen. Blutüberströmt versuchte er trotzdem zu flüchten, doch konnten Soldaten ihn anhand einer Blutspur verfolgen und im benachbarten Haus festnehmen. Es handelte sich um Guiseppe Fieschi, einen 45jährigen Korsen. Er hatte die Höllenmaschine erdacht, gebaut und abgefeuert.

Fieschi war eine gescheiterte Existenz.[27] Sein Vater, ein armer Schäfer, war im Gefängnis gestorben. Schon als Jugendlicher hatte Fieschi sich freiwillig bei der französischen Armee gemeldet, um seine Heimat verlassen zu können; unter anderem kämpfte er in Italien und war bei Napoleons Feldzug gegen Rußland dabei. Für seinen Mut wurde er mit einem Orden ausgezeichnet und zum Unteroffizier befördert; doch nach seiner Entlassung im Zuge der französischen Niederlage 1814 kam er wie so viele ehemalige Soldaten mit dem zivilen Leben nicht zurecht. Fieschi rutschte ab ins kriminelle Milieu, lebte von kleinen Verbrechen und Handlangerdiensten. Er wurde ertappt, mehrfach verhaftet und verurteilt; schließlich erhielt er als Wiederholungstäter eine Strafe von zehn Jahren Haft. Doch im Sommer 1830, nach dem Sturz der reaktionären Bourbonenmonarchie, konnte er sich als politischer Gefangener darstellen und wurde begnadigt. Fieschi stahl weiter; Genußsucht und Eitelkeit waren sein Antrieb. Gleichzeitig arbeitete er als Polizeispitzel, mußte aber untertauchen, als ihm ein weiterer Diebstahl nachgewiesen wurde. Unter verschiedenen falschen Namen verbrachte der Korse seine Tage in wechselnden französischen Städten und schlug sich durch. Immer stärker wurde sein Traum, reich, geachtet und berühmt zu sein; wohl seit dem gescheiterten Aufstand von 1832 träumte er von der ultimativen Waffe für Barrikadenkämpfe: einem Schießgerät mit neunzig Läufen.

In seiner Zeit als Spitzel hatte Fieschi einen überzeugten und gewaltbereiten Republikaner kennengelernt, den 61jährigen Sattler Pierre Morey. Ihn trieb ein ganz allgemeiner Haß gegen das Königtum an sich; persönlich hatte er wenig gegen Louis Philipp, auch wenn er als dekorierter Julikämpfer seine Erwartungen vom »Bürgerkönig« enttäuscht sah. Morey redete Fieschi den Plan aus, seinen Schießapparat beim nächsten der seinerzeit recht häufigen Barrikadenkämpfe einzusetzen; mit vielen »guten« Worten und dem Versprechen, der Korse werde Ruhm und Geld bekommen, brachte er ihn dazu, eine kleinere Version für ein Attentat auf Louis Philipp zu bauen und zu bedienen. Als Geldgeber gewann Morey den 35jährigen Händler Theodore Pépin, ebenfalls einen gewaltbereiten Feind des Königtums; er finanzierte den Bau der Höllenmaschine und gab Fieschi einen Vorschuß auf den versprochenen Lohn.

Doch die beiden Auftraggeber trauten dem korsischen Attentäter nicht; Morey manipulierte einige der Läufe, entweder durch Anbohren oder durch bewußte Überladung. Fieschi sollte das Abfeuern seiner eigenen Waffe nicht überleben und die Namen seiner Auftraggeber mit ins Grab nehmen. Außerdem konnte Pépin den versprochenen Mordlohn ohnehin nicht aufbringen; daß aber nach dem Attentat ein Geldsegen auf sie niedergehen würde, erwarteten die beiden politischen Überzeugungstäter, darin recht realistisch, nicht. Aus ihrer Sicht war ihr Plan fast perfekt: Fieschi würde die Tat begehen, dabei ums Leben kommen und für die Republikaner keine Gefahr mehr darstellen. Was sie nicht wußten: Der erfahrene Verbrecher hatte sich abgesichert und Beweise gegen seine Auftraggeber an einem sicheren Ort hinterlegt, bei einer Geliebten. Dort mußten sie der Polizei in die Hände fallen, falls Fieschi bei dem Anschlag ums Leben kommen oder gefaßt werden sollte. Trotzdem hatten die Behörden zuerst Probleme, die Hintergründe zu verstehen; erst als sie Fieschi mit der Vermutung konfrontierten, Morey und Pépin hätten sein Leben durch eine Manipulation an der Höllenmaschine bewußt opfern wollen, begann er zu reden und belastete die beiden schwer.

Der Prozeß wurde eine fürs Publikum recht unterhaltsame Angelegenheit; Morey blieb standhaft[28] und wies alle Vorwürfe beinahe arrogant zurück; Pépin brach zunächst zusammen und gewann erst im Verlauf des Verfahrens sein Selbstbewußtsein wieder, als seine Lage trotz beharrlichen Leugnens aussichtslos wurde; Fieschi spielte sich auf. Er setzte offenbar auf eine Begnadigung wegen seines Geständnisses und seiner Mithilfe bei der Aufdeckung der Hintergründe. Darin allerdings täuschte er sich; wie seine beiden Auftraggeber wurde auch der Konstrukteur des Schießgeräts selbst zum Tode auf der Guillotine verurteilt. Am 19. Februar 1836, vier Tage nach dem Urteil, starben die drei Delinquenten nacheinander auf demselben Fallbeil, ebenfalls einer Höllenmaschine.[29] Eines immerhin hatte Guiseppe Fieschi erreicht: In dem folgenden Dutzend Jahre bis zum Sturz Louis Philpps in der Februarrevolution 1848 blieb sein Name ständig im Gespräch – und zwar völlig zu Unrecht als mutiger politischer Attentäter statt als gescheiterter gedungener Mörder.[30]

Überraschungsmoment und Panik sind die besten Fluchthelfer für Lohnkiller. Nach einem Anschlag in aller Öffentlichkeit bricht automatisch Tumult los, den man mit relativ einfachen Mitteln verstärken und nutzen kann, um nach der mörderischen Tat unerkannt zu verschwinden. Gute Vorbereitung und Unterstützung durch Helfershelfer vorausgesetzt, mag so das Risiko auch eines Pistolenanschlags auf offener Straße akzeptabel sein. So jedenfalls denkt offensichtlich »Vlada der Chauffeur«, ein Mann osteuropäischer Herkunft und ungewissen Alters, als er sich am 9. Oktober 1934 in Marseille in der Nähe des Hafens unter Hunderte von Schaulustigen mischt.[31] Sie wollen einen Blick auf Alexander I. erhaschen, den König von Jugoslawien, der erst vor einer Viertelstunde französischen Boden betreten hat, zu einem offiziellen Staatsbesuch. »Vlada« hat etwas ganz anderes vor, und persönlichen Mut kann ihm niemand absprechen. Obwohl Soldaten den langsam dahinrollenden offenen Wagen begleiten, durchbricht »Vlada« plötzlich die Postenkette aus französischen Polizisten und stürzt sich in Richtung Auto. Zur Ablenkung ruft er dabei: »Lang lebe der König!« Perplex reagieren die Wachen einen Augenblick zu langsam, denn schon springt der Mann auf das Trittbrett der Limousine, reißt eine großkalibrige automatische Pistole hervor und feuert. Zwei Kugeln verletzen den jugoslawischen König tödlich, eine trifft seinen französischen Gastgeber, Außenminister Louis Barthou. Der 72jährige stirbt wenig später an Schock, Blutverlust und mangelnder medizinischer Versorgung ebenfalls. Ein dritter Fahrgast im Fonds der Limousine, General Alphonse Georges, wird durch vier Schüsse verwundet.

»Vlada« erkennt, daß er sein Ziel erreicht hat, dreht sich um und schießt einem heranspringenden Polizisten in die Brust. Um die losbrechende Panik weiter zu verstärken, feuert der Attentäter um sich, tötet noch zwei Frauen und verletzt mehrere andere Schaulustige schwer. In diesem Moment jedoch scheitert sein an sich guter Plan. Ein bewaffneter Komplize steht inmitten des Publikums. Er soll unmittelbar nach dem Attentat eine Handgranate in die Menge werfen und mit seiner Pistole gegebenenfalls die Reiter ausschalten, die den Wagen begleiten, falls ihre Pferde nicht sowieso wegen des Lärms durchgehen. Doch der Komplize verliert die Nerven und macht sich aus dem Staub. Im selben Moment bekommt der Chauffeur der Limousine den Attentäter zu fassen, und im selben Moment reitet ein beherzter Oberst mit gezücktem Säbel an den Tatort heran. Ein einziger Streich genügt, um »Vlada« die Situation endgültig entgleiten zu lassen. Binnen Sekunden stürzen sich Polizisten auf den

Mörder, schlagen ihn und feuern wohl auch auf ihn; jedenfalls stirbt der Attentäter noch am selben Tag an einem Kopfschuß. Ein Kameramann, der die Ankunft Alexanders I. für die Wochenschauen festhalten wollte, ist so eiskalt, während des Anschlags seine Kamera weiterlaufen zu lassen; seine Aufnahmen sind die ersten bewegten Bilder, die ein reales Attentat zeigen.

Der Mörder trug einen tschechischen Paß auf den Namen »Kelemen« bei sich. Lange brauchten die französischen Behörden nicht, um festzustellen, daß es sich um einen gefälschten Ausweis handelte. Das allerdings war ziemlich das einzige, was die Kriminalpolizei mit Sicherheit ermitteln konnte. Zwar stießen die Beamten auf viele Spuren des Attentäters, doch auch auf fast ebenso viele Identitäten: »Vlada« war unter anderem unter den Namen Wladimir Tschernozemski, Stoyanow, Rudolf Suk und eben Kelemen aufgetreten. Unter dem Namen Vlada Georgieff waren seine Fingerabdrücke bei der Polizei in Paris registriert; auch dies war freilich eine falsche Identität. Ob sein tatsächlicher Name Dimitrof Vetitchko-Kerin lautete, wie der ermittelnde Kriminalbeamte Alexandre Guibbal[32] vermutete, oder doch eher Vlada Cherozemski, wie der bulgarische Autor Mitre Stamenow[33] aufgrund seiner Recherchen meinte, ist offen. Entsprechend ist unbekannt, wie alt er war; in einem seiner vielen Pässe war als Geburtsdatum der 19. Oktober 1897 angegeben. Das paßte jedoch nicht zum Eindruck vieler Augenzeugen, es habe sich um einen »jungen Mann« gehandelt – ein fast 37jähriger mag körperlich fit sein, aber »jung« wirkt solch ein Mann in den »besten Jahren« eher nicht. Andererseits beschrieben Journalisten nach den unmittelbaren Angaben der französischen Polizei den Täter als etwa 40jährigen Mann. Doch gegenüber solchen Ad-hoc-Informationen nach Attentaten ist gesundes Mißtrauen angebracht. Nicht einmal »Vladas« Nationalität konnte zweifelsfrei ermittelt werden; vieles spricht jedoch dafür, daß er in Mazedonien geboren wurde und mit Bulgarisch als Muttersprache aufwuchs. Angesichts all dieser offenen Fragen entschloß sich die Polizei von Marseille zu einem ungewöhnlichen Verfahren: Der tote Mörder wurde schon am 13. Oktober 1934 auf einem städtischen Friedhof in der Hafenmetropole begraben, allerdings in einem mit mehreren Siegeln gesicherten Sarg, um im Falle einer eventuell nötigen Exhumierung sicher sein zu können, daß es sich wirklich um den Leichnam des Attentäters handelte.[34]

Auch die Hintergründe des Anschlags waren zunächst unklar; Guibbal jedenfalls hielt ihn für einen berufsmäßigen Revolutionär, einen Rechtsterroristen, der zur Ustascha gehörte, der Partei des kroatischen Faschistenführer Ante Pavelič. Weitergehende Ermittlungen zeigten jedoch, daß es sich bei dem Attentäter um einen Auftragsmörder handelte, der unter dem Namen »Vlada der Chauffeur« bekannt und berüchtigt war. Von den Behörden verschiedener Staaten wurde er wegen Mordverdachts gesucht; zweimal war er sogar (unter verschiedenen Namen) angeklagt worden. Einmal kam er trotz lebenslanger Freiheitsstrafe dank einer Amnestie bald frei, einmal konnte er nur in Abwesenheit zum Tode verurteilen worden. Pavelič hatte den Revolvermann »Vlada« offenbar ursprünglich als Leibwächter angeheuert. Den Mordauftrag erhielt er, weil der Faschistenführer seinen eigenen Leuten die Ausführung einer solchen Tat nicht zutraute; wie sich beim »Versagen« des Komplizen erwies, lag der kroatische Rechtsextremist damit gar nicht falsch.

Wie nicht anders zu erwarten bei einem Mann, von dem nicht einmal der wirkliche Name bekannt ist, weiß man sehr wenig über »Vlada den Chauffeur«. Daß er Analphabet[35] war und über einen Wortschatz von kaum 200 Wörtern verfügte, wie einer der verhafteten Komplizen aussagte, mag sein, ist aber nicht sicher; ob der »Vlada« zugeschriebene Satz: »Einen Mann umzubringen ist nicht mehr für mich, als ein Bäumchen auszureißen« tatsächlich von ihm stammte, ist reine Spekulation.[36] Der Tod des Attentäters verhinderte alle weiteren Ermittlungen.

Wo Sport und großes Geld einander begegnen, wird mit harten Bandagen gekämpft. Im Boxen, jener »Sportart«, der diese geläufige Metapher entlehnt ist, gilt das schon immer; auch Mannschaftsdisziplinen wie Fußball oder Eishockey arten in Zeiten manchmal millionenschwerer Fernsehlizenzen und Werbeverträge zunehmend in Schlägereien aus, was Sportjournalisten mit Euphemismen wie »körperbetonter Einsatz« zu umschreiben pflegen. Aber »harte Bandagen« beim Eiskunstlauf der Damen? Bei dieser filigranen Sportart, für die man Kraft, Körperbeherrschung und Rhythmusgefühl braucht, geht doch jede Athletin allein aufs Eis, kommt nie in direkten Kontakt mit ihren Konkurrentinnen.

Das ist allerdings ist kein Schutz vor brutalen Angriffen, wie die

US-Eiskunstläuferin Nancy Kerrigan am 6. Januar 1994 äußerst schmerzhaft feststellen muß.[37] Es ist ungefähr 14.30 Uhr im Eisstadion von Detroit, als die 24jährige gerade ihre Trainingseinheit beendet. Die US-Meisterschaften stehen unmittelbar bevor und damit die Qualifikation für die Olympischen Winterspiele in Lillehammer. Auf diesen Wettbewerb bereitet sich Kerrigan seit Monaten vor; sie gilt als Favoritin für die Goldmedaille. Sie verläßt die Eisfläche, gibt im Durchgang zu den Umkleiden noch rasch einer Reporterin ein Interview, als plötzlich das Unfaßbare geschieht. Ein junger Mann schiebt sich zwischen die beiden Frauen, zieht eine Eisenstange aus seiner Jacke hervor, schlägt Nancy Kerrigan aufs rechte Knie und verschwindet unerkannt. Die Eiskunstläuferin bricht zusammen. In einem Sekundenbruchteil scheint ihre Hoffnung auf Olympia zerstört. Doch sie hat Glück im Unglück: Der Attentäter hat einen Zentimeter zu tief getroffen und die empfindlichste Stelle des Knies verfehlt, des meistbelasteten und wichtigsten Gelenks für den Eiskunstlauf. Außer einer schmerzhaften Prellung erleidet Nancy Kerrigan keine körperlichen Schäden, wie eine zweistündige Untersuchung im Kernspintomographen erweist.

Die Tat eines geistig verwirrten Einzeltäters? Eines Menschen, der Kerrigans Erfolg nicht ertragen konnte? In diese Richtung dachten die Ermittler, obwohl sie von Anfang an Zweifel hatten. Denn geistesgestörte Attentäter fliehen in der Regel nicht vom Tatort; sie genießen im Gegenteil die Aufmerksamkeit, die ihre Tat ihnen einbringt. Schon bald nach der Attacke meldete sich ein Zeuge bei der Polizei, der diese Skepsis bestätigte. Er hatte zufällig Fetzen eines Gesprächs mitbekommen, in denen Sätze gefallen waren wie: »Warum bringen wir sie nicht gleich um?« und: »Es reicht, wenn wir ihr aufs Knie schlagen …« Also ein gezieltes Attentat. Nach Verdächtigen mußte das FBI nicht lange suchen; im Umfeld von Tonya Harding, der inneramerikanischen Konkurrentin von Nancy Kerrigan, gab es eine Reihe von zwielichtigen Gestalten. Schon vor dem 6. Januar 1994 berichteten US-Medien über das Duell der beiden Eiskunstläuferinnen mit Schlagzeilen wie »Die Schöne und das Biest«. Kerrigan, die strahlende dunkelhaarige Prinzessin, die 1993 zu einer der »50 schönsten Frauen der Welt« gewählt wurde, die aus einer heilen Familie stammte, war der personifizierte Gegensatz zur blondierten Athletin Harding, einer ruppigen Kämpferin aus vorsichtig ausgedrückt schwierigen Verhältnissen, die immer wieder bei der Polizei auffällig geworden war, die nicht annähernd die Eleganz anderer Sportlerinnen ihrer Disziplin verbreitete, die aber seinerzeit als weltweit einzige den dreifachen Axel beherrschte.

Rasch gingen den Ermittlern die ersten Verdächtigen ins Netz, rasch folgten die ersten Geständnisse. Tatsächlich hatten Hardings Leibwächter Shawn E. Eckardt und dessen Freund Derrick B. Smith den Plan gefaßt, Kerrigan durch ein Attentat so schwer zu verletzen, daß sie an Olympia nicht teilnehmen konnte. Die Idee stammte von Hardings Ex-Ehemann Jeff Gillooly, der trotz der Scheidung immer noch mit ihr zusammenwohnte und von ihr lebte. Das Ziel der drei Hintermänner war, »ihrer« Eiskunstläuferin freie Bahn bei Olympia zu verschaffen, was sich nach einer erwarteten Goldmedaille durch Werbeverträge und Profi-Gehälter vor allem finanziell ausgezahlt hätte. Derrick Smith heuerte kurz vor Weihnachten seinen Neffen Shane M. Stant als Täter an. Der 22jährige war eine gescheiterte Existenz, ein Einzelgänger ohne Freunde. In seinem ausführlichen Geständnis beschrieb Stant detailliert, aber manchmal auch widersprüchlich, die Vorgeschichte des Attentats. Über die Höhe des Lohns für den Anschlag gab es unterschiedliche Angaben. Ursprünglich hatte Eckardt offenbar nur 2.500 Dollar angeboten, dann 36.000 Dollar pro Woche für einen Bodyguard-Vertrag, schließlich 65.000 Dollar für den Angriff auf Nancy Kerrigan selbst.[38] Nach anderen Angaben in Zeitungen soll das Attentat den Drahtziehern sogar 100.000 Dollar wert gewesen sein.

Shane Stant führte den Anschlag aus. Dabei fiel er freilich so vielen Zeugen auf, daß die Polizei wenig Probleme hatte, ihn im Umfeld von Tonya Harding zu identifizieren. Während es in Lillehammer im Februar 1994 doch noch zum Duell der schönen US-Eisprinzessin und ihrer »bösen« Konkurrentin kam (Nancy Kerrigan gewann die für sie gewiß enttäuschende, aber insgesamt doch hervorragende Silbermedaille, Tonya Harding erreichte nur den achten Platz), bereitete die Staatsanwaltschaft in Portland (Oregon) die Anklage gegen die Hintermänner und den Attentäter vor – wegen Körperverletzung und organisiertem Verbrechen. Shane Stant wurde zu 18 Monaten Haft verurteilt, ebenso Derrick Smith; Shawn Eckardt erhielt 15 Monate Freiheitsstrafe.[39] Nach ihrer Entlassung tauchten sie ab in die Grauzone zwischen Verbrechen und kleinbürgerlicher Existenz.

Tonya Harding selbst, die bestritten hatte, von den Plänen ihres Umfeldes gewußt zu haben, einigte sich mit den Behörden. Sie mußte 160.000 Dollar Geldstrafe zahlen, die Prozeßkosten übernehmen und 500 Stunden gemeinnützige Arbeit als Gärtnerin ableisten.[40] So entging sie einer Anklage. Ihr wurde darüber hinaus der US-Meistertitel 1994 aberkannt und eine lebenslange Sperre auferlegt. Während Nancy Kerrigan nach dem Anschlag ihre Karriere noch einige Zeit fortsetzte und mit einigen größeren Werbeverträgen reich wurde, tingelte Harding als erfolglose Sängerin und schließlich als Boxerin durch die USA. Die harten Bandagen liegen ihr offenbar.

Gemeinsam stark

Vollstrecker von Verschwörungen

6

»Es kommt nicht darauf an, Hitler die Wahrheit zu sagen, es kommt darauf an, ihn umzubringen«: Claus Graf von Stauffenberg (links) und Adolf Hitler in der »Wolfsschanze«. Das Bild vom 15. Juli 1944 ist die einzige gemeinsame Aufnahme von Tyrann und Attentäter.

◆ ◆ ◆

Der 20. Juli 1944 ist ein heißer Tag. Unerbittlich brennt die Sonne vom wolkenlosen Himmel über Ostpreußen herab. Doch unter dem Blätterdach des Mischwaldes entlang der Bahnlinie zwischen Rastenburg und Angerburg ist es angenehm lauwarm. Lediglich die allgegenwärtigen Mücken stören die Idylle. Bis gegen 12.42 Uhr an diesem Donnerstag ein gewaltiger Knall die mittägliche Ruhe zerreißt.[1] Über einem flachen Holzbau mitten im Wald steht eine Rauchwolke, verkohlte Papiere wirbeln durch die Luft, geschockte Verwundete irren zwischen wuchtigen Bunkern umher, bewaffnete Wachleute versuchen zu verstehen, was geschehen ist. Irgend etwas ist explodiert – so viel ist schnell klar. Ist ein Tier auf eine der Minen getreten, die rund um das eingezäunte Gelände ausgelegt sind, wie der Nachrichtenoffizier Oberstleutnant Ludolf Gerhard Sander[2] unbeeindruckt erklärt? Doch die Detonation hat eindeutig innerhalb des inneren Stacheldrahtzaunes stattgefunden. Hat vielleicht ein feindlicher Bomber einen Zufallstreffer gelandet? Aber kein Flugzeug ist über den dichten Wald geflogen. Oder ist vielleicht nur die Heizung der Baracke geplatzt, wie Konteradmiral Karl-Jesco von Puttkamer[3] instinktiv vermutet? Warum jedoch soll mitten im Sommer eine Heizung platzen?

Schnell wird klar: Eine Bombe ist in der Lagebaracke des »Führerhauptquartiers Wolfsschanze« detoniert – während General Adolf Heusinger vor dem Obersten Befehlshaber der deutschen Wehrmacht, Adolf Hitler, über die Lage an der Ostfront vorträgt. »Ein greller Lichtschein, wie ein Blitz« gefolgt von einem ohrenbetäubenden Lärm zerreißt die Runde der 24 uniformierten Männer um den schweren Tisch. Die Folgen beschreibt der Bericht der »Sonderkommission zum Attentat auf den Führer am 20. Juli 1944« detailliert: »Raum und gesamtes Mobiliar stark zerstört. Rechts vom Eingang

Loch im Fußboden von 55 Zentimeter Durchmesser. Weiter im Umkreis Boden eingedrückt und Verkohlungen. [...] Sprengloch zeigt, daß Sprengkörper oberhalb des Fußbodens detonierte.«[4] Das einzige große Möbel in dem Raum, der massive Kartentisch, ist in der Mitte zerfetzt. Die wenigen Stühle und Hocker sind zertrümmert, die Wand- und Deckenverkleidung aus weißer Strohpappe aufgerissen, die Fenster zerbrochen, Glaswolle hängt aus den Wänden. Vier Menschen sind lebensgefährlich verletzt und werden bald nach der Explosion sterben, neun weitere tragen schwere, die übrigen leichte Verletzungen davon. Hitler selbst dagegen sind nur die Trommelfelle geplatzt; außerdem hängt ihm seine neue Hose in Fetzen von den Beinen.[5]

Im Moment der Explosion steht der Mann, der die Bombe unter dem Lagetisch deponiert hat, gut 200 Meter entfernt vor der Wehrmachtsadjutantur in der »Wolfsschanze«. Er hat auf die Detonation gewartet. Doch weil er einen geräuschlosen Säurezünder und keinen gewöhnlichen mechanischen Zeitzünder verwendet hat, weiß auch Oberst Claus von Stauffenberg nicht exakt, wann sein Sprengsatz hochgehen wird. Um kurz vor halb eins hat er in einem Nebenraum der Lagebaracke die Zündkapsel scharf gemacht. Bei Temperaturen um 20 Grad kann es bis zur Auslösung zwischen 14 und 29 Minuten dauern. Deshalb zuckt er genauso wie alle anderen Personen im »Führerhauptquartier« heftig zusammen, als ein mächtiger Donner ertönt. Doch anders als die ahnungslosen Augen- und Ohrenzeugen faßt sich Stauffenberg rasch. Der erste Teil seines Planes ist geglückt: Die Bombe ist in unmittelbarer Nähe ihres Ziels explodiert. Er ist sich sicher, daß auch der zweite Teil gelungen sei: Die Explosion war so gewaltig, daß niemand in der Lagebaracke überlebt haben könne.[6] Jetzt kommt es darauf an, daß der dritte Teil auch noch gelingt: Stauffenberg muß so schnell wie möglich das abgeschirmte Führerhauptquartier in Ostpreußen verlassen, das wartende Flugzeug nach Berlin erreichen und vom Bendlerblock aus, dem Dienstgebäude des Ersatzheeres am Landwehrkanal, die entscheidenden Befehle geben, um den Staatsstreich ins Rollen zu bringen.[7]

Oberst im Generalstab Claus Schenk Graf von Stauffenberg war die zentrale Figur des gesamten Planes. Er motivierte die zaudernden Generalstäbler in Berlin, das Äußerste zu wagen. Er koordinierte die Kontakte zwischen zivilen Hitler-Gegnern und den Kreisen des militärischen Widerstandes. Zwar hatte die Offiziersfronde gegen Hitler bereits unabhängig von Stauffenberg ein halbes Dutzend Attentatspläne erdacht, einmal sogar eine Bombe ins Privatflugzeug des »Führers« geschmuggelt – die freilich nicht explodiert war. Mehrfach mußten entschlossene Offiziere Anschläge auf den Diktator in allerletzter Minute abbrechen. Sie waren bereit gewesen, sich selbst zu opfern, sich mit Hitler in die Luft zu sprengen. Doch immer wieder kam etwas dazwischen. Alles sei vorbereitet, aber »die auslösende Tat« (das Attentat) wolle und wolle nicht gelingen, klagte Stauffenberg Ende Januar 1944 gegenüber dem Oberleutnant Ewald Heinrich von Kleist, der daraufhin wie zuvor Axel von dem Bussche einwilligte, sich selbst zusammen mit Hitler bei einer Vorführung neuer Uniformen in die Luft zu sprengen. Aus bis heute unbekannten Gründen jedoch wurde die Vorführung immer wieder verschoben.[8]

Auch Stauffenberg selbst hatte schon zweimal vor dem 20. Juli erfolglos versucht, den »Führer« zu töten: Am 11. Juli 1944 brachte er seine Bombe mit zu einer Lagebesprechung in Hitlers Lieblingsresidenz, den »Berghof« oberhalb von Berchtesgaden. Aber er zündete die Ladung nicht, weil weder SS-Chef Heinrich Himmler noch der »Reichsmarschall« Hermann Göring anwesend waren. Vier Tage später hatte er die knapp zwei Kilogramm Sprengstoff bei einer Besprechung in der »Wolfsschanze« erneut dabei – doch diesmal wartete er vergeblich auf die Bereitschaft seiner Mitverschwörer in Berlin.[9] Am 20. Juli dann gab es keine Alternative mehr: Die Gefahr, daß der Putschplan enttarnt werden könnte, nahm immer mehr zu. Am Mittwoch, keine 24 Stunden vor dem Anschlag, kursierte in Berlin das Gerücht, in den kommenden Tagen würde das »Führerhauptquartier« in die Luft gesprengt. Seit der Invasion der Alliierten in der Normandie im Juni und der sowjetischen Sommeroffensive wurde auch die Lage an den Fronten immer verheerender. Henning von Tresckow, einer der engsten Mitverschworenen, prägte angesichts dessen im Juni 1944 eine bekannte Formel: »Das Attentat muß erfolgen, coûte que coûte. Sollte es nicht gelingen, so muß trotzdem in Berlin gehandelt werden. Denn es kommt nicht mehr auf den praktischen Zweck an, sondern darauf, daß die deutsche Widerstandsbewegung vor der Welt und vor der Geschichte den entscheidenden Wurf gewagt hat. Alles andere ist daneben gleichgültig.«[10]

In der Bundesrepublik ist der Verschwörer und Attentäter Claus

Graf Stauffenberg von Politikern und Publizisten, von überlebenden Freunden und Verwandten zum Vorbild erhoben worden. Vielfach wurde sein Leben so dargestellt, als habe er zwangsläufig zum Attentäter, zum Vollstrecker der Verschwörung gegen Adolf Hitler werden müssen. Richtig daran ist: Der am 15. November 1907 geborene dritte Sohn eines alteingesessenen schwäbischen Adelsgeschlechtes wuchs auf im Bewußtsein, etwas Besonderes zu sein. Allerdings fühlte er sich nicht besonders berechtigt, sondern besonders verpflichtet. Eberhard Zeller, ein Bekannter Claus Stauffenbergs und guter Freund seines älteren Bruders Alexander, beschrieb es so: »Für das deutsche Volk und Vaterland einmal im Großen zu handeln, ist Stauffenbergs Träumen und Sinnen von frühen Tagen an. Dienen, Vorangehen, nicht Vorherrschen und Vorrechte-genießen-wollen ist das Gebot, das er von seinen adligen Ahnen auf sich gerichtet weiß.«[11] In einem Aufsatz vom Januar 1923 über das Thema »Was willst Du werden?« schrieb der 15jährige Claus: »Des Vaterlandes und des Kampfes fürs Vaterland würdig zu werden und dann sich dem erhabenen Kampf für das Volk zu opfern; ein wirklichkeits- und kampfbewußtes Leben führen.«[12]

Demokratisch gesinnt war Claus von Stauffenberg nicht. Schon als Jugendlicher fühlte er sich im Gegenteil als Angehöriger einer Elite; rhetorisch geforderte oder gar praktisch umgesetzte Gleichberechtigung war für ihn Gleichmacherei. So erscheint es passend, daß er zusammen mit seinen beiden Brüdern Alexander und Berthold den Weg in den Kreis um Stefan George fand. Der von Mythen begeisterte Dichter und seine Jünger empfingen die drei Stauffenbergs mit offenen Armen. Das hatte auch mit ihrer Herkunft zu tun, mit ihrer angenommenen Verwandtschaft zu den mittelalterlichen Staufer-Königen, vor allem aber mit der außerordentlichen Wirkung von Berthold und Claus auf ihre Mitmenschen. Der George-Kreis hielt sich für die geistige Elite des künftigen Deutschland, sie nannten sich selbst auch das »geheime Deutschland«. Anfang Juli 1944, als die Vorbereitung für das Attentat abgeschlossen waren, ließ Claus Stauffenberg seinen Freund Rudolf Fahrner einen »Schwur« entwerfen, den er eigenhändig überarbeitete. Es ist eine Art Glaubensbekenntnis des Attentäters und seines engsten Kreises, das eindeutig Georges Gedankengut folgt:

Wir glauben an die Zukunft der Deutschen.

Wir wissen im Deutschen die Kräfte, die ihn berufen, die
   Gemeinschaft der abendländischen Völker zu schönerem
   Leben zu führen.
   [...]
Wir wollen eine Neue Ordnung, die alle Deutschen zu Trägern
   des Staates macht und ihnen Recht und Gerechtigkeit verbürgt,
   verachten aber die Gleichheitslüge und beugen uns vor den
   naturgegebenen Rängen.
   [...]
Wir wollen Führende, die aus allen Schichten des Volkes
   wachsend, verbunden mit den göttlichen Mächten, durch
   großen Sinn, Zucht und Opfer den anderen vorangehen.[13]

Trotz seiner elitären Gesinnung war Stauffenberg jedoch keineswegs
immun gegen die Versprechungen der ebenso proletarischen wie pri-
mitiven Massenpartei NSDAP. Er hatte sich früh für ein Leben als
Berufsoffizier entschieden, war 1926 in ein Kavallerieregiment eingetreten – und teilte wie praktisch alle Reichswehrangehörigen die
Überzeugung, Deutschland müsse vom »Versailler Diktat« befreit
werden. Auch mit den innenpolitischen Zielen Hitlers, mit der
Abschaffung der Demokratie und der Vergrößerung der Armee, war
er durchaus einverstanden. Obwohl als Soldat nicht wahlberechtigt,
sprach er sich anläßlich der Reichspräsidentenwahl im April 1932 für
Hitler aus. Über die Ernennung des NSDAP-Führers zum Reichskanzler soll er nach unterschiedlichen Berichten erfreut oder sogar
begeistert gewesen sein. In der Verwandtschaft seiner Frau war man
nach dem Attentat überrascht, daß ausgerechnet Claus von Stauffenberg der Attentäter war – man hatte ihn zuvor für den einzigen
»Braunen« der Familie gehalten.[14]
   Überzeugter Nationalsozialist wie so viele andere Offiziere seines
Alters jedoch war Stauffenberg nie – ebensowenig wurde er schon
früh zum Hitler-Gegner. Aus der Zeit der großen Erfolge Hitlers, von
der Remilitarisierung des Rheinlandes 1935 über die Eingliederung
Österreichs und des Sudetenlandes, die Feldzüge gegen Polen, Frankreich, Jugoslawien und Griechenland bis zum Einfall in die Sowjetunion 1941, sind von ihm kaum kritische Äußerungen über Hitler
überliefert, selbst wenn er nach dem siegreich beendeten Krieg mit
der »braunen Pest« aufräumen wollte.[15] Diese Zurückhaltung änderte
sich jedoch grundlegend mit dem Vernichtungskrieg, den die Wehr-

macht im Auftrag ihres Obersten Befehlshabers an der Ostfront führte. Peter Hoffmann, Experte für den deutschen militärischen Widerstand und Autor der gewichtigsten Stauffenberg-Biographie, vermutet, daß der begnadete Organisator Mitte 1942 die verbrecherische Natur Hitlers und seines Krieges erkannt habe. Im April und Mai erfuhr er von dem millionenfachen Sterben sowjetischer Kriegsgefangener und dem systematischen Mord an Europas Juden, im Juni erkannte er bei einem Besuch an der Ostfront, wie bedenkenlos das Leben von Soldaten geopfert wurde. »Vom Ende des Sommers 1942 an häufen sich Äußerungen Stauffenbergs über die Notwendigkeit, Hitler zu stürzen«, stellt Hoffmann fest.[16]

In diesen Wochen und Monaten begann Stauffenberg möglicherweise, sich über das Recht zum Widerstand Gedanken zu machen. Gegenüber Major Oskar-Alfred Berger, seinem Kollegen im Generalstab des Heers, jedenfalls berief er sich auf Thomas von Aquin, der den Tyrannenmord für zulässig erklärt habe. Gelesen aber hatte Stauffenberg die komplizierten Ausführungen des mittelalterlichen Philosophen offenbar nicht. Denn Thomas von Aquins einschlägige Schriften enthalten keineswegs eine Rechtfertigung des Tyrannenmordes – im Gegenteil gehen seine diffizilen Unterscheidungen zwischen verschiedenen Formen der unrechtmäßigen Herrschaft und die zulässige Abhilfe gegen sie kaum über den Stand des Gewohnheitsrechts seiner Zeit hinaus. Zudem stand Stauffenbergs Entscheidung, Deutschland notfalls gewaltsam vom »Führer« zu befreien, wohl schon fest. Gegenüber einigen an der sich formenden Widerstandsbewegung unbeteiligten Offizieren sagte er Ende Oktober 1942: »Es kommt nicht darauf an, ihm [Hitler] die Wahrheit zu sagen, sondern es kommt darauf an, ihn umzubringen, und dazu bin ich bereit.«[17] Die Berufung auf die vermeintliche Rechtfertigung des Tyrannenmordes durch einen der wichtigsten Kirchenlehrer wird daher eher der Versuch gewesen sein, einen zweifelnden Kameraden zu überzeugen, als eine ernsthafte eigene Überlegung.

Doch den »Führer« zu töten, genügte nicht; das wußte Stauffenberg. Deutschland lag im Krieg mit übermächtigen Feinden; viele Millionen Deutsche, darunter auch große Teile der Wehrmacht und vor allem die alle Lebensbereiche durchdringende SS, traten fanatisch für Hitler ein. Die Offiziersfronde wollte vor allem so viel vom alten Deutschland retten, wie noch zu retten war. Dazu mußte, das wurde bei vielen Gesprächen im Jahr 1943 klar, nicht nur der Diktator getötet, sondern auch ein Staatsstreich vorbereitet werden, der seine Paladine beseitigte. So wurde wesentlich durch Stauffenbergs Koordination aus den isolierten Attentatsplänen einzelner Offiziere und den Überlegungen vieler weiterer Hitler-Gegner eine große Verschwörung. Sie reichte von pensionierten Generälen wie Ludwig Beck bis zu Theologen wie Dietrich Bonhoeffer, von ehemaligen deutschnationalen Politikern wie Carl Friedrich Goerdeler bis zu Sozialdemokraten wie Julius Leber und sogar – am Rande – bis zu den Leitern der illegalen KPD, Anton Saefkow und Franz Jacob.

In zahllosen konspirativen Treffen wurden komplette Regierungsprogramme entworfen, Aufrufe an das deutsche Volk verfaßt, Listen möglicher Kabinette zusammengestellt. Doch im Mittelpunkt standen stets zwei Vorhaben, an denen Stauffenberg führend beteiligt war: Der insgeheim veränderte Notfallplan »Walküre« gegen einen Aufstand im Inneren sollte die Grundlage für den Staatsstreich abgeben – sobald das Attentat, die »Initialzündung«, geglückt und Hitler tot war. Immer wieder versuchten Stauffenberg und seine engsten Vertrauten wie General Friedrich Olbricht und Oberst Albrecht Ritter Mertz von Quirnheim, wenigstens einen aktiven Generalfeldmarschall der Wehrmacht für den Umsturzplan zu gewinnen. Doch alle, die sie ansprachen, zauderten – sowohl der geniale, aber gewissenlose Stratege Erich von Manstein wie Günther von Kluge und selbst Erwin Rommel. Mal beriefen sie sich auf die Kriegslage, mal auf den Eid, den die Reichswehr 1934 auf den »Führer und Reichskanzler« Adolf Hitler geschworen hatte und den sie nicht verletzen dürften. Stauffenberg quittierte dieses Weichen vor der Verantwortung gegenüber seinem Onkel Nikolaus Graf Üxküll mit dem berühmt gewordenen Satz: »Da die Generäle bisher nichts erreicht haben, müssen sich nun die Obersten einschalten.«[18]

Am Ende hatten sich die Obersten in Person von Claus von Stauffenberg nicht nur »eingeschaltet«; er war der Kopf des technischen Teils des Staatsstreichs geworden – und gleichzeitig der Attentäter. Nur er konnte als Stabschef des Ersatzheeres die »Operation Walküre« mit Aussicht auf Erfolg leiten – und vom inneren Kreis der Hitler-Gegner hatte nur er Zugang zum »Führerhauptquartier«. Nach Ansicht vieler heutiger Historiker lag in dieser Doppelrolle des Grafen Stauffenberg der Kardinalfehler des 20. Juli. Auch wenn kontrafaktische Spekulationen immer riskant sind, kann man doch festhalten: Nach Hitlers Tod hätte ein Staatsstreich nur dann Aussicht auf Erfolg gehabt, wenn er schnell und rücksichtslos durchgesetzt worden wäre. Doch einige entscheidende Befehle für die »Operation Walküre« verließen die Zentrale der Verschwörer im Bendlerblock erst, als Stauffenberg selbst am frühen Nachmittag dort eingetroffen war – wichtige Stunden waren inzwischen verstrichen. Bei aller gebotenen Vorsicht kann man angesichts dessen zweifeln, ob die auf den Überraschungseffekt und das reibungslose Funktionieren des militärischen Apparats angewiesenen Verschwörer einen massiven Gegenschlag Hitler-treuer Militärs und seiner Paladine überstanden hätten.[19] Unabhängig von allen derartigen Spekulationen entwickelte sich die Lage negativ. Spätestens am Abend des 20. Juli, als das Berliner Wachbataillon »Großdeutschland« unter Major Otto Ernst Remer sich weigerte, den »Walküre«-Befehlen Folge zu leisten, weil sein Kommandant von Goebbels Propaganda-Ministerium aus mit Hitler telefoniert hatte, war der Staatsstreich endgültig gescheitert. Noch in derselben Nacht ließ der Generaloberst Friedrich Fromm, als Kommandant des Ersatzheeres Stauffenbergs direkter Vorgesetzter und eingeweiht, aber nicht beteiligt, die Anführer der Verschwörung im Hof des Bendlerblocks standrechtlich erschießen. In seinem freihändig gefällten »Urteil« heißt es: »Es werden der Oberst im Generalstab v. Mertz, General Olbricht, der Oberst, den ich mit Namen nicht nennen will, und der Oberleutnant v. Haeften zum Tode verurteilt.«. Stauffenberg rief noch: »Es lebe das heilige Deutschland«, dann trafen ihn die Kugeln des Erschießungskommandos.[20] Heute erinnern eine Gedenktafel an der Wand und eine Statue im Hof an den gewaltsamen Tod der vier Verschwörer; in der ehemaligen Büroflucht Stauffenbergs behandelt eine sehr gelungene Ausstellung den Widerstand gegen Adolf Hitler.

Was waren Stauffenbergs Motive? Vor allem sein Gefühl, im Namen Deutschlands zu Besonderem berufen zu sein, trotz des hohen Risikos für sich und seine Familie. Obwohl er seine Frau Nina sowie seine Kinder, drei Söhne und eine Tochter (die zweite kam erst im Januar 1945 zur Welt, sechs Monate nach dem Tod ihres Vaters) liebte, nahm er es auf sich, neben seinem eigenen Leben auch das ihrige aufs Spiel zu setzen. Denn daß die Nationalsozialisten mindestens zum Mittel der Sippenhaft greifen würden, eventuell sogar zu

Schlimmerem, mußte ihm seit dem Schicksal der Angehörigen jener Offiziere bewußt sein, die sich in sowjetischer Gefangenschaft dem »Bund deutscher Offiziere« angeschlossen hatten. Entgegen manchen Spekulationen hatte Stauffenberg dagegen wohl keine persönlichen Ambitionen. Aus der politischen Seite der Verschwörung hielt er sich zwar keineswegs heraus, aber er war nicht in der Lage, allein oder auch nur maßgeblich über Innen- oder Außenpolitik mitzuentscheiden. Ebensowenig trieb ihn die Aussicht auf einen möglichen Aufstieg – selbst wenn er auf beiden erhaltenen Kabinettslisten der Widerstandsbewegung als potentieller Staatssekretär im Kriegsministerium geführt wurde. Sein Antrieb war die persönliche Überzeugung, für eine große, als richtig erkannte Sache notfalls alles zu opfern. So wurde Stauffenberg zum Vollstrecker der Verschwörung gegen Hitler.

Viele Attentate der Weltgeschichte sind das Ergebnis von Verschwörungen. Das hat mehrere Gründe: Erstens sind Anschläge per se destruktiv. Sie zerstören, wenn sie gelingen, ein oder viele Menschenleben, sie erschüttern die politischen Umstände, auf die sie zielen, aber sie ersetzen sie nicht durch andere. Anschläge können höchstens der Auslöser von politischen Umstürzen sein, niemals die Ursache. Attentäter, die konkrete Ziele über den Tod ihres Opfers hinaus anstreben, müssen Vorbereitungen treffen. Sie müssen in der Lage sein, die Getreuen des Attentatsopfers auszuschalten, sie müssen eine politische Alternative vorbereitet haben. Nichts von dem kann ein Einzeltäter leisten. Nur eine Gruppe von entschlossenen Männern und Frauen ist dazu in der Lage. Eine Konspiration verfolgt mit ihren Attentatsplänen immer ein politisches Ziel, sei es nun realistisch oder verrückt:»In der Verschwörung geht es stets um die ganze Macht und um den Einsatz des ganzen Lebens – bis zum mörderischen Tod des politischen Gegners oder bis zum (sogar willig in Kauf genommenen) Hinrichtungstod des Verschwörers.«[21] Das wird deutlich am Beispiel 20. Juli: Für Stauffenberg und seine Vertrauten war der eigentliche Anschlag nur Voraussetzung für den viel wichtigeren Teil ihres Plans, den Staatsstreich von Wehrmachtseinheiten und ziviler Widerstandsbewegung gegen den in allen Teilen der deutschen Gesellschaft verankerten Nationalsozialismus. Sie wußten zugleich, daß sie damit ihr eigenes Leben und das ihrer Freunde, Bekannten und Familien aufs Spiel setzten. In Tresckows Worten: Koste es, was es wolle.

Zweitens kann es einer Verschwörung leichter fallen, den entscheidenden Entschluß zu fassen und tatsächlich ein Attentat zu verüben. Ein gemeinsam als drückend empfundener Zustand führt jedenfalls in den Augen von potentiellen Attentätern dazu, die Berechtigung zum Einsatz von Gewalt zu spüren. Außerdem ist das Risiko, daß fehlgeleiteter Idealismus oder schierer Wahnsinn das eigentliche Motiv sind, bei einer Gruppe wesentlich geringer als bei einem Einzeltäter. Das bedeutet natürlich nicht, daß jede Verschwörung objektiv rationale Gründe hat. Aber auf Objektivität kommt es auch nicht an. Entscheidend ist vielmehr der subjektive Blick auf die Situation. Finden sich mehrere von der Notwendigkeit eines Attentats überzeugte Personen zusammen, womöglich gar aus führenden Kreisen des politischen Systems, dessen Repräsentant getötet werden soll, so kann eine Dynamik entstehen, die selbst zaudernde Köpfe mitreißt. Allerdings gibt es in der Geschichte der politischen Gewalt auch das Gegenteil: Einer Gruppe von Verschwörern kann es auch schwerer fallen, den Entschluß zum Attentat zu fassen. Für beides ist wiederum die Vorgeschichte des 20. Juli beispielhaft. Unter dem Einfluß von Stauffenberg entstand eine Dynamik, die vereinzelte vorherige Attentatspläne zusammenführte – während zugleich viele Hitler-Gegner aus dem zivilen Umfeld, zum Beispiel aus dem Kreisauer Kreis, größte Schwierigkeiten mit dem Vorhaben Tyrannenmord entwickelten und wie manche führende Militärs auf eine (allerdings von vorneherein aussichtslose) Absetzung und Verhaftung Hitlers setzten.[22]

Drittens fällt es einer Verschwörung in der Regel leichter, die für ein Attentat unbedingt notwendigen internen Informationen zu erlangen. Je näher einige der Verschwörer der Zielperson stehen, desto sicherer können sie zum Beispiel Einzelheiten über günstige Gelegenheiten für Anschläge auf gut geschützte Personen schon frühzeitig erfahren. Die Entschlossenheit zur Tat allein ermöglicht noch kein Attentat – zusätzlich braucht es stets die Gelegenheit, in der ein potentieller Täter seinem potentiellen Opfer nahe genug kommt. Deshalb sind gute Informationen eine grundlegende Voraussetzung: Wann wird das Opfer wo genau wen treffen? Welche seiner engsten Vertrauten sind bei demselben Termin anwesend – und können gleichzeitig ausgeschaltet werden? Mehrere frühe Anschlagspläne des militärischen Widerstandes gegen Hitler scheiterten, weil die vorgesehenen Täter nicht zum vorgesehenen Zeitpunkt an den »Führer« herankamen. Oder weil denkbare Nachfolger wie Himmler und Göring in der Runde um Hitler fehlten.

Schließlich haben es Verschwörer leichter, die praktischen Voraussetzungen für einen Anschlag zu schaffen. Sie können einfacher die nötigen Waffen, ob nun Messer, Pistolen oder Sprengstoff, in die Umgebung der Zielperson bringen. Manchmal locken Gruppen von entschlossenen Attentätern ihre Opfer sogar eigens in Situationen, aus denen es kein Entrinnen mehr gibt – auch das können sie nur, wenn sie das Vertrauen wenigstens der Umgebung ihrer Zielperson genießen. Andererseits sind Verschwörungen stets in der Gefahr, aufgedeckt oder verraten zu werden. Mehrfach in der Weltgeschichte der Attentäter wurde eine Tat durch das absehbare Risiko des Scheiterns noch vor Beginn erst tatsächlich ausgelöst.

Familientraditionen können eine Lust sein, doch öfter erweisen sie sich als Last für Nachgeborene. Dieses Gefühl beschleicht Anfang Februar des Jahres 709 »ab urbe condita« auch den 40jährigen Marcus Junius Brutus.[23] Irgendwelche Mitbürger verzieren nächtens die Statuen seines Urahns Lucius Junius Brutus auf dem Forum Romanum mit Tafeln, auf denen »Wenn Du doch jetzt lebtest, Brutus!« steht oder »Brutus müßte noch am Leben sein!«. Seinen Amtsstuhl findet Marcus Junius Brutus, der in diesem Jahr als Stadtpraetor amtiert, eines Morgens bedeckt mit Zetteln voll eindeutiger Aufforderungen: »Brutus, Du schläfst«, heißt es da, und »Du bist kein echter Brutus«.[24] Gerade dieser letzte Vorwurf trifft Marcus tief, kennt er doch die Gerüchte, er stamme trotz seines Namens gar nicht direkt von Lucius Junius Brutus ab, der viereinhalb Jahrhunderte zuvor die Königsherrschaft in Rom gestürzt und der Stadt als erster Konsul angeblich ihre noch immer gültige republikanische Verfassung gegeben hatte.[25] Denn dieser Held, der seinen Beinamen (»Brutus« = »der Stumpfsinnige«) durchaus zu Recht getragen habe, sei vom Haß gegen jede potentielle Dynastie so weit getrieben worden, die eigenen Söhne hinrichten zu lassen – weshalb Marcus Junius Brutus in Wirklichkeit gar kein Nachkomme des Tyrannenmörders sein könne, sondern lediglich aus einem namensgleichen plebejischen Geschlecht stamme. Dagegen jedoch spricht das Gefühl vieler Zeitgenossen, Marcus Junius' Antlitz gleiche der Statue des Lucius auf dem Forum Romanum wie aus dem Gesicht geschnitten, sowie der Bericht des Philosophen Poseidonios, laut dem zwar die erwachsenen Söhne des Lucius getötet, ein dritter, minderjähriger Sohn aber am Leben gelassen worden sei, der zum Stammvater der patrizischen Familie der Junier geworden sei.[26]

Ganz gleich, ob Marcus Junius Brutus seine Herkunft zu Recht oder zu Unrecht vom übrigens legendären Anführer Roms im Kampf gegen die Monarchie herleitet: Auf jeden Fall fühlt der Stadtpraetor die Verpflichtung der Tradition sehr deutlich. Zwar hat er sich von Gaius Julius Cäsar die höchste Aufgabe verleihen lassen, die er laut dem »Cursus honorum«, der römischen Ämterlaufbahn, in seinem Alter übernehmen darf, und ist für den nächstmöglichen Zeitpunkt, das Jahr 712 »ab urbe condita«, sogar für die noch ehrenvollere Würde des Konsulats designiert. Doch keinesfalls will Marcus Junius Brutus sich kaufen, sein Handeln von anderen Motiven als der Sorge um die Interessen der römischen Staates und um die »Sitte der Altvorderen«, den »mos maiorum«, lenken lassen. Zweimal schon ist er deshalb in den vergangenen Jahren über seinen Schatten gesprungen: Erst hat er dem Mörder seines Vaters verziehen, dem Feldherrn und Triumvirn Gnaeus Pompejus, weil diesem die Republik und die öffentliche Sache mehr wert zu sein schien als seinem Konkurrenten (und ehemaligen Mit-Triumvirn) Cäsar. Brutus kämpft im folgenden Bürgerkrieg sogar auf seiten des Pompejus, doch kann er die Niederlage nicht verhindern. Dann schreibt Brutus an Cäsar, der ihm verzeiht und den Sproß eines der wichtigsten römischen Geschlechter an sich zieht. Fortan zählt Marcus Junius Brutus zu den wichtigsten Persönlichkeiten Roms; der Biograph Plutarch schreibt: »Auch sonst hatte Brutus an Cäsars Macht soviel Anteil, als er nur wollte; wenn er wollte, konnte er der erste seiner Freunde sein und den größten Einfluß üben.« Doch der starke Mann Roms ist gewarnt vor dem Schwanken seines wankelmütigen Gefährten, wie Plutarch berichtet: »Als einige Leute Brutus verdächtigten und Cäsar mahnten, sich vor ihm in acht zu nehmen, sagte er, indem er mit der Hand an seinen Leib rührte: ›Wie denn? Meint Ihr, daß Brutus nicht auf das [natürliche – sfk] Ende dieses Körpers wird warten wollen?‹, als ob es keinem anderen als Brutus zukomme, nach ihm im Besitz einer so hohen Macht zu sein.

Tatsächlich scheint es, daß er mit Sicherheit der erste Mann in der Stadt geworden wäre, wenn er es noch eine kurze Zeit ertragen hätte, der zweite hinter Cäsar zu sein, und abgewartet hätte, daß dessen Macht den Höhepunkt überschritte und dessen Ruhm verwelke.«[27] Zusätzlich kompliziert macht die ganze Situation, daß der Diktator in seiner Jugend der Liebhaber von Brutus' Mutter war – und deshalb Gerüchte umlaufen, der vermeintliche Abkömmling des Freiheitshelden sei in Wahrheit Cäsars ältester Sohn.

Motive genug für einen Mordanschlag hat Brutus also. Doch schließlich sind es nicht private Gründe oder die Gier nach Macht, die ihn zum Handeln treiben, sondern der Schatten seines Urahns und dessen befreiende Tat. Nicht für sich selbst, sondern für die römische Republik ist der philosophisch gebildete, charakterlich sanfte, sehr ernsthafte und entgegen seinem ererbten Beinamen hochintelligente Mann bereit, zu Verrat und Gewalt zu greifen – auch gegen seinen Gönner. Den letzten Anstoß geben die Nominierung Cäsars zum Diktator auf Lebenszeit in der zweiten Februarwoche, gerade zwei Jahre nach der ohnehin schon verfassungswidrigen Verleihung dieses eigentlich auf sechs Monate oder maximal auf die zur »Wiederherstellung des Staates« nötigen Zeit beschränkten Ausnahmeamtes an Cäsar für die kommenden zehn Jahre, sowie das Angebot der Königskrone, des Diadems, an den Lupercalien, einem Festtag, am 15. Februar 44 vor Christus. Cäsar lehnt zwar ab, doch nicht zu Unrecht vermuten seine Kritiker dahinter ein abgekartetes Spiel.[28] Noch vier Wochen bis zu den Iden des März.

Von Freunden und ehemaligen Konkurrenten gedrängt, übernimmt Brutus die Führung der Verschwörung – die übrigens im Wortsinne gar keine ist: »Auch die meisten und vornehmsten der übrigen [Cäsar-Gegner – sfk] bewog das Ansehen des Brutus zum Beitritt, und obwohl sie weder einander einen Eid leisteten noch sonstwie in religiöser Form eine gegenseitige Verpflichtung eingingen, behielten sie doch die Sache streng unter sich und wahrten das Geheimnis.«[29] Bis zu achtzig Mitwisser schließen sich seinem Plan an; zwei Dutzend davon sind Mitglieder des Senats und damit zum kollektiven Tyrannenmord in der Lage. Zur letzten Senatssitzung vor Cäsars Abreise ins Feldlager erscheint Brutus am 15. März 44 vor Christi Geburt mit einem Dolch unter der Toga im Sitzungssaal. Ausnahmsweise tagt der Senat nicht in der Curia auf dem Forum, sondern in einer Halle neben dem Theater, das Cäsars Konkurrent Pompejus gestiftet hat und das mit einer Statue des Feldherren geschmückt ist. Als der erste Mann Roms den Saal betritt, drängen sich die Verschwörer um ihn und stoßen mit ihren Dolchen auf ihn ein. Zuerst wehrt sich Cäsar noch, doch als er sieht, daß Brutus die Gruppe anführt, ergibt sich das Opfer in sein Schicksal.[30] Der Tyrannenmord ist gelungen.

Wenige andere Ereignisse der römischen Geschichte wurden von so vielen antiken Historikern beschrieben wie Cäsars Ermordung; und wie kein anderer historischer Tyrannenmörder wurde Marcus Junius Brutus von Literaten stilisiert. Shakespeares Drama »Julius Cäsar« ist nur das bekannteste Beispiel; daneben haben sich unter anderem Dante, Petrarca, Hans Sachs, Friedrich Schiller, Bert Brecht und Walter Jens mit seiner Tat beschäftigt. Besonders in der französischen Revolution[31] wurde Marcus Junius Brutus zum Vorbild erhoben, ein Dreivierteljahrhundert später vom großen deutschen Althistoriker Theodor Mommsen verdammt: »Die republikanische Partei siegte durch den Mord auf dem Forum. Sie traf Cäsars Herz, aber weiter brachte sie es nicht. Es war eine grauenvolle, weil lächerliche und erfolglose Tat. Es ist eigentümlich, daß Brutus infolge des vor einem halben Jahrtausend von den römischen Bürgern geleisteten Eides die Tat vollzog wie ein Henker das Urteil eines Gerichteten. Und wie ein Henker ging er nach der Tat nach Hause. Was weiter geschehen sollte, daran dachte niemand.«[32]

Die Verherrlichung ist so unzutreffend wie das Gegenteil. Marcus Junius Brutus machte sich die Entscheidung für den Tyrannenmord nicht leicht; und als er sich entschlossen hatte, den Erwartungen seiner Mitbürger an den Träger des Namens Junius Brutus zu genügen, überlegte er sich genau, wie die Tat umgesetzt werden und was ihr folgen sollte: Der Leichnam des toten Tyrannen sollte durch die Stadt geschleift und schließlich in den Tiber geworfen, alle seine Entscheidungen sollten pauschal aufgehoben werden. Brutus war allerdings der Überzeugung, nach der Beseitigung des Usurpatoren Cäsar, der nach der Königskrone hatte greifen wollen, würde sich dann praktisch von selbst die alte Ordnung des römischen Republik wieder einstellen. Mit einer feurigen Ansprache wollte er die Senatoren und das Volk von Rom auf die Seite der Verschwörer bringen; unmittelbar nach der tödlichen Attacke in der Halle des Pompejus setzte er auch an zur Rede im Senat. Mit Shakespeares Worten:

Volk! Senatoren! Fürchtet Euch nicht und flieht nicht!
Bleibt stehen; die Schuld der Habsucht ist bezahlt![33]

Doch das Volk und die Senatoren fürchteten sich und flohen: Schon
wenige Minuten nach dem erfolgreichen Attentat war der ursprüngliche Plan damit gescheitert. Zwar konnte Brutus am folgenden Tag,
bei einer weiteren Rede auf dem Kapitol, Verständnis für seine Entscheidung und die Tat seiner Verschwörung wecken. Der Senat faßte
den vermeintlich salomonischen Entschluß, die Mörder zu amnestie-
ren und einigen von ihnen als Belohnung Provinzen zur Verwaltung
(und Bereicherung) zuzuweisen, zugleich aber Cäsar in den römischen Götterhimmel aufzunehmen und seine Anordnungen in Kraft
zu lassen. Für einige Tage schien das Kalkül von Marcus Junius Brutus vielleicht doch noch aufgehen zu können.[34] Doch mit dem offiziellen Staatsbegräbnis für das Mordopfer wendete sich das Blatt. Denn
entgegen dem Drängen seiner Verbündeten hatte sich Brutus gewei-
gert, auch Marcus Antonius umzubringen, den Vertrauten Cäsars und
Mitkonsul im Jahr 44 vor Christus.[35] Nach dem gelungenen Attentat
geißelte der weise Cicero diese Entscheidung des von ihm verehrten
Anführers: »Die Tat wurde mit männlichem Herzen, aber mit kindi-
schem Verstand ausgeführt. Denn wer sah nicht, daß man der Monarchie einen Erben hinterließ?« Mit einer beeindruckenden Rede, aus
der Shakespeare einen der großartigsten Beweise seiner Begabung
gestaltete, brachte nämlich eben dieser Erbe Marcus Antonius das
Volk gegen die Attentäter auf:

Landsleute, Römer, Freunde, hört mich an:
Begraben will ich Cäsar, nicht ihn rühmen.
Was Menschen Böses tun, das überlebt sie,
Das Gute fällt ins Grab mit ihren Knochen.
So sei's mit Cäsar auch. Der edle Brutus
Hat Euch gesagt, Cäsar war herrschsüchtig.
Und war das so, so war's ein bittrer Fehler,
Und bitter hat ihn Cäsar auch gesühnt.
Hier, mit Verlaub vor Brutus und den anderen
(Denn Brutus ist ein ehrenwerter Mann,
Wie alle; alles ehrenwerte Männer!),
will ich nun Cäsars Leichenrede halten.
Er war mein Freund, treu und gerecht zu mir;
Und doch sagt Brutus, er war herrschsüchtig,
Und Brutus ist ein ehrenwerter Mann. –
Gefangene viel hat er nach Rom gebracht,
Ihr Lösegeld füllte der Gemeinde Säckel:

Sah das an Cäsar wohl nach Herrschsucht aus?
Und wenn die Armen schrieen, weinte Cäsar,
Die Herrschsucht sollte aus härterem Holz geschnitzt sein.
Und doch sagt Brutus, er war herrschsüchtig,
Und Brutus ist ein ehrenwerter Mann. –
Ihr alle saht, wie bei den Lupercalien
Ich dreimal ihm die Königskrone anbot,
Die schob er dreimal fort. War das Herrschsucht?
Und doch sagt Brutus, er war herrschsüchtig.
Und er ist sicherlich ein ehrenwerter Mann. –
Ich spreche nicht, Brutus zu widersprechen,
Ich steh' nur hier zu sagen, was ich weiß.[36]

Wirkungsvoller als hier ist wohl selten bei einer Beerdigung Politik gemacht worden – auch wenn die Wortwahl mehr der Genialität des britischen Dramatikers folgt als der Überlieferung.[37] Mit einem rhetorischen Trick hebelte Marcus Antonius seinen Konkurrenten Brutus aus. Die Folgen beschrieb der Historiker Plutarch: »Als sodann der Leichnam [Cäsars – sfk] auf das Forum gebracht worden war, hielt Antonius nach alter Sitte die Lobrede, und als er bemerkte, welchen Eindruck seine Worte auf die Menge machten, legte er es darauf an, das Mitleid noch stärker zu erregen, nahm Cäsars blutdurchtränkte Kleider, faltete sie auseinander und zeigte die Stiche und die Zahl der Wunden. Jetzt sah man nichts mehr in Ordnung vor sich gehen, sondern die einen schrieen, man solle die Mörder erschlagen, die anderen schichteten aus Bänken und Tischen aus den benachbarten Werkstätten einen Scheiterhaufen auf, legten den Leichnam darauf und verbrannten ihn inmitten der Tempel und heiligen Stätten. Als das Feuer aufloderte, kamen von da und dort Leute gelaufen, zerrten brennende Scheite heraus und rannten damit zu den Häusern der Mörder, um sie anzustecken.«[38]

Angesichts solcher Reaktionen blieb Marcus Junius Brutus und seinen Mitverschwörern nichts als die Flucht. Sie verließen Rom und rüsteten sich zum Bürgerkrieg gegen die Cäsarianer. Daß sie auch damit letztlich keinen Erfolg hatten, lag weniger an ihrer Tat als an der militärischen Begabung ihrer Gegner. Zweieinhalb Jahre nach dem Attentat unterlagen die Truppen des Brutus' in Griechenland dem Heer des Marcus Antonius'. Der Anführer und Vollstrecker der Verschwörung stürzte sich ins eigene Schwert. Shakespeare gestaltete den Selbstmord in auswegloser Situation zum letzten Akt einer Tragödie, in der ein Gescheiterter sein Opfer anruft:

Cäsar, begnüge Dich:
Nicht halb so gern erstach ich Dich wie mich!

Doch zugleich ließ der Dichter Marcus Antonius, den siegreichen Feind des Brutus, im Tode Milde walten:

Er war der beste Römer von all denen,
Denn jeder der Verschworenen bis auf ihn
Tat, was er tat, aus Neid auf Cäsars Größe;
Er nur schloß sich aus ehrlicher Gesinnung,
zum Wohle aller, diesen anderen an.
So groß war er veranlagt, so harmonisch
Schuf ihn die Natur, daß sie nun aufstehn könnte
Und sagen aller Welt: »Dies war ein Mann!«[39]

Auch die anderen Verschwörer überlebten ihren Anführer Marcus Junius Brutus nicht oder nur kurz; binnen dreier Jahre nach den Iden des März' fanden alle ein gewaltsames Ende, manche durch Unfälle, andere in der Schlacht, wieder andere durch eigene Hand, manche gar durch denselben Dolch, mit dem sie einst auf den Diktator auf Lebenszeit eingestochen hatten.[40] Dem Mord folgten erst 16 Jahre Bürgerkrieg und schließlich für Jahrhunderte eine mehr oder minder stabile Monarchie. »Die Verschwörung gegen Cäsar war also insgesamt ein Mißerfolg, obwohl ihr Nahziel, die Ermordung des Alleinherrschers, so spektakulär erreicht worden war. Aber dieses Nahziel war selbst doch nur Mittel zum Zwecke gewesen, durch das die alte Republik für das freie Spiel der Kräfte einer kleinen Führungsschicht wiedergewonnen werden sollte. Daß das so gründlich mißlang, lag auch an der Überschätzung des Attentats durch die Attentäter. Paradoxerweise standen gerade diejenigen, die Cäsar und seine neuartige Machtposition so entschieden ablehnten, daß sie sich gegen ihn verschworen, mit am meisten im Banne seiner Persönlichkeit. So war ihr Blick dafür getrübt, daß Cäsars Staat erheblich mehr war als Cäsars Person.«[41]

Nicht immer sind die Vollstrecker von Verschwörungen zugleich ihre Anführer. Doch im Gegensatz zu gedungenen Mördern haben auch solche Attentäter, die als Werkzeuge anderer Konspirateure handeln, immer ein eigenes übermaterielles Interesse an ihrer Tat. Sie müssen manchmal gedrängt, manchmal motiviert werden, das enorme Risiko eines Tyrannenmordes auf sich zu nehmen, und oft genug fallen sie gleich ihrer Zielperson dem Anschlag zum Opfer. Daß die Köpfe der

Verschwörung sie vorschieben, kann unterschiedliche Gründe haben: die eigene körperliche Schwäche oder mangelnder Mut in der entscheidenden Situation, die fehlende Chance, nah genug an das Opfer heranzukommen, oder die Hoffnung, leichter die politischen Ziele erreichen zu können, wenn man nicht selbst den Makel des Mordes trägt. Welches dieser Motive überwiegt bei der Entscheidung, ein untergeordnetes Mitglied der verschworenen Gruppe zum Vollstrecker zu machen, ist im nachhinein nur selten sicher zu beantworten.

Am 18. September des Jahres 96 nach Christus geht der griechische Freigelassene Stephanos in den kaiserlichen Palast in Rom, um den längst zum Gewaltherrscher entarteten Imperator Titus Flavius Domitianus zu ermorden.[42] Als Hausverwalter der Schwester des Kaisers hat er die Möglichkeit, unauffällig an Domitian heranzukommen. Tage vorher schon trägt Stephanos seinen linken Arm in einen Verband gewickelt, obwohl er nicht verletzt ist. Denn nur so kann er unauffällig einen Dolch in die Nähe Domitians bringen, dem geweissagt ist, er werde bald ermordet werden.[43] Als der Kaiser den Saal verläßt, in dem er gewöhnlich Recht (und öfter wohl Unrecht) spricht, um sich zu seiner gewohnten Nachmittagsruhe in seine Gemächer zurückzuziehen, läßt Stephanos sich bei ihm melden oder spricht ihn sogar direkt an. Er deutet an, eine Verschwörung aufdecken zu können, müsse Domitian dazu aber unter vier Augen sprechen. Als die beiden alleine sind, gibt Stephanos ihm ein Schriftstück zu lesen, zieht seinen Dolch und rammt dem abgelenkten Herrscher die Waffe in den Unterleib. Doch Domitian ist zwar verletzt, aber geistesgegenwärtig genug, sich zu verteidigen. Allein, der Mitverschwörer Parthenius, des Kaisers eigener Kammerdiener, hat das Schwert entfernt, das gewöhnlich unter dem Kopfkissen der Liege im kaiserlichen Gemach liegt. Trotzdem stürzt sich Domitian auf seinen Angreifer, ringt ihn zu Boden und ruft um Hilfe. In diesem Moment stürzen weitere Verschwörer durch die einzige nicht verschlossene Tür ins Zimmer, töten den verletzten Monarchen rasch und gleich noch den Attentäter Stephanos. Das Kalkül geht auf – jedenfalls vorerst: Der verhaßte und gefürchtete Kaiser ist tot, ebenso sein Mörder. Die Soldaten der Palastwache, die Domitian stets gut behandelt und reich beschenkt hat, grummeln zwar, doch das Volk und vor allem die römische Oberschicht, die Senatoren, fühlen sich befreit. Sie erwählen den fast 68jährigen Nerva zum neuen Kaiser und unterwerfen Domitian der »damnatio memoriae«, der Zerstörung jedes Andenkens. Doch im folgenden Jahr muß der alte und durchsetzungsschwache Nerva dem Drängen des Heers nachgeben und läßt die Verschwörer hinrichten.[44]

Was aber trieb ausgerechnet Stephanos an, den gefürchteten Kaiser zu ermorden? Unbändige Liebe zur Freiheit, also Haß auf den Tyrannen? Möglich – immerhin ließ Domitian wenige Tage vor dem Mord nach vielen anderen Verbrechen sogar den eigenen Schwager ermorden, den Mann seiner Schwester Domitilla, der der Attentäter diente: »Stephanos aber, ein Freigelassener dieser Frau, auf den Zeichen am Himmel hingewiesen hatten, faßte aus Achtung gegenüber dem Ermordeten und dem ganzen Menschengeschlecht gleich den freisinnigsten Männern den Entschluß, gegen den Tyrannen vorzugehen«, berichtet der Schriftsteller Philostrat.[45] Stephanos könnte Angst um die eigene Position gehabt haben, falls Domitian in seinem Verfolgungswahn auch Domitilla bestrafen sollte. Oder er verehrte den Gatten seiner Herrin tatsächlich und wollte dem Wüten des Kaisers selbst gegen dessen engste Verwandten ein Ende setzen.

Viel prosaischer jedoch ist die Erklärung, die der Historiker Sueton gab: »Die Konspirateure waren noch unschlüssig, wann und wie sie den Kaiser überfallen sollten, etwa im Bad oder bei Tisch, als Stephanos, der Verwalter Domitillas, damals wegen Unterschlagung von Geldern angeklagt, Rat und Hilfe anbot.«[46] Vielleicht trieb den Vollstrecker der Verschwörung also doch eher die Hoffnung, mit einer mutigen Tat den eigenen Namen von dem möglicherweise berechtigten Vorwurf der Unterschlagung reinzuwaschen.

Alle gegen einen: Das ist nicht besonders fair, aber ein gutes Prinzip, um eine Verschwörung zu planen, zum Erfolg zu führen und – jedenfalls für eine gewisse Zeit – straflos davonzukommen. Wenn alle Mitwisser zugleich mitverantwortlich sind, sinkt die Gefahr von Verrat. Allerdings funktioniert dieses Kalkül natürlich nur bei Verschwörungen, die ein eng begrenztes Ziel haben, für das es unnötig ist, sich offen zur Tat zu bekennen. Die Beseitigung eines ungeliebten, weil mit den Verhältnissen vor Ort gefährlich genau vertrauten Repräsentanten der Obrigkeit zum Beispiel. Ihren politischen Zweck kann eine solche Verschwörung schon dann erreichen, wenn an die Stelle des bisherigen Vertreters des Landesherrn ein anderer Beamter tritt, dessen Aufmerksamkeit zunächst und auf Jahre hinaus durch die Ermittlungen in einem ungelösten Mordfall gebunden ist. Irgendwann allerdings fliegen selbst gut geplante Konspirationen nach dem Prinzip »Alle gegen einen« auf. Und sei es, weil einer der Verschwörer eine seiner Angestellten sexuell belästigt.

Fast acht Jahre hält die Mauer des Schweigens in Toggenburg, einer Landschaft im heutigen Schweizer Kanton St. Gallen. Fast acht Jahre halten rund 15 bis 20 Verschwörer trotz massiven Ermittlungsdrucks der Obrigkeit zusammen. Immerhin geht es um ein Kapitalverbrechen: Am 9. November 1621 wird der fürstäbtische Amtmann für Toggenburg, Hans Ledergerw, ohne jede Warnung auf offener Straße erschossen.[47] Die Täter verschwinden unerkannt, und trotz aller Vernehmungen, Drohungen und ausgelobten Belohnungen fehlt über Jahre hinweg jede Spur von ihnen. Zwar wird eine Vielzahl Verdächtiger eingesperrt, vor allem Hausierer, Zugereiste und andere Personen, die nicht zur Dorfgemeinschaft zählen. Auch betätigen sich einige der wenigen Katholiken in der Gegend als Hilfsermittler und kreiden Protestanten als mögliche Schuldige an. Zur Ruhe kommt das Tal naturgemäß nicht, das Klima zwischen Untertanen und Ledergerws Nachfolger bleibt brisant. Da kommt es am 9. April 1629 zu einer überraschenden Denunziation: Eine Magd hat sich über ihren Herrn beschwert, einen älteren Mann aus dem Dorf Nesslau, der sie belästige und der ohnehin ein schlechter Mensch sei, da er am Mord am Amtmann beteiligt gewesen sei. Diese Aussage wird zum Ausgangspunkt einer binnen kurzem erfolgreichen Ermittlung. Insgesamt vierzehn Verdächtige werden verhaftet, angeklagt und zum Tode verurteilt; vier von ihnen, die eigentlichen Attentäter, müssen noch am Tage des Urteils das Schafott besteigen, während den bedeutend älteren Hintermännern der Verschwörung die Todesstrafe »zur Bewährung« erlassen, ihre Schuld jedoch mit Ehrverlust, Demütigung und zwangsweiser Abgabe ihres halben Vermögens geahndet wird. Weitere Vollstreckungen wären kaum durchsetzbar gewesen, immerhin handelt es sich bei den Angeklagten um die komplette männliche Oberschicht der Gemeinde Nesslau. Der Mord an Ledergerw ist ein Plan aller lokalen Honoratioren, den vier ihrer eigenen Söhne umsetzen, weil sich kein Knecht und kein Bursche fand, der den Amtmann für Geld töten wollte.

In ihrem Prozeß nahmen die Verschwörer, allen voran der Wortführer der Attentäter, Klaus Wickli, für sich in Anspruch, Ledergerw in einem Akt des Widerstandsrechts getötet zu haben. Tatsächlich war es Aufgabe des Amtmannes, in Toggenburg verstärkt die Interessen des Fürstbischofs von St. Gallen durchzusetzen; das hieß neben der Steuerleistung auch die Abstellung von wehrfähigen Männern. Gegen den Willen der Untertanen war das nur durch erheblichen Druck möglich, auch und besonders auf die wohlhabenderen und gebildeteren Einwohner. Und weil mit Ledergerw ein erfahrener und mit den Zuständen vor Ort besonders gut vertrauter Repräsentant in Toggenburg tätig war, mußten die lokalen Honoratioren damit rechnen, daß ihre bis dahin herausgehobene soziale Stellung dauerhaft Schaden nehmen würde. »Die Verschwörergruppe bestand nicht aus jungen, politisch unerfahrenen Heißspornen. Es handelte sich um Leute, die seit dem letzten Viertel des 16. Jahrhunderts die fürstäbtische Herrschaftsintensivierung erlebt hatten. Sie verfügten über immense Konflikterfahrung mit der Obrigkeit [...] All dies spricht dafür, daß ihr Entscheid für die Verübung des blutigen Anschlags letztlich auf einer durch die Erfahrung in der politischen Praxis geprägten, wohlkalkulierten und besonnenen Beschlußfassung in einem Ältestenrat basierte. Der Mord stellte nicht das Resultat einer spontanen Reaktion dar.«[48] Sie wollten, daß Ledergerw durch einen anderen, möglichst gemäßigteren, jedenfalls mit den Verhältnissen vor Ort nicht so gut vertrauten Mann ersetzt würde, der sich auf die lokale Oberschicht stützen mußte, um seine Aufgabe zu erfüllen. Verschärft wurde die Situation durch einen konfessionellen Dissens, denn der Fürstbischof war selbstverständlich katholisch, ebenso sein Beamter Ledergerw, während Nesslau und die benachbarten Gemeinde zu den reformierten Gebieten im Sprengel der Abtei von St. Gallen zählten. Ob die Situation tatsächlich einen Tyrannenmord rechtfertigte, ist allerdings angesichts der ausschließlich im selbstverständlich einseitigen Gerichtsprotokoll überlieferten Details des Falls nicht zu entscheiden.

Die Vollstrecker der Verschwörung waren, im Gegensatz zu ihren Anführern, jüngere Männer; der älteste zählte zum Zeitpunkt der Tat 33 Jahre, der jüngste hatte gerade das 21. Lebensjahr vollendet. Sie gehörten der dörflichen Oberschicht an, waren eng miteinander befreundet und wohnten alle in derselben Ortschaft, eben in Nesslau. Mindestens drei der vier waren verheiratet und hatten, wie es sich gehörte, bereits mehrere Kinder. Ihre Frauen wußten nichts von dem Mordplan, ebenso wenig ihre Mütter, die Ehefrauen der Hintermänner der Verschwörung. Die Attentäter gaben einander vor der Tat feierlich den Eid, den Anschlag gemeinsam zu begehen, danach und für den Rest ihres Lebens aber zu schweigen. Und selbst wenn sie gefoltert würden, so hatten sie versprochen, würden sie sich eher strecken lassen, als ihre Mittäter zu verraten. Auch als die Verschwörung aufflog, verrieten die Vollstrecker einander nicht, vielmehr kamen die Ermittler durch Aussagen der älteren Hintermänner auf die Gruppe der Todesschützen.

Über das Risiko waren sie sich klar; Klaus Wickli sagte in seinem Prozeß: »Wenn es herauskommen sollte, so dürfte es wohl den Kopf kosten«.[49] Deshalb bereiteten sie ihre Tat auch gut vor: Den Hinterhalt legten sie an einem Hohlweg, einer der vier hielt sich als Beobachter abseits, ein weiterer gab das Zeichen, keine weiteren Reiter seien zu sehen, und die beiden übrigen, Wickli und Hans Kessler, schossen gleichzeitig ihre Musketen ab. Welche der beiden Kugeln tödlich war, interessierte niemand; der gemeinsame Wille zum Mord war unbestreitbar und wurde von den vier Vollstreckern auch nicht in Frage gestellt. Für sie war es eine Frage der Ehre, die Schuld gemeinsam zu tragen; gemeinsam gingen sie am 6. August 1629 in den Tod. Für den Vater des Attentäters Klaus Wickli, Hans, endete die Affäre als einzigem aus dem »Ältestenrat« der Verschwörung tödlich: Da ihm wie den anderen die Todesstrafe nur »auf Bewährung« erlassen worden war, wurde er Ende August 1629 hingerichtet, nachdem er mit einer Magd Ehebruch begangen hatte.

Nichts schützt eine Persönlichkeit so sicher vor einem Anschlag wie Unauffälligkeit. Da Attentäter nicht irgend jemanden attackieren, sondern fast immer zielgerichtet bestimmte, ihres Amts wegen oder sonstwie herausragende Menschen, muß man nur in der Menge verschwinden, um sicher zu sein. Theoretisch ist diese Überlegung richtig; aber in der Praxis kann sie sich als tödlicher Fehler erweisen. Am 16. März 1792 kostet genau dieser Gedanke Gustav III. von Schweden das Leben.[50] Der König hat am späten Nachmittag eine dringende Warnung empfangen, der für diesen Abend angesetzte Maskenball könne sich als tödliche Falle erweisen. Doch Gustav ignoriert den Hinweis; auf dem Maskenball werde er schon nicht identifiziert und sei daher nicht gefährdet. Immerhin gehe es ja bei dem Fest gerade darum, durch die Verkleidung nicht erkannt zu werden und sich daher etwas freier amüsieren zu können als bei gewöhnlichen Feiern zu Hofe, die stets vom Zeremoniell belastet sind. Was der König nicht bedacht hat: Aufgrund seiner Größe ist er unter den Maskierten stets zu erkennen; außerdem legen Vertraute, Diener und Gäste größten Wert darauf zu wissen, wo im Ballsaal der Monarch sich gerade aufhält. So nimmt im Stockholmer Opernhaus ein Attentat seinen Lauf, das leicht zu verhindern gewesen wäre.

Am späten Abend umringen plötzlich einige schwarz maskierte Männer den Monarchen; einer tritt auf den König zu und sagt zu ihm: »Guten Abend, welch schöne Maske.« Doch der vermeintlich höfliche Gruß ist in Wirklichkeit ein Judaskuß, ein verabredetes Zeichen: Der ihn ausspricht, ist wohl ein Angehöriger des schwedischen Hochadels; der, an den sich der Gruß eigentlich richtet, ist nicht der König, sondern ein 29jähriger ehemaliger Gardeoffizier, Jacob Johan Anckarström, der hinter dem Monarchen steht. Er reißt im nächsten Moment wie auf Befehl eine Pistole hoch, schießt und trifft Gustav III. in den Rücken. Der König sinkt nieder; angeblich ruft er noch auf Französisch: »Ich bin verletzt! Verhaftet ihn!« Doch dazu kommt es nicht; die schwarz maskierten Verschwörer zerstreuen sich und verstärken die sofort losbrechende Panik im Stockholmer Opernhaus, indem sie laut »Feuer! Feuer!« rufen. Zwar kann die Garde rasch die Ausgänge blockieren, doch bei keinem der anschließend durchsuchten Gäste finden sich Waffen – dafür liegen zwei Pistolen in der Nähe des Tatorts auf dem Boden. Vorerst wird kein Täter festgenommen, aber ihr Ziel haben die Verschwörer dennoch nicht erreicht: Der König ist schwer verletzt, aber noch nicht tot. Um so schlimmer, daß die beiden Waffen rasch auf die Spur des Attentäters führen: Anckarström hat sie nur zwei Wochen zuvor reparieren lassen; eine Befragung aller Waffenschmiede in der schwedischen Hauptstadt genügt den Ermittlern.

Jacob Johan Anckarström war ein untypischer Vollstrecker: Er haßte sein Opfer aus persönlichen Gründen; aber zum Attentäter wurde er als Werkzeug einer politisch motivierten Konspiration, deren Ziele er wohl nicht kannte und sehr wahrscheinlich nicht teilte. Die Verschwörer verschafften ihm die Gelegenheit zum Mord, sie kennzeichneten das richtige Opfer für den Mörder durch den verabredeten Gruß – er vollendete ihren Auftrag mit bestem Gewissen, weil er sich von höherem Recht legitimiert fühlte. Anckarström war am 11. Mai 1762 in Mittelschweden geboren worden; sein Vater diente als Offizier im schwedischen Heer. Die Eltern waren stolz, als ihr Sohn mit 15 Jahren als Kadett in die königliche Garde aufgenommen wurde; bis 1783 diente er Gustav III. und stieg zum Hauptmann auf. Doch dann nahm Anckarström unter ungeklärten Umständen seinen Abschied und zog sich auf ein Landgut zurück. Einige Jahre später fiel er durch antimonarchische, von den Ereignissen der französischen Revolution inspirierte Reden auf. Er wurde verhört und angeklagt, allerdings aus Mangel an Beweisen nicht verurteilt; fortan jedoch pflegte er eine persönliche Feindschaft auf den gerade beim schwedischen Hochadel heftig angefeindeten Monarchen.

Gustav III. war ein König mit zwei Gesichtern: einerseits fortschrittlich, andererseits als überzeugter absolutistischer Monarch radikal gegen jede Einschränkung seiner Herrschaft. Historiker charakterisieren ihn durchaus treffend als »aufgeklärten Despoten«. Nur aus dieser Janusköpfigkeit ist zu erklären, daß Gustav III. einem Mörder zum Opfer fiel, der offenbar an die Ideale der französischen Revolution glaubte, dem aber ausgerechnet eine Gruppe erzkonservativer, rückwärtsgewandter Aristokraten die Gelegenheit zum Anschlag verschafft hatte. Doch weil der Monarch erst 13 Tage nach dem Schuß im Opernhaus an seiner Wunde und der unzureichenden ärztlichen Versorgung jener Zeit starb, kamen die Verschwörer nie dazu, ihre politischen Vorhaben umzusetzen. Im Gegenteil: Weil Anckarström unter der Folter Hinweise auf die Hintermänner gab, wurden einige erklärte Gegner Gustavs festgesetzt und zu langjährigen Strafen verurteilt, darunter der General Carl Frederick Pechlin und der Hofbeamte Jacob von Engeström. Der Attentäter selbst wurde zum Tode verurteilt und am 27. April 1792 grausam auf dem Rad hingerichtet. Der Henker zerschlug dem Mörder jeden Knochen und köpfte ihn; welcher Teil der Strafe zuerst kam, wird in den zeitgenössischen Berichten abweichend dargestellt. Die Familie Anckarström änderte ihren Namen und nannte sich fortan »Löwenström«.

Das Attentat auf dem Maskenball hat mehrere Schriftsteller und Komponisten angeregt; es gibt drei Opern und eine Reihe von Schauspielen zu diesem Thema. Die wichtigste Bühnenfassung (und die einzige, die heute noch einigermaßen regelmäßig gespielt wird) trägt den Titel »Maskenball«, stammt von Giuseppe Verdi und schmückt das reale Ereignis mit einer frei erfundenen Liebesgeschichte aus, als wäre der Vollstrecker einer von ganz anderen Motiven als seinen eigenen angetriebenen Verschwörung nicht schon dramatisch genug. Aus Rücksicht auf Zensurbestimmungen in Italien verlegten Verdi und sein Librettist Antonio Somma die Handlung vor der Urauf-führung 1859 zudem ins Nordamerika der Vorrevolutionszeit und machten aus dem schwedischen König einen britischen Gouverneur. Bei Verdi verzeiht das sterbende Attentatsopfer sogar noch seinem Mörder, um die tragische Seite des Stoffs zu betonen. Erst 1935 wurde in Kopenhagen eine Inszenierung gezeigt, die Verdis Figuren wenig-stens ihre ursprünglichen, an den historischen Personen orientierten Namen zurückgab. In dieser Form gehört der »Maskenball« noch immer zum Spielplan beispielsweise der Deutschen Oper Berlin.[51]

Perfekt ist ein Mord dann, wenn er gar nicht als Verbrechen er-kannt wird. Selbst im ausgehenden 20. Jahrhundert, in Zeiten einer hochentwickelten Gerichtsmedizin, wurden nach Schätzungen von Experten immer noch rund die Hälfte der Tötungsverbrechen für natürliche Todesfälle gehalten und tauchten daher nie in der Krimi-nalitätsstatistik auf.[52] Man kann nur darüber spekulieren, wie viele überraschende Todesfälle bedeutender Persönlichkeiten der Weltge-schichte vielleicht ebenfalls auf das perfekt kaschierte Wirken von unbekannten Attentätern zurückzuführen sind. Es gibt jedoch Grund zu der Annahme, daß die Dunkelziffer eher niedriger ist als bei Mor-den aus privaten Gründen. Immerhin sind potentielle Attentatsopfer in der Regel gut geschützt und die Umstände des überraschenden Todes etwa eines Staatsoberhaupts werden meist genau durchleuch-tet. Ein Beispiel für einen offiziell natürlichen Todesfall, hinter dem Skeptiker einen Mord vermuteten und bis heute vermuten, zählt das Ableben des Papstes Johannes Paul I. nach nur 33 Tagen im Amt als Pontifex Maximus 1978.[53] Sein Ende ist auch nach einem Vierteljahr-hundert umstritten – falls der Papst tatsächlich einer Konspiration zum Opfer gefallen sein sollte, haben die Verschwörer jedenfalls das Ideal des perfekten Mordes deutlich verfehlt.

Bedeutend bessere Chancen, ein Attentat erfolgreich als natürli-chen Tod kaschieren zu können, rechnet sich Mitte Dezember 1916[54] der 29jährige russische Hochadlige Prinz Felix Jussupow aus. Er will

Grigorij Rasputin umbringen, den sibirischen Wanderprediger, Wunderheiler und Vertrauten der Zarin.[55] Der charismatische Mönch, der zu berühmt-berüchtigten Ausschweifungen jeder denkbaren Art neigt, ist dem russischen Adel schon seit seinem überraschenden Auftauchen 1906 ein Dorn im Auge. Als während des Ersten Weltkriegs sein Einfluß auf die Politik des Zarenpaars immer weiter zunimmt, bildet sich eine Verschwörung, die Rußland von Rasputin befreien will. Doch weil der Prediger dem an der Bluterkrankheit leidenden Thronfolger mehrfach das Leben gerettet hat, ist seine Position bei Zar Nikolaus II. und seiner Frau Alexandra unangreifbar. Also haben die Verschwörer nur zwei Möglichkeiten: Entweder sie ermorden Rasputin offen und setzen darauf, der schwache Monarch werde Gnade walten lassen – oder sie bringen ihn auf eine Art um, die überhaupt keinen Verdacht erweckt.

Ihr Ziel macht ihnen diesen Plan leicht: Rasputin ist bekannt für hemmungslose Besäufnisse, für wilde Orgien mit adligen Damen und Prostituierten jeden Alters, für Freßgelage: für einen rundum ungesunden, ja gefährlichen Lebenswandel also. Wen würde es da schon überraschen, wenn der Mönch eines Tages tot umfallen würde? Doch so lange wollen Jussupow und seine Verbündeten, darunter Großfürst Dimitri, ein Neffe des Zaren, nicht warten. Unter einem Vorwand laden sie Rasputin in den Palast der Jussupows in St. Petersburg ein. In der späteren Ausschmückung unter anderem durch das Hollywood-Studio Metro-Goldwyn-Mayer wird angedeutet, Jussopow habe seine eigene Ehefrau Irina dem unersättlichen Lüstling Rasputin mehr oder weniger deutlich für ein Schäferstündchen angedient. Schlüssig wäre das, doch beweisbar ist es nicht.[56] In jedem Fall empfängt der Prinz seinen Gast spätabends und läßt ihm Schokoladentörtchen sowie Wein oder Wodka reichen. Beides ist versetzt mit hohen, unmittelbar tödlichen Dosen Zyankali. Rasputin nimmt von beidem – und nichts geschieht. Angeblich bewahrt ihn eine angeborene Stoffwechselkrankheit vor der tödlichen Wirkung des Giftes. Jussupow gerät in Panik und schießt auf Rasputin. Daraufhin stürzen die Mitverschwörer in den Raum. Leblos liegt der Mönch auf dem Fußboden; ein beteiligter Arzt stellt seinen Tod fest. Jussupow und seine Komplizen gehen in einen anderen Teil des Palastes, um zu feiern, obwohl ihr eigentlicher Plan gescheitert ist. Denn die Verletzungen Rasputins werden an seinem unnatürlichen Tod keinen Zweifel lassen.

Angetrunken geht Jussupow kurz darauf noch einmal hinunter zu seinem Opfer, tritt in den »Leichnam« hinein – und plötzlich springt Rasputin auf, greift den gescheiterten Vollstrecker sogar an. Die anderen Verschwörer kommen hinzu, schießen und stechen auf den Wunderheiler ein. Insgesamt sechs Schußwunden sowie zahlreiche Stichverletzungen wird der Autopsiebericht später feststellen. Mit einem Bleiprügel schlägt Jussupow zusätzlich auf Rasputins Oberkörper und Gesicht ein. Dann transportieren die Verschwörer den nun tatsächlich leblosen Körper zur Newa und versenken ihn im großenteils vereisten Fluß. Die Zielperson ist beseitigt, doch der ausgeklügelte und theoretisch aussichtsreiche Plan der Konspirateure gescheitert. Immerhin war bekannt, wohin Rasputin an diesem Abend gehen wollte. So fällt sofort nach Rasputins Verschwinden der Verdacht auf Jussupow, der sich verstärkt, als die Leiche gefunden wird. Denn die Kugeln stammen aus hochwertigen Pistolen, nicht aus billigen Waffen, wie sie Straßenkriminelle verwenden. Doch der Autopsiebericht enthält noch ein weiteres erschreckendes Detail: Der Wunderheiler ist nicht an Gift gestorben, nicht an seinen Schuß-, Stich- und Schlagverletzungen. Grigorij Rasputin ist vielmehr in der Newa ertrunken.

Die Zarin schäumte, ebenso Teile des Proletariats in St. Petersburg, die Rasputin völlig zu Unrecht für einen der Ihren hielten. Doch das russische Bürgertum, die Adligen und das Offizierskorps begrüßten den Mord als Erlösung. Auf sie mußte Nikolaus II. in der angespannten politisch-militärischen Situation des beginnenden Jahrs 1917 mehr Rücksicht nehmen als auf die Gefühle seiner Frau. Deshalb fiel die Strafe für den Mörder Jussupow überraschend milde aus: Der Erbe des größten Vermögens in Rußland wurde auf eines seiner Landgüter in Zentralasien verbannt. Nach der bolschewistischen Revolution Ende 1917 kehrte Jussopow zurück in die russische Hauptstadt, flüchtete aber rasch, als er erkannte, daß die neuen Mächtigen weder auf den Adel noch auf die besitzenden Schichten Rücksicht nehmen würden. Im nachhinein erklärte sich Jussopow zum Kämpfer gegen die Revolution: »Rasputin war die Inkarnation des heraufziehenden Bolschewismus.«[57]

Mit seinen tatsächlichen Motiven hatte diese Erklärung freilich nichts gemein. Für ihre Verhältnisse verarmt lebten Irina und Felix Jussupow bis 1934 im Exil in Paris, bis die MGM Rasputins Ermordung verfilmte. Jussopow verklagte das Studio wegen der angeblich oder tatsächlich falschen Behauptungen über die Rolle seiner Frau in der Verschwörung und erhielt ein erhebliches Schmerzensgeld zugesprochen, das zusammen mit den Tantiemen aus seinen nun gefragten Memoiren dem Paar ein auskömmliches Leben sicherte. Der Vollstrecker der Verschwörung gegen Grigorij Rasputin starb 1967 friedlich in hohem Alter.

Manchmal macht erst eine Erfindung die Realität erinnerungswürdig. Wer wüßte heute schon noch vom Attentat auf Charles de Gaulle am 22. August 1962, wenn nicht der britische Journalist Frederick Forsyth die Verschwörung gegen den französischen Staatspräsidenten zum Thema des Weltbestsellers »Der Schakal« gemacht hätte? Wenn nicht die regelmäßig im Fernsehen wiederholte Verfilmung seines Romans von 1973 mit einer Rekonstruktion eben dieses Anschlages beginnen würde? Obwohl Forsyths Buch viel weniger ein »Schlüsselroman« ist als die Werbestrategen seines Verlages beim Erscheinen 1971 streuten, hat es doch den Terror der französischen Untergrundarmee »OAS« und des »Nationalen Widerstandsrates« gegen den einstigen Vorkämpfer der Freiheit Frankreichs vor dem Vergessen bewahrt.[58] Allerdings hat diese Form von Erinnerung auch Schattenseiten: Während immerhin 31 tatsächliche Anschläge oder Anschlagsversuche auf das Leben de Gaulles bekannt geworden sind, fällt den meisten zufällig befragten Franzosen heute höchstens das von Frederick Forsyth anschaulich geschilderte, aber eben frei erfundene Scharfschützenattentat ein.[59]

Zur Zeit dieser fiktiven Schüsse lebt der Hauptverantwortliche für den realen Anschlag vom 22. August 1962 schon ein Vierteljahr nicht mehr. Oberstleutnant Jean-Marie Bastien-Thiry ist am 11. März 1963 nach einem ordentlichen Prozeß von einem Erschießungskommando hingerichtet worden. Grund genug für das Todesurteil gibt es, hatte doch Bastien-Thiry gestanden, drei Anschläge auf de Gaulle vorbereitet zu haben; für zwei weitere wird er ebenfalls verantwortlich gemacht. Am nächsten kommen die Attentäter ihrem Ziel am 22. August 1962: Der Staatspräsident läßt sich an diesem Abend von seinem Amtssitz, dem Elysée-Palast in der Pariser Innenstadt, zum Flughafen chauffieren, um zu seinem Landsitz in Colombey-les-deux-Églises zu starten. Mit ihm im Wagen sitzen neben dem Fahrer seine Ehefrau und sein Schwiegersohn, außerdem folgen der Präsidentenlimousine in geringem Abstand ein Fahrzeug mit Sicherheitsbeamten sowie zwei Polizisten auf Motorrädern. Bastien-Thiry hat sich gut vorbereitet. Spitzel und Beobachter teilen ihm telefonisch mit, welche der beiden möglichen Strecken der kleine Konvoi einschlägt. Passende Tatorte sind festgelegt. Rechtzeitig erreichen die Attentäter eine Kreuzung auf der Avenue Petit-Clamart. Insgesamt stehen elf Schützen bereit; zwei bedienen leichte Maschinengewehre, die anderen sind mit Maschinenpistolen bewaffnet, außerdem haben sie Molotowcocktails und Plastiksprengstoff bei sich, um notfalls den gestoppten Wagen vollends zu zerstören.

Bastien-Thiry gibt gegen 19.30 Uhr aus größerer Entfernung das verabredete Zeichen für die Attacke, das vom Attentäter-Team jedoch aufgrund der hereinbrechenden Dämmerung übersehen wird. Deshalb schießen die Schützen nicht wie geplant aus einer Entfernung von 80 Metern frontal auf de Gaulles Citroën. Erst als die ungepanzerte Limousine in voller Fahrt an dem Hinterhalt vorbeirauscht, wird das Feuer eröffnet. Doch der Chauffeur des Präsidenten behält die Kontrolle, das Präsidentenpaar duckt sich und wird lediglich mit Glassplittern überschüttet, als die Heckscheibe birst. 14 Einschläge wird die Polizei später in dem Citroën zählen, eine Kugel steckt nur Zentimeter entfernt von jener Stelle im Blech, an der sich de Gaulles Kopf bei normaler Sitzposition befunden hätte. Nach der Attacke nehmen mehrere Attentäter in einem Wagen sogar noch die Verfolgung des Konvois auf, feuern auf die Gendarmen auf den Motorrädern und im Begleitfahrzeug, ohne jedoch Schaden anzurichten. Ungerührt soll der Präsident unmittelbar nach dem Attentat gesagt haben: »Sie schießen wie Schweine«,[60] doch dabei handelt es sich wahrscheinlich um eine nachträgliche Ausschmückung. Richtig ist allerdings, daß die Trefferquote der Attentäter außerordentlich schlecht ist: Immerhin findet die Polizei am Tatort 187 Patronenhülsen – nur jedes dreizehnte Geschoß trifft also das Ziel. Zahlreiche Kugeln schlagen statt dessen auf der anderen Straßenseite im Café Trianon ein, dessen geschäftstüchtiger Besitzer sein Geschäft rasch zu »Le Trianon de la Fusillade« umbenennt.

Nach diesem Attentat, dem bis dahin gefährlichsten auf Charles de Gaulle, verfolgten die Behörden die OAS schärfer als je zuvor. Von der »bislang größten Menschenjagd in der französischen Geschichte« ist die Rede.[61] Binnen kurzer Zeit verhafteten sie zahlreiche Sympathisanten und Mitglieder der militärisch straff organisierten Gruppe, zu der vor allem ehemalige und aktive Soldaten sowie aus Algerien vertriebene Franzosen zählten. Zwar wußte niemand den echten Namen des Anführers der Verschwörung, der bei seinen Leuten nur als »Didier« bekannt war. Doch rasch sammelten sich genügend Hinweise, um den Verdacht auf einen hochdekorierten Offizier zu lenken: Am 16. September 1962 wurde Bastien-Thiry in seinem Haus festgenommen. Er hatte sich gegen die Empfehlung der OAS-Führung entschieden, aus Frankreich zu flüchten. Lieber wollte er seine Position vor Gericht offen vertreten und für seine politischen Ziele sterben, als von Land zu Land gehetzt zu werden. Daher legte er ein umfassendes Geständnis ab.[62]

Jean-Marie Bastien-Thiry war zu jung, um den Zweiten Weltkrieg noch als Soldat mitzuerleben. Er wurde am 19. Oktober 1927 in Lunéville in Lothringen geboren. Sein Vater und die ganze Familie waren während der deutschen Besatzung überzeugte Gaullisten; auch der halbwüchsige Jean-Marie hielt insgeheim zum »Freien Frankreich«. Nach Kriegsende absolvierte er eine Ausbildung zum Ingenieur und wurde einer der führenden Spezialisten für militärische Raketensysteme. Präsident de Gaulle persönlich ernannte den begabten Luftwaffenoffizier zum Ritter der Ehrenlegion. Doch 1960/61 brachte die Frage der Algerienpolitik Bastien-Thiry in scharfen Gegensatz zur Regierungspolitik. Nachdem bereits die meisten überseeischen Besitzungen Frankreichs verloren gegangen waren, steuerte de Gaulle auch auf die Entlassung Algeriens in die Unabhängigkeit zu. Gegen dieses durchaus realistische Nachgeben nach fast acht Jahren blutigen Bürgerkriegs formierte sich eine Geheimorganisation aus Offizieren und in Algerien geborenen weißen Franzosen, die OAS. Sie wollten mit Gewalt gegen die Mehrheit der Einheimischen und gegen die eigene Regierung den Verbleib des nordafrikanischen Landes im französischen Staat erzwingen. Mit Terroranschlägen auf tatsächliche oder angebliche Anhänger der Unabhängigkeitsbewegung versuchte die OAS, die Verhandlung zur friedlichen Beilegung des Konflikts zu torpedieren. Rund 12.000 Menschen fielen ihr zum Opfer, darunter mehrere hundert im Mutterland. Frankreich war 1961/62 im Ausnahmezustand; Polizisten regelten den Verkehr nur noch in (allerdings im Ernstfall wirkungsloser) Kriegsmontur, öffentliche Gebäude verwandelten sich in Festungen.[63] Doch der Terror änderte nichts an der Entschlossenheit de Gaulles, das Problem Algerien auf politischem Weg zu lösen. Mit überwältigender Mehrheit entschieden sich die Franzosen bei einer Volksabstimmung für diese Lösung, so daß der Staatspräsident am 1. Juli 1962 die ehemalige Kolonie in die Unabhängigkeit entlassen konnte. Von nun an ging es der OAS nur mehr um Rache am »Verräter« de Gaulle, der ihrer Ansicht nach das nationale Interesse Frankreichs geschädigt hatte.

Sich selbst sah Bastien-Thiry in der Tradition eines Claus Graf Stauffenberg: »In der Geschichte der Völker gibt es ganz ungewöhnliche Fälle, wo Operationen dieser Art durch die Persönlichkeiten, um die es geht, gerechtfertigt sein können. Ich nenne die Operation vom 20. Juli 1944, die gegen Adolf Hitler gerichtet war und von einer Gruppe von Offizieren durchgeführt wurde«, hieß es in seinem Geständnis.[64] Außerdem berief sich der Attentäter auf Thomas von Aquin und dessen häufig ins Feld geführte Äußerungen zum Tyrannenmord: »Die Tyrannei de Gaulles gehört nicht zu jener Art der ›sanften‹ Tyrannei, in die man sich nach dem Rate einiger Kirchenväter mit Geduld und christlicher Kasteiung schicken soll. Es ist eine gewalttätige, blutige Tyrannei, die spaltet, die zerstört und die für den Tod unzähliger Opfer verantwortlich ist.«[65] Bastien-Thiry war »kein politischer Ultra und noch weniger ein kaltblütiger Killer. Er verkörperte eher die Normalität seiner sozialen Herkunft und seiner Profession, das heißt, er war ein Patriot der konservativen Prägung, religiös gebunden und mit stark antikommunistischer Fixierung. Durchaus brillant, wie ihm die Gerichtsgutachten attestierten, und alles andere als ein borniert Fanatiker, stand er ruhig und mit ungebrochener Überzeugung zu seiner Tat«, urteilt de Gaulles Biograph Reinhold Kapferer. Als praktizierender Katholik hatte Bastien-Thiry übrigens vor dem Anschlag von »bedeutenden Klerikern« Dispens erbeten und erhalten. Trotzdem muß man festhalten, daß sein Anschlag objektiv unberechtigt war und nicht als legitimer Akt des Widerstandsrechts gelten kann: Charles de Gaulle handelte, auch wenn er in der Algerienfrage sein Wort gebrochen hatte, eindeutig im Sinne der Mehrheit der Franzosen.

Ohne Insider-Informationen aus dem französischen Regierungsapparat wäre der Anschlag vom 22. August 1962 nie möglich gewesen; auch verfolgten die OAS (zu der zu gehören der Angeklagte allerdings bestritt) und der »Nationale Widerstandsrat« klare politische

Ziele. Bastien-Thiry wollte mit dem Attentat eine Wende in der Algerienpolitik erzwingen, war allerdings nicht ohne weiteres bereit, sein eigenes Leben dafür einzusetzen. Vielleicht maß er seiner Person zu große Bedeutung für die Verschwörung zu, um sich opfern zu dürfen. Darauf jedenfalls deutet seine Weigerung, de Gaulle bei einem Anschlag Mann gegen Mann zu töten. Im Dezember 1961 hatte der Präsident ein Raketentestgelände besucht, auf dem der Oberstleutnant arbeitete, und dabei auch den längst zum Mord entschlossenen Verschwörer begrüßt. Bei seinem Prozeß sagte der Angeklagte über diese Situation: »An jenem Tag ist der Staatschef an mir vorbeigegangen und hat mir die Hand gegeben. Er trug Handschuhe, ich trug ebenfalls Handschuhe. Das ersparte mir den physischen Kontakt, der mir nicht angenehm war.«[66]

Die Richter ignorierten die Rechtfertigungsversuche des Angeklagten und verurteilten ihn am 4. März 1963 zum Tode. Im Gegensatz zu anderen OAS-Anführern und zwei Mittätern des 22. August verweigerte der Staatspräsident bei Bastien-Thiry die übliche Begnadigung zu lebenslanger Haft: »De Gaulle bricht mit der hundertjährigen französischen Tradition, wonach kein Urheber eines mißlungenen Attentats auf den Präsidenten der Republik hingerichtet wird; er verwirft das Gnadengesuch.«[67] Über die Gründe ist viel spekuliert worden: Möglicherweise fühlte sich de Gaulle persönlich beleidigt, weil ausgerechnet ein von ihm geförderter Offizier das Attentat organisiert hatte. Ebenfalls möglich ist, daß der Präsident erbost war, weil seine Frau zum Ziel wurde. Eher skurril ist eine dritte Erklärung, die in einigen Büchern über de Gaulle und das Attentat kolportiert wird. Danach soll der Staatspräsident einem hohen Offizier erklärt haben: »Die Franzosen brauchen Märtyrer. Sie müssen sie sich gut aussuchen. Ich hätte ihnen einen dieser Armleuchter von Generälen [der OAS-Führung – sfk] geben können, die im Gefängnis von Tulle Fußball spielen. Ich habe ihnen Bastien-Thiry gegeben. Aus dem können sie, wenn sie wollen, einen Märtyrer machen, wenn ich einmal nicht mehr da sein werde. Er verdient es.«[68] Der Angeklagte nahm das Urteil ruhig auf; nach seinem mißlungenen Attentat wollte er sterben. Ein Märtyrer ist Jean-Marie Bastien-Thiry allerdings nicht geworden: Zu mehr als einer Sekundenrolle im Vorspann eines Kinoklassikers hat es nicht gereicht.

Mord als Selbstzweck

Politische Terroristen

7

»Der Gedanke an das Attentat wurde in unseren Herzen geboren, und wir verübten es«: Die Pressezeichnung von Felix Schwormstedt zeigt, wie Gavrilo Princip (links) am 28. Juni 1914 in Sarajewo den österreichischen Thronfolger Erzherzog Franz Ferdinand und seine Gattin Sophie erschießt.

✦ ✦ ✦

Doppelt hält gut, sechsfach hält besser. Gleich sechs zum Mord entschlossene junge Männer warten an dem wunderschön sonnigen, warmen Juni-Sonntag entlang der Uferpromenade auf ihre Chance, den hochgestellten Gast zu töten. Alle sechs tragen kleine Splitterbomben bei sich, vier haben zusätzlich auch belgische 9-mm-Pistolen; jeder verfügt zudem über eine Dosis Zyankali, um Selbstmord zu begehen, bevor er verhört und eventuell gezwungen werden könnte, seine Komplizen zu verraten. Alle sechs sind auf das gemeinsame Ziel eingeschworen; jeder hat sich bereit erklärt, das eigene Leben gegen das des vorgesehenen Opfers einzutauschen. Seit fast drei Monate ist der Anschlag vorbereitet worden – seit die Zeitungen den hohen Besuch Ende März offiziell angekündigt haben. Die sechs Attentäter wissen, daß ihre Zielperson die üblichen Sicherheitsmaßnahmen wie eine doppelte Reihe aus Soldaten entlang aller vorgesehenen Routen ablehnt. Sie wissen, welche Strecke der Konvoi ungefähr nehmen muß; durch die verwinkelte Altstadt jedenfalls wird sich die Wagenkolonne nicht schlängeln können. Sie haben eine praktisch perfekte Falle gestellt. Nach menschlichem Ermessen muß ein derartig gut vorbereiteter Anschlag einfach funktionieren. Trotzdem führt nur eine Serie von unwahrscheinlichen Zufällen und Versäumnissen dazu, daß ihr Plan schließlich tatsächlich gelingt.

Mit 17 Minuten Verspätung trifft der Thronfolger von Österreich-Ungarn, Erzherzog Franz-Ferdinand, am 28. Juni 1914 in Sarajewo ein, der Hauptstadt von Bosnien-Herzegowina.[1] In den vergangenen Tagen hat er ein Manöver der k.u.k.-Armee in der seit 1878 besetzten und seit 1908 annektierten Provinz beobachtet. Nun will Franz Ferdinand mit seiner Gemahlin, der Herzogin Sophie, vor der Rückreise nach Wien noch dem Gouverneur der Krisenregion, dem Bürgermeister der Provinzhauptstadt und der loyal habsburgischen Oberschicht seine Aufwartung machen. Zwar hat es Warnungen vor Anschlägen gegeben, doch sie gehen nicht über das normale Maß hinaus und sind kein Anlaß zu besonderer Besorgnis. Vorgesehen sind ein Empfang zu Ehren Franz Ferdinands im Rathaus, die Eröffnung eines neuen Museums und ein Essen im Palast des Statthalters. Insgesamt soll sich das Thronfolger-Paar vier Stunden in Sarajewo aufhalten. Der Weg vom Bahnhof zum Rathaus führt über den Appelkai, die ausgebaute Uferpromenade entlang der Milijačka. An zwei der sechs Mitverschwörer fährt die Kolonne mit mäßigem Tempo von etwa 20 Stundenkilometern vorbei, doch beide unternehmen nichts. Um 10.26 Uhr dann schleudert der dritte Komplize, der Schriftsetzer Nedeljko Čabrinović, seine Bombe auf das offene Automobil des Thronfolgers. Doch der Chauffeur erkennt instinktiv die Gefahr und beschleunigt sein Fahrzeug. Statt im Innenraum zu landen, trifft die Granate das zusammengefaltete Stoffverdeck, rutscht ab, rollt auf die Straße und explodiert an der Hinterachse eines folgenden Wagens. Entgegen einiger unmittelbar nach dem Angriff abgefaßter Meldungen schießt Čabrinović nicht noch zusätzlich, sondern sucht unmittelbar nach dem fehlgeschlagenen Attentat sein Heil in der Flucht. Doch im weitgehend trockengefallenen Bett der Milijačka wird er rasch festgenommen. Er versucht noch, sich mit Gift das Leben zu nehmen; selbst das mißlingt ihm.[2]

Die Autokolonne fährt auf ihrer festgesetzten Route weiter; vorbei an einem weiteren Verschwörer, der sich aber nicht rührt. Trotz des Attentats soll die Visite fortgesetzt werden, der Erzherzog aber ist erbost. »Was hab' ich von Ihren Reden?«, kanzelt er den Bürgermeister von Sarajewo ab, als der ihn programmgemäß vor dem Rathaus mit einer vorbereiteten Ansprache willkommen heißen will: »Ich komme nach Sarajewo zu Besuch, und man wirft Bomben auf mich. Das ist empörend!«[3] Auf die Idee, daß in der Menschenmenge vor dem Rathaus ein weiterer Attentäter stehen könnte, kommt offensichtlich niemand im Gefolge des Erzherzogs. Tatsächlich steht dort ein Mitverschwörer, Trifko Grabež, doch auch er bleibt untätig. Vier der sechs Attentäter haben komplett versagt und gar nicht erst versucht, Franz Ferdinand zu töten. Einer ist bereits auf frischer, aber erfolgloser Tat ertappt worden. Das ganze Unternehmen scheint zum Fiasko zu werden. Die letzte Chance hat der 19jährige Gavrilo Princip. Er steht an der Ecke Appelkai/Franz-Josef-Straße vor der

Gemischtwarenhandlung Schiller. Einmal ist der Konvoi schon an ihm vorübergefahren, auf dem Weg zum Rathaus, ohne daß Princip zum Schuß gekommen ist; Schaulustige haben sich im entscheidenden Moment vor ihn gedrängt. Nun, auf dem Rückweg, biegt das führende Fahrzeug entgegen dem nach dem Bombenanschlag revidierten Plan in die Franz-Josef-Straße ab; ihm folgt der Wagen des Erzherzogs – und zwar entgegen der geltenden Straßenverkehrsordnung, die Linksverkehr vorsieht, auf der rechten Straßenseite. Als Franz Ferdinands Wagen sich genau vor dem Haus Schiller befindet, bemerken die Verantwortlichen ihren Irrtum und geben Anweisung, zu stoppen, zu wenden und auf den Appelkai zurückzufahren. Für wenige Sekunden steht das Auto des Erzherzogs keine zwei Meter entfernt von Gavrilo Princip. Diese Gelegenheit läßt sich der Attentäter nicht entgehen: Er reißt seine Pistole hervor, schießt zweimal und trifft zweimal, obwohl er vor Aufregung den Kopf abwendet und nicht einmal richtig zielt. Eine Kugel durchschlägt Franz Ferdinand den Hals, die andere verletzt seine Gemahlin Sophie im Unterleib. Es ist 10.50 Uhr.

Gavrilo Princip versuchte nicht zu flüchten und auch nicht, sich das Leben zu nehmen. Ob er darauf bewußt verzichtete oder einfach nicht dazu kam, ist unklar; jedenfalls wurde er unmittelbar nach den beiden tödlichen Schüssen niedergeschlagen und beinahe gelyncht. Als er gegen 11.15 Uhr zu seinem ersten Verhör gebracht wurde, trug er bereits einen Kopfverband. Ein Augenzeuge beschrieb den Attentäter genau: »Er war von kleinem Wuchs, ausgezehrt, kränklich, hatte scharfe Züge. Es war schwer vorzustellen, daß ein so harmlos aussehendes Wesen eine so schwere Tat begangen haben könnte. Auch in seinen klaren blauen Augen, die glühten, jedoch ernst in die Welt blickten, gab es nichts Gewalttätiges oder Kriminelles. Diese Augen verrieten vielmehr Intelligenz, ausdauernde und ausgeglichene Energie.«[4]

In den meisten Zeugnissen über Princip wird dessen körperliche Schwäche hervorgehoben; zugleich scheint er aber der Wortführer der sechs Attentäter gewesen zu sein, von denen nur einer dem Zugriff der österreichischen Polizei entkommen war. Die Vernehmungen waren im wesentlichen fair; allerdings versuchten die Ermittler von Anfang an, eine Verbindung zwischen den jugendlichen Gewalttätern und dem serbischen Geheimdienst herzustellen. Der

Grund waren die politischen Spannungen zwischen Österreich-Ungarn und dem Königreich Serbien, die vordergründig durch die Annexion Bosnien-Herzegowinas entstanden waren, denen tatsächlich aber der Widerspruch zwischen dem habsburgischen Vielvölkerstaat einerseits und der von Serbien aus betriebenen, von Rußland unterstützten panslawistischen Nationalideologie andererseits zugrunde lag. Bestätigt fühlen durften sich die österreichischen Beamten von der Reaktion der serbischen Presse, die in den Tagen nach dem Attentat unverhohlen Sympathie für den Mord zeigte.

In der Anklageschrift vom 23. September 1914 hieß es unmißverständlich: »Wenn also auch die Angeklagten Princip und Čabrinović behaupten, der Vorsatz, den Thronfolger zu töten, sei in ihnen gekeimt, und wenn Princip behauptet, der Initiator dieses Verbrechens zu sein, so würde es doch ohne die Intention der ›Narodna Odbrana‹ [der serbischen Geheimorganisation ›Landesverteidigung‹ – sfk] und der amtlichen Kreise Serbiens nicht ausgeführt worden sein, denn die Angeklagten besaßen weder die Waffen noch die Mittel, sie anzuschaffen; auch wäre die Herüberschaffung der Waffen und der unbemerkte Übertritt nach Bosnien ohne Unterstützung unmöglich gewesen.«[5] Nach anderen Vermutungen soll es die Terrorgruppe »Schwarze Hand« gewesen sein, die den Anschlag vorbereitet hatte; doch ist bekannt, daß der schwächliche Princip von dieser Gruppe unter dem Kommando des serbischen Geheimdienstoffiziers Dragutin Dimitrijević alias »Apis« abgewiesen worden war. Sein Anteil an dem Plan ist nie befriedigend geklärt worden: »Entweder hat [›Apis‹] die jugendlichen, nicht einmal im Schießen ausreichend geübten Attentäter ebenfalls von dem Anschlag abhalten wollen oder er hat die Opferung dieser Fanatiker zugunsten seiner weiterreichenden Pläne in Kauf genommen.«[6]

Wahrscheinlicher als alle von zeitgenössischen politischen Vorurteilen und Interessen geleiteten Beschuldigungen gegen serbische Politiker, Geheimdienste und Terrorgruppen ist, daß tatsächlich die drei Freunde Gavrilo Princip, Nedeljko Čabrinović und Trifko Grabež die treibenden Kräfte hinter dem Mord an Franz Ferdinand und Sophie waren. Allerdings bekamen sie unzweifelhaft massive Unterstützung von panslawistisch gesinnten Helfern, von denen einige tatsächlich Mitglieder oder Sympathisanten der radikalnationalistischen »Schwarzen Hand« waren. Princip selbst, Sohn eines bosnischen Serben, in einfachsten Verhältnissen aufgewachsen und österreichischer Staatsbürger, war von großserbischer Ideologie durchdrungen und hoffte auf Anerkennung durch eine heldenhafte Tat zugunsten des serbischen Volkes. Čabrinović, der seit 1912 mit Princip befreundet war, haßte die österreichischen »Besatzer« seiner Heimatstadt Sarajewo und machte die Fremdherrschaft für die unbefriedigende Situation seiner Familie (sein Vater, Inhaber eines einfachen Cafés, leistete für die k.u.k.-Behörden gezwungenermaßen Spitzeldienste) sowie für das Scheitern des eigenen Berufsweges verantwortlich; Grabež träumte von einem mächtigen südslawischen Reich von den Julischen Alpen bis Makedonien, natürlich unter serbischer Vorherrschaft. Sein Vater war ein orthodoxer Priester. Die drei Freunde verbrachten im Frühjahr 1914 viel Zeit gemeinsam in der serbischen Hauptstadt Belgrad; hier entstand nach der Ankündigung des Besuchs von Franz Ferdinand für den 28. Juni 1914 der Mordplan: »Wenn behauptet wird, daß uns jemand eingeredet hätte, wir sollten das Attentat verüben, dann kann ich nur sagen, daß das nicht wahr ist. Der Gedanke an das Attentat wurde in unseren Herzen geboren, und wir verübten es«, bekannte Gavrilo Princip in seinem Prozeß.[7] Übrigens hatte der Mordplan nichts mit dem Datum des Besuchs zu tun; zwar war der 28. Juni tatsächlich der höchste serbische Nationalgedenktag, weil an diesem Tag im Jahre 1389 die Türken bei der Schlacht auf dem Amselfeld die Serben vernichtend geschlagen hatten. Doch weder bei der Planung von Franz Ferdinands Besuch noch in den Überlegungen der Attentäter spielte dieser Zufall eine Rolle.

Ein konkretes politisches Ziel verfolgten die drei Haupttäter und ihre Mitwisser, die alle notwendige Logistik bereitstellten und auch in Sarajewo die drei weiteren Schützen anwarben, mit ihrem Anschlag nicht. Zwar rechtfertigte Princip seine Tat mehrfach als Tyrannenmord, doch konnte er daran nicht ernsthaft glauben; Franz Ferdinand war als Thronfolger zwar theoretisch mächtig, jedoch bekanntermaßen bei Hofe und beim amtierenden Kaiser unbeliebt und alles andere als ein herausragender politischer Kopf. Ein Tyrannenmord kann das Attentat aus einem weiteren Grund nicht gewesen sein: Princip war seit Anfang 1914 fest entschlossen, irgend einen hohen Repräsentanten der Habsburger-Monarchie zu töten – der jederzeit erreichbare Gouverneur, Feldzeugmeister Oskar Potiorek, war ihm nicht bedeutend genug: »Es war ganz egal, wer nach Sarajewo kam. Im Grunde genommen sollte jeder aus Wien anreisende, einigermaßen prominente Besucher bei der nächsten sich bietenden Gelegenheit Ziel eines Attentatsversuchs werden.«[8] Es gab auch keinerlei Vorbereitungen für einen Staatsstreich in Bosnien-Herzegowina, der durch das Attentat ausgelöst werden könnte. Ebensowenig war ein Krieg zwischen den verfeindeten Mächten Österreich-Ungarn und Serbien das Ziel von Princip und seinen Komplizen – so weit dachten sie nicht. Übrigens ist es auch falsch, wie man immer wieder lesen kann, die Schüsse von Sarajewo hätten den Ersten Weltkrieg verursacht oder auch nur ausgelöst; tatsächlich dienten sie nur den kriegswilligen Militärs und Politikern in Berlin und Wien als Vorwand für ein gefährliches politisches Spiel, das sie im vollen Bewußtsein der möglichen Konsequenzen immer weiter eskalieren ließen.[9] Schon am 1. Juli 1914, vier Tage nach den tödlichen Schüssen, erklärte der ungarische Ministerpräsident dem nur mäßig geschockten Onkel des Opfers, Kaiser Franz Josef, lapidar: »Ist einmal der Zeitpunkt zum Losschlagen gekommen, so kann man aus den verschiedenen Fragen einen Kriegsgrund aufrollen.«[10]

So kam es, daß der Anschlag längst zur Nebensache geworden war, als im Oktober 1914 in Sarajewo das präzise den geltenden Gesetzen des Rechtsstaates Österreich-Ungarn folgende Verfahren gegen die drei geständigen Haupttäter, zwei ihrer drei jungen Komplizen und insgesamt elf Mitwisser und Unterstützer begann. Zur selben Zeit standen serbische Truppen gerade noch 20 Kilometer südlich von Sarajewo. Nach elf Tagen fielen die Urteile überraschend differenziert aus. Da alle fünf angeklagten Attentäter (einem war die Flucht nach Serbien geglückt) das 20. Lebensjahr noch nicht vollendet hatten, durften sie nicht zum Tode verurteilt werden, sondern erhielten langjährige Kerkerstrafen; Princip, Čabrinović und Grabež je 20 Jahre, die beiden erst nachträglich angeworbenen Gymnasiasten aus Sarajewo 16 und 13 Jahre. Dagegen wurden fünf Unterstützer zum Tod durch den Strang verurteilt; bei dreien von ihnen wurde die Strafe vollstreckt. Allerdings waren die Haftbedingungen in den österreichischen Gefängnissen in dieser Zeit und im Krieg zumal verheerend; alle drei Haupttäter erkrankten binnen kurzem an schwerer Tuberkulose. Zwei starben schon 1916, Gavrilo Princip erst am 28. April 1918.[11]

Das eigentliche Motiv der Attentäter von Sarajewo lag in dem Willen, ein politisches Zeichen zu setzen und durch den Schrecken einer völlig sinnlosen Gewalttat das herrschende Regiment in Bosnien-Herzegowina zu erschüttern. Princip, Čabrinović und Grabĕž waren politische Terroristen im engeren Sinne des Wortes. Der Begriff »Terrorist« wird heute sehr unscharf verwendet; jeder nicht oder nicht vorrangig an materiellen Vorteilen interessierte Gewalttäter gilt ganz unabhängig von seinen tatsächlichen Motiven im allgemeinen Sprachgebrauch als »Terrorist« – ob Einzeltäter, ob Vollstrecker von Verschwörungen oder religiöser Eiferer. Die gegenwärtige Verwendung dieses Wortes ähnelt dem Gebrauch des Begriffs »Anarchist« in der zweiten Hälfte des 19. und im ersten Drittel des 20. Jahrhunderts.[12]

Die Geschichte des Wortes »Terrorist« ist kompliziert.[13] Es ist immer zugleich Beschreibung und Kampfbegriff; es faßt ganz unterschiedliche Phänomene und Konzepte politischer Gewalt zusammen, die vom »Terreur« der Französischen Revolution bis zum »Großen Terror« des Stalinismus reichen und vom sogenannten Staatsterrorismus des 20. Jahrhunderts bis zum globalisierten religiösen Terrorismus des 21. Jahrhunderts. Für einen sachgemäßen Gebrauch im Zusammenhang mit Attentätern ist die Beschränkung auf »politische Terroristen« sinnvoll, eine Präzisierung, die recht genau definiert werden kann. Charakteristisch für diesen Typ von Attentätern ist das Desinteresse an der konkreten Funktion und der tatsächlichen Bedeutung ihrer Opfer; nur so hochgestellt wie möglich müssen die Zielpersonen sein, um durch ihre Ermordung maximale Verunsicherung auszulösen. Denn darum geht es politischen Terroristen vor allem: Bestehende Strukturen zu erschüttern. Ihr Antrieb ist in der Regel eine Ideologie; üblicherweise entweder Nationalismus, Links- oder Rechtsextremismus. Religiöse Motive gibt es bei politischen Terroristen nicht, aus vermeintlichen Glaubensgründen begangene Attentate lassen sich nicht sinnvoll als Taten politischer Terroristen untersuchen, sondern nur als Anschläge religiöser Eiferer.

Mord ist für politische Terroristen Selbstzweck; sie haben im Gegensatz zu Vollstreckern von Verschwörungen keine ernsthaften gesellschaftlichen Alternativen zu bieten und machen sich auch keine Gedanken über die Legitimität ihres Handelns. Bestenfalls fühlen sie sich als Kämpfer im Auftrag einer höheren Idee, für die jedoch die Zustimmung der Betroffenen nur eine Floskel ist. Oft allerdings geben politische Terroristen, die ihren »Kampf« über eine gewisse Zeit führen, auch noch diese letzten vorgespiegelten »Gründe« für ihr Handeln auf. Dann sind sie endgültig gefangen im Teufelskreis von Gewalt und der (jedenfalls in den meisten demokratischen Gesellschaften des Westens) maßlos übertriebenen Wahrnehmung staatlicher Gegengewalt.

Der Anschlag auf eine herausragende Persönlichkeit mit dem Ziel des Mords ist nicht die einzige und heute nicht einmal mehr die wichtigste Methode im Arsenal politischer Terroristen. Gerade in modernen Demokratien sind die Geiselnahme zur Freipressung von Gesinnungsgenossen und vor allem der Bombenanschlag gegen völlig beliebige Opfer wichtiger geworden; diese beiden Formen von Gewalttaten sind keine Attentate im eigentlichen Sinne und bleiben hier unberücksichtigt.[14] Bis in die siebziger Jahre des 20. Jahrhunderts hinein war jedoch der gezielte Anschlag auf bestimmte Opfer typisch für politische Terroristen. Auf diese Weise konnten sie Eliten verunsichern; ihr einziges Ziel war dabei, diese Führungsschichten zu schwächen. Zu welchen Mitteln politische Terroristen greifen, hängt einerseits von den ihnen zur Verfügung stehenden Ressourcen ab; eine Entführung zum Beispiel erfordert erheblich mehr Vorbereitungen und Mitwisser als ein Attentat, verspricht aber nur in Staaten mit unentschlossenen Regierungen Aussicht auf »Erfolg«. Wichtig ist außerdem das Maß an Schutz potentieller Zielpersonen; mitunter schlagen politische Terroristen bei zu geringen »Erfolgsaussichten« für Attentate auf politische Führungspersönlichkeiten gegen Opfer der zweiten oder sogar der dritten Reihe zu.[15]

Politische Terroristen arbeiten immer in Gruppen; sie planen ihre Anschläge rational und sind gerade deshalb so gefährlich, weil sie die Bedingungen ihrer Gewalttaten sehr genau auskundschaften und beurteilen können. Sie sind bereit, aber nicht darauf aus, ihr Leben zu opfern. Auch das unterscheidet sie von religiösen Eiferern, die ihr eigenes Martyrium stets einkalkulieren, oft sogar nur deshalb zu Attentätern werden. Politische Terroristen sind meistens Wiederholungstäter; weil sie praktisch nie das Ziel erreichen, das sie anstreben, unternehmen sie immer neue Anschläge, bis entweder alle Mitglieder einer Terrorgruppe tot, festgenommen oder vom Leben in der Illegalität derartig ausgebrannt sind, daß sie sich absetzen und in der Regel im Ausland untertauchen. Sie neigen dazu, sich zu ihren Anschlägen zu bekennen und ihre kruden Vorstellungen in Selbstbezichtigungsschreiben der Öffentlichkeit bekanntzugeben. Konsequent ist, daß viele politische Terroristen in der Haft oder danach Memoiren oder Rechtfertigungsbücher verfassen.

Erfahrung schützt vor Torheit nicht. Nicht weniger als acht ernsthafte Attentate hat Zar Alexander II. von Rußland bis Anfang 1881 bereits überlebt; allein sechs davon in den vergangenen elf Monaten.[16] Wie viele weitere Anschlagspläne bereits im Vorfeld gescheitert sind, kann niemand sagen; sie gehen mit Sicherheit in die Dutzende. Alexander II. muß also wissen, daß sein Leben bedroht ist. Und trotzdem entschließt er sich am 1. März 1881[17] gegen 13.45 Uhr, persönlich zwei Kosaken aus seiner Eskorte zu helfen, die gerade bei einem weiteren Bombenanschlag auf sein Leben verletzt worden sind. Er mag sich eingeredet haben, der Attentäter, ein gewisser Nikolai Ryssakow, sei ja festgenommen und stelle deshalb keine Gefahr mehr dar. Vielleicht hat er auch gar nicht nachgedacht, sondern spontan reagiert. Der Zar hätte statt dessen auch dem Rat seiner Begleiter folgen können, so schnell wie möglich den Tatort in einem der Begleitschlitten zu verlassen. Doch er will ein Zeichen setzen; er verläßt seine beschädigte, aber gepanzerte und damit einigermaßen sichere Kutsche und geht zu den Verletzten. Aus der zusammengelaufenen Menschenmenge ruft ihm jemand zu: »Sind Sie verletzt, Majestät?«, und Alexander antwortet: »Gottlob nicht!« Im nächsten Moment ruft der Student Ignatius Grinewitsky: »Es ist zu früh, Gott zu danken!« und schleudert dem Zaren eine weitere Bombe direkt vor die Füße. Sie zerfetzt Alexander II. beide Beine und den Unterleib. Auch der Attentäter wird getötet. Der Monarch stirbt trotz einer bald darauf in seinem Palast begonnenen Notoperation nur eine Stunde später.

Tatsächlich hat der Zar an jenem 1. März 1881 kaum eine Chance. Denn nicht weniger als ein halbes Dutzend zu allem entschlossene Attentäter mit Bomben, Pistolen und Messern sind an diesem Sonntag auf ihn angesetzt. Befehligt werden die Terroristen, die sich selbst als »Narodniki« bezeichnen (»Volkswille« oder »Volksfreiheit«) von Gräfin Sofia Perowskaja, der Tochter eines ehemaligen russischen Innenministers. Die anderen Anführer sind in den vergangenen Tagen verhaftet worden; jetzt droht die Zerschlagung der gesamten Gruppe. Angesichts dessen gehen die Terroristen aufs Ganze: Pe-

rowskaja gibt das entscheidende Zeichen an Ryssakow und Grinewitsky, als sie erkennt, welche Route die Kutsche mit dem russischen
Alleinherrscher nehmen wird. Die beiden jungen Studenten gehen
getrennt in die ruhige Straße, durch die der Zar entgegen allen Pla-
nungen offensichtlich fahren wird. Ob Gräfin Perowskaja bedauert
hat, daß Alexanders Eskorte nicht den Weg durch die Sadojawa-
Straße nahm, unter der die Narodniki einen Tunnel gegraben haben,
um sie mit einer starken Mine in die Luft zu sprengen? Wahrscheinlich, doch nach dem »geglückten« Attentat wird sie an den fehlgeschlagenen eigentlichen Plan keinen Gedanken mehr verschwendet
haben. Am Tag nach dem Anschlag wandten sich die Terroristen mit
einem offenen Brief an das russische Volk, eine Woche später sogar
»an die europäische Gesellschaft« und am 10. März 1881 mit einem
»bemerkenswert klugen Brief«[18] an den neuen Zaren, Alexander III.,
den Sohn des Ermordeten. In allen drei Schreiben stellten sie ähnliche Forderungen: Amnestie für die Attentäter und Einrichtung einer
Volksvertretung auf Basis geheimer, freier, und gleicher Wahlen –
Ausdruck des Größenwahns und der Euphorie der Terroristen nach
der Mordtat.

Die Attentate auf Alexander II. zwischen 1879 und 1881 sind ideal-
typische Taten politischer Terroristen: Geplant und verübt von einer
insgeheim gebildeten, ideologisch fanatisierten Gruppe, handelte es
sich um schiere Gewalttaten, die keinerlei konkrete, positive politische Folgen haben konnten. Im Gegenteil: Bescheidene Ansätze zu
einer Liberalisierung Rußlands wurden abrupt gestoppt; dem Mord
folgte eine Phase der Reaktion bis 1905. Das war den Attentätern
gleichgültig; sie waren in der Eigendynamik ihrer Terrorwelle gefangen und hofften nur, vor ihrer absehbaren Verhaftung doch noch den
einen »erfolgreichen« Anschlag umsetzen zu können.

Über die beiden Bombenwerfer wurde vergleichsweise wenig
bekannt. Der Student Ryssakow war 19 Jahre alt, stammte aus gutbürgerlichem Haus und hatte sich aus Protest gegen die unbefriedi-
genden Reformansätze der zaristischen Regierung den »Narodniki«
angeschlossen. Bei Grinewitsky handelte es sich ebenfalls um einen
Studenten, allerdings adliger polnischer Herkunft; 1881 gab es keinen eigenständigen Staat Polen. Möglich, daß bei ihm neben den
ideologischen Motiven nationalistische Überlegungen eine Rolle
gespielt haben.[19] Zu den weiteren Mitgliedern der insgesamt etwa

zwanzig Personen umfassenden Terrorzelle zählten sowohl ein Bauer als auch der Sohn eines orthodoxen Priesters, ein Arbeiter ebenso wie ein junger Offizier; »als ob sie alle Stände des russischen Reiches symbolisieren sollten«, kommentierte die einzige Überlebende des innersten Zirkels, Vera Figner, in ihren 1922 abgeschlossenen Memoiren.[20]

Am interessantesten aber ist natürlich die »gefallene Gräfin« Sofia Perowskaja. Sie steht im Mittelpunkt der meisten Berichte und Darstellungen über das Zaren-Attentat.[21] Zum Zeitpunkt des Anschlags war sie 29 Jahre alt und nach dem allerdings hagiographischen Zeugnis Vera Figners »gutmütig, hilfsbereit und asketisch«. Als Tochter des langjährigen Gouverneurs von St. Petersburg gehörte sie zur obersten Gesellschaftsschicht in Rußland, doch ihr brutaler Vater unterdrückte sie und die ganze Familie derartig, daß in ihr unbändiger Haß auf das herrschende Regime wuchs: »Sofia hatte kaum selbständig zu denken begonnen, als sie auch schon beschloß, ihre Familie zu verlassen, in der weiter zu leben ihr unmöglich war. Aber der Vater verweigerte ihr den Paß und drohte, falls sie gegen seinen Willen ginge, sie durch die Polizei in das elterliche Haus zurückholen zu lassen.« Sofia Perowskaja entzog sich natürlich trotzdem, schloß sich einer der zahlreichen revolutionären Gruppe an, wurde verurteilt, ging danach aufs Land, um als Arzthelferin zu arbeiten: »Da soll sie ihre ganze verborgene Zärtlichkeit und weibliche Güte, die sie von der Mutter geerbt hatte, dem arbeitenden Volk gegeben haben.« Sie kehrte nach St. Petersburg zurück und wuchs zur Führungsfigur der Narodniki heran; »seit dem Woronescher Kongreß [einem Geheimtreffen von etwa zwölf Revolutionären am 24. Juni 1879, auf dem man den Mord an Alexander II. zum wesentlichen Ziel der Gruppe erklärte – sfk] nahm Perowskaja bei allen terroristischen Unternehmungen des Vollzugskomitees der ›Volksfreiheit‹ den ersten Platz ein«.[22] Nachdem der überlebende Bombenwerfer Ryssakow im Verhör zusammengebrochen war, hob die zaristische Polizei rasch die gesamte Zelle aus. Zusammen mit vier Komplizen wurde Sofia Perowskaja in einem viertägigen Prozeß in St. Petersburg zum Tode verurteilt. Eine sechste Angeklagte entging der Höchststrafe, weil sie schwanger war und ihr Schicksal in den Zeitungen Westeuropas diskutiert wurde. Am 3. April 1881 mußte die »gefallene Gräfin« den Galgen besteigen. »Im Ganzen waren die Organisationen der Bewegung in beiden Hauptstädten [St. Petersburg und Moskau – sfk] vernichtet worden«, bilanziert der Historiker Hans-Joachim Torke.[23]

Die Auswirkungen des Attentats auf Alexander II. sind schwer zu beurteilen. Vera Figner und später die Bolschewisten stilisierten den Mord zum Vorläufer der Oktoberrevolution 1917. Eine gewisse Berechtigung hatte diese Einschätzung sogar, denn durch die reaktionäre Regierung Alexanders III. und seines Sohnes Nikolaus II. wuchs der innenpolitische Druck so sehr, daß es zu der fehlgeschlagenen Revolution von 1905 und der Doppelrevolution von 1917 kam. Möglicherweise hätte eine vorsichtige Reformpolitik, wie Alexander II. sie vorgehabt hatte, die Situation entschärft. Allerdings war diese indirekte Wirkung von Sofia Perowskaja und ihren Genossen keineswegs kalkuliert; der Mord als Selbstzweck einer terroristischen Bewegung ist selten so deutlich wie bei den russischen Narodniki.

Sparsamkeit ist eine löbliche Tugend. Mitunter kann sie sogar Leben retten. Indem sie zum Beispiel ein Attentat zum Scheitern bringt. Um 50 Pfenning weniger auszugeben, immerhin den Gegenwert von zwei Litern Bier, kauft Emil Küchler im September 1883 statt wasserunempfindlicher Kautschukzündschnur schlichte geteerte Hanfschnur.[24] Eine nicht gerade weitsichtige Wahl, soll mit der Zündschnur doch an einem kühlen und feuchten Frühherbsttag eine Dynamitladung gezündet werden, die in einem Abflußrohr unter einem Gleisbett versteckt wurde. Selbst bei strahlendem Sonnenschein hätte die Hanfschnur wahrscheinlich auf den letzten Metern versagt. Kein Wunder also, daß Küchler und sein Komplize Franz Rupsch am 28. September 1883 vergeblich auf eine Detonation warten. Mit einer Zigarre hat Rupsch die Zündschnur in Brand gesetzt, als er sieht, daß sich der Hofzug des Deutschen Kaisers Wilhelms I. dem präparierten Schienenstück nähert. Doch die Salonwagen mit dem Monarchen, einigen Fürsten und weiteren wichtigen Persönlichkeiten an Bord fliegen nicht in die Luft, entgleisen nicht, werden nicht einmal erschüttert. Die Dynamitladung ist nicht hochgegangen.

Vielleicht schlug der Mordanschlag auf Wilhelm I. vor allem deshalb fehl, weil sein Anführer und geistiger Urheber sich das Schienbein verletzt hatte. August Reinsdorf, bekennender und in Deutschland ebenso wie in der Schweiz vorbestrafter Extremist, lag im September 1883 im Elberfelder St. Josefs-Hospital und mußte sich auf seine Komplizen verlassen; Männer wie den einfältigen Küchler, den unreifen Rupsch oder einen Weber namens Palm, der nicht nur der Gruppe um Reinsdorf angehörte, sondern zugleich ein Polizeispitzel war. Doch weil keine Detonation den kaiserlichen Zug auf dem Weg zur Einweihung des Nationaldenkmals am Rhein oberhalb Rüdesheims gestoppt hatte, gab es für die Behörden keinen Anlaß zu Ermittlungen. Küchler und Rupsch konnten ihr wertvolles Dynamit bergen und bei einem Anschlag gegen die Rüdesheimer Festhalle einsetzen, bei dem allerdings »nur eine Wand beschädigt, eine Anzahl Gläser und Flaschen zertrümmert, zwei Männer niedergeworfen und ein wunderschöner Kalbsnierenbraten ungenießbar gemacht« wurde.[25]

So ungefährlich wie diese beiden Anschläge war ihr Spiritus rector August Reinsdorf allerdings keineswegs. 1849 in Sachsen geboren, war der mittelgroße, breitschultrige, aber schlanke Mann aus einfachsten Verhältnissen ein charismatischer Anführer. Autodidaktisch erwarb er sich in einer Zeit umfassendes Wissen, in der Bildung zu den Privilegien der bürgerlichen Schichten zählte. In Konflikt mit der Staatsmacht geriet er zum ersten Mal, als er sich 1870 dem Kriegsdienst entzog und in die Schweiz floh. In den folgenden Jahren gehörte er zu den radikalsten Revolutionären auf dem linken Flügel des politischen Spektrums in Deutschland; er favorisierte die Ideen des russischen Revolutionärs Michail Bakunin und stieß damit bei der Mehrheit der deutschen Sozialdemokratie trotz des seit 1878 geltenden scharfen »Sozialistengesetzes« auf Ablehnung. Diese fortgesetzte Zurückweisung und seine fortschreitende Schwindsucht ließen in Reinsdorf den Willen wachsen, einen kühnen und besonders schweren Schlag gegen die herrschende Gesellschaft zu führen. Mal plante er, den Reichstag in Berlin (nicht das heute unter diesem Namen bekannte Gebäude, sondern die umgebaute Königliche Porzellanmanufaktur in der Leipziger Straße 4) in die Luft zu sprengen, mal wollte er den Berliner Polizeipräsidenten ermorden. Doch zu viel mehr als den hilflosen Sprengstoffattentaten von Rüdesheim reichte es nicht.

Einen guten Monat später wurde der gescheiterte Oberterrorist, der unter falschem Namen beim Elberfelder Amtsblatt gearbeitet hatte, aus dem Krankenhaus entlassen. In den folgenden Wochen soll er weitere Anschläge geplant und immerhin eine (ebenfalls folgenlose) Explosion im Polizeipräsidium in Frankfurt am Main herbeigeführt haben. Schließlich entschied er sich, Deutschland zu verlassen, um sich der zunehmenden Fahndung zu entziehen; wieder ohne Erfolg: Am 11. Januar 1884 wurde August Reinsdorf in Hamburg verhaftet; auch Küchler und Rupsch sowie weitere Anhänger seiner Gruppe gingen der Polizei ins Netz. Die beiden Attentäter und ihr Anführer wurden wegen Hochverrats angeklagt. Jetzt endlich bekam Reinsdorf die Chance, sich selbst zu inszenieren. »Nun sagt man: Attentate werden nur von vaterlandslosem Gesindel begangen. Das ist falsch! Wir deutschen Arbeiter haben mehr Patriotismus als die ganze Bourgeoisie, wenn wir den heiligen Krieg auch nicht für einen heiligen, sondern für einen dynastischen Eroberungskrieg halten [...] Und wenn wir auf dem Wege der Revolution nichts machen können, so muß dies auf andere Weise geschehen. Und wenn dies durch Attentate zu erreichen ist, so müssen Attentate begangen werden«, begründete Reinsdorf vor dem Reichsgericht seine Tat: »Unsere Absicht war, auf dem Niederwald eine Demonstration hervorzurufen. Das Mißglücken derselben ist wohl nicht der Hand der Vorsehung, wie der Reichsanwalt meinte, sondern der ungeschickten Hand Rupschs zu verdanken.«[26] Über das zu erwartende Urteil machte sich August Reinsdorf keine Illusionen. »In stolzem Ton verlangte er, als Märtyrer zu sterben, und rief aus: ›Hätte ich zehn Köpfe, ich würde sie mit Freuden für die anarchistische Sache aufs Schaffott legen!‹«[27] Küchler dagegen, dessen Sparsamkeit das Attentat hatte scheitern lassen, knickte ein und behauptete, bewußt gegen Reinsdorfs Anweisung gehandelt zu haben; es rettete ihm sein Leben freilich nicht: Am 7. Februar 1885 wurde er unmittelbar nach seinem Anführer im Gefängnis von Halle geköpft – mit dem Beil. Wegen seiner Jugend wurde der dritte Haupttäter, Franz Rupsch, begnadigt.

Terrorismus ist kein Phänomen allein der radikalen Linken. »Dieser Feind steht rechts!«, ruft am 25. Juni 1922 Reichskanzler Josef Wirth im Reichstag aus und schaut auf die Plätze der Deutschnationalen Volkspartei (DNVP), der radikalsten antirepublikanischen Fraktion im deutschen Parlament.[28] Die Empörung ist nachvollziehbar: Am Tag zuvor ist Wirths Freund und Außenminister, Walther Rathenau, auf offener Straße von Rechtsterroristen ermordet worden. Seit Monaten schon führen die DNVP und andere, noch radikalere völkisch-nationale Gruppierungen eine Hetzkampagne gegen Rathenau. Sie gipfelt in dem perfiden Reim: »Auch Rathenau der Walther / Erreicht kein hohes Alter / Knallt ab den Walther Rathenau / Die gottverfluchte Judensau«. Angesichts einer Serie von rechtsterroristischen Anschlägen in den vergangenen zwölf Monaten muß diese Drohung ernst genommen werden: Im Juni 1921 war Karl Gareis erschossen worden, Abgeordneter der USPD in Bayern; am 26. August starb der Zentrumspolitiker, ehemalige Finanzminister und Leiter der deutschen Waffenstillstandsdelegation von 1918, Matthias Erzberger; am 4. Juni 1922 verübten zwei Attentäter einen Blausäureanschlag auf Philipp Scheidemann, den ersten Ministerpräsidenten der Deutschen Republik und amtierenden Oberbürgermeister von Kassel, der jedoch fehlschlug. Warnungen genug, sollte man meinen. Doch Rathenau, dem die Polizei Personenschutz geradezu aufdrängt, entzieht sich seinen Bewachern immer wieder.

Auch am 24. Juni 1922. Es ist kurz vor elf Uhr an diesem kühlen Samstagvormittag, als der Reichsaußenminister sich von seinem Fahrer Josef Prozeller an seiner Villa in Grunewald abholen läßt.[29] Über die Koenigsallee nimmt Rathenaus relativ kleiner Wagen des Fabrikats NAG den üblichen Weg in die Innenstadt. Weit jedoch kommt die offene Limousine nicht. Vor einer langgestreckten Rechtskurve verlangsamt der Chauffeur, als sich von hinten ein großer sechssitziger, ebenfalls offener Mercedes-Tourenwagen nähert, in dem außer dem Fahrer zwei Männer in nagelneuen Ledermänteln und mit Autofahrerkappen sitzen. Der Mercedes überholt den NAG; einer der beiden Ledermänner steht auf, legt eine Maschinenpistole auf Rathenau an und schießt; der andere zieht eine Handgranate ab und wirft sie in den Fond vor die Füße des Außenministers. Dann beschleunigt der Tourenwagen und verschwindet durch die Wallotstraße, während der überraschte Prozeller seinen Wagen ausrollen läßt, um festzustellen, was eigentlich geschehen ist. Er sieht seinen Chef zusammengesunken und leblos. Eine Krankenschwester, die zufällig in der Nähe auf die Straßenbahn wartet, versucht noch, erste Hilfe zu leisten, doch es ist zu spät: Walther Rathenau stirbt in ihren Armen und kehrt als Toter in sein Haus zurück, das er keine zehn Minuten zuvor verlassen hat.

Zur selben Zeit befanden sich die gut vorbereiteten Attentäter bereits auf der genau geplanten Flucht. Zunächst hilflos versuchte die Berliner Polizei, ihnen auf die Spur zu kommen. Die umgehend ausgelobte Belohnung von einer Million Mark[30] führte zwar zu einer Flut von Zeugenaussagen, die sich jedoch größtenteils als Erfindungen oder Wichtigtuereien erwiesen. Bis auf einen, den entscheidenden Hinweis: Über die Angebereien eines jungen Mannes, der sich vor seinen deutschnationalen Gesinnungsgenossen der Mitwisserschaft an dem Mord gebrüstet hatte, kamen die Ermittler nach nur vier Tagen auf die Spur des Tatwagens und damit seines Fahrers Ernst Werner Techow, der festgenommen wurde.[31]

Nun klärten sich die Hintergründe des Anschlags rasch; auch die Namen der beiden Attentäter wurden bekannt: Erwin Kern, 24 Jahre alt, Jura-Student und im Ersten Weltkrieg Oberleutnant zur See, sowie Hermann Fischer, ein 26jähriger Maschinenbauingenieur, ebenfalls Leutnant a.D., der vom Mittäter Ernst von Salomon als »Typus des Frontoffiziers« gepriesen wurde. Nach den allerdings verherrlichenden Schilderungen des späteren Bestsellerautors war Kern die treibende Kraft in der Terrorgruppe, während Fischer »gleichmäßig ruhig blieb. Er war der ruhende Pol, zu dem sich Kern immer wieder fand«. Als »Landsknecht par excellence« übte der breitschultrige, mittelgroße Kern einen beinahe suggestiven Einfluß auf die anderen Mitglieder der Gruppe aus. Über seine Motivation zum Attentat sagte er laut Salomon: »Ich habe mir, so wie es die Ehre befahl, am 9. November 1918 eine Kugel in den Kopf gejagt. Ich bin tot; was an mir lebt, bin nicht ich. Ich kenne kein Ich mehr seit jenem Tage.«[32] Die Motivation der beiden Attentäter und ihrer Unterstützer war ein Konglomerat aus Rechtsextremismus, Antisemitismus und Haß auf die Weimarer Republik, deren führende Figuren angeblich die Niederlage Deutschlands im Ersten Weltkrieg verursacht hatten.[33]

Hinter dem Attentat stand eine wohlorganisierte Terrorgruppe, die »Organisation Consul« unter dem ehemaligen Marineoffizier Kapitän zur See Hermann Ehrhardt, dem militärischen Befehlshaber beim fehlgeschlagenen Kapp-Putsch 1920. Der Marinebrigade Ehrhardt hatten alle Attentäter der Terrorwelle 1921/22 angehört; nach ihrem Verbot bestand sie in der Illegalität weiter und unterstützte von München aus verschiedene Anschläge. Ernst von Salomon hat in seinem 1951 erschienenen, teilweise autobiographischen Roman »Der Fragebogen« eine Szene erfunden, die wohl die tatsächliche Verantwortung der »Organisation Consul« kaschieren sollte: Als er nach dem Rathenau-Mord nach München gefahren sei, um Unterstützung für die beiden flüchtigen Attentäter zu werben, hätte ihn Hermann Ehrhardt »mit einem fürchterlichen Donnerwetter« empfangen. »Um in seinem Jargon zu bleiben, er schiß mich wahnsinnig zusammen. Er wollte wissen, wer auf den Gedanken zu diesem Attentat gekommen war.«[34] Im Gegensatz zu dieser Stilisierung deuten alle heute bekannten Quellen darauf hin, daß Kern und Fischer auf direkten Befehl von Ehrhardt handelten.

Das vorrangige Ziel der militärisch straff geführten Terrorgruppe war die Destabilisierung der verhaßten Republik; ob Ehrhardt und seine Komplizen tatsächlich einen konkreten Plan zum Staatsstreich verfolgten, wie heute einige Historiker[35] vermuten, ist jedoch zweifelhaft. Laut dem Mitwisser Friedrich Wilhelm Heinz war geplant, durch eine Attentatsserie einen Aufstand der Kommunisten und linken Sozialdemokraten zu provozieren, um der Reichswehr und den nationalen Wehrverbänden einen Grund zum harten Durchgreifen zu geben: »Wir dürfen nicht zuerst zuschlagen. Die Kommunisten müssen es tun. [...] Man muß Scheidemann, Rathenau, Zeigner, Lipinski, Cohn, Ebert und die ganzen Novembermänner hintereinander killen. Dann wollen wir doch einmal sehen, ob sie nicht hochgehen in Korona, die Rote Armee, die USP[D], die KPD«, schrieb er 1930 in seinem angeblich autobiographischen Roman »Sprengstoff«.[36] Allerdings war Friedrich Wilhelm Heinz zeit seines Lebens ein notorischer Hochstapler und Lügner, der immer wieder vermeintliche Verschwörungen erfand, seine eigene, zentrale »Beteiligung« in den Vordergrund stellte und auf diese Weise Anerkennung erntete, die er gar nicht »verdiente«.[37] Wahrscheinlicher als ein ausgetüftelter Plan zur Provokation eines Bürgerkrieges ist, daß die »Organisation Consul« die Republik schlicht sturmreif morden wollte. Doch die entschlossene Reaktion der ganz überwiegenden Mehrheit der deutschen Öffentlichkeit nach dem Rathenau-Mord vereitelte dieses Vorhaben – ähnlich wie schon nach dem Kapp-Putsch 1920.

Anfang Juli 1922 wurden die ersten Steckbriefe verteilt, auf denen Erwin Kern und Hermann Fischer mit Bildern gezeigt und recht genau beschrieben wurden.[38] Am 8. Juli vermochten sie sich in Lenzen an der Elbe nur durch großes Glück der Verhaftung zu entziehen. Auf Fahrrädern flüchteten die beiden Mordverdächtigen weiter. Nun begann eine der bis dahin größten Fahndungsaktionen der deutschen Geschichte: Mehrere hundert Polizisten wurden zusammengezogen, der Chef der Berliner Politischen Polizei, Bernhard Weiß, kam selbst in die eigens errichtete Einsatzzentrale in Gardelegen, um den Einsatz zu koordinieren – pikanterweise im Tatfahrzeug, dem sechssitzigen Mercedes-Cabriolet, das die Polizei beschlagnahmt hatte. In jeder Kleinstadt, in jedem Dorf der Gegend wurde Ausschau gehalten nach den beiden jungen Männern auf Fahrrädern. Jedes Gasthaus war informiert, jeder Haus- und Hofbesitzer gewarnt. Eigentlich hätte es nur eine Frage von Tagen sein sollen, bis die beiden Mörder ins Netz gehen mußten.[39] Doch das Gegenteil geschah: »Immer wieder wurde die Polizei mit Bekundungen angeblicher Augenzeugen konfrontiert, die in falsche Richtungen wiesen. Auch war plötzlich eine auffallende Häufung von Radwanderern im Suchgebiet zu verzeichnen, die in Aussehen und Kleidung den flüchtigen Attentätern auf irritierende Weise ähnelten. Die Polizei kam schnell zu dem Schluß, daß es sich um Helfershelfer handelte, die die Fahndung behindern wollten.«[40]

Kern und Fischer konnten sich dank der Unterstützung tatsächlich aus dem Fahndungsgebiet in der Altmark davonmachen und in Thüringen auf der Burg Saaleck unterschlüpfen, in der Wohnung des völkischen Schriftstellers Hans Wilhelm Stein. Ihr Ziel war zweifellos Bayern, wo sie vor der Verfolgung durch die preußische Polizei vorläufig sicher gewesen wären und angesichts der politischen Verhältnisse möglicherweise in einer bequemen Halblegalität hätten leben können. Unbekannte Mitglieder der »Organisation Consul« waren bereits auf dem Weg nach Burg Saaleck, ausgestattet mit falschen Pässen für Kern und Fischer sowie mit Geld, um ihre Flucht zu bezahlen. Doch fielen die beiden Terroristen am 16. Juli zwei Wanderern auf, die sich in der gegenüberliegenden Rudolsburg aufhielten. Die Polizei von Halle nahm diesen Hinweis sehr ernst, riegelte die Burg am folgenden Tag ab und gab den beiden Flüchtigen Gelegenheit, sich zu ergeben. Statt dessen eröffneten die ehemaligen Offiziere das Feuer. Beim folgenden kurzen Schußwechsel wurde Erwin Kern tödlich am Kopf getroffen; Hermann Fischer brachte ihn ins Schlafzimmer und nahm sich daraufhin selbst das Leben, wobei er darauf achtete, die Matratze seines Bettes zu schonen.[41]

Völkische Studenten von der Universität Jena und dem Technikum Bad Sulza trugen die beiden Toten am 21. Juli 1922 auf dem kleinen Friedhof der Gemeinde Saaleck zu Grabe. Doch damit war das Kapitel Rathenau-Mörder keineswegs zu Ende. Zehn Mittäter und Mitwisser, darunter der Fahrer Ernst Werner Techow und Ernst von Salomon, wurden zu Gefängnisstrafen verurteilt. Salomon verarbeitete das Attentat und seine anschließende Haft in dem Roman »Die Geächteten«, der 1930 erschien und seinen Ruhm als nationalkonservativer Schriftsteller begründete. Das Grab der beiden Rathenau-Mörder in Saaleck wurde am elften Jahrestag ihres Todes mit einem großen Steinblock mit Stahlhelm und einer Inschrift geschmückt, einem Spruch von Ernst Moritz Arndt: »Tu was Du mußt. Sieg oder stirb und laß Gott die Entscheidung«. Enthüllt wurde der Gedenkstein am 17. Juli 1933 von Hermann Ehrhardt höchstpersönlich – ein halbes Jahr nach der Machtübernahme der Nationalsozialisten war derlei problemlos möglich. Nach 1945 ließ die DDR den Stahlhelm und die Inschrift abmontieren, doch der Stein blieb – bis zum 31. Januar 2000. An diesem Tag entfernte ihn eine Pioniereinheit der Bundeswehr, nachdem sich die Pfarrerin des Ortes beschwert hatte. Das revanchistische »Ostpreußenblatt« zürnte: »Auch wäre die Frage zu prüfen, wie weit die Grabesruhe gestört wurde, ja, ob nicht sogar von Grabschändung gesprochen werden muß.« Nach Ansicht des Blattes »fiel« Erwin Kern bei der »Belagerung« der Burg. Rathenau sei »die Symbolfigur einer Politik, die nach der Niederlage Deutschlands im Ersten Weltkrieg durch Wohlverhalten und buchstabengetreues Erfüllen der grausamen Bedingungen des Versailler Friedensvertrages den Siegern beweisen sollte, daß sich Deutschland im Sinne der Siegermächte gewandelt habe und daher Gnade verdiene«.[42] Wie berechtigt das Vorgehen der Bundeswehr und der Pastorin von Saaleck war, zeigte sich spätestens zwei Jahre später, als der rechtsextremistische »Nationale Beobachter« aus Halle seine Leser zu einer Trauerfeier für Kern und Fischer aufrief. Auf den Friedhof durften die Neonazis nicht, doch »gedachten« sie der Mörder Walther Rathenaus im Hof der Burg Saaleck und legten sogar Blumen für die Attentäter nieder.

Manchmal beginnt der Herbst schon zu Ostern. Am 7. April 1977, am Gründonnerstag, hält in der Karlsruher Innenstadt gegen 9.15 Uhr ein dunkelblauer Mercedes an einer roten Ampel.[43] Plötzlich rollt von hinten ein schweres Motorrad der Marke Suzuki an die rechte Seite der nicht mehr ganz neuen Limousine heran. Fahrer und Beifahrer tragen olivgrüne Helme, der Sozius hat sich eine braune Reisetasche am Körper befestigt. Als die Ampel auf Grün umspringt und der Mercedes anfährt, reißt der Beifahrer plötzlich ein an Schaft und Lauf verkürztes Automatikgewehr des Typs Heckler & Koch 43 heraus und verfeuert ein halbes Magazin in den Wagen; 15 Kugeln werden später sichergestellt. Der Chauffeur Wolfgang Göbel ist sofort tot; auf der anderen Seite der Kreuzung rammt sein Auto einen Stahlpfeiler. Vorne rechts sitzt der oberste Ankläger der Bundesrepublik, der Generalbundesanwalt Siegfried Buback; er wird tödlich verletzt und stirbt noch am Tatort, nachdem Helfer ihn aus dem Auto geborgen hatten. Der dritte Mann in Bubacks Auto, der Chef der Fahrbereitschaft der Bundesanwaltschaft Georg Wurster, wird schwer verletzt; sechs Tage später erliegt auch er seinen Schußwunden.

Die Täter beschleunigen unmittelbar nach den Schüssen und sind verschwunden, bevor der erste Notruf bei der Polizei eintrifft. Einige Kilometer weiter lassen die beiden Attentäter ihr Motorrad stehen, steigen in ein Fluchtauto um, das von einem dritten Mann gesteuert wird, und verschwinden zu einem nahegelegenen Bahnhof, von dem aus sie wahrscheinlich den D-Zug Richtung Paris nehmen. Wenige Tage später wird ein Bekennerbrief in den Briefkasten der Deutschen Presse-Agentur in Frankfurt/M. geworfen: »Für Akteure des Systems wie Buback findet die Geschichte immer einen Weg. Am 7.4.77 hat das Kommando Ulrike Meinhof Generalbundesanwalt Siegfried Buback hingerichtet.« Eine weitere »Kommandoerklärung« begründet das Attentat: »Buback war direkt verantwortlich für die Ermordung von Holger Meins, Siegfried Hausner und Ulrike Meinhof. Er hat in seiner Funktion als Generalbundesanwalt – als zentrale Schalt- und Koordinationsstelle zwischen Justiz und den westdeutschen Nachrichtendiensten in enger Kooperation mit der CIA und dem NATO-Security-Committee – ihre Ermordung inszeniert und geleitet.«[44] Mit dem Mord an Deutschlands oberstem Ankläger beginnen die blutigsten Monate im Kampf der »Rote Armee Fraktion« (RAF) gegen die Bundesrepublik, die schließlich in der Befreiung der Lufthansa-Maschine »Landshut« in Mogadischu und dem Selbstmord der drei Terroristen Gudrun Ensslin, Jan-Carl Raspe und Andreas Baader im Hochsicherheitsgefängnis Stammheim am 18. Oktober 1977 gipfeln; heute kennt man dieses runde halbe Jahr als den »deutschen Herbst«

Sehr schnell hatten die Ermittler drei junge Männer im Verdacht, die bereits vor dem Attentat in der Illegalität lebten: den 22jährigen

Günter Sonnenberg und die beiden 25jährigen Christian Klar und Knut Folkerts. Gemeinsam mit mindestens acht Gesinnungsgenossen bildeten sie die süddeutsche Zelle der zweiten Generation der RAF; gewonnen für den bewaffneten Kampf gegen die Demokratie hatte sie der ehemalige RAF-Anwalt Siegfried Haag. Über die Motive dieser drei und der weiteren knapp zwei Dutzend Mitglieder dieser Terrorgruppe vermutete 1978 Horst Mahler, einst Anwalt und Ideologe der linksradikalen RAF, später Anwalt und Ideologe der rechtsextremen NPD:[45] »Gewiß, sie haßten ohnedies den westdeutschen Staat wegen seiner faschistischen Vergangenheit und seiner gegenwärtigen Verstrickung in die imperialistischen Kriege der USA; aber erst die Vorstellung, daß die gefangenen Guerilleros – wie sie es sahen – in den Gefängnissen langsam zu Tode gefoltert wurden, brachte sie dazu, sich dem bewaffneten Kampf anzuschließen.«[46] Ein konkretes politisches Ziel hatte dieser Kampf nicht; er erschöpfte sich in der Destabilisierung des Bundesrepublik. Ideologische Statements, die für die ursprüngliche Baader-Meinhof-Gruppe noch eine gewisse Bedeutung hatten, waren für die zweite Generation der RAF nur noch Pflichtübungen.

Alle drei Tatverdächtigen im Fall Buback gingen der Polizei ins Netz: Sonnenberg wurde keine vier Wochen nach dem Anschlag in eine Schießerei mit der Polizei verwickelt und schwer verletzt; eine »Polizeikugel drang ihm über dem rechten Ohr in den Kopf und riß eine vier Zentimeter breite Höhle; vier Geschoßsplitter blieben – bis heute [Februar 1978 – sfk] – tief im Gehirn stecken«.[47] In Sonnenbergs Rucksack wurde die Waffe gefunden, mit der Buback, Göbel und Wurster ermordet worden waren. Folkerts tötete auf dem Höhepunkt des »deutschen Herbstes« am 22. September 1977 in Utrecht einen holländischen Polizisten, wurde festgenommen und später nach Deutschland ausgeliefert; für Hinweise auf das Versteck des entführten Hanns-Martin Schleyer bot ihm das Bundeskriminalamt erfolglos eine Prämie von einer Million Mark, Straffreiheit und eine neue Identität an.[48] Klar, der »schlimmste Terrorist der RAF (er bereut nichts)«[49], wurde zuletzt festgenommen; am 16. November 1982. Vollständig aufgeklärt worden ist der Mord an Siegfried Buback nicht, obwohl kein Hauptverdächtiger sich den Fahndern entziehen konnte; ebenso wenig wie die zum Mord führende gescheiterte Entführung des Vorstandssprechers der Dresdner Bank, Jürgen Ponto, am

30. Juli und die Entführung des Arbeitgeber-Präsidenten Hanns-Martin Schleyer am 5. September 1977. Denn keiner der Tatverdächtigen im Buback-Mord sagte zur Sache aus.

Mit großer Wahrscheinlichkeit aber war Folkerts der Schütze auf dem Motorrad und damit der eigentliche Attentäter, wenn auch seine beiden mutmaßlichen Komplizen, Klar und Sonnenberg, juristisch dieselbe Schuld traf. Geboren 1952 als Sohn eines hohen Beamten der Bundesbahn und aufgewachsen in Karlsruhe, war Folkerts lange ein eher ruhiger, unauffälliger Jugendlicher gewesen, »lebhaft höchstens einmal als Gitarrist in einer Beatgruppe oder als Mitglied der Freiwilligen Feuerwehr in Karlsruhe-Rüppurr«.[50] Allerdings versagte Folkerts immer wieder in Prüfungssituationen; sein Berufsziel, Musiklehrer zu werden, zerschlug sich. Im März 1976 sagte er sich von seiner Familie los, tauchte unter und schloß sich Haags »Stadtguerilla«-Gruppe an. Folkerts wurde 1980 wegen des Mordes an Buback, wegen weiterer Gewaltverbrechen und wegen Mitgliedschaft in einer terroristischen Vereinigung zu zweimal lebenslänglich verurteilt; im Oktober 1995 durfte er das Gefängnis nach 18 Jahren Haft verlassen. Danach organisierte er Konzerte des Sängers Rio Reiser, später lebte er von Arbeitslosengeld und gab gelegentlich Interviews oder trat bei Podiumsdiskussionen linker Organisationen als »Experte« für Terrorismus auf. Sonnenberg wurde aufgrund seiner schweren Verletzung und seiner Verurteilung in einem anderen Verfahren nie wegen des Buback-Mordes angeklagt; 1992 setzte das Oberlandesgericht Stuttgart seine lebenslange Haftstrafe zur Bewährung aus und entließ ihn. Christian Klar, der bis heute an den »Idealen« der RAF festhält, sitzt weiterhin wegen seiner führenden Rolle im »deutschen Herbst« 1977 ein; sein Urteil lautet auf fünfmal lebenslänglich plus 15 Jahre Haft. Wegen der besonderen Schwere seiner Schuld und seiner Unbelehrbarkeit kann frühestens im Jahr 2008 über eine Begnadigung entschieden werden.[51]

Haarspalterei gehört zu den wichtigsten Eigenschaften erfolgreicher Ermittler. Manchmal ermöglichen es nämlich ein paar Härchen, einen lange zurückliegenden Anschlag praktisch zweifelsfrei aufzuklären. Schon als am Mittag des 2. April 1991 die Spurenexperten des Landeskriminalamtes von Nordrhein-Westfalen in einem Schrebergartengelände nahe des Rheins in Düsseldorf ein benutztes Handtuch finden, hoffen sie auf den Durchbruch für ihre Ermittlungen. Denn an dem Frottee haften einige menschliche Haare, und sie finden das Handtuch nur wenige Meter neben einem Gartenstuhl, auf dem ein Bekennerschreiben der RAF liegt. Darin bekennt sich die Terrorgruppe zu dem Mord, der von genau hier aus nur wenige Stunden zuvor begangen worden war.[52]

Am 1. April 1991 gegen 23.30 Uhr durchschlägt eine Gewehrkugel das Doppelglas eines Fensters der 63 Meter entfernten Villa von Detlev Karsten Rohwedder und verletzt den Chef der Treuhandanstalt tödlich. Zwei weitere Schüsse folgen; sie treffen Rohwedders Frau und das Bücherregal in seinem Arbeitszimmer. Die Alarmanlage in Rohwedders Haus schrillt, doch dem Topmanager ist nicht mehr zu helfen; die Kugel vom Kaliber 7,62 mal 51 Millimeter hat gleichzeitig Wirbelsäule, Aorta, Luft- und Speiseröhre des Opfers zerrissen. Doch trotz vergleichsweise umfangreicher Spuren ist kein unmittelbarer Tatverdacht gegen einen bekannten Terroristen zu begründen, denn die Kriminaltechnik des Jahres 1991 vermag anhand ausgefallener Haare keine DNS-Profile zu erstellen, um einen Verdächtigen eindeutig zu identifizieren; damals ist das nur anhand von ausgerissenen Haaren möglich, an deren Ende noch bis vor kurzem lebendige Zellen haften. Erst mehr als zehn Jahre später gelingt den Technikern des Bundeskriminalamt (BKA) der entscheidende Durchbruch. Am 16. Mai 2001 geben sie bekannt, die Erbsubstanz eines ausgefallenen Haars habe mit neuen Methoden aufgeschlüsselt werden können: »Eine Haarspur führt zweifelsfrei zu Wolfgang Grams.«[53]

Damit bestätigte sich ein Verdacht, den deutsche Sicherheitsorgane bereits seit zehn Jahre gehegt hatten: Ein Mitglied der sogenannten dritten Generation der RAF hatte Rohwedder ermordet, der seit Herbst 1990 die unvermeidliche Abwicklung der DDR-Staatswirtschaft managte und in wenigen Monate zur meistgehaßten Person in Ostdeutschland geworden war. Sein mutmaßlicher Mörder Wolfgang Grams war schon seit 1984 untergetaucht und wurde mit Haftbefehl gesucht, unter anderem wegen der angenommenen, aber niemals belegten Beteiligung am Mord an Alfred Herrhausen 1989.[54] Der neue Hauptverdächtige Grams hatte – je nach Sichtweise – einen großen Vor- oder Nachteil: Er war zum Zeitpunkt der neuen Erkenntnisse des BKA bereits seit fast acht Jahren tot; erschossen 1993 bei einer Verhaftungsaktion auf dem Bahnhof der Kleinstadt Bad Kleinen in Mecklenburg-Vorpommern. Lange hielten sich Gerüchte, Grams habe gar nicht selbst am 27. Juni 1993 seinem Leben ein Ende gesetzt, als seine Situation angesichts Dutzender Beamter der Antiterroreinheit GSG 9 und anderer Polizeieinheiten aussichtslos wurde, wie die offizielle Erklärung des Bundesinnenministeriums lautete. Allerdings sind nie auch nur halbwegs ernstzunehmende Indizien aufgetaucht, die diese Behauptung stützen könnten, obwohl sich mit dem Magazin »Der Spiegel« das einflußreichste Medium Deutschlands auf die Seite der »Bad Kleinen-Skeptiker« schlug.

Wolfgang Grams Biographie ist besser dokumentiert als die der meisten RAF-Terroristen; das ist in erster Linie ein Verdienst des Dokumentarfilmers Andreas Veiel, der in seinem preisgekrönten Film »Black Box BRD« die Biographien des Terroristen und seines (angenommenen) Opfers Alfred Herrhausen gegenüberstellt. Wolfgang Grams kam im März 1953 in Wiesbaden zur Welt. Er wuchs in bescheidenen Verhältnissen auf; mit seinem sieben Jahre jüngeren Bruder Rainer teilte er sich lange ein Zimmer. Sein Vater, der mit 17 Jahren 1942 zur Waffen-SS gegangen war, trat vor allem als strenger Richter in Erscheinung, weniger als liebender Vater. Der junge Wolfgang galt als begabt; vor allem sein musikalisches Talent sorgte für Aufmerksamkeit. Ende der sechziger Jahre war der Teenager Mitglied mehrerer Beat-Bands, doch zu mehr reichte sein Talent offenbar nicht. 1970 entwickelte sich bei Wolfgang Grams das Gefühl, in einem Staat zu leben, von dessen Boden aus ein Krieg geführt wird. Die Vorstellung war falsch, aber nicht ganz unbegründet: Die US-Luftwaffenbasis in Wiesbaden war damals ein wichtiger Zwischenstop auf dem Weg nach Vietnam. Der Jugendliche nahm an Antikriegsdemonstrationen teil, gewann neue Freunde in der Szene, die diese Demonstrationen unterstützte. Mit seinem dominanten Vater konnte er darüber nicht reden; Werner Grams erklärte die Amerikaner unbeeindruckt von Vietnam zur Schutzmacht, die »den Russen« vom weiteren Vormarsch nach Westeuropa abschreckten.[55] Natürlich hatte Vater Grams Recht, doch das interessierte seinen Sohn nicht weiter. Für den Jugendlichen war klar, daß sein Vater den Krieg in Vietnam ebenso verdrängte wie die eigene Verstrickung in die Verbrechen des Dritten Reiches.

Im Zivildienst und im beginnenden Studium blieb Wolfgang Grams bei seiner Sicht der Dinge. Ein Foto von etwa 1974 zeigt ihn mit langen Haaren und einem »Revolutionärsbart«.[56] Als Mitglied der »Roten Hilfe«, einer Sympathisantenorganisation der RAF, rutschte er nach und nach in die Nähe der untergetaucht lebenden Anführer der Terror-Gruppe. Nach dem Selbstmord von Ulrike Meinhof in der Nacht vom 8. auf den 9. Mai 1976 wollte er zum ersten Mal einen Anschlag begehen, doch als es darauf ankam, fehlte ihm und seiner Komplizin Ulli H. der Schneid, die Brandbomben auch wirklich zu werfen: Noch war Wolfgang Grams nicht angekommen im harten Kern der RAF. Das änderte sich am 10. September 1978: In der Wiesbadener Innenstadt nahmen Polizisten den bekennenden RAF-Sympathisanten fest; für 152 Tage saß Grams in Untersuchungshaft, bevor er wegen mangelnden Tatverdachts entlassen wurde. Zehn Mark Haftentschädigung wurden ihm pro Tag zugesprochen; für Wolfgang Grams war genau damit das Maß erfüllt: Er begann, sein Abtauchen in die Illegalität vorzubereiten. Im Mai 1984 war es soweit: Zusammen mit seiner Lebensgefährtin Birgit Hogefeld gab er das bürgerliche Leben auf. Haftbefehl wurde im September 1984 erlassen, im November erschien sein Foto nach einem Überfall auf ein Waffengeschäft auf Fahndungsplakaten. Wolfgang Grams war jetzt ein aktenkundiger RAF-Terrorist, der den Kampf gegen das »Schweinesystem« aufgenommen hatte.

Jedoch konnten die Behörden bei keinem RAF-Anschlag der achtziger Jahre eindeutige Spuren bestimmter Terroristen nachweisen. Die Morde an MTU-Chef Ernst Zimmermann, Siemens-Vorstand Karl-Heinz Beckurts und dem Ministerialdirektor im Auswärtigen Amt, Gerold von Braunmühl, blieben ungeklärt, ebenso der gescheiterte Anschlag auf den Staatssekretär im Bundesfinanzministerium, Hans Tietmeyer. Irgendeinen auch nur entfernt politischen Sinn konnten weder Ermittler noch Sympathisanten in diesen Anschlägen sehen; erschütternd war vor allem die Beliebigkeit der Opfer. Nur im Mordfall Herrhausen wurde eine echte Führungspersönlichkeit getroffen. Der westdeutsche Linksradikalismus drehte sich in den achtziger Jahren mehr denn je im Kreis; an Wirkungen in der Bevölkerung glaubten selbst die Täter offensichtlich längst nicht mehr.

Ebenso wenig fanden die Ermittler irgendwelche verwertbaren Indizien; nur der Generalverdacht gegen die RAF-Terroristen blieb – doch von den anderthalb Dutzend Köpfen auf den in der ganzen Bundesrepublik aushängenden Fahndungsplakaten lebten die meisten bereits seit Jahren eine kleinbürgerliche Existenz unter falschen Namen in der DDR. Nur wenige echte Illegale kämpften den immer grund- und sinnlosen Kampf gegen den demokratischen Staat weiter; Wolfgang Grams gehörte nach allem, was man weiß, dazu. Inwieweit er an dem Anschlag auf Alfred Herrhausen beteiligt war, hat auch Andreas Veiel nicht klären können. Falls jedoch die RAF, zu deren führenden Mitgliedern Grams und seine Lebensgefährtin Birgit Hogefeld Ende der achtziger, Anfang der neunziger Jahre ohne Zweifel gehörten, diese Attentate nicht begangen haben sollte, hätte sie sich leicht in der Öffentlichkeit davon distanzieren können. Mangels eines solchen Dementi darf man annehmen, daß alle der RAF zugeschriebenen Anschläge zwischen 1985 und 1993 tatsächlich von ihr begangen wurden; Verschwörungstheorien, laut denen bestimmte »Kreise aus Politik und Wirtschaft« ein »Phantom RAF« aufgebaut hätten, um Schuldige für eigene Verbrechen präsentieren zu können, sind gegenstandslos.[57]

Am Mord an Detlev Karsten Rohwedder war Wolfgang Grams auf jeden Fall beteiligt; sei es als Schütze oder »nur« als Unterstützer.[58] Die drei Schüsse von Düsseldorf sind das bisher letzte Attentat politischer Terroristen in Deutschland geblieben. Doch es wäre leichtsinnig anzunehmen, daß damit diese Gefahr gebannt sei; bei veränderten politischen Rahmenbedingungen kann es sehr wohl wieder zur Bildung einer terroristischen Szene in Deutschland kommen – von links oder von rechts.

Die magische Kugel

Ungelöste Rätsel

8

»Ich bin nur der Sündenbock«: Der mutmaßliche Kennedy-Mörder Lee Harvey Oswald steht im Vorgarten eines Wohnhauses und hält die mutmaßliche Tatwaffe in der Hand. Das undatierte Foto aus den offiziellen Ermittlungsakten der Warren-Kommission ist Gegenstand zahlreicher Spekulationen, weil es manipuliert wirkt.

Warum spannt jemand an einem wolkenlosen Tag einen Regenschirm auf? Nicht einmal in Texas braucht man Ende November einen Sonnenschutz. Warum also der Regenschirm? Louis Steven Witt, der angeblich der Mann mit dem Schirm war, begründet später vor einer offiziellen Untersuchungskommission das Aufspannen durchaus eigenwillig: Den Präsidenten habe er ärgern wollen.[1] Als man ihn bittet, diese überraschende Aussage zu erläutern, erwidert Witt: Er habe gehört, daß der Präsident Regenschirme nicht mochte. Deshalb habe er trotz des guten Wetters an jenem Tag einen Regenschirm gekauft und ihn aufgespannt, als die offene Limousine mit dem Staatsoberhaupt der USA in der Nähe seines Standortes vorüberfuhr.[2] Auf einem zufällig entstandenen Film, der auch den Mann mit dem Regenschirm zeigt, ist jedoch zu sehen, daß er außer dem Aufspannen nichts tut. Gar nichts. Und das soll den Präsidenten »ärgern«? Robert A. Wilson, ein Experte für Verschwörungstheorien, beurteilt die Erklärung treffend: »Ich glaube es auch nicht, weil ich mir nicht vorstellen kann, daß jemand, der gehört hat, Kennedy möge keine Zebras, ein Zebra gekauft hätte.«[3]

Kein Attentat der Weltgeschichte hat die Gemüter so sehr beschäftigt wie die Schüsse auf John F. Kennedy, den 35. Präsidenten der USA, am 22. November 1963. Weit mehr als tausend Bücher sind in den vergangenen 40 Jahren über dieses Thema geschrieben worden; im Internet finden sich Zehntausende Seiten mit Vermutungen über die Täterschaft oder gleich ihrer »Aufklärung«; die Artikel in Magazinen und Zeitungen hat nie jemand gezählt – sie werden allein in den USA in die Hunderttausende, weltweit in die Millionen gehen. Die entscheidende Frage haben sie alle nicht beantworten können: Wer gab die tödlichen Schüsse ab? War es wirklich Lee Harvey Oswald, der schon wenige Stunden nach dem Anschlag der Öffentlichkeit als

Täter präsentiert wurde? Oder war Oswald nur ein Sündenbock, fiel der US-Präsident in Wirklichkeit ganz anderen Tätern zum Opfer? Der Mafia vielleicht? Dem FBI? Der CIA? Den Kubanern? Seinen konservativen Gegnern in der öffentlichen Verwaltung? Den strikten Antikommunisten, die in Vietnam einen Krieg führen wollten, den Kennedy (angeblich) ablehnte?

Der Anschlag auf den gerade 46jährigen Kennedy ist ungewöhnlich gut dokumentiert: Es gibt nicht nur einen 912 Seiten starken Untersuchungsbericht der umgehend eingesetzten »Warren-Commission« unter Vorsitz des Obersten Richters des US-Supreme Court. Für diesen Bericht wurden rund 27.000 Gespräche geführt und etwa 3.000 Ermittlungsakten ausgewertet. Es gibt darüber hinaus den Bericht eines Senats-Unterausschusses unter Vorsitz von Richard Schweiker und Gary Hart, den Bericht der Kommission unter Vizepräsident Nelson Rockefeller, den Bericht eines Unterausschusses des US-Repräsentantenhauses und die Ermittlungen des Bezirksstaatsanwaltes von New Orleans, Jim Garrison, denen der Regisseur Oliver Stone in seinem mit zwei Oscars ausgezeichneten Spielfilm »JFK« ein Denkmal gesetzt hat. Vor allem aber gibt es einen 8-mm-Schmalfilm, auf dem die letzten gut zehn Sekunden im Leben von John F. Kennedy zu sehen sind. Der Kleiderfabrikant Abraham Zapruder aus Dallas hat ihn gedreht.[4] Doch obwohl über den Kennedy-Mord soviel Material verfügbar ist wie über keinen anderen Anschlag der Weltgeschichte, gibt es wohl kein Attentat, bei dem weniger Fakten unumstritten sind.

Der Präsident landete am 22. November 1963 gegen 11.00 Uhr vormittags mit seinem Flugzeug, der »Air Force One«, auf dem Flugplatz Dallas Love Field. Zusammen mit seiner Frau Jackie verließ der jugendlich wirkende Staatschef seine Maschine, begrüßte lokale Honoratioren und bestieg dann seine Limousine, einen sechssitzigen Lincoln. Dessen kugelsicheres Dach war an diesem Vormittag kurzfristig abgenommen worden – warum, ist umstritten. Gegen 11.50 Uhr verließ die Kolonne mit Kennedys offenem Auto den Flugplatz und fuhr gemächlich, aber nicht langsam Richtung Innenstadt. Hunderttausende Menschen standen an den Straßenrändern oder an ihren Fenstern und jubelten dem Präsidenten zu. Plakate mit der Aufschrift »Hooray for Kennedy« wurden in die Kameras der zahlreichen Fernsehjournalisten gehalten. Um 12.29 Uhr bog die Fahrzeugkolonne von der Main Street rechts in die Houston Street und dann gleich

wieder in einer Kurve von 120 Grad nach links in die Elm Street –
warum, ist umstritten. In diesem Moment fuhren die Autos sehr langsam und nahmen, während sie die Dealey Plaza passierten (an der
auch ein großes, privat betriebenes Schulbuchlager lag, das Texas
School Book Depository), nur langsam wieder Tempo auf – warum,
ist umstritten. In diesem Moment spannte ein dunkel gekleideter
Mann am Rand der Straße einen schwarzen Regenschirm auf –
warum, ist umstritten. Wenige Sekunden nachdem die Digitaluhr auf
dem Schulbuchlager auf 12.30 Uhr umgesprungen war, zerriß ein
Schuß die Stille. Tauben flatterten erschreckt auf. Mehrere weitere
Schüsse knallten unmittelbar darauf – ob zwei, drei oder vier, ist
umstritten. Kennedy sank nach links vorn, in die Arme seiner überraschten Frau. Sein Auto verlangsamte die Fahrt für Sekundenbruch-
teile, der Chauffeur drehte den Kopf und schaute in den Fond, statt
unmittelbar zu beschleunigen und die Gefahrenzone so schnell wie
möglich zu verlassen, wie in den Vorschriften für einen möglichen
Anschlag vorgesehen – warum, ist umstritten. Augenblicke später traf
den Präsidenten ein weiterer Schuß am Kopf – ob von hinten oder
von vorne, ist umstritten. Jedenfalls wurde er ins Polster seines Autos
zurückgeworfen. Auch der Gouverneur von Texas, John B. Connally,
wurde getroffen. Die Limousine und ihre Begleitfahrzeuge beschleu-
nigten nun und rasten ins nächstgelegene Krankenhaus. Doch hier
konnte gegen 13.00 Uhr nur noch der Tod des 35. Präsidenten der
Vereinigten Staaten festgestellt werden. Sein Leichnam wurde in die
»Air Force One« geschafft, um nach Washington geflogen und dort in
einem Militärkrankenhaus einer Autopsie unterzogen zu werden –
warum, ist umstritten. Immerhin bestimmte das texanische Recht,
daß jeder in Texas zu Tode gekommene Mensch auch in Texas
gerichtsmedizinisch untersucht werden mußte.[5]

Während Vizepräsident Lyndon B. Johnson bereits als Nachfolger
Kennedys vereidigt wurde, geschahen in Dallas weitere seltsame
Dinge. Kurz nach 12.30 Uhr hatte ein junger Mann in Freizeitkleidung
ungehindert das Texas School Book Depository verlassen, aus dem
laut einigen Zeugen geschossen worden war. Trotzdem wurde das
Haus erst eine Viertelstunde nach dem Anschlag abgesperrt – warum
das so lange dauerte, ist umstritten. Der Mann begab sich zuerst kurz
in sein möbliertes Zimmer und ging dann an die Ecke 10th Street und
Patton Avenue – auf welchem Weg, ist umstritten. Dort sprach ihn ein

junger Polizist an, Jefferson D. Tippit – warum, ist umstritten. Kurz darauf war Tippit tot, niedergestreckt von drei Schüssen – von wem, ist umstritten. Der junge Mann ging offenbar ziellos weiter, bis er schließlich kurz vor 14.00 Uhr in ein Kino in der Jefferson Avenue aufsuchte; allerdings ohne zu bezahlen. Die Kassiererin rief daraufhin die Polizei, die mit einem Großaufgebot erschien und den 24jährigen festnahm, der sich als Lagerarbeiter im Texas School Book Depository etwas Geld verdiente.[6]

Lee Harvey Oswald wurde zunächst unter dem Vorwurf verhaftet, den Polizisten Tippit erschossen zu haben. Man brachte ihn ins Polizeipräsidium, durchsuchte ihn und fand eine Mitgliedskarte der amerikanischen Kommunistischen Partei. Dann wurde der Häftling ohne Anwalt verhört. Doch Protokolle dieser wichtigen ersten Vernehmung existieren nicht – warum, ist umstritten. Unterdessen hatten Polizisten im sechsten Stock des Schulbuchlagers einen seltenen alten Karabiner gefunden, ein italienisches Gewehr aus dem Zweiten Weltkrieg. Säuberlich von Fingerabdrücken gereinigt, aber nur oberflächlich versteckt. Unter einem offenen Fenster hin zur Dealey Plaza lagen drei passende Patronenhülsen. Das Gewehr, so stellte sich bald heraus, war von einem Versandhaus an das Postfach eines gewissen A. Hiddell geliefert worden. Dessen Unterschrift wurde von Sachverständigen später als gefälscht und in Wirklichkeit von Lee Harvey Oswald stammend beurteilt. Es gibt sogar zwei Fotos, die ihn mit dieser Waffe in der Hand zeigen – ob sie echt sind oder gefälscht, ist umstritten.[7] Fast zwei Tage lang wurde der mutmaßliche Attentäter von Polizei, FBI, Secret Service und wohl auch der CIA verhört. Protokolle wurden nicht angefertigt, aber Zeugen erinnerten sich, Oswald habe sowohl den Mord an Tippit wie an Kennedy stets bestritten und im übrigen immer wieder erklärt: »Ich bin nur der Sündenbock.«

Am Sonntag, dem 24. November 1963, zwei Tage nach dem Mord an Kennedy, führten mehrere Polizisten den Verdächtigen vormittags gegen 11.20 Uhr durch den Keller des Polizeipräsidiums zu einer Kolonne wartender Autos, um ihn ins Distriktsgefängnis zu verlegen. Dutzende Reporter und Schaulustige warteten am Nebenausgang, als Oswald herausgeführt wurde – darunter auch Kameraleute. Plötzlich sprang ein fülliger älterer Mann auf ihn zu und schoß. Oswald wurde schwer verletzt ins selbe Hospital gebracht, in das knapp zwei Tage zuvor Kennedy gefahren wurde. Doch ihm war nicht mehr zu helfen, ebensowenig wie dem Präsidenten: Der mutmaßliche Kennedy-Attentäter verschied noch am selben Tag. Sein Mörder, der Nacht-clubbesitzer Jack Ruby, wurde verhaftet, angeklagt, zum Tode verur-teilt und zu lebenslanger Haft begnadigt. Er starb Anfang 1967 an Krebs, ohne daß ein von ihm beantragtes Wiederaufnahmeverfahren begonnen hatte. Warum Ruby schoß, der in seiner Umgebung nicht gerade als Anhänger des demokratischen Präsidenten bekannt war, ist – umstritten. Zahlreiche Augenzeugen erklärten im nachhinein, Ruby habe Oswald gekannt oder sei am 22. November in der Nähe der Dealey Plaza gesehen worden.[8]

Weil der Hauptverdächtige tot war, wurde nun seine Biographie so gründlich durchleuchtet wie bei wohl keinem anderen Attentäter der Weltgeschichte. Rasch stellte sich heraus: Lee Harvey Oswald hatte trotz seiner erst jungen Jahre ein bewegtes Leben geführt. Geboren 1939 in New Orleans in einem heruntergekommen Stadtteil, fiel er schon als Jugendlicher negativ auf und verließ die High School ohne Abschluß. 1956 bewarb er sich beim US-Marine Corps, wurde ange-nommen und zum Radartechniker ausgebildet. Er diente unter ande-rem in Kalifornien und in Japan, bat dann aber um seine Entlassung aus der Armee, angeblich, um seine kranke Mutter zu pflegen. Tat-sächlich reiste er über Southampton nach Moskau, wo er sich im Oktober 1959 als Überläufer anbot und Informationen über US-Radaranlagen versprach. Im November wurde er nach Minsk ge-schickt, wo er eine junge Apothekerin namens Marina kennenlernte und bald heiratete. Doch schon nach zweieinhalb Jahren bereute Oswald seine Entscheidung, in die Sowjetunion zu gehen; im Juni 1962 machte er sich mit Marina und der gemeinsamen Tochter auf den Rückweg in die USA und siedelte sich in Dallas an. Im Sommer 1963 lebte er für einige Monate in New Orleans, dann kehrte er nach Dallas zurück, lebte allerdings nicht mit seiner kleinen Familie zusam-men, sondern mietete sich ein möbliertes Zimmer.[9]

War Oswald ein verrückter Einzeltäter, der sich in den Kopf gesetzt hatte, John F. Kennedy zu bestrafen, für sein verkorkstes Leben zum Beispiel? Oder war er ein sowjetischer Agent, angewor-ben während seiner Militärzeit und zum »Ausquetschen« nach Moskau beordert, mit einer Frau »belohnt«, dann aber doch zu einem weiteren Einsatz in seine alte Heimat zurückgeschickt, um den US-

Präsidenten zu ermorden? Gehörte Oswald vielleicht zu einer Gruppe von Kriminellen aus New Orleans, die ihn zum Mord am vermeintlichen Kuba-Freund Kennedy bewegten? Es gibt auch Theorien, laut denen Oswald tatsächlich unschuldig war, aber vorsätzlich als Sündenbock für den Mord präsentiert wurde; mal angeblich von der Mafia, mal vom FBI, mal von konservativen Geheimdienstleuten oder – im Gegenteil – von Vertrauten des kubanischen Revolutionsführers Fidel Castro.[10] Außerdem haben Buchautoren spekuliert, daß zwar tatsächlich Oswald geschossen habe, aber eigentlich nicht Kennedy habe treffe wollen, sondern den texanischen Gouverneur Connally.[11]

Um jede dieser Annahmen zu beweisen, sind Theorien aufgestellt worden. Die bekannteste ist die von der »magischen Kugel«, die laut der Warren-Kommission die insgesamt sieben Wunden bei Kennedy und Connally erklärte, die von nur zwei Geschossen stammen sollten.[12] Eine Kugel, die sechs Mal die Richtung wechselt, die auch mal eineinhalb Sekunden in der Luft stehenbleibt, die sechs Knochen zersplittern kann und trotzdem in fabrikneuem Zustand gefunden wird. Der Regisseur Oliver Stone hat diese Theorie in seinem Film »JFK« lächerlich gemacht – ob zu Recht oder zu Unrecht, ist umstritten. Angeblich sollen über 80 Prozent der Amerikaner der Ansicht sein, Kennedy sei nicht von Lee Harvey Oswald erschossen worden. Eine auf einer Internetumfrage in Deutschland beruhende Statistik kommt auf 14,6 Prozent für einen Einzeltäter Oswald, auf 2,2 Prozent für eine kubanische und 1,1 Prozent für eine sowjetische Verschwörung, aber auf 82 Prozent für die Schuld entweder der US-Regierung, der CIA oder der Mafia.[13] Unwidersprochene Beweise für die Alleinschuld Oswalds gibt es ebensowenig wie sichere Hinweise auf zwei oder mehr Schützen.

Die Ermordung John F. Kennedys dürfte für immer rätselhaft bleiben; selbst wenn tatsächlich im Jahr 2029 die letzten noch unter Verschluß gehaltenen Untersuchungsakten der Öffentlichkeit zugänglich werden sollten. Es ist höchst unwahrscheinlich, daß sich die Vermutung von David W. Belin, eines ehemaligen Assistenten der Warren-Kommission, erfüllt. Er schrieb 1988, in fünfzig Jahren würden die Historiker sich weitgehend einig sein, daß der Warren-Bericht zutreffend gewesen sei.[14] Immer wieder tauchen angeblich oder tatsächlich neue Indizien auf. Eine Auswahl aus den vergangenen Jahren: Im

April 1995 gab ein New Yorker Dokumentenhändler bekannt, ein schriftliches Geständnis Jack Rubys zu besitzen, laut dem Vizepräsident Lyndon B. Johnson der Kopf hinter der Verschwörung gegen Kennedy gewesen sei. Zum 35. Jahrestag des Anschlages 1998 kursierten Berichte, nach denen während oder nach der Autopsie des toten Präsidenten Beweise und Fotos vorsätzlich vertauscht worden seien.[15] Anfang 2001 »bewies« laut dem britischen Fachmagazin »Science and Justice« ein mit neuen Methoden ausgewertetes Tonband, daß ein vierter Schuß gefallen sei.[16]

Der Mord am 35. US-Präsidenten wird ungeklärt bleiben, obwohl kein Anschlag der Weltgeschichte intensiver untersucht wurde. Oder, genauer: Gerade weil dieses Attentat so intensiv untersucht wurde wie kein anderes. Immer wieder in der Weltgeschichte der Kriminalität begegnet dieses überraschende Phänomen: Je intensiver ein Verbrechen untersucht wird, desto mehr offene Fragen stellen sich. Die im Winter 2002/03 erneut angestoßene Diskussion über die Identität des Frauenmörders Jack the Ripper[17] ist dafür nur eines von vielen Beispielen. Das erscheint auf den ersten Blick paradox; in Wirklichkeit handelt es sich um eine rational leicht erklärbare Dialektik: Erstens läßt sich kein Ereignis im nachhinein wirklich bis ins kleinste Detail rekonstruieren; immer spielen Zufall und Willkür eine gewisse Rolle. Zweitens führen stets Erinnerungslücken oder unwissentlich falsche Aussagen, wichtigtuerische Zeugen oder handwerkliche Mängel bei Ermittlungen zu mitunter hahnebüchenden Fehlern. Drittens aber verlangen zahlreiche Menschen gerade bei spektakulären Kriminalfällen, bei Katastrophen oder eben bei Attentaten »vollständige Aufklärung« – obwohl es die gar nicht geben kann. Sie akzeptieren keine Erklärung, bei der einzelne Details offen bleiben oder widersprüchlich erscheinen. Dies ist der Boden, auf dem Verschwörungstheorien gedeihen.

Der wesentliche Antrieb jeder Verschwörungstheorie ist die Frage »Cui bono? – Wem nützt es?«. Es muß immer eine unsichtbare Macht geben, die beschuldigt werden kann, einen Bösewicht oder mehrere, der oder die von dem fraglichen Ereignis profitieren. In der Regel suchen die Anhänger solcher Erklärungen gar nicht erst ernsthaft nach den »wirklich Verantwortlichen«, sondern kennen sie bereits von vornherein und interessieren sich nur noch für den »Beweis«

ihrer vorgefaßten Ansicht. Deshalb kann man sicher sein, daß Verschwörungstheoretiker sich stets bestätigt finden. Schon seit Jahrhunderten werden regelmäßig »die Juden« für alles Schlechte oder Unerklärliche auf der Welt verantwortlich gemacht; zwischen 1945 und 1991 waren es wahlweise und je nach politischer Präferenz entweder CIA und Nato oder KGB und Kommunismus. Mit dem Ende der Sowjetunion wurde die Regierung in Washington endgültig zum Hauptziel aller Verschwörungstheoretiker; und zwar ebenso von links, zum Beispiel selbsternannten »kritischen Journalisten« vom Westdeutschen Rundfunk,[18] wie von rechts, zum Beispiel fundamentalistischen Christen in den USA. Wer war der Nutznießer beim Kennedy-Attentat? Laut Oliver Stones Film »JFK« der »militärisch-industrielle Komplex« der USA, der an ungebremster Aufrüstung statt Rüstungskontrolle interessiert war. Oder auch die antikommunistische Fraktion im Regierungsapparat, die gewaltsam in Kuba, Vietnam und andernorts eingreifen wollte. Doch außer einem weit verbreiteten, freilich nicht zu belegenden Mißtrauen spricht nichts für eine dieser Deutungen.

Die Legendenbildung um den 22. November 1963 wurde nicht nur von dem allgemeinen Drang befördert, nach vermeintlichen Nutznießern zu suchen. Hinzu kamen der gewaltsame Tod des Hauptverdächtigen und eine Fülle offener Fragen: Warum zum Beispiel wurde der Limousine des Präsidenten das kugelsichere Dach abgenommen? Weil es sonnig und warm war – oder weil »man« den Schützen eine Gelegenheit zum Schuß verschaffen wollte? Warum bog der Konvoi in die Houston Street und gleich erneut in die Elm Street ab, statt einfach die Main Street entlang zu fahren? Weil die Verkehrsführung in Dallas nur so die Zufahrt zum vorgesehenen Highway ermöglichte – oder um Kennedy in eine Position zu bringen, an der er von drei Seiten ins Kreuzfeuer genommen werden konnte? Warum reagierte der Fahrer falsch und stoppte statt zu beschleunigen? Aus menschlich verständlichem Schrecken – oder auf Befehl, um aus einem bewegten Ziel ein festes zu machen? Warum wurde das Schulbuchlager nicht sofort abgesperrt? Warum wurde die Autopsie Kennedys in Washington durchgeführt? Warum gibt es keine Tonbänder oder Protokolle über die Vernehmungen des Hauptverdächtigen? Warum wurde Oswald ohne angemessenen Schutz aus dem Polizeipräsidium geführt – mitten auf eine unkontrollierte Menge zu? Es gehört zur Dialektik der Verbrechensaufklärung, daß es für jede einzelne dieser Fragen und für viele weitere eine nachvollziehbare Antwort gibt – und trotzdem wirken all diese Antworten in der Summe extrem unglaubwürdig.

Der Mord an John F. Kennedy ist nur eines von vielen Attentaten, um das sich teilweise abstruse Verschwörungstheorien ranken. Für die meisten in diesem Buch dargestellten Fälle gibt es abweichende Deutungen, laut denen irgendwelche dunklen Hintermänner ihre Finger im Spiel hatten. Doch nur bei einem Teil dieser Anschläge kann man bei nüchterner Betrachtung tatsächlich von ungelösten Rätseln sprechen. Grundsätzlich sind zwei Typen zu unterscheiden: Erstens die Anschläge, bei denen der Täter zwar zweifelsfrei feststeht, aber seine Motive oder seine Hintermänner Gegenstand von Spekulationen sind, und zweitens die Anschläge, bei denen auch die Täterschaft bezweifelt wird.

Vielweiberei ist nicht zu allen Zeiten verboten gewesen und galt auch nicht immer als unschicklich; am makedonischen Königshof zum Beispiel war es gang und gäbe, daß der Monarch mit mehr als einer Frau zusammenlebt. Allerdings spricht viel dafür, daß Polygamie zu allen Zeiten ein gefährliches Spiel war. Auch dafür findet sich ein schlagendes Beispiel, das sich am makedonischen Hof ereignet hat.[19] Jedenfalls, soweit es nach seinerzeit umlaufenden Gerüchten geht, die einige antike Geschichtsschreiber überliefert haben. Sicher ist nur soviel: Philipp II. von Makedonien, mit etwa 46 Jahren als Haupt des Korinthischen Bundes und Herrscher über ganz Griechenland auf dem Höhepunkt seiner Macht, freut sich im Jahr 336 v. Christus sehr über die Hochzeit seiner Tochter mit seinem Schwager, ihrem leiblichen Onkel. Doch auf der Feier im Theater von Aigai, der Hauptstadt des Makedonenreichs, steht plötzlich ein junger Adliger namens Pausanias vor dem Monarchen und stößt ihm ein Messer in den Leib. Philipp ist sofort tödlich getroffen: Adlige sind in der makedonischen Gesellschaft so gut wie immer militärisch ausgebildet und wissen genau, wie man einen Menschen umbringt.

Aus dem Abstand von fast zweieinhalb Jahrtausenden und angesichts der bescheidenen Quellen muß man vorsichtig sein mit weitgehenden Interpretationen. Aber den überlieferten Berichten von Diodor und Justin sind zwei Versionen über die Hintergründe des Anschlages zu entnehmen. Nach der einen, gewissermaßen offiziellen

Erklärung ermordete Pausanias den unbewacht bei der Hochzeit erscheinenden König, weil er sich von ihm in einem Streit mit dem Onkel seiner neuen jungen Gemahlin, einem Mann namens Attalos, zu wenig unterstützt fühlte. Der Mörder versuchte zu fliehen, verfing sich aber in einem Stück Ranke, strauchelte und wurde von Philipps Leibwachen getötet, ohne daß er etwas über seine Motive aussagen konnte. Nach Diodors Bericht handelte es sich um ein Zusammentreffen von enttäuschter Freundschaft zwischen Pausanias und dem König, sexuellem Mißbrauch (Attalos hatte angeblich seinen Stallburschen den Befehl gegeben, Pausanias zu vergewaltigen) sowie Aufhetzung durch den Sophisten Hermokrates. Philipp II. erscheint nach dieser Quelle als Opfer einer persönlichen Fehde; der Thronfolger Alexander und vor allem seine Mutter, die von ihrem Mann enttäuschte, weil verstoßene Makedonenkönigin Olympias, spielen gar keine Rolle.[20] Diese Version legte auch Aristoteles seiner knappen Erwähnung des Mordes an Philipp zugrunde; danach handelte es sich um einen Mord aus rein persönlichen Rachemotiven.[21] Der große Philosoph war allerdings, was man in diesem Zusammenhang bedenken muß, der Privatlehrer von Alexander und schrieb, als noch einige Vertraute des ermordeten Königs Philipp am Leben waren.[22]

Ganz anders liest sich der Fall, wenn man Justin heranzieht, einen lateinischen Autoren, der eine Zusammenfassung aus dem Werk des Historikers Pompejus Trogus verfaßte. Danach lag die Auseinandersetzung zwischen Attalos und Pausanias schon Jahre zurück. Obwohl der junge Adlige seinen König immer wieder um Genugtuung bat, verhöhnte der König ihn nur. Am Tag der Hochzeit seiner Tochter war Philipp laut Justin in Begleitung seines Sohnes und seines Schwiegersohnes, des Bruders seiner ersten Frau Olympias, als plötzlich Pausanias vor den dreien stand und den König niederstach. Der Attentäter wurde gefangengenommen, verhört und schließlich am Kreuz hingerichtet.[23] Diese Version bestätigt der Bericht eines anonymen Historikers, der auf einem fragmentarisch erhaltenen Papyrus erhalten ist. Wenn allerdings Pausanias tatsächlich verhört und hingerichtet wurde, aber der neue König Alexander verbreiten ließ, der Täter sei unmittelbar nach dem Attentat getötet worden, muß das einen Grund haben. Möglich wäre, darin das Werk einer Verschwörung gegen Philipp zu sehen. Motive hätte es genug gegeben: Philipp hatte verschiedene Thronprätendenten enttäuscht, setzte zur Zeit seines

Todes das instabile persische Großreich militärisch unter Druck und lag mit seiner als mißgünstig bekannten Gattin Olympias im Streit. Denn der Monarch hatte sich im Jahr 337 v. Chr. in eine junge Adlige namens Kleopatra verliebt. Er nahm sie zur Frau und schickte Olympias ins Exil. Naheliegend, daß wohl schon bald nach dem Mord die Erklärung kursierte, die enttäuschte Gattin habe Pausanias mit Geld oder gutem Zureden dazu gebracht, ihren eigenen Mann umzubringen. Diese Version klang viel wahrscheinlicher; und sie wurde gestützt durch das angebliche Desinteresse des Hofes und des neuen Königs Alexander, den Fall aufzuklären. Plutarch stellte in seiner freilich viel später entstandenen Alexanderbiographie fest, auf den Thronfolger sei ein gewisser Verdacht gefallen, hauptsächlich aber habe man Olympias verdächtigt. Alexander habe jedoch die Mitschuldigen an der Mordtat ermitteln und bestrafen lassen.[24]

Attentate, die auf den ersten Blick eindeutig zu sein scheinen, können sich beim zweiten, dritten oder – vor allem – beim tausendsten Blick als »ungelöstes Rätsel« erweisen. Jedenfalls, wenn man eine gewisses Faible für Verschwörungstheorien hat, das jedenfalls großen Teilen der US-Amerikaner eigen ist.[25] Das beweist die Ermordung von Abraham Lincoln, dem 16. Präsidenten der USA. Bis zu den Schüssen auf John F. Kennedy gab es kein anderes Attentat, über das so viele abweichende Interpretationen kursierten, über das so hemmungslos (und meist auch grundlos) spekuliert wurde wie über diese Mordtat.[26]

Eigentlich hat Abraham Lincoln am Karfreitag des Jahres 1865 allen Grund, zufrieden zu sein. Eben erst hat er den Krieg gewonnen, der vier Jahre zuvor durch seine Wahl zum Staatsoberhaupt der USA ausgelöst, wenn auch nicht verursacht worden ist: Die Konföderation der Südstaaten hat fünf Tage zuvor bedingungslos kapituliert. Der erste totale Krieg der Weltgeschichte hat zwar mehr als eine halbe Million Tote auf beiden Seiten gefordert und weite Teile des Landes verwüstet – aber Lincoln hat sein wichtigstes Ziel, den Bestand der Union, durchgesetzt. Seine Wähler haben ihn erst wenige Monate zuvor bestätigt: Für vier weitere Jahre soll er die Politik der Vereinigten Staaten leiten. Trotzdem ist dem Präsidenten in jenen Tagen jegliches Triumphgefühl fremd: Er weiß genau, daß es jetzt vor allem um den Wiederaufbau des zerstörten Südens geht und um die Versöhnung zwischen den industrialisierten Staaten im Norden und den Plantagengesellschaften der gescheiterten Konföderation im Süden. Lincoln schläft unter dem Druck dieser Aufgaben schlecht; trotzdem arbeitet er von früh morgens bis spät abends. Auch am 14. April 1865 ist sein Terminkalender prall gefüllt: Schon vor acht Uhr früh sitzt er am Schreibtisch, dann folgt eine Unterredung der anderen bis zur Kabinettssitzung um elf Uhr. Auch beim Mittagessen ist Politik das Thema; am Nachmittag immerhin hat der Präsident zwischen mehreren Besprechungen und einem kurzen Besuch im Kriegsministerium Zeit für eine Ausfahrt mit seiner Frau und für ein kurzes Treffen mit alten Freunden aus Illinois. Am Abend haben sich die Lincolns mit General Ulysses Grant und seiner Frau zum Theaterbesuch verabredet. Zwar wird im Ford-Theater lediglich ein drittklassiges Stück gegeben, eine britische Klamotte mit dem Titel »Unser Cousin aus Amerika«, doch die Gattin des Präsidenten möchte es gerne sehen.[27]

Für John Wilkes Booth war das die Chance, auf die er gewartet hatte. Der durchaus erfolgreiche junge Schauspieler spielte schon seit längerem mit dem Gedanken, Abraham Lincoln Gewalt anzutun. Ob tatsächlich bereits zwei oder mehr Versuche fehlgeschlagen waren, den Präsidenten zu entführen oder zu ermorden, ist unklar. Geplant hatte er sie laut den Aussagen seiner Komplizen jedenfalls. Im Gegensatz zu seinem Vater, dem britischstämmigen Schauspieler Junius Brutus Booth, und seinem Bruder Edwin (beides hochgerühmte Shakespeare-Darsteller), begeisterte sich John Wilkes insgeheim für die Sache des Südens. Möglicherweise hatte er sich hineingesteigert in die Fantasie, zum Tyrannenmörder bestimmt zu sein, als er – zuletzt im November 1864 in New York – den Marcus Antonius in Shakespeares Drama »Julius Cäsar« gab. Vielleicht wurde in der Familie Booth auch öfter über Tyrannenmord gesprochen als üblich. Immerhin trugen sein Vater und sein ältester Bruder die bezeichnenden Vornamen Junius Brutus – wie der Cäsar-Mörder und dessen legendärer Vorfahr, der Stifter der römischen Republik. Und auch John Wilkes war nach einem Freiheitshelden benannt, der im 18. Jahrhundert gegen den britischen König George III. aufbegehrte. Booth, ein gutaussehender und charismatischer 26jähriger, wollte die Tradition der Tyrannenmörder fortsetzen. Seit Lincolns Wiederwahl befürchtete er, der Präsident könnte sich zum »König von Amerika« aufschwingen. Booth hatte einige Komplizen gewonnen, mit denen gemeinsam er die verhaßte Regierung köpfen wollte; die Hauptrolle übernahm natürlich er selbst. Am 14. April 1865 sah er die Chance, sein Vorhaben umzusetzen.

Der Präsident war an jenem Karfreitag im Weißen Haus aufgehalten worden. Zudem hatte General Grant abgesagt. So kamen die Lincolns erst mit Verspätung im Ford-Theater an – gegen 21.00 Uhr. Die Vorstellung wurde kurz unterbrochen, die rund tausend Besucher applaudieren dem Präsidenten, dann ging die Klamotte weiter. In seiner geräumigen Loge saß der Präsident und fühlte sich wohl, obwohl er eigentlich keine Lust auf das Stück hatte. Zwei Türen trennten den Balkon vom allgemein zugänglichen Umgang im ersten Stockwerk. Vor der ersten hielt sich ein Diener auf; zwischen Außen- und Innentür war der Platz des Sicherheitsbeamten, an diesem Abend eines Mannes namens John Parker. Von den vier Bewachern des Präsidenten war er der einzige mit einer nicht ganz reinen Weste, wie sich später herausstellen sollte. Jedenfalls ließ Parker sich an diesem Abend lieber in einer benachbarten Kneipe vollaufen als seiner Arbeit nachzugehen. So konnte gegen 22.00 Uhr John Wilkes Booth, nach längerem Saloonaufenthalt angetrunken, in den Gang zwischen erster und zweiter Tür gelangen. Booth hatte sich gut vorbereitet: Mit einer stabilen Stange und zwei zuvor ausgehöhlten Löchern im Rahmen versperrte er die äußere Tür. In die innere hatte er ebenfalls vorher ein kleines Loch gebohrt.

Booth wartete auf eine bestimmte Stelle im Stück, an der gewöhnlich schallendes Gelächter durch den Zuschauerraum flutete. Gegen 22.15 Uhr war es soweit: Booth öffnete die Innentür, näherte sich lautlos dem Schaukelstuhl des Präsidenten und schoß ihm mit einer großkalibrigen Pistole direkt in den Hinterkopf. Der für Grant eingesprungene Begleiter Lincolns sprang auf und versuchte, den Attentäter zu greifen. Doch Booth stieß mit einem Messer auf ihn ein, kletterte behende aus der Loge und deklamierte laut »Sic semper tyrannis – So geschehe es stets den Tyrannen«, den Wahlspruch des US-Bundesstaates Virginia. Das Publikum hielt die Einlage zunächst für einen Teil des Stücks. Erst als der Attentäter beim Hinabklettern schwer stürzte, trotz eines gebrochenen Beines an den entgeisterten Darstellern vorbeihumpelte und durch den Bühnenausgang zu einem bereitstehenden Pferd verschwand, dämmerte es den Besuchern, daß sie Zeugen eines historischen Ereignisses wurden.[28]

Abraham Lincoln war nicht mehr zu helfen; sein Gehirn war zerstört, auch wenn sein Herz erst am folgenden Morgen aufhörte zu schlagen. Rasch verbreiteten sich Gerüchte. Zum ersten Mal in der Geschichte der USA war ein Präsident ermordet worden. Edwin Booth, der berühmte und vom Publikum angehimmelte Bruder des Attentäters, erfuhr am folgenden Morgen im Bett von der Tat – und wußte sofort, daß die Nachricht stimmte: Seinem Diener sagte er, John Wilkes sei »einer solchen wilden und törichten Handlung fähig«.[29]

Fast zwei Wochen lang konnte sich Booth mit seinem engsten Komplizen David Herold der Verhaftung entziehen; seine anderen Mitverschwörer, die zeitgleich Vizepräsident Andrew Johnson und Außenminister William H. Seward hätten töten sollen, gingen dagegen rasch ins Netz. 100.000 Dollar Belohnung wurden für die Ergreifung von Booth, Herold und eines dritten mutmaßlichen, aber flüchtigen Verschwörers ausgesetzt, 50.000 Dollar allein für den Präsidentenmörder. Inzwischen haderte der Schauspieler mit der Reaktion des Publikums auf die selbstgewählte größte Rolle seines Lebens; in sein Tagebuch schrieb er: »Ich bin verzweifelt. Und warum? Weil ich das getan habe, wofür Brutus geehrt wurde und was Tell zu einem Helden machte. Aber ich, der ich einen größeren Tyrannen getötet habe, als sie je kennengelernt haben, werde als gemeiner Mörder betrachtet.«[30] Schließlich zog sich der Ring immer enger um den Attentäter, dessen gebrochenes Bein nur notdürftig versorgt war. Am 26. April stellten Soldaten die beiden Flüchtigen in einer Scheune in Virginia. Herold ergab sich, Booth dagegen starb, bevor er festgenommen werden konnte. Nach einem kurzen Prozeß wurden insgesamt acht Angeklagte für schuldig befunden und vier gehängt.

Der Haupttäter tot, die übrigen Verschwörer verurteilt – eigentlich hätte damit Lincolns Ermordung zu den historischen Akten gelegt werden können. Wenn, ja wenn da nicht die Neigung vieler Amerikaner wäre, einer einfachen Erklärung die verschiedensten komplizierten Verschwörungen vorzuziehen.[31] Unmittelbar nach dem Anschlag verdächtigte man verständlicherweise den gescheiterten Kopf der Südstaaten, den ehemaligen Konföderierten-Präsidenten Jefferson Davis. Lincolns Marineminister Gideon Wells reagierte auf die Nachricht vom Attentat ganz typisch: »Verdammte Rebellen – das ist ihr Werk!«[32] Die offizielle Untersuchungskommission um Justizminister Joseph Holt kam ebenfalls zu der Überzeugung, Repräsentanten der Südstaaten seien die Auftraggeber des Anschlags. Doch weder ihnen noch ihrem kleinen Geheimdienst konnte eine Beteiligung nachgewiesen werden – vor Gericht gestellt und verurteilt wurde Davis wegen Verrates an der Union und nicht wegen Verschwörung gegen Abraham Lincoln.

Als nächstes wurde die Frage »Cui bono?« gestellt, die zuverlässig nach jedem Attentat eine Vielzahl potentieller Verdächtiger zu Tage fördert. Im Mittelpunkt des Interesses stand zunächst Andrew Johnson, der Nachfolger Lincolns und damit Hauptprofiteur des Mordes. Skeptische Köpfe fragten sich, warum Johnson, auf den Booth ebenfalls einen Komplizen angesetzt hatte, anders als dem Präsidenten und dem in derselben Nacht schwer verletzten Außenminister Seward kein Haar gekrümmt worden sei. Vielleicht, weil er der Auftraggeber war und der vermeintliche Mordplan gegen ihn nur der Ablenkung dienen sollte? Das Repräsentantenhaus setzte sogar eine Untersuchungskommission ein, die ganz offiziell gegen den amtierenden Präsidenten wegen Verschwörung ermittelte – allerdings ohne Ergebnis.[33] Auch die katholische Kirche wurde als möglicher Auftraggeber des Mordes genannt, doch das war nicht mehr als ein Reflex; Booth war kein Katholik und hatte keinerlei Beziehungen zu katholischen Einrichtungen.[34]

Mangels alternativen »Tätern« beruhigte sich die Diskussion um die »wahren« Verantwortlichen für den Mord an Lincoln in den folgenden Jahrzehnten etwas. Zwar erschienen immer wieder Bücher und Artikel, doch wirklich neu waren ihre Thesen nicht. War doch Booth der Hauptverantwortliche und der Kopf der Verschwörung? Damit wollte sich Otto Eisenschiml, ein in Wien geborener Halbamerikaner, nicht zufrieden geben. Er veröffentlichte 1937 in seinem Buch »Why was Lincoln mudererd?« eine These, die bis heute in den Köpfen vieler Amerikaner präsent ist, auch wenn sie den Namen Eisenschiml nie gehört haben. Der Privatforscher, der als Chemiker ein Vermögen gemacht hatte, wollte den Mord an Lincoln »lückenlos« aufklären. Für jede einzelne Unstimmigkeit, jeden Zufall, jedes Versäumnis suchte und »fand« Eisenschiml einen Verantwortlichen – wenig überraschend, daß es immer derselbe war: Edwin M. Stanton, Lincolns Kriegsminister. Warum sagte General Grant den Theaterbesuch mit Lincoln ab? Angeblich, weil ihm das befohlen worden war.

Aber niemand konnte dem Oberbefehlshaber der Unionstruppen einen Befehl geben – niemand außer dem Präsidenten und dem Kriegsminister. Warum wurde Lincoln an jenem Abend nicht besser bewacht? Angeblich hatte der Präsident Stanton um dessen Adjutanten als Begleitung gebeten, was der Kriegsminister abgelehnt habe. Welchen Grund sollte er dazu gehabt haben, außer um den Anschlag zu ermöglichen? Warum wurde der pflichtvergessene Leibwächter Parker nie bestraft? Angeblich, weil er den Auftrag bekommen hatte, die Loge des Präsidenten unbewacht zu lassen – von Edwin M. Stanton? Warum entkam der Attentäter? Angeblich, weil die Straße Richtung Süden als einzige nicht abgesperrt wurde. War es nur ein Zufall, daß Booth genau diesen Weg nahm? Warum wurde der Mörder nicht verhaftet, sondern getötet? Weil er sich selbst richtete – oder weil ein Vertrauter des Kriegsministers ihn erschoß, um einen potentiellen Kronzeugen zu beseitigen? Warum schließlich »ließ« Stanton seinen Präsidenten ermorden? Weil er jener Fraktion in der Regierung vorstand, die statt eines versöhnlichen einen harschen Frieden mit dem Süden wollte? Lincoln aber hatte nach dem Sieg im Bürgerkrieg vor, das zerrissene Land durch Mäßigung wieder zusammenzuführen.

Eine sorgfältige Überprüfung von Eisenschimls Spekulationen durch professionelle Historiker ergab, daß es für fast jede dieser Fragen eine in sich schlüssige Antwort gab. Grants Frau mochte die First Lady nicht. Der Adjutant Stantons, den Lincoln nicht als Leibwächter, sondern als Gast einladen wollte, hatte zu arbeiten. Der pflichtvergessene Polizist wurde durchaus angeklagt, doch aus unbekanntem Grund (die Akten haben sich nicht erhalten) schlug man das Verfahren nieder. Keineswegs wurden unmittelbar nach dem Anschlag alle Straßen gesperrt, die aus Washington D.C. hinausführten – dies war erst viel später der Fall, als sich die Sorge verbreitete, das Attentat könnte der Auftakt zu einem neuen Angriff der bereits besiegten Südstaaten sein. Was genau am 26. April 1865 in der Scheune in Virginia geschah, ließ sich allerdings nicht aufklären. Die wahrscheinlichste Antwort fand sich jedoch in Booths Tagebuch: Die Verzweiflung über die unerwartete Reaktion auf seine Tat mochte ihm in auswegloser Situation den Freitod als beste Lösung erscheinen lassen.[35]

Obwohl Otto Eisenschimls Thesen der Konfrontation mit der Realität nicht standhielten, wurden sie – vor allem in vereinfachter und verkürzter Form – zu Allgemeingut. Im Internet finden sich zahlreiche Seiten, auf denen seine Mutmaßungen über Stanton wie bewiesene Wahrheiten zitiert werden. Das Gleiche gilt für eine noch weitergehende Verschwörungstheorie, die 1977 in einem Bestseller und einem trotz leicht erkennbarer Schwächen preisgekrönten Film in die Welt gesetzt wurde. Laut den Autoren David Balsiger und Charles E. Sellier gab eine Gruppe von Industriemagnaten und Goldspekulanten den Auftrag zum Mord an Lincoln. Sie wollten angeblich einen zu milden Frieden mit den Südstaaten verhindern, um größere Profite erwirtschaften zu können. Laut dieser Theorie enthielt das unvollständig überlieferte Tagebuch von Booth angeblich alle Details der Verschwörung – die beiden Autoren behaupteten, die fehlenden 18 Seiten zu besitzen. Vor allem aber sollte gar nicht der Schauspieler der Attentäter sein, sondern ein Offizier der konföderierten Armee namens James W. Boyd. Doch Booth kam angeblich seinem Ausschluß aus der Verschwörung zuvor, tötete Lincoln auf eigene Faust und entkam dann über die für Boyd vorgesehene Fluchtroute. Auch sei der Offizier an Stelle des wirklichen Attentäters in der Scheune in Virginia erschossen worden, während Stanton angeblich das zufällig aufgetauchte Tagebuch manipulierte. Einer kritischen Überprüfung hielten selbstverständlich auch diese Vermutungen nicht stand: Ihre Hauptquelle war lediglich eine schriftliche »Zusammenfassung« der vermißten Tagebuchseiten; die Originale blieben verschwunden. Boyd sah ganz anders aus als Booth und konnte daher kaum mit ihm verwechselt werden. Vor allem aber starb der Offizier nachweislich sieben Monate nach seinem angeblichen Ende bei Port Royal.[36]

Über Abraham Lincoln finden sich im Katalog der Library of Congress mehr Einträge als über jede andere Person – mit Ausnahme von Jesus Christus, William Shakespeare und Adolf Hitler. Genau wie John F. Kennedy ist auch der 16. Präsident der USA durch sein gewaltsames Ende vom durchaus umstrittenen Politiker zum nationalen Mythos geworden. Und genauso wie bei Kennedy ist nicht zu erwarten, daß die schlüssigen Erkenntnisse der seriösen Geschichtswissenschaft irgendwann die zahlreichen Anhänger von Verschwörungstheorien überzeugen können. Sie werden weiterhin zweifeln an der Täterschaft von John Wilkes Booth und an der Ahnungslosigkeit von Stanton. Sie werden weiterhin spekulieren über die Rolle der Industriellen oder der katholischen Kirche in jener Verschwörung. Publizisten, Journalisten und Internetautoren werden weiter »neue«

Erkenntnisse veröffentlichen. Das Rätsel um Lincolns Tod bleibt ungelöst.

Mehrheitlich sind Attentäter junge Männer, sozial deklassiert, beruflich und privat gescheitert. Verzweifelte Existenzen also, die ihrem Frust über das eigene Versagen durch die eine ganz herausragende Tat mit der Waffe in der Hand abhelfen wollen. Was aber macht aus einem jungen, erfolgreichen Arzt, beliebt, glücklich verheiratet und Vater eines Kindes, einen Mörder? Oder ist der untypische »Attentäter« selbst nur ein Opfer? Carl Weiss verläßt am Abend des 8. September 1935, eines warmen Sonntags, den er mit seiner Familie und den Eltern seiner Frau verbracht hat, sein Haus in Baton Rouge.[37] Er will kurz ins Krankenhaus, um eine Operation für den nächsten Tag vorzubereiten. Danach fährt Weiss mit seinem Wagen zum State Capitol von Louisiana und betritt das Gebäude, in dem noch getagt wird.

Kurz vor halb zehn Uhr an diesem Abend will Huey P. Long, ehemaliger Gouverneur, nun Senator für den Staat Louisiana in Washington D.C. und einer der »stärksten, beliebtesten und gefürchtetsten Politiker der Vereinigten Staaten«,[38] das Capitol verlassen, begleitet von seinen gleich fünf Leibwächtern. Long ist ein konservativer Volkstribun, ein skrupelloser Populist, der bereit ist, über Leichen zu gehen. Er gilt als potentieller Herausforderer des amtierenden US-Präsidenten Franklin D. Roosevelt um die Präsidentschaftskandidatur im kommenden Jahr – obwohl er wie Roosevelt Mitglied der demokratischen Partei ist. Doch im Flur des Capitols nähert sich ihm plötzlich von hinten ein junger Mann mit Brille in einem weißen Leinenanzug. Was in den folgenden Sekunden passiert, ist unklar; fest steht allein, daß es zu einer wilden Schießerei kommt, an deren Ende Senator Long von zwei Kugeln lebensgefährlich verletzt ist, während Carl Weiss von mindestens 29 Geschossen getroffen und getötet in seinem Blut am Boden des Korridors liegt.

Von Beginn an gab es mehrere Vermutungen über den Tathergang. Nach der offiziellen Version erwartete Weiss den Senator mit einer kleinen automatischen Pistole in der Hand im Flur und schoß ihn nieder, bevor seine Leibwächter reagieren konnten. Einer erwiderte das Feuer, traf auch, doch Weiss schoß seinerseits weiter. Daraufhin leerten alle fünf Sicherheitsbeamten die Magazine ihrer Waffen in den

Körper des am Boden liegenden Attentäters.[39] Während Long so schnell wie möglich ins Krankenhaus gebracht wurde, vernahm die Polizei die Leibwächter, die alle übereinstimmend aussagten. Allerdings gab es keinerlei Zeugen außer ihnen. Long starb zwei Tage später an den Folgen der Schüsse und an einer verpfuschten Behandlung. Als das bekannt wurde, kursierte bei den erschütterten Freunden und Verwandten des angeblichen Attentäters ein zynischer Spruch: Wenn Long von Carl Weiss behandelt worden wäre, hätte der Politiker nicht sterben müssen.[40]

Nach der anderen Version verletzte nicht der junge Arzt den Senator lebensgefährlich, sondern dessen eigene Leibwächter. Sie hätten überreagiert, als im Flur plötzlich ein ihnen unbekannter Mann im Leinenanzug auf ihren Schützling zusprang. Ob Weiss dabei eine Waffe in der Hand hielt oder nicht, ist ebenfalls umstritten; möglicherweise wollte der Arzt den politischen Gegner und persönlichen Feind seines Schwiegervaters nur zur Rede stellen. Angeblich plante Long eine Verleumdungskampagne gegen den ehemaligen Konkurrenten, den Weiss verteidigen wollte. Trafen also die Kugeln, die den Angreifer ausschalten sollten, versehentlich die zu schützende Zielperson? Kriminaltechnische Untersuchungen brachten nichts, weil die entscheidende Kugel Longs Körper durchschlagen hatte und unter den Dutzenden Geschossen verschiedener Kaliber, die in den Wänden und im Boden des Korridors gefunden wurden, nicht mehr sicher zu identifizieren war. Die Familie von Carl Weiss klammerte sich verständlicherweise an diese Interpretation der Vorgänge im Louisiana State Capitol und demonstrierte ihre Überzeugung durch das Begräbnis des mutmaßlichen oder vermeintlichen Todesschützen schon am folgenden Tag, noch bevor Senator Long starb: Hunderte Verwandte, Freunde und Patienten begleiten Carl Weiss auf seinem letzten Weg. Seine Bestattung war die größte, die jemals einem mutmaßlichen Attentäter in den USA zuteil wurde. Ein ehemaliger Gouverneur, ein Kongreßabgeordneter, der Bezirksstaatsanwalt und der größte Teil der Ärzteschaft von Baton Rouge waren anwesend.[41] Sie alle waren politische Gegner des Volkstribunen Huey P. Long; sie alle glaubten nicht an die Täterschaft von Weiss; für sie alle war der angebliche Anschlag die Folge eines furchtbaren Mißverständnis und der Überreaktion schlecht ausgebildeter Leibwächter.

Außer von unverbesserlichen Verschwörungstheoretikern[42] nie ernsthaft erwogen wurde dagegen eine dritte Version, nach der Long von seinen Freunden gezielt angeschossen werden sollte, um aus ihm einen Märtyrer zu machen und seine Chancen auf die Präsidentschaftskandidatur 1936 zu erhöhen. Danach wäre Weiss nur zufällig in der Nähe gewesen und habe als gefährlicher Zeuge erledigt werden müssen. Der ungeplante Tod von Senator Long ging danach auf Kosten eines Kunstfehlers des behandelnden Arztes. Allerdings spräche das für ein gleichzeitig enorm machiavellistisches Kalkül und für eine enorme Dummheit – hätte doch jeder halbwegs vernünftige Verschwörer dafür gesorgt, daß nach einem inszenierten Attentat beste ärztliche Betreuung zur Verfügung gestanden hätte. Noch unglaubwürdiger ist eine vierte Theorie. Roosevelt selbst habe danach die Ermordung des gefährlichen Konkurrenten um die Wiederwahl ins höchste Amt befohlen. Eine offizielle Untersuchung der Staatspolizei von Louisiana ergab 1992, »daß alle Beweise die offizielle Version der Schießerei stützen«.[43] Gelöst ist damit das Rätsel um den Tod von Huey P. Long und Carl Weiss allerdings nicht.

»Es gehört zu den Ungereimtheiten jener hektischen ›Tausend Jahre‹, daß zwar Hekatomben unschuldiger jüdischer Opfer den Weg des Wahnsinns säumen, daß aber ein wirklich Schuldiger das große Massaker wenn auch nicht ungefährdet, so doch unversehrt überleben und in den Apriltagen 1945 wieder in die Freiheit zurückkehren konnte. Und dabei hat es wohl kaum einen Juden gegeben, dem die Machthaber des Dritten Reiches mit größerem Recht etwas vorzuwerfen vermochten als jenem Herschel Feibel Grünspan oder Grynszpan aus Hannover.«[44] Ein fürwahr ketzerischer Gedanke: Hat hier ein Mörder nur deshalb überlebt, weil er gemordet hatte – wäre er, falls er nicht die Waffe gegen einen Unbeteiligten erhoben hätte, mit sechs Millionen anderen Menschen dem Rassenwahn des NS-Regimes zum Opfer gefallen? Man würde vermuten, ein solches Argument müsse aus trüb-braunen, revisionistischen Kreisen stammen – tatsächlich aber hat diese Sätze Helmut Heiber geschrieben, ein über jeden Verdacht des NS-Sympathisantentums erhabener deutscher Historiker und langjähriger Mitarbeiter des Münchner Instituts für Zeitgeschichte. Sein pointiertes Urteil wirft ein Schlaglicht auf eines der folgenreichsten Attentate der Weltgeschichte, das neben der eigentlichen Zielperson über hundert andere Opfer fast unmittelbar das Leben kostete und Zehntausende weitere Menschen unvorstellbaren Quälereien in Konzentrationslagern aussetzte, das zur wesentlichen Zäsur auf dem Weg zum Genozid an Europas Juden wurde – und dessen Hintergründe bis heute ungeklärt sind.[45]

Am 7. November 1938 geht der gerade 17jährige Herschel Grynszpan aus Hannover gegen 9.30 Uhr die Rue de Lille in Paris entlang. Sein Ziel ist die deutsche Botschaft; er hat einen gerade eine Stunde zuvor gekauften, geladenen Revolver in der Manteltasche und den festen Vorsatz, ein Zeichen zu setzen. Kurz vor der Botschaft fragt er einen ebenfalls dorthin strebenden, eleganten Herrn Ende Fünfzig, wie er den Botschafter erreichen könne. Der Herr verwies den jungen Besucher an den Pförtner, was ihm wahrscheinlich das Leben gerettet hat, denn es handelt sich bei ihm um den deutschen Botschafter in Paris, um Johannes Graf Welczek. Grynszpan wendet sich an den Concierge und verlangt, dem Botschafter wichtige Papiere übergeben zu dürfen – »persönlich«, wie er mehrfach und eindringlich wiederholt. Doch Welczek, der inzwischen nach seinem üblichen Morgenspaziergang in seine Dienstwohnung in der Botschaft zurückgekehrt ist und sich rasiert, will von dem wenig seriös wirkenden Besucher nichts wissen; er läßt ihn an einen der jüngeren Botschaftssekretäre verweisen. Und weil der eigentlich zuständige Attaché sich verspätet hat und noch nicht zum Dienst erschienen ist, wird Grynszpan ins Büro des Legationssekretärs Ernst vom Rath geführt. Was in den folgenden Sekunden geschieht, ist unklar — fest steht allein, daß Grynszpan fünfmal auf vom Rath schießt, ihn aus etwa zwei Metern Entfernung dreimal verfehlt, aber eben doch zweimal trifft und schwer verletzt. Zwei Mitarbeiter der Botschafter stürzen auf die Schüsse hin ins Büro vom Raths, nehmen den Attentäter fest und übergeben ihn der französischen Polizei.[46] Das Opfer wird in ein Krankenhaus gebracht, doch zwei Tage später stirbt Ernst vom Rath an seinen Verletzungen. Auf dem Krankenbett ist er noch zum Gesandtschaftsrat 1. Klasse befördert worden. Bereits auf die ersten Zeitungsmeldungen über das Attentat in den Zeitungen vom 8. November hin begehen SA-Leute einzelne Gewalttaten gegen deutsche Juden. Der »Völkische Beobachter«, Zentralorgan der NSDAP, kommentiert: »Es ist klar, daß das deutsche Volk aus dieser neuen Tat seine Folgerungen ziehen wird.«[47] So geschieht es; zunächst allerdings noch sehr vereinzelt. Vom »Volkszorn, der sich Bahn bricht«, kann in dieser Nacht vom

8. auf den 9. November nicht die Rede sein. Noch nicht? Am nächsten Morgen schreibt die »Times«, die führende britische Tageszeitung: »Die noch im Dritten Reich verbliebenen 400.000 Juden erwarten heute nacht in Furcht und Angst einen erneuten Angriff auf ihre Rasse, der, sofern der Ton der amtlich gelenkten Presse als Anzeichen gewertet werden kann, an Gewalttätigkeit und Roheit jeden während der vergangenen fünf Jahre stattgefundenen übertreffen wird.«[48] Die »Times« behält Recht: Der gelenkte Pogrom, den Goebbels am Abend des 9. November 1938 lostritt, übertrifft an Brutalität alles, was deutsche Juden seit 1933 als »normal« haben kennenlernen müssen.[49] In ganz Deutschland brennen in der Nacht vom 9. auf den 10. November 1938 die Synagogen, werden jüdische Geschäfte geplündert und jüdische Deutsche gedemütigt. Es ist wieder nicht der »Volkszorn«, der sich Bahn bricht, sondern ein organisierter, öfter allerdings improvisierter Pogrom örtlicher SA-Mitglieder und sonstiger NSDAP-Anhänger.

Von diesen Folgen seiner Tat ahnte Herschel Grynszpan nichts, als er in Paris noch am Tattag einem ersten Verhör unterzogen wurde. Dabei erwies sich allerdings, daß die Unterdrückung der Juden in Deutschland der Hintergrund für seinen Anschlag war. Grynszpan hatte als 15jähriger auf Wunsch seiner Eltern seine Heimat Deutschland verlassen, um in Sicherheit aufwachsen zu können. Doch in Paris, wo er bei seinem Onkel unterkam, faßte er nicht Fuß. Damit ging es ihm wie vielen anderen Emigranten. Anders als jene jedoch, die sich durchbissen, die zum Teil niedrigste, ihrer Ausbildung völlig unangemessene Tätigkeiten annahmen, lebte Herschel Grynszpan auf Kosten seiner Verwandten in den Tag hinein, seit Sommer 1938 nach Ablauf seiner Aufenthaltsgenehmigung sogar illegal. Helmut Heiber, der den Attentäter extrem kritisch betrachtete, beurteilte ihn als »ein reichlich arbeitsscheues und – wie man damals mit Vorliebe sagte – ›asoziales Subjekt‹«.[50] Am 6. November zerstritt sich Herschel mit seinem Onkel, der ihn bis dahin untergebracht hatte, und quartierte sich unter falschem Namen in einem komfortablen Hotel ein. Dessen täglicher Preis seine Barschaft allerdings derart strapazierte, daß er binnen zwei Wochen mittellos sein würde. Also kaufte sich Grynszpan nach nur einer Nacht vom Großteil seines Geldes einen Revolver sowie Munition und ging zur deutschen Botschaft.

Trotzdem hatte seine Tat natürlich einen politischen Hintergrund.

Ende Oktober war seine Familie aus Hannover aufgrund einer neuen polnischen Verordnung, laut der sie am 31. Oktober ihre Staatsbürgerschaft verlieren sollten, zusammen mit rund 17.000 anderen in Deutschland lebenden polnischen Juden ausgewiesen und in verplombten Zügen ins Niemandsland zwischen Deutschland und Polen deportiert worden. Es war die erste derartige Aktion in solcher Größe. Herschel erfuhr davon durch eine Postkarte, die seine Schwester ihm schickte und die er am 3. November erhielt. Daß vier Tage zwischen Eingang dieser Karte und der Mordtat lagen, spricht gegen eine Tat im Affekt. Vor den französischen Vernehmern präsentierte Grynszpan diese – verständliche, wenn auch nicht zu billigende – Begründung für seine Tat. Die Reaktionen waren naturgemäß sehr unterschiedlich. Joseph Goebbels schäumte und wütete im »Völkischen Beobachter« in einem Kommentar: »Am 7. November dringt in Paris in die deutsche Botschaft ein 17jähriger polnischer Judenjunge ein und verlangt, einen der maßgebenden Herren zu sprechen [...] Bei seiner späteren Vernehmung erklärt er, er habe den Legationssekretär vom Rath persönlich überhaupt nicht gekannt. Es sei ihm auch gleichgültig gewesen, auf wen er geschossen habe. Er habe nur Rache nehmen wollen für seine jüdischen Brüder in Deutschland«. Für Goebbels war das natürlich unvorstellbar. »Die Parallele zum Fall Gustloff liegt auf der Hand. Wie damals wurde von den jüdischen Hintermännern ein Jugendlicher als Attentäter ausgesucht, um die Verantwortlichkeit zu verschleiern. [...] Wo sind nun diese Hintermänner zu suchen? Seit Wochen und Monaten wird in den großen jüdischen Weltblättern gegen Deutschland als Nation zum Kriege und gegen einzelne prominente Vertreter des nationalsozialistischen Deutschland zum Morde gehetzt. [...] In diesen Kreisen sind deshalb auch die geistigen Inspiratoren des Attentats [auf vom Rath – sfk] zu suchen. Es sind dieselben Kreise, die jetzt für den Mörder in der ganzen Welt eine nie dagewesene Stimmungspropaganda entfalten.«[51] Julius Streichers antisemitisches Kampfblatt »Der Stürmer« reimte im Dezember 1938 auf der Titelseite unbeholfen:

Verruchte Judentat verschmutzt das Land
In dem der Mörderjude Gastrecht fand
Ihr schafft dem Mördervolk nur freie Bahn
Seid Ihr mit dem Verbrecher zu human![52]

Tatsächlich war die Reaktion außerhalb Deutschlands ganz anders. Einmal gab es die Vermutung, Grynszpan könnte ein gekauftes Werkzeug der NSDAP gewesen sein, ein »agent provocateur«, der den SA-Horden den Vorwand zum Losschlagen liefern sollte. Daß vom Rath, ein untergeordneter Beamter, dabei zu Tode kam, sei ein Unfall gewesen. Diese Vermutung war inspiriert von ähnlichen Verschwörungstheorien über den Reichstagsbrand – und genauso gegenstandslos. Im übrigen wurde in der Regel zwar das Attentat selbst verurteilt, sogar vom exilierten Berufsrevolutionär Leo Trotzki, der die »Taktik des individuellen Terrors als ungeeignet zur Lösung der Aufgaben des Befreiungskampfes des Proletariats« erklärte, aber in Grynszpan dennoch ein »Vorbild« für den jungen Revolutionär sah.[53] Zugleich aber wuchs das Verständnis für seine Verzweiflungstat. Der Radiosender CBS sammelte binnen weniger Wochen bei seinen Hörern 30.000 Dollar für die Unterstützung Grynszpans, vor allem für seine Betreuung durch Rechtsanwälte. Doch längst hatte Grynszpan auf eine andere Verteidigungsstrategie umgeschaltet. Nunmehr behauptete er, sein Mord an vom Rath habe gar keinen politischen Hintergrund, sondern sei die Folge einer homosexuellen Beziehung zwischen Täter und Opfer. Das aufsehenerregende Attentat, das zum Auslöser eines bis dahin kaum vorstellbaren Pogroms in Deutschland wurde: nichts als ein Eifersuchtsdrama?

Daß vom Rath homosexuell war, gehörte zu den offenen Geheimnissen im deutschen diplomatischen Dienst – auch wenn seine Familie 1960 bundesdeutsche Gerichte bemühte, um amtlich das Gegenteil feststellen zu lassen.[54] Bis heute taucht die Geschichte vom Mord im Schwulen-Millieu immer wieder auf, wenn auch inzwischen eher sporadisch.[55] Immerhin hat sie dazu geführt, daß die NS-Führung auf einen Schauprozeß gegen Grynszpan, der nach Frankreichs Niederlage im Juli 1940 an deutsche Behörde ausgeliefert worden war, verzichtet hatte.[56] Goebbels diktierte Anfang 1942 enttäuscht seinem Sekretär: »Der Mordprozeß Grünspan steht nun wieder zur Debatte. Grünspan hat das freche Argument erfunden, daß er mit dem erschossenen Legationsrat vom Rath ein homosexuelles Verhältnis gehabt habe. Das ist natürlich eine unverschämte Lüge; immerhin aber ist sie geschickt erdacht, und sie würde, wenn sie im öffentlichen Prozeß vorgebracht würde, sicherlich das Hauptargument der ganzen gegnerischen Propaganda werden.«[57]

War Herschel Grynszpan ein idealistischer Einzeltäter, der ein Zeichen gegen die Judenverfolgung in seiner (ehemaligen) Heimat Deutschland setzen wollte? Oder ein fehlgeleiteter Jüngling, der sich im Größenwahn zu einer sinnlosen und im schlimmsten Sinne folgenreichen Tat hinreißen ließ? Oder ist etwa doch etwas dran an den Spekulationen um eine Beziehungstat? All das ist ungeklärt, ebenso wie die noch weitaus spannendere Frage, was denn nach 1942 aus Herschel Grynszpan wurde. Seine Spur in deutschen Gerichtsakten verliert sich unwiderruflich Anfang 1943. Alles Weitere ist schiere Spekulation. Das internationale Standardwerk »Enzyklopädie des Holocaust« geht wie viele andere Lexika davon aus, daß Grynszpan im Verlauf des Jahres 1943 im Rahmen der »Aktion Reinhard«, des Massenmordes an über zwei Millionen polnischen Juden, vergast worden sei.[58] Dagegen zeigte sich Helmut Heiber 1957 überzeugt, daß Grynszpan im April 1945 von amerikanischen Truppen in Magdeburg aus einem Gefängnis befreit worden und nach Frankreich zurückgekehrt sei: »Nach dem Krieg hat der Attentäter von 1938 darauf verzichtet, in seine nun risikolos gewordene Rolle zurückzukehren. Während seinen Eltern die Auswanderung nach Palästina gelungen ist, lebt Herschel Feibel Grünspan unter falschem Namen in Paris, obwohl die Ermordung Ernst vom Raths nach französischem Recht bereits verjährt ist.«[59] Nach anderen Informationen war Grynszpan Ende der fünfziger Jahre sogar verheiratet und hatte zwei Kinder, die sowenig wie seine Frau von seiner Vergangenheit wußten. Jedoch sagte Herschels Vater Sendel Grynszpan beim Eichmann-Prozeß 1961 in Tel Aviv aus, trotz aller Versuche habe er keinen Kontakt mit seinem angeblich untergetauchten Sohn aufnehmen können.[60] Und schon am 1. Juni 1960 hatte das Amtsgericht Hannover rechtskräftig Herschel Grynszpans Tod festgestellt – »als Zeitpunkt des Todes ist der 8. Mai 1945 festgestellt«, kaschierte der Richter sein Unwissen über den Verbleib des Attentäters. 1981 revidierte Heiber seine Ansicht und schrieb privat an seinen US-Kollegen Ron Roizen: »Zu Ihrem Schreiben vom 13. Mai [1981] teile ich Ihnen mit, daß ich Grünspan nie gesehen und mich seit über zwanzig Jahren auch nicht mehr mit dem Fall beschäftigt habe. Meiner Erinnerung nach gab es seinerzeit einen Anhaltspunkt (eine Interpol-Meldung?), der darauf hindeutete, daß Grünspan den Krieg überlebt hat und untergetaucht ist.[61] Da aber seitdem nichts in dieser Richtung aufgetaucht bzw. bestätigt worden ist, möchte ich heute eher vermuten, daß er vor Kriegsende umgebracht worden ist.« In den letzten Jahren des 20. Jahrhunderts hat eine Rundfrage in dem weltweit die meisten Experten für die NS-Judenpolitik erfassenden Internet-Forum »H-Holocaust« ebenfalls keinen einzigen Hinweis auf ein Überleben Grynszpans ergeben; allerdings ebensowenig ein Indiz für seine Ermordung. Heute wäre der Attentäter 82 Jahre alt – selbst wenn er den Krieg überlebt haben sollte, ist die Wahrscheinlichkeit groß, daß er inzwischen verstorben ist. Von einem Nachlaß oder ähnlichem ist naturgemäß ebenfalls nichts bekannt. So wird das Rätsel um die Schüsse des 7. November 1938 voraussichtlich niemals gelöst werden.

Wie dumm kann ein Mörder eigentlich sein? Ist es vorstellbar, daß ein Attentäter, der sich sorgfältig auf einen Anschlag vorbereitet und der auch seine Fluchtroute genau ausgearbeitet hat, wenige Meter entfernt vom Tatort nicht nur die Tatwaffe, sondern zugleich gewissermaßen seine »Visitenkarte« zurückläßt? Eingewickelt in eine Decke finden Polizisten in Memphis, Tennessee, am frühen Abend des 4. April 1968 im Eingang eines Geschäfts in der South Main Street ein schweres Jagdgewehr der Marke Remington mit Zielfernrohr, auf dem sich klare Fingerabdrücke erkennen lassen, außerdem eine Bierdose, eine Zeitung und ein Fernglas. Kurz zuvor ist keine hundert Meter entfernt Martin Luther King erschossen worden, der schwarze Baptistenprediger und Anführer der Bürgerrechtsbewegung in den USA, der sich längst nicht mehr nur für die Gleichberechtigung der Nicht-Weißen in der amerikanischen Gesellschaft einsetzt, sondern auch für ein Ende des Krieges in Vietnam.[62] Der nicht erst seit der Verleihung des Friedens-Nobelpreises 1964 als moralische Instanz gilt – und seinen hellhäutigen Feinden im konservativen Süden und Osten der USA als Kryptokommunist.

Anfang April 1968 ist der Bürgerrechtler nach Memphis gekommen, um einen Protestmarsch zugunsten streikender Müllmänner zu unterstützen. Am Nachmittag des 4. April hält er sich im Zimmer 306 im ersten Stock des Motels »Lorraine« auf, einem von schwarzen Besitzern geführten Haus. Dieser Raum hat einen schönen Balkon, der allerdings leicht von einer gegenüber gelegenen billigen Pension aus eingesehen werden kann. Und genau hier mietet sich am Nachmittag des 4. April ein Weißer ein, der den Namen »John Willard« ins Gästebuch einträgt und dann gleich wieder wegfährt, um ein Fernglas zu kaufen. Am späten Nachmittag blockiert »Willard« zum Ärger der anderen Gäste für längere Zeit das Gemeinschaftsbad des Flurs – bis genau 18.01 Uhr. In diesem Moment schlägt eine Kugel in Martin Luther Kings Kopf, als er gerade auf dem Balkon seines Zimmers etwas frische Luft schnappt. Der Bürgerrechtler bricht zusammen, seine geschockten Freunde eilen zu ihm und lassen ihn so schnell wie möglich ins nächste Krankenhaus bringen, doch um 19.05 Uhr geben die Ärzte den Kampf um Kings Leben endgültig auf.

Wenige Sekunden nach dem einzelnen Schuß, so erinnerten sich zwei Gäste der Pension, verließ »Willard« fluchtartig den Waschraum, im Arm ein langgestrecktes Bündel. Ein anderer Zeuge sah, wie ein weißer Mustang mit quietschenden Reifen anfuhr und verschwand. Um 18.30 Uhr ging die erste Beschreibung des Tatverdächtigen und seines Autos über Funk an alle Streifenwagen. Trotzdem konnte der Fahrer, der 40jährige James Earl Ray, sich den Fahndern entziehen: Mit dem weißen Mustang, den er kurz zuvor unter falschem Namen gekauft hatte, fuhr er nach Atlanta, übernachtete dort, stieg in den Fernbus nach Detroit, wo er schließlich den Zug nach Toronto nahm. In Kanada war er vorerst in Sicherheit. Von hier aus flog er über London nach Portugal, wo er seine weitere Flucht nach Afrika vorbereiten wollte. Auf dem Rückweg nach London wurde er jedoch am 8. Juni 1968 im Flughafen Heathrow festgenommen – trotz eines echten, allerdings auf den falschen Namen »Ramon George Sneyd« ausgestellten kanadischen Passes. Es ist nur eine von vier falschen Identitäten, für die Ray echte oder hervorragend gefälschte Papiere besaß. Nach 65 Tagen ging damit eine der spektakulärsten Menschenjagden der Kriminalgeschichte zu Ende.

Gegen James Earl Ray, der bereits einige Tage nach dem Attentat und lange vor seiner Festnahme anhand der Fingerabdrücke eindeutig als mutmaßlicher Täter identifiziert werden konnte, sprachen erdrückende Indizien: Er war in der Pension gegenüber des Motels »Lorraine«, als die Schüsse fielen; er hatte (unter falschem Namen) ein zur Mordmunition passendes Gewehr gekauft, auf dem sich seine Fingerabdrücke fanden; er hatte unmittelbar nach dem Schuß fluchtartig sein Quartier verlassen; er war nach Europa geflüchtet, als er längst steckbrieflich gesucht wurde; er wurde unter falschem Namen verhaftet. In seinem kurzen Prozeß gestand James Earl Ray die Tat und wurde am 10. März 1969 zu 99 Jahren Zuchthaus verurteilt.

Der Mord an Martin Luther King schien aufgeklärt. Als Motiv hatte der Angeklagte Haß auf sein farbiges Opfer angegeben. Unklar blieb, wer Ray mit falschen Papieren versorgt, wer ihn bei seiner Flucht unterstützt hatte. Über seine vermuteten Auftraggeber schwieg sich Ray aus. Doch auch ohne diese Information schien der Fall klar: Der in eine arme Familie geborene Ray hatte eine bescheidene Karriere als Kleinkrimineller hinter sich, die ihn mehrfach ins Gefängnis geführt hatte. Im April 1967 war er ausgebrochen und hatte sich seither in ganz Nordamerika herumgetrieben, von Mexiko bis Kanada, von Florida bis Kalifornien. Er unterzog sich kleineren plastischen Operationen, nahm Tanzstunden, besuchte eine Barkeeper-Schule und verbrachte seine Zeit mit Prostituierten. Ein ungewöhnlicher Lebenswandel für einen mittellosen Flüchtling, auf dessen Ergreifung gerade 50 Dollar Belohnung ausgesetzt waren – bis er sich am 4. April 1968 ins Interesse der Weltöffentlichkeit schoß. James Earl Rays Geständnis hatte ihn vor dem elektrischen Stuhl gerettet, auf dem er sonst nach Lage der Beweise unweigerlich gelandet wäre. Doch drei Tage nach dem Urteil widerrief Ray seine Aussage und nahm den Kampf um einen Revisionsprozeß auf. Seither ist nicht mehr nur unklar, wer ihm den Mordauftrag gegeben hatte, sondern auch, ob es überhaupt Ray war, der Martin Luther King erschoß.

Im Fall Ray bildeten sich seltsame Koalitionen. Die Witwe[63] glaubte nicht an die Schuld des verurteilten Mörders ihres Mannes und verlangte die erneute Untersuchung in einem Hauptverfahren, auf das 1969 wegen Rays Geständnis verzichtet worden war. Ihr Sohn bat sogar ausdrücklich um Gnade für den Gefangenen.[64] Der Attentäter selbst[65] verfaßte ein Buch, in dem er seine Unschuld behauptete, und der ehemalige King-Mitarbeiter Jesse Jackson schrieb dazu das Vorwort, in dem er unter anderem feststellte: »Ich habe immer geglaubt, daß die Regierung entweder direkt oder indirekt Teil der Verschwörung war, der Martin Luther King zum Opfer fiel.«[66] Zahlreiche Theorien kursierten. Laut den einfacheren fiel der Bürgerrechtler einer Konspiration von Rassisten zum Opfer, die den Mörder James Earl Ray bezahlt und mit allem Nötigen für Vorbereitung und Flucht ausgestattet hatten.[67] Nach den komplizierteren wurde Martin Luther King gar nicht von James Earl Ray erschossen, sondern von einem

Scharfschützen des FBI, der an einer anderen, viel näheren Stelle gelauert hatte. Ray war danach nur der vorbereitete Sündenbock, der bereits planmäßig ein knappes Jahr vor dem Attentat vom FBI aus dem Gefängnis befreit worden und danach systematisch zum Verdächtigen aufgebaut worden war. Der Grund für diese Verschwörung, glaubte zum Beispiel der frühere King-Mitarbeiter und langjährige Ray-Anwalt William Pepper, seien eine Verschwörung der internationalen Konzerne sowie der pathologische Haß des ehemaligen FBI-Chefs J. Edgar Hoover auf King gewesen.[68]

Ray selbst steuerte in Interviews und in seinem Buch über den eigenen Fall Details über eine zentrale Figur der vermeintlichen Verschwörung gegen King (und sich selbst) bei: über den geheimnisvollen »Raoul«. Angeblich war es »Raoul«, der Ray nach seiner Flucht aus dem Gefängnis mit Geld versorgte, der ihm kleinere (kriminelle) Aufträge gab, der ihm schließlich befahl, ein Remington-Jagdgewehr mit Zielfernrohr zu kaufen und sich in der Pension in Memphis einzuquartieren. Als der eine Schuß fiel, habe er gerade an seinem Auto herumgeschraubt und angesichts des zu erwartenden Polizeiaufmarsches schnell den Tatort verlassen – immerhin wurde er ja gesucht: »Meine einzige Verwicklung in den Mord bestand darin, daß jemand für den Mord herhalten mußte, und da können sie nicht jemanden nehmen, der gerade in Alaska ist«, sagte Ray im letzten Interview seines Lebens einem deutschen Fernsehteam. Irgendeinen Hinweis für die Existenz von »Raoul« gab es allerdings nie – außer eben Rays Aussagen. »Es ist die klassische Geschichte vom ›großen Unbekannten‹, so unwahrscheinlich und voller Widersprüche, daß es dem FBI nicht schwerfällt, Ray vor Öffentlichkeit und Justiz als notorischen Lügner zu denunzieren und alle Versuche einer Wiederaufnahme des Prozesses abzublocken«, bilanzierte der Autor des WDR-Teams.[69]

»Denunzierte« das FBI den verurteilten Attentäter tatsächlich? Oder ist es nicht Aufgabe einer rechtsstaatlichen Justiz und Polizei, zwar alles entlastende Material zugunsten eines Angeklagten auszuwerten, aber auch seine unbelegten und unbelegbaren Spekulationen auf ihre Wahrscheinlichkeit hin zu bewerten? Im Abstand von fast 20 Jahren stellten zwei US-Autoren umfassende und seriöse Untersuchungen über den Fall Ray an. Ende der siebziger Jahre kam James W. Clarke zu dem Ergebnis: »Es ist keine Frage, daß Rassismus zum Mord an Dr. King führte; aber er war nicht das Motiv von James Earl

Ray: Er erwartete, mit dieser Tat das große Geld machen zu können und so seinem Leben als Kleinkrimineller entkommen zu können.«[70] Gerald Posner stellte Ende der neunziger Jahre fest, daß Ray ein Einzeltäter war, der nur von seinen beiden ebenfalls kriminellen Brüdern unterstützt worden sei. Sein Ziel sei es gewesen, das von Rassisten aus dem Süden auf Martin Luther Kings Tod ausgesetzte Kopfgeld von 50.000 Dollar zu verdienen.[71]

James Earl Ray ist am 23. April 1998 gestorben. Er hat bis zuletzt bestritten, auf Martin Luther King geschossen zu haben, aber er konnte bis zuletzt nicht ein einziges Indiz vorbringen, daß seine Behauptung gestützt oder zumindest die Annahme seiner Täterschaft erschüttert hätte. Im Gegenteil: Mindestens einmal soll er, 1990, in einem privaten Telefongespräch im Überschwang den Mord gestanden haben. Doch von dem Gespräch existiert kein Tonband, und Ray bestritt die Aussage seiner damaligen Gesprächspartnerin.[72] Auch nach dem Tod des verurteilten Attentäters wird weiter um die Täterschaft gestritten.[73] Wie so oft vermehren sich auch im Mordfall King mit den Jahren die Aussagen von angeblichen Zeugen, die alles »ganz anders« in Erinnerung haben. Wie so oft erweist sich im nachhinein, wie schlampig die Ermittlungen geführt wurden; wie so oft fragt man sich im nachhinein, wer denn wohl das größte Interesse am Tode des populären schwarzen Bürgerrechtlers gehabt haben könnte. Und wie so oft liefern die Antworten auf die Frage »Cui bono?« zuverlässig eine Reihe von Verdächtigen. Nur neue Beweise gibt es nicht. Es darf weiter spekuliert und verdächtigt werden.

Geschichte wiederholt sich doch. Dieses Gefühl haben Amerikas Liberale seit dem 5. Juni 1968. Viereinhalb Jahre nach den Todesschüssen von Dallas fällt in dieser Nacht wieder ein Kennedy den Kugeln eines Attentäters zum Opfer. Diesmal ist es der jüngere Bruder des ermordeten Präsidenten John F. Kennedy, Robert Francis Kennedy.[74] Wieder wird ein einzelner Täter festgenommen, wieder scheint der Fall binnen kürzester Zeit aufgeklärt zu sein, doch wieder keimen bald Gerüchte über andere Schützen, über angebliche Hintermänner und mögliche Verschwörungen. Waren die Ermittlungen nach dem Tod von Präsident Kennedy schludrig und fehlerhaft bis zur Unglaubwürdigkeit, so kann man die Untersuchungen im Todesfall des aussichtsreichsten Bewerbers um die Präsidentschaftskandidatur der demokratischen Partei 1968 nur mehr eine Farce nennen. Die erhaltenen Ermittlungsunterlagen lagern in einem speziellen Archiv an der Universität von Massachuttes in Dartmouth, um auch künftigen Generationen von Verschwörungstheoretikern zur Verfügung zu stehen (und natürlich auch seriösen Wissenschaftlern).[75] Wie um all jene zu verhöhnen, die für die Spekulationen um das Attentat von Dallas den ärgerlichen, aber unvorhersehbaren Mord am Hauptverdächtigen verantwortlich gemacht hatten, überlebt im Fall Robert F. Kennedy der mutmaßliche Todesschütze. Er gesteht seine Tat zunächst sogar – doch nur, um in den dreieinhalb Jahrzehnten seither immer wieder und immer verzweifelter seine Unschuld zu beteuern. Doch all seine Schwüre haben ihn bisher nicht aus dem Hochsicherheitsgefängnis befreit, in dem er zusammen mit einigen der schlimmsten Verbrecher Amerikas einsitzt.[76] Man braucht nicht viel prophetische Gabe, um vorauszusagen, daß der zu lebenslanger Haft verurteilte Sirhan Bishara Sirhan seine Zelle niemals als freier, sondern nur als toter Mann verlassen wird.

Der 4. Juni 1968 war ein entscheidender Tag im Leben von Robert »Bobby« Kennedy.[77] An diesem heißen Dienstag fand in Kalifornien die wichtigste Vorwahl in jenem Sommer statt. Wer von den Bewerbern um die Präsidentschaftskandidatur der Demokraten hier die Mehrheit gewann, hatte beste Chancen, Anfang November gegen den republikanischen Kandidaten Richard Nixon anzutreten – und zu gewinnen. Vor rund zwei Monaten erst hatte Kennedy sich entschlossen, den Kampf um das höchste Amt im Staat aufzunehmen. Er hatte kaum Unterstützung im Establishment seiner Partei, und er hatte zwei starke Konkurrenten: den amtierenden Vizepräsidenten Hubert Humphrey und vor allem den Senator Eugene McCarthy, einen Pazifisten und entschiedenen Gegner des Vietnamkrieges, der seit der Präsidentschaft von Roberts Bruder John eskaliert war. Inzwischen kämpften über ein halbe Million US-Soldaten in der Dschungelhölle von Südostasien – wofür, konnte eigentlich längst niemand mehr schlüssig erklären. Wer von den demokratischen Bewerbern Kalifornien gewinnen würde, hatte beste Chancen, ins Weiße Haus einzuziehen. Doch wie knapp acht Jahre zuvor beim Wahlkrimi Kennedy gegen Nixon wurde es auch diesmal, beim Vorentscheid Kennedy gegen McCarthy, eng. Sehr eng. Den frühen Abend über sah es so aus, als würde Robert nur zweiter Sieger – für seine Familie inakzeptabel. Gegen 22.30 Uhr kam die Trendwende. Schließlich war klar: »Bobby« hatte die Vorwahlen in Kalifornien mit geringem Vorsprung für sich entschieden. Nach seiner Dankesrede im großen Saal des Hotel Ambassador in Los Angeles machte er sich auf den Weg in den improvisierten Presseraum. Seine Begleiter lotsten ihn durch einen Küchengang. Die Abkürzung sollte sich als tödlich erweisen.

Denn hier wartete Sirhan Bishara Sirhan, angetrunken, von einem mißratenen Abend frustriert und – bewaffnet. In der Tasche trug der 24jährige gebürtige Palästinenser eine kleine .22-Pistole. Als ihm gegen 0.14 Uhr am 5. Juni 1968 plötzlich der Sieger der Vorwahl entgegenkam, mehr von seinen Begleitern geschoben als selbst gehend, zog Sirhan seine Waffe und schoß das gesamte Magazin leer. Anderthalb Meter stand er dabei vor Robert Kennedy – soweit die meisten Augenzeugen des Attentats. Vier Kugeln trafen ihr Ziel, rissen den Kandidaten nieder. Zwar hatte ein Hotelmitarbeiter den Schützen schon nach dem zweiten Schuß zu fassen bekommen und drückte ihm den Arm mit der Pistole weg. Doch Sirhan schoß weiter. In den Köpfen aller Zeugen gab es nur einen Gedanken: »Nicht noch ein Dallas.«[78] Genau das allerdings war geschehen: Trotz schnellster medizinischer Hilfe starb Robert F. Kennedy 25 Stunden nach den Schüssen. Wie sein Bruder erlag er einer Kopfverletzung.

Warum? Diese Frage ging an jenem Mittwoch um die Welt. Sirhan war ein Flüchtling, geboren in Palästina. Als koptische Christen bekamen seine Familie und er die Chance, in die USA einzuwandern. In Kalifornien ließen sie sich nieder, wurden Mitglieder einer Baptistengemeinde. Der junge Sirhan beendete die Schule und ging ans College, mußte es aber vorzeitig verlassen, um zu arbeiten und Geld zu verdienen. Mit Gelegenheitsjobs hielt er sich und seine Verwandten über Wasser. Warum schoß so jemand auf den Hoffnungsträger des liberalen, des jungen Amerikas? Bei der Durchsuchung von Sirhans Wohnung fanden die Polizisten eindeutige Aufzeichnungen von Sirhans Hand: »RFK muß vernichtet werden wie sein Bruder«, stand da. Oder, teils auf Englisch, teils auf Arabisch: »RFK muß vernichtet vernichtet vernichtet werden, gründlich. Robert Kennedy muß bald sterben sterben sterben.«[79] Weitere Ermittlungen ergaben, daß Sirhan fast den ganzen 4. Juni in einem Schießklub mit seiner Pistole geübt hatte. 300 bis 400 Patronen verschoß er binnen sechs Stunden. Danach fuhr er mit Freunden nach Los Angeles City. Er strich über mehrere Wahlpartys, betrank sich, bis schließlich in der Küche Kennedy an ihm vorüberlief. Sirhan rief »Du verdammter Hurensohn« und begann zu schießen. Mehr Indizien können Polizisten vernünftigerweise nicht erhoffen. Einen auf frischer Tat, vor Dutzenden Zeugen festgenommenen Mörder, der seine Absicht vorher schriftlich niedergelegt hatte, der sich vorbereitet hatte, dessen letzten Tage vor dem Attentat recht genau rekonstruiert werden konnten, der sogar gestand – eine klare Sache. Aber warum?

Es gibt zwei Antworten auf diese Frage. Beide stammen von Sirhan Sirhan. Die erste gab er in einem Fernseh-Interview 1969: »Ich fand keinen Job. Der arabisch-israelische Krieg [von 1967 – sfk] war zu Ende, die Unterdrückung im Nahen Osten ging weiter. Ich hatte keine Identität, keine Hoffnung, kein Ziel […] Ich war kein Amerikaner, ich war Araber! Und das war mein Problem – vor allem nach dem arabisch-israelischen Krieg. Im Amerika lieben sie den Sieger. Die Israelis hatten gesiegt – und ich war der Verlierer. Für mich war der amerikanische Traum ausgeträumt. Aus. Vorbei.«[80] In Sirhans Tagebuch findet sich der Satz: »Robert F. Kennedy muß ermordet werden vor dem 5. Juni 1968.«[81] An diesem Tag jährte sich zum ersten Mal der Beginn des Sechstage-Krieges. Kennedy hatte Sirhan als Ziel seines Hasses ausgewählt, weil er glaubte, der demokratische Politiker wolle verstärkt Waffen an Israel liefern – in Wirklichkeit offenbar ein Mißverständnis; Robert F. Kennedy hatte sich dazu nicht eindeutig geäußert. Zwar hatte ein Fernsehfilm über den Präsidentschaftskandidaten von dessen Aufenthalt in Israel 1948 berichtet; doch nur ein voreingenommener Betrachter konnte darin die unbedingte Unterstützung Robert Kennedys für Israels Politik erkennen. Angeblich schon am Tag der Ausstrahlung dieses Films, am 20. Mai 1968, hatte Sirhan Sirhan versucht, auf eine Party zu Ehren Kennedys zu gelangen, auf der der Kandidat selbst erwartet wurde. Mindestens drei-, vielleicht auch fünfmal fiel in den folgenden Wochen ein junger, Sirhan zumindest ähnlicher Mann in der Umgebung von Veranstaltungen auf, auf denen Robert Kennedy erwartet wurde.[82] War das Attentat also die Tat eines wahnsinnigen Einzeltäters, der sich aus Verzweiflung gegen einen der Großen, der Schönen, der Reichen wandte, ihn wochenlang verfolgte?

Laut Sirhans zweiter, späterer Antwort war alles ganz anders. Danach war auch er ein Opfer, ein Sündenbock wie Lee Harvey

Oswald in Dallas. Zwar habe er geschossen, doch nicht aus freien Stücken, sondern weil er hypnotisiert worden sei. Getötet habe er trotzdem nicht. In Wirklichkeit seien zeitgleich mit seinen acht Schüssen weitere Kugeln abgefeuert worden, selbstredend aus einer Waffe identischen Kalibers, so daß bei einer oberflächlichen Untersuchung keine Unterschiede festgestellt werden konnten. Der beste »Beweis« für die Unschuld von Sirhan Sirhan jedenfalls am Mord an Robert Kennedy sei die tödliche Wunde selbst, verkündete drei Jahrzehnte nach den Schüssen Larry Teeter, einer der wechselnden Anwälte des Häftlings: »Sirhan war nicht in der Position und außerhalb der Reichweite und daher konnte nicht er Senator Robert Kennedy erschossen haben. Der Senator wurde von hinten erschossen, aber alle Zeugen erinnerten sich, Sirhan habe vor ihm Auge in Auge gestanden. Alle Zeugen erinnerten sich, Sirhans Waffe habe in einer Entfernung von 45 bis 150 Zentimetern von Senator Kennedy befunden, aber die Autopsiebefunde zeigten klar, daß der Senator mit einer Waffe erschossen wurde, die sich zwischen weniger als zweinhalb und nicht mehr als acht Zentimetern von ihm befand. Alle Zeugen beschrieben Sirhans Waffe als horizontal gehalten in einer normalen stehenden Position, aber der Autopsie-Bericht stellte fest, alle Kugeln in Senator Kennedys Körper seien in einem scharfen Winkel nach oben eingetreten, so, als wären sie von unten abgefeuert worden.«[83] Sirhans Anwalt ließ sich auch nicht von der Aussage des Gerichtsmediziners Thomas Noguchi beeindrucken, der mehrfach ausgesagt hatte, Sirhan habe mit seinen Schüssen aus seiner Position Kennedys Wunden sehr wohl verursachen können.[84] Nein, es mußte natürlich eine zweite Waffe her. Ein passender »Verdächtiger« für die tatsächlich tödlichen Schüsse (denn daß Sirhan in jener Nacht achtmal geschossen hat, läßt sich schlechterdings nicht bestreiten) stand selbstredend zur Verfügung: Thane Eugene Cesar, Mitarbeiter einer privaten Sicherheitsfirma und angeblich bekennender Gegner des liberalen Amerika, das Robert Kennedy personifizierte. Er soll zur Zeit des Anschlages einen Revolver identischen Kalibers besessen haben, den er einige Monate später verkaufte, weil er ihn im Juni habe »gebrauchen« müssen – und dem Käufer sei diese Waffe binnen kurzem gestohlen worden.[85]

Tatsächlich wurde Cesar vor Gericht nicht vernommen. Tatsächlich verbrannte die Polizei angeblich 2.410 Fotos, die an jenem Abend aufgenommen worden waren und – möglicherweise – den Tatort zeigten. Zwar testete man die Tatwaffe, doch möglicherweise wurden die Probegeschosse vertauscht mit den Kugeln aus einem Polizeirevolver identischen Kalibers – der tatsächlich nicht aufbewahrt, sondern nach einiger Zeit »routinemäßig« vernichtet wurde.[86] Diese und viele weitere Ermittlungspannen rückten die Ernsthaftigkeit der Polizei bei der Aufklärung des Attentats auf Robert F. Kennedy ins Zwielicht – jedenfalls in den Augen aller, die lieber an Verschwörungen glauben als an den ganz normalen Wahnsinn des Alltags.[87] Nüchterne Historiker betrachten dagegen die Äußerungen des Attentäters aus den Monaten zwischen Anschlag und Verurteilung – und kommen zu dem Urteil, daß Sirhan von unbändigem, irrationalem Haß auf Robert Kennedy getrieben worden sei. Unmittelbar vor seinen Schüssen nannte der Täter sein Opfer einen »Hurensohn«, im Oktober 1968 stellte er fest, Kennedy sei die Kugel nicht wert gewesen, im Dezember schimpfte er ihn einen »fuckin politican«, im Januar 1969 war Kennedy nicht »mein [Sirhans – sfk] Leben wert«, im März hieß es, der Senator habe bekommen, was er verdient habe, und im Mai 1969 nannte Sirhan Sirhan sein Opfer ein »faschistisches Schwein«.[88]

Aber was sind solche unmißverständlichen Äußerungen schon gegen das Raunen, das jede Antwort auf die Frage »Cui bono?« notwendig zur Folge hat? Natürlich haßte das konservative US-Establishment Robert F. Kennedy – allein schon, weil er verdächtigt wurde, das Land nach »erzliberalen« Grundsätzen umgestalten zu wollen. Und weil genau das den Kommunistenfressern in Verwaltung, Militär und FBI nicht gefiel. Doch wie so oft bei Verschwörungstheorien gibt es einen (fast) gleichwertigen zweiten, sozusagen einen Reserve-Verdächtigen. Was im Falle von Philipps von Makedonien Alexander neben Olympias war und bei John F. Kennedy die Mafia (wenn denn tatsächlich der »militärisch-industrielle Komplex« für die Schüsse auf der Dealey Plaza nicht verantwortlich gemacht werden konnte), war im Falle seines Bruders Robert der korrupte und kriminelle Gewerkschaftsboß James Hoffa.[89] Als Justizminister hatte der jüngere Kennedy ihn gejagt und schließlich hinter Gitter gebracht. Bringt man deshalb einen aufstrebenden Hoffnungsträger um, einen Helden gar? Vielleicht. Hält man dieses Geheimnis 35 Jahre lang geheim? Eher unwahrscheinlich, aber nicht absolut auszuschließen.

Das Rätsel um den Tod von Senator Robert F. Kennedy wird offen bleiben.

Schuldig sind selbstverständlich die üblichen Verdächtigen. Also, der Reihe nach: die CIA oder andere westliche Geheimdienste (glauben Linksintellektuelle). Oder: reaktionäre Kirchenkreise (glauben Liberale). Oder: der KGB, die Stasi oder der Geheimdienst der sozialistischen Republik Bulgarien (glauben Konservative). Es könnten allerdings auch Islamisten gewesen sein (das macht sich heute, mitten im »Krieg gegen den Terrorismus«, besonders gut). Nur in einem Punkt sind sich alle einig, phantasievolle Verschwörungstheoretiker ebenso wie nüchterne Ermittler, »investigative« Journalisten wie einfache Gläubige: Ali Agca hat am 13. Mai 1981 nicht aus eigenem Antrieb auf Papst Johannes Paul II. geschossen, sondern im Auftrag irgendwelcher Hintermänner.[90] Aber welcher?

Im Laufe seiner inzwischen 22jährigen Haft in Italien und der Türkei bezeichnete sich der Täter zuerst als religiös motivierter Einzeltäter (und wurde als Einzeltäter verurteilt), dann als Lohnkiller im Auftrag des bulgarischen Geheimdienstes, dann als Personifikation des »Messias«, auf den Moslems, Christen und Juden gewartet hätten, und als Werkzeug der »Vorsehung«, schließlich wieder als radikalislamischen Märtyrer. Zwischendurch verdammte Agca den Vatikan auch noch als »Feind Gottes und der Menschheit«.[91] Bei keinem anderen Attentat hat es vom Täter selbst so viele widersprüchliche »Erklärungen« gegeben – allein zwischen 1981 und 1991 kann man 19 verschiedene, teilweise direkt entgegengesetzte Versionen zählen.[92] Bei keinem anderen Attentat ist den Spekulationen so weit Tür und Tor geöffnet. Ob die Schüsse auf den Papst deshalb gleich »das wohl größte ungelöste Rätsel des 20. Jahrhunderts« sind, mag man zwar bezweifeln – einer der spannendsten Kriminalfälle sind sie auf jeden Fall.[93]

Der 13. Mai 1981 ist ein Mittwoch – und damit steht am Nachmittag jenes Tages wie jeden Mittwoch die Generalaudienz des Heiligen Vaters an, zu der (theoretisch) jeder gläubige Katholik willkommen ist. Praktisch bekommen die meisten Gäste höchstens die Chance, einen kurzen Blick auf den langsam auf der Ladefläche eines vorüberfahrenden Jeeps stehenden Stellvertreter Gottes auf Erden zu erhaschen. Das Auto des Papstes, ein weißer Toyota, rollt an jenem

Mittwoch zuerst die Absperrung auf der linken Seite des Petersplatzes entlang, dann hinüber zur anderen Seite, wo Ali Agca wenige Meter hinter der hölzernen Balustrade wartet. Der Heilige Vater greift die Hände einzelner Gläubiger, die sich ihm entgegenstrecken; er nimmt ein kleines Mädchen auf den Arm, das ihm hingehalten wird; er lächelt gelöst und ahnt nichts von dem Unheil, das ihm Bruchteile einer Sekunde später widerfahren wird. Auf mehreren Fotos jenes Momentes ist deutlich eine Hand mit einer Pistole zu erkennen, die sich dem abwärts blickenden Papst entgegenreckt. Auf einem Bild ist sogar das Gesicht des Schützen zu erkennen – eine Frage des Standorts des Fotografen.[94] Um 17.17 Uhr geschieht dann das bis dahin (beinahe) Undenkbare: Ein Attentäter schießt auf das Oberhaupt der zahlenmäßig größten Glaubensgemeinschaft der Welt. Dreimal knallt es in den folgenden Sekundenbruchteilen. Der erste Schuß streift Johannes Paul am Ellbogen, der zweite zertrümmert ihm den linken Zeigefinger. Doch das sind vergleichsweise leichte Verletzungen. Erst die dritte Kugel, die in den Unterleib des Heiligen Vaters eindringt, ist lebensgefährlich. Das 9-mm-Geschoß zerfetzt mehrere Dünndarmschlingen sowie den Dickdarm des Papstes und tritt neben seiner Wirbelsäule wieder aus. Damit allerdings hat Johannes Paul sogar noch Glück im Unglück: »Die Kugel hatte weder eines der großen Blutgefäße noch Leber, Bauchspeicheldrüse, Nieren, Harnleiter oder Wirbelsäule getroffen. Zwischen allen wichtigen Organen hatte die Kugel millimetergenau die einzige Bahn gefunden, die das Überleben des Papstes ermöglichte.«[95] Trotzdem ist der Heilige Vater schwer verwundet. So schnell wie möglich bringen ihn seine Begleiter in ein nahegelegenes Krankenhaus, wo ihm sicherheitshalber die Sterbesakramente erteilt werden. Über fünf Stunden kämpfen die Chirurgen des Universitätsklinikums Gemelli um das Leben des Papstes, bis sie sicher sind, daß Johannes Paul jedenfalls nicht an den direkten Folgen des Bauchschusses sterben wird.

Auf dem Petersplatz bricht zwar nach den Schüssen wie erwartet Panik aus – Voraussetzung für ein erfolgreiche Flucht des Attentäters. Doch Ali Agca, auf den wenige Dutzend Meter weiter, vor der Post des Vatikan, ein Fluchtauto mit laufendem Motor wartet und der sogar eine scharfgemachte Rauchbombe dabei hat, um die Verwirrung zu steigern, hat nicht mit der stämmigen Nonne Letizia gerechnet, die im Moment des Anschlages zufällig vor ihm steht.[96] Sie klammert ihre Arme um den Attentäter und schreit ihn an: »Du warst es, ich habe es wohl gesehen!« Entscheidende Sekunden verliert Agca so – als er sich aus den Armen Letizias befreien kann, hat die Menge um ihn herum die beiden bereits wahrgenommen und versucht nun, den dunkelhäutigen Verdächtigen zu lynchen. Gerade noch rechtzeitig können sich zwei Polizeibeamte vorkämpfen – rechtzeitig, um das Leben Ali Agcas zu retten. Der Aufklärung dieses Mordversuchs leisten sie mit ihrem beherzten Eingreifen zwar eher einen Bärendienst, doch das können die beiden nicht ahnen. Widerstandslos läßt sich der Verdächtige abführen.

Von Anfang an unternahm Ali Agca keinen Versuch, die Tat zu leugnen. Im Gegenteil, er zeigte sich sogar stolz. Schon im ersten, improvisierten Verhör sagte er: »Ich bin Ali Agca, der berühmteste Terrorist der Türkei.« Auf die naheliegende Frage an jeden Attentäter, welchem Flügel des politischen Spektrums er angehöre, antwortete der 23jährige: »Ich bin ein internationaler Terrorist, weder rot noch schwarz, sondern vielmehr rot und schwarz.«[97] Viel spricht dafür, daß Ali Agca mit diesen Sätzen die Wahrheit sprach – vielleicht das einzige Mal überhaupt in all den Verhören, Vernehmungen und Interviews seither. Binnen weniger Stunden stellten Journalisten fest, daß Agca einer der meistgesuchten Terroristen der Türkei ist, ein verurteilter Lohnkiller und ein Mitglied der rechtsextremen Gruppe »Graue Wölfe«. 1958 in ärmlichen Verhältnissen im anatolischen Bergland geboren, erwies er sich in der Schule als begabt. Der Klassenprimus konnte sich mit 18 Jahren 1976 an der Universität Istanbul einschreiben. Doch bald begannen bis heute nicht aufgeklärte Merkwürdigkeiten: Ende 1977 wurde auf Agcas Namen ein Konto bei einer Istanbuler Bank eröffnet, auf dem sich in den folgenden Monaten insgesamt umgerechnet etwa 13.000 Euro ansammelten – ein gewaltige Summe in der Türkei der späten siebziger Jahre. Eingezahlt wurde das Geld von einem Unbekannten, der die Unterschrift des Kontoinhabers eher unbeholfen nachmachte. Aber gegen Einzahlungen hatten Banken seinerzeit ähnlich selten Einwände wie heute – und prüften die auffallend schlecht gefälschten Unterschriften deshalb nicht.

Am 1. Februar 1979 wurde dann der Chefredakteur der liberalen Tageszeitung »Milliyet« erschossen – und wenig später Ali Agca als Mörder denunziert und festgenommen. Er bestritt zwar den Vorwurf, nutzte aber den öffentlichen Auftritt vor Gericht, um eine seltsame Botschaft abzugeben: In genau fünf Monaten, sagte Agca am 25. Juni 1979, werde er einen Hungerstreik beginnen. Dazu aber kam es nicht, denn am 25. November 1979, auf den Tag fünf Monate nach Agcas Ankündigung, wurde er von unbekannten Helfershelfern aus dem Militärgefängnis befreit und tauchte unter. Nicht ohne allerdings vorher einen Brief bei der Redaktion von »Milliyet« einzuwerfen, in dem er androht, Papst Johannes Paul II. zu ermorden, der am 29. November zu einem Besuch in die Türkei kam.[98] In dem Brief schrieb er: »Die westlichen Imperialisten, in Furcht davor, daß die Türkei gemeinsam mit ihren islamischen Schwesternationen eine politisch-militärische Macht im Vorderen Orient werden könnte, schicken in einem so schweren Moment den Oberbefehlshaber der Kreuzzüge, Johannes Paul, verkleidet als religiöser Führer. Wenn dieser Besuch, der weder von der Zeit, in der er stattfindet, noch von seiner Bedeutung her sinnvoll ist, nicht abgesagt wird, werde ich auf jeden Fall den Papst ermorden. Das ist der einzige Grund, warum ich aus dem Gefängnis geflohen bin.«[99]

War der Rechtsextremist und Berufskiller also etwa doch nur ein Psychopath? Es gibt eine andere, näherliegende Erklärung für den seltsamen Brief, der zur massiven Verstärkung des Schutzes für den hohen Besuch führte: Ali Agca wollte die türkischen Behörden durch die öffentliche Drohung unter Handlungszwang setzen und so den Fahndungsdruck auf sich selbst reduzieren. Tatsächlich versuchte niemand, weder der angebliche Glaubenskrieger noch irgend jemand sonst, in jenen Tagen auf den Papst zu schießen. Statt dessen brachte Ali Agca offenbar zunächst noch den Denunzianten um, der ihn nach dem Anschlag auf den Milliyet-Chef verraten hatte, und versteckte sich dann seelenruhig einige Monate im Grenzgebiet zwischen Türkei und dem Iran. Im Juli 1980 reiste Agca zum ersten Mal nach Sofia, und hier habe er den Auftrag bekommen, den Papst zu töten – gegen ein Honorar von umgerechnet 1,5 Millionen Euro, behauptete er. In den folgenden Monaten reiste Ali Agca mit gefälschten Papieren durch halb Europa in die Bundesrepublik ein. Doch die Behörden konnten seiner nicht habhaft werden. Oder wollten sie nicht? Im November 1980 mehrten sich die Hinweise, daß Ali Agca türkische Landsleute in Deutschland unter Druck setze. An mindestens zwei politischen Morden an Türken war er angeblich beteiligt.

Auch die weitere Vorgeschichte der Schüsse auf dem Petersplatz hebt Agca ab von anderen Attentätern. Mit einem einwandfrei gefälschten Paß reiste Agca monatelang kreuz und quer durch Europa, passierte Grenze um Grenze, logierte in teuren Hotels und nahm an Pauschalreisen teil. Für einen international gesuchten, auf zahlreichen Fahndungslisten verzeichneten Mann ein ziemlich ungewöhnliches Verhalten. Nach Recherchen deutscher Journalisten gab der Killer in dieser Zeit umgerechnet über 50.000 Euro aus – ein Vermögen.[100] Erst Anfang Mai 1981 traf Ali Agca in Rom ein und bezog Quartier in wechselnden Pensionen. Schon am 10. Mai näherte sich der Attentäter seinem Opfer bis auf wenige Meter: Ein zufällig entstandenes Foto von Johannes Pauls Besuch in der Gemeinde San Tommaso di Aquini zeigt Ali Agca in Schußentfernung. Die Erlaubnis, in den Sicherheitsbereich eintreten zu dürfen, war ihm vom Vatikan erteilt worden. Warum schoß der Killer nicht an jenem Tag?

Auf diese Frage gibt es mehrere Antworten – je nachdem, wen man für Agcas Auftraggeber hält. Erste Antwort: Weil sein Auftrag lautete, den Papst genau am 13. Mai zu töten. An jenem Tag eröffnete die sowjetische Führung einen neuen Angriff auf die Demokratiebewegung in Polen. Wäre es da nicht passend gewesen, an jenem Tag den polnischen Papst, der für Millionen seiner Landsleute eine wesentliche Stütze und Hoffnung verkörperte, von einem Rechtsterroristen islamischen Glaubens töten zu lassen? Gewiß ein etwas um die Ecke gedachtes Kalkül, aber dafür war der KGB ja bekannt. Und immerhin gab es im Zentralkomitee in Moskau tatsächlich Überlegungen in diese Richtung, wie 1999 aufgetauchte Dokumente beweisen. Sie stammen allerdings aus dem November 1979 – eine reichlich lange Vorbereitungszeit für einen skrupellos agierenden Geheimdienst.[101] Auch entsprach es nicht gerade dem Vorgehen der trotz aller Ideologie im Kern professionellen Spione, den sorgfältig ausgewählten Auftragsmörder monatelang mit gefälschten Papieren herumreisen zu lassen.[102] Auch die »bulgarische Spur«, laut der Agca für den Geheimdienst des kommunistischen Regimes in Sofia[103] handelte, gilt heute als erledigt. Schon 1986 waren in Rom drei bulgarische Angeklagte von der Beteiligung am Papstattentat freigesprochen worden.[104] Und bei seinem Besuch in Bulgarien im Mai 2002 ließ Johannes Paul II. sogar offiziell bekanntgeben: »Ich habe niemals an die sogenannte bulgarische Spur geglaubt, und das ist der Grund für meine Zuneigung zum bulgarischen Volk.«[105]

Zweite Antwort: Weil Ali Agcas Auftrag lautete, den Papst am 13. Mai, am 17. Mai oder »spätestens« am 20. Mai zu töten. So jedenfalls muß man einen Zettel verstehen, den der Mörder bei seiner Verhaftung bei sich trug und auf dem handschriftlich und in türkischer Sprache sehr genaue Anweisungen aufgelistet waren. Unter anderem, nur mit gültigem Billett den Zug zu besteigen (ein potentieller Hitler-Attentäter wurde immerhin wegen Schwarzfahrens aufgegriffen[106]), sich vom Vatikan fernzuhalten und ein Kreuz um den Hals zu tragen. Der genaue Zeitplan könnte darauf hindeuten, daß es einen zweiten Attentäter gab, der zeitgleich schießen sollte – was die ehemalige »Spiegel«-Korrespondentin Valeska von Roques auch durch einen Fund am Tatort bestätigt sah: »Auf dem Petersplatz wurde weiterhin eine Patronenhülse aus einer anderen Waffe gefunden – ein klarer Hinweis, daß es Komplizen gab, von denen einer auch geschossen hat.«[107] Warum allerdings eine Patronenhülse auf einem täglich von Zehntausenden, manchmal Hunderttausenden von Menschen frequentierten Platz ein »Hinweis« auf einen zweiten Schützen sein soll, verriet die langgediente Reporterin nicht. Mindestens so wahrscheinlich war es doch, daß die leere Hülse einem der zahlreichen Besucher aus der Tasche gefallen ist. Ebenso unklar ist, warum Johannes Paul unbedingt »spätestens« am 20. Mai 1981 sterben sollte. Und natürlich, wer den Auftrag erteilt haben könnte. Hier gibt es unter anderem umfassende Verschwörungstheorien, laut denen westliche Geheimdienste den Anschlag geplant haben. Der Papst sollte zwar getroffen, aber nicht zu schwer verletzt werden, um das Attentat anschließend dem Ostblock in die Schuhe zu schieben, die explosive Situation in Polen zur Detonation zu bringen und die Entspannungspolitik des sowjetischen Politbüromitglieds Juri Andropow zu konterkarieren.[108] Angesichts der lebensbedrohlichen Verletzungen Johannes Pauls II. beim dritten Schuß eine wenig überzeugende These. Oder konservative Kreise innerhalb des Vatikans oder bei der erzkonservativen Laienorganisation »Opus Dei« sollen Ali Agca angeheuert haben. Beweise für diese Deutung: gleich null.

Dritte Antwort: Weil es Gottes Wille war, daß sein Stellvertreter auf Erden und damit die Christenheit insgesamt am 13. Mai, dem Tag der Madonna von Fatima, geprüft werden sollten. An jenem Tag hatten im Jahre 1917 drei Kinder nahe dem kleinen portugiesischen Ort Fatima eine Marienerscheinung. Die Muttergottes teilte ihnen an diesem Tag ein dreiteiliges Geheimnis mit, dessen erste beiden Teile erst 1938 bekannt wurden. Angeblich prophezeite die Madonna den drei Kindern den Zweiten Weltkrieg sowie den Aufstieg und den Niedergang der atheistischen Sowjetunion. Der dritte Teil des Geheimnisses aber offenbarte die einzige Überlebende der drei Kinder erst 1941 auf Druck des Vatikans in einem Brief, den nur der jeweilige Papst lesen durfte. Seither war das dritte Geheimnis von Fatima eines der interessantesten Rätsel der katholischen Kirche. Am 13. Mai 2000 schließlich lüftete der Vatikan in Fatima das Geheimnis: Die dritte Prophezeiung spreche von einem weiß gekleideten Bischof, der von Kugeln getroffen wie tot zu Boden gefallen sei.[109] Also beziehe sich der dritte Teil des Geheimnisses auf das Papst-Attentat vom 13. Mai 1981. US-Zeitungen kommentierten diese »Enthüllung« enttäuscht: Es »war ein bißchen so, als ob das FBI verkünden würde, daß Elvis in der Tat tot sei«.[110] Auf diese Mitteilung, die für Ali Agca allerdings nicht neu war, weil Johannes Paul II. mit ihm offenbar schon bei seinem Gefängnisbesuch 1983[111] darüber gesprochen hatte, reagierte der Attentäter mit einer weiteren neuen Erklärung für seinen Anschlag: Er habe stets gewußt, daß er nur ein göttliches, von der Vorsehung gelenktes Werkzeug gewesen sei. Der oberste Glaubenshüter des Vatikan, der deutsche Kardinal Joseph Ratzinger, kommentierte: »Diese Deutung geht völlig an der Sache vorbei.«[112] Ob das Gleiche nicht auch für die gewissermaßen offizielle »Erklärung« für das Papst-Attentat gilt, muß jeder für sich selbst entscheiden.

Vierte Antwort: Ali Agca schoß zufällig am 13. Mai 1981 auf Johannes Paul II. Der Moslem wollte aus Glaubenseifer und Größenwahn das Oberhaupt der katholischen Christenheit töten. Dafür spricht sein Brief von Ende November 1979, dafür spricht der Bekennerbrief vom Mai 1981, in dem er ziemlich wirr den Papst für alles Elend auf der Welt verantwortlich machte. Er allein faßte den Entschluß zur Mordtat und zum Zeitpunkt ihrer Ausführung. Doch er wurde von dunklen Hintermännern benutzt und mit dem Geld und den falschen Papieren ausgestattet, die nötig waren, seinen Plan umzusetzen.

Möglicherweise aber sind die dem diametral entgegengesetzten Erklärungen Agcas für seine Tat tatsächlich einfach nur Hinweise darauf, daß er selbst seine wirklichen Auftraggeber nicht kannte. Zwar gab er an, den Mordauftrag vom türkischen Gangsterboß Bekir Celenk bekommen zu haben – doch der starb 1985 wenige Monate, nachdem er von seinem Hauptwohnsitz Sofia in die Türkei abgeschoben und wegen Waffen- und Rauschgiftschmuggels angeklagt worden war, an einem »Herzanfall«.[113] Daß Ali Agca ein gedungener Mörder war, ist sehr wahrscheinlich – daß die Hintergründe des Anschlages niemals aufgeklärt werden können, allerdings ebenfalls.

Anmerkungen

1 Zwischen Wahn und Widerstand
Attentäter der Weltgeschichte

1 Schiller, Friedrich: Wilhelm Tell. Schauspiel. In: Schillers Werke. Nationalausgabe, Weimar 1980, Bd. 10, S. 127–277. (im folgenden Schiller, Tell), S. 244 (4. Aufzug, 3. Szene).
2 Schiller, Tell, S. 253 (4. Aufzug, 3. Szene).
3 Schiller, Tell, S. 272 (5. Aufzug, 2. Szene).
4 Frisch, Max: Wilhelm Tell für die Schule. 24. Aufl. Frankfurt/M. 2002, S. 94.
5 Domarus, Max: Hitler. Reden und Proklamationen 1932–1945. Kommentiert von einem deutschen Zeitgenossen. 4 Bde. 4. Aufl. Leonberg 1988 (im folgenden Domarus, Hitler), Bd. 4, S. 2128.
6 Noelle, Elisabeth/Neumann, Erich (Hrsg.): Jahrbuch der öffentlichen Meinung 1947–1955. Allensbach 1956, S. 138.
7 Vgl. Frei, Norbert: Vergangenheitspolitik. Die Anfänge der Bundesrepublik und die NS-Vergangenheit. München 1996, S. 347–351.
8 Zit. n. Vogel, Winfried: »Nun sag: Wie hältst Du's mit der Tradition ...?« In: Knab, Jakob: Falsche Glorie. Das Traditionsverständnis der Bundeswehr. Berlin 1995, S. 121.
9 Vgl. Frankfurter Rundschau v. 19.7.1985.
10 Vgl. Wette, Wolfram: Die Wehrmacht. Feindbilder, Vernichtungskrieg, Legenden. Frankfurt/M. 2002, S. 254–259.
11 Vgl. Frankfurter Rundschau v. 19.7.1985.
12 Spiegel 15/1989.
13 Am umfassendsten für die Jahre 1865–1986 ist mit mehr als tausend Einträgen Lentz, Harris M.: Assassinations and Executions. An Encyclopaedia of Political Violence 1865–1986. Jefferson (NC) 1988 (im folgenden Lentz, Assassinations). Mit diesem Werk überschneiden sich alle anderen Bücher über politische Gewalttaten. Einige hundert weitere Gewalttaten aus früherer Zeit erfaßt Ford, Franklin L.: Der politische Mord. Von der Antike bis zur Gegenwart. Neuausgabe Reinbek bei Hamburg 1992 (im folgenden Ford, Mord). Von begrenztem Nutzen ist Sifakis, Carl: Encyclopaedia of Assassination. Neuausgabe New York 2001 (im folgenden Sifakis, Encyclopedia). Ausführlich den

einzelnen Gewalttaten und ihren Urhebern widmet sich Laucella, Linda: Assassination. The Politics of Murder. Los Angeles 1998 (im folgenden Laucella, Assassination).

14 Vgl. Fetherling, George: The Book of Assassins. A Biographical Dictionary from Ancient Times to the Present. New York 2001 (im folgenden Fetherling, Book of Assassins); Reouven, René: Dictionaire des Assassins d'Abimelech à Zulotea de Cain à Mesrine. Paris 1986 (im folgenden Reouven, Dictionaire).

15 Demandt, Alexander: Das Attentat als Ereignis. In: ders. (Hrsg.): Das Attentat in der Geschichte. Köln – Weimar – Wien 1996 (im folgenden Demandt, Attentat), S. 450.

16 Vgl. Fetherling, Book of Assassins, S. 9–11.

17 Vgl. Clarke, James W.: American Assassins. The Darker Side of Politics. Princeton 1982 (im folgenden Clarke, American Assassins), S. 13–17; ausführlicher in ders.: American Assassins: An Alternative Typology. In: British Journal of Political Science 11 (1981), S. 81–104.

18 Vgl. Ford, Mord, S. 492–503.

19 Middendorff, Wolf: Kriminologie der Tötungsdelikte. Stuttgart – München – Hannover 1984 (im folgenden Middendorff, Kriminologie).

20 Langemann, Hans: Das Attentat. Eine kriminalwissenschaftliche Studie zum politischen Kapitalverbrechen. Hamburg o. J. [1957] (im folgenden Langemann, Attentat).

21 Nobel, Alphonse: Mord in der Politik. Hamburg – Berlin 1931 (im folgenden Nobel, Mord).

22 Vgl. Wolzendorff, Kurt: Staatsrecht und Naturrecht in der Lehre vom Widerstandsrecht des Volkes gegen rechtswidrige Ausübung der Staatsgewalt. Breslau 1916 (ND Aalen 1968).

23 Vgl. Ruck, Michael: Bibliographie zum Nationalsozialismus. Neuausgabe 2 Bde. Darmstadt 2000, S. 628–641.

24 Vgl. Matray, Maria/Krüger, Answald: Das Attentat. Der Tod der Kaiserin Elisabeth und die Tat des Anarchisten Lucheni. Neuausgabe München 1998.

25 Vgl. Schoeps, Julius H.: Bismarck und sein Attentäter. Berlin 1984 (im folgenden Schoeps, Bismarck).

2 Nicht auf der Rechnung
Geistig verwirrte Einzeltäter

1 Vgl. allgemein Aussage von Günter Parche, Landeskriminalamt Hamburg, 30.4.1993, zit. n. www.monicaseles.de/attentat/aussageparche.htm (im folgenden Parche, Aussage); Psychiatrisches Gutachten über Günter Parche, zit. n. www.monicaseles.de/indexframe.htm (im folgenden Gutachten über Parche); Welt am Sonntag v. 2.5.1993; SZ v. 3.5.1993; Spiegel 42/1993; Welt am Sonntag v. 31.8.1997; Hamburger Abendblatt v. 4.4.1995 u. v. 16.12.1999; Fetherling, Book of Assassins, S. 292f.

2 Berliner Morgenpost v. 2.5.1993.

3 Spiegel 42/1993.
4 Berliner Morgenpost v. 2.5.1993.
5 Hamburger Abendblatt v. 16.12.1999.
6 Parche, Aussage.
7 Spiegel 42/1993.
8 Parche, Aussage u. Gutachten über Parche.
9 Parche, Aussage.
10 Vgl. Hamburger Abendblatt v. 4.4.1995; Berliner Morgenpost v. 27.2.1997.
11 Spiegel 42/1993.
12 Berliner Morgenpost v. 5.4.1995.
13 Vgl. www.monica-seles.com/en/titles.asp.
14 Parche, Aussage.
15 Gutachten über Parche.
16 Spiegel 43/1990.
17 Hamburger Abendblatt v. 4.4.1995; Bild v. 27.4.1994.
18 Vgl. allgemein Art. Herostrat [2]. In: RE VIII, 1 (1912), Sp. 1145f.; Art. Herostrat. In: DNP Bd. 5 (1998), Sp. 486; Demandt, Alexander: Vandalismus. Gewalt gegen Kultur. Berlin 1997 (im folgenden Demandt, Vandalismus), S. 95.
19 Aristoteles, Meteorologie, 371 a 30f.
20 Vgl. Valerius Maximus VIII, 14, externa 5.
21 Strabon XIV, 1, 20; Solin 40,2f.; Aelian, De natura animalum, VI, 40.
22 Demandt, Vandalismus, S. 85.
23 Vgl. allgemein Mousnier, Roland: Ein Königsmord in Frankreich. Die Ermordung Heinrichs IV. Berlin – Wien – Frankfurt/M. 1970 (im folgenden
   Mousnier, Königsmord), S. 194–201 u. Chevallier, Pierre: Les Régicides. Clément, Ravaillac, Damiens. Paris 1989 (im folgenden Chevallier, Régicides),
   S. 132–143.
24 Mousnier, Königsmord, S. 196.
25 Mousnier, Königsmord, S. 199f.
26 Vgl. allgemein Fetherling, Book of Assassins, S. 53f.; Sifakis, Encyclopedia,
   S. 169f.; Ford, Mord, S. 300.
27 Fetherling, Book of Assassins, S. 53.
28 Vgl. allgemein Müller, Karl Alexander von: Karl Ludwig Sand. 2. Aufl. München 1925 (im folgenden Müller, Sand); Heydemann, Günther: Der Attentäter Karl Ludwig Sand. 20 Briefe und Dokumente aus den Erlanger und
   Jenaer Studentenjahren. In: Darstellungen und Quellen zur Geschichte der
   deutschen Einheitsbewegung im 19. und 20. Jahrhundert 12(1986), S. 7–77 (im
   folgenden Heydemann, Sand); Schulze, Hagen: Sand, Kotzebue und das Blut
   des Verräters (1819). In: Demandt, Attentat, S. 215–232 (im folgenden Schulze,
   Sand).
29 Varnhagen von Ense, Karl August: Denkwürdigkeiten des eigenen Lebens.
   Hrsg. v. Konrad Feilchenfeldt, Bd. 3, Frankfurt/M. 1987, S. 422f.
30 Vgl. Schulze, Sand, S. 224.
31 Zit. n. Müller, Sand, S. 167.
32 Heydemann, Sand, S. 49.
33 Zit. n. Müller, Sand, S. 90.

34 Heydemann, Sand, S. 53.

35 Müller, Sand, S. 71.

36 Zit. n. Reclams Schauspielführer. 8. Aufl. Stuttgart 1963, S. 335.

37 Zit. n. Müller, Sand, S. 136.

38 Heydemann, Sand, S. 68.

39 Zit. n. Schulze, Sand, S. 227.

40 Vgl. allgemein Streckfuß, Adolf: 500 Jahre Berliner Geschichte. Vom Fischer-dorf zur Weltstadt. Geschichte und Sage. Bis in die neueste Zeit fortgeführt von Leo Lernbach. Berlin 1900 (im folgenden Streckfuß, Geschichte), S. 607–610; Barclay, David E.: Anarchie und guter Wille. Friedrich Wilhelm IV. und die preußische Monarchie. Berlin 1995 (im folgenden Barclay, Anarchie), S. 180–182; Treitschke, Heinrich von: Deutsche Geschichte im 19. Jahrhundert. Fünfter Teil: Bis zur März-Revolution. 5. Aufl. Leipzig 1908 (im folgenden Treitschke, Geschichte), S. 267–270.

41 Zit. n. Streckfuß, Geschichte, S. 608f.

42 Barclay, Anarchie, S. 180.

43 Treitschke, Geschichte, S. 269.

44 Barclay, Anarchie, S. 181.

45 Vgl. allgemein Streckfuß, Geschichte, S. 724f.; Barclay, Anarchie, S. 310f.

46 Vgl. allgemein Pflanze, Otto: Bismarck. Der Reichsgründer. München 1997, S. 746–749; Engelberg, Ernst: Bismarck. Das Reich in der Mitte Europas. Berlin 1990 (im folgenden Engelberg, Bismarck Bd. 2), S. 141; Gall, Lothar: Bismarck. Der weiße Revolutionär. Frankfurt/M. – Wien – Berlin 1980 (im folgenden Gall, Bismarck), S. 534; Herre, Franz: Bismarck. Der preußische Deutsche. Köln 1991 (im folgenden Herre, Bismarck), S. 339.

47 Vgl. u. S. 103–107.

48 Bismarck, Otto von: Gesammelte Werke. Friedrichsruher Ausgabe. Bd. 11, Berlin 1929, S. 378.

49 Vgl. allgemein Mehring, Franz: Geschichte der deutschen Sozialdemokratie. Berlin [Ost] 1960 (im folgenden Mehring, Geschichte), Bd. 2, S. 492–495; Engelberg, Bismarck, Bd. 2, 273f.; Gall, Bismarck, S. 564; Langemann, Atten-tat, S. 192f.; Streckfuß, Geschichte, S. 759f.

50 Mehring, Geschichte, S. 493.

51 Zit. n. Langemann, Attentat, S. 193.

52 Vgl. Mehring, Geschichte, Bd. 2, S. 493.

53 Vgl. allgemein Gall, Bismarck, S. 564–570; Engelberg, Bismarck, Bd. 2, S. 274f.; Mehring, Geschichte, Bd. 2, S. 496–500; Streckfuß, Geschichte, S. 759f.

54 Tiedemann, Christoph von: Aus sieben Jahrzehnten. Erinnerungen. Leipzig 1905–1909, Bd. 2, S. 263.

55 Mehring, Geschichte, Bd. 2, S. 500.

56 Mehring, Geschichte, Bd. 2, S. 497.

57 Vgl. allgemein Clarke, American Assassins, S. 198–214; Laucella, Assassina-tion, S. 74–79; Fetherling, Book of Assassins, S. 170–176.

58 Zit. n. Clarke, American Assassins, S. 206f.

59 Zit. n. Clarke, American Assassins, S. 213f.

60 Vgl. Lentz, Assassinations, S. 17–24; Wilde, politischer Mord, S. 343–345.

61 Vgl. allgemein Clarke, American Assassins, S. 39–62; Laucella, Assassinations, S. 83–89; Fetherling, Book of Assassins, S. 110–112.

62 Clarke, American Assassins, S. 59.

63 Vgl. Clarke, American Assassins, S. 54.

64 Vgl. Fetherling, Book of Assassins, S. 165–167.

65 Goldman, Emma: Living My Life. Garden City 1931, S. 324f.; zit. n. Clarke, American Assassins, S. 60.

66 Vgl. allgemein Clarke, American Assassins, S. 167–174; Laucella, Assassination, S. 127–130; Fetherling, Book of Assassins, S. 383.

67 Laucella, Assassination, S. 128.

68 Clarke, American Assassins, S. 172.

69 Vgl. Laucella, Assassination, S. 129f.

70 Clarke, American Assassins, S. 172.

71 Vgl. allgemein Tobias, Fritz: Der Reichstagsbrand. Legende und Wirklichkeit. Rastatt 1962 (im folgenden Tobias, Reichstagsbrand); Backes, Uwe u.a.: Reichstagsbrand. Aufklärung einer historischen Legende. 2. Aufl. München – Zürich 1987 (im folgenden Backes u.a., Reichstagsbrand); Hehl, Ulrich von: Die Kontroverse um den Reichstagsbrand. In: VZG 36 (1988), S. 259–280 (im folgenden Hehl, Kontroverse); Keil, Lars-Broder/Kellerhoff, Sven Felix: Deutsche Legenden. Vom »Dolchstoß« und anderen Mythen der Geschichte. Berlin 2002 (im folgenden Keil/Kellerhoff, Legenden), S. 45–67.

72 Tobias, Reichstagsbrand, S. 19f.

73 An die Täterschaft deutscher oder bulgarischer Kommunisten, denen die Regierung Hitler die Verantwortung zuschieben wollte, glaubt längst niemand mehr; vgl. Bedürftig, Friedemann: Als Hitler die Atombombe baute. Lügen und Irrtümer über das Dritte Reich. München – Zürich 2003, S. 200–203. Die DNVP oder eine Gruppe ehemaliger Mitglieder der rechten Terrorgruppe »Organisation Consul« hält gelegentlich der Düsseldorfer Publizist Hersch Fischler für verantwortlich; allerdings schwanken seine Erklärungen innerhalb weniger Jahre erheblich; vgl. Welt v. 8.2.2000, Brief Fritz Tobias an Hersch Fischler, 3.3.2002, die SWR-Dokumentation »Neues zum Reichstagsbrand«, gesendet am 26.2.2003 und dazu Welt v. 26.2.2003. Die »Nazi-Täterthese« ist die bedeutendste der abweichenden Erklärungen; in der Tat spricht das Argument »Cui bono? – Wer profitiert?« für die Nationalsozialisten als Brandstifter. Allerdings gibt es trotz massiver Bemühungen gleich mehrerer Generationen sowohl von gelernten Historikern wie von autodidaktischen Autoren kein einziges Indiz, das auf eine Verschwörung von SA, SS, Gestapo (die es übrigens am 27.2.1933 noch gar nicht gab) oder anderen Gruppierungen der Hitler-Bewegung deutet. Statt dessen finden sich in den zahlreichen, teilweise prominenten Publikationen zum Thema lediglich Gerüchte und Fälschungen. An die Stelle von Argumenten treten unbelegte Behauptungen und persönliche Verunglimpfungen. Vgl. ausführlich Keil/Kellerhoff, Legenden, S. 50–66.

74 Vernehmung Marinus van der Lubbe, 2.3.1933, zit. n. Tobias, Reichstagsbrand, S. 603f.

75 Tobias, Reichstagsbrand, S. 33.

76 Vgl. Braunbuch über Reichstagsbrand und Hitler-Terror. Basel 1933, S. 52–61; Tobias, Reichstagsbrand, S. 72–75.

77 Bonhoeffer, Karl/Zutt, Jürg: Über den Geisteszustand des Reichstagsbrandstifters Marinus van der Lubbe. In: Monatsschrift für Psychiatrie und Neurologie 89, zit. n. Tobias, Reichstagsbrand, S. 692f.

78 Vgl. allgemein Berliner Morgenpost, 12.4.1968; Spiegel 21/1968 u. 11/1969; Chaussy, Ulrich: Die drei Leben des Rudi Dutschke. Neuausgabe Zürich 1999 (im folgenden Chaussy, Dutschke), S. 7–12 u. 228–290; Aust, Stefan: Der Baader-Meinhof-Komplex. Neuausgabe München 1998, S. 68f.

79 SZ v. 9.4.1998.

80 BZ v. 13.4.1968.

81 Chaussy, Dutschke, S. 249f.

82 Vgl. Dutschke, Gretchen (Hrsg.): Rudi Dutschke – Jeder hat sein Leben ganz zu leben. Die Tagebücher 1963–1979. Köln 2003 (im folgenden Dutschke, Tagebücher), S. 71, Anm. 215 (Kommentar von Gretchen Dutschke).

83 Chaussy, Dutschke, S. 285 u. S. 283. Vgl. Spiegel 11/1969.

84 Vgl. Knabe, Hubertus: Der diskrete Charme der DDR. Stasi und Westmedien. Berlin 2001, S. 353–383.

85 Welt v. 23.3.2001.

86 Wie Gretchen Dutschke in ihrem Nachwort zu den Tagebüchern von Rudi Dutschke geschickt andeutet; vgl. Dutschke, Tagebücher, S. 390.

87 Deutsche Nationalzeitung, 22.3.1968.

88 Spiegel 11/1969.

89 Chaussy, Dutschke, S. 240f.

90 Zit. n. Chaussy, Dutschke, S. 286f.

91 Spiegel 11/1969.

92 Zit. n. Chaussy, S. 294.

93 Dutschke, Tagebücher, S. 122.

94 Berliner Morgenpost v. 7.12.1990.

95 Vgl. allgemein Stern 37/1988; Welt v. 6.12.1981; Spiegel 33/1981; Fetherling, Book of Assassins, S. 88–91.

96 Abgedruckt z.B. in Stern 37/1988.

97 Fetherling, Book of Assassins, S. 91.

98 Vgl. Bild am Sonntag v. 26.9.2000.

99 Vgl. allgemein Spiegel 15/1981; Stern 16/1981; Die Zeit v. 10.4.1981, Spiegel 22 u. 26/1982; Welt v. 24.1.1997; Middendorff, Tötungsdelikte, S. 105–108; Laucella, Assassination, S. 343–349; Fetherling, Book of Assassins, S. 190f.

100 Laucella, Assassination, S. 347.

101 Spiegel 26/1982.

102 Welt v. 24.1.1997.

103 Vgl. allgemein Spiegel 18/1990; Welt am Sonntag v. 29.4.1990; Stern 19/1990; Spiegel 45/1990.

104 Zit. n. Doubek, Lexikon der Attentate, S. 196.

105 Stern 19/1990.

106 Spiegel 45/1990.

107 Vgl. Spiegel 18/1990.

108 Brief von Irene N. an das Amtsgericht Bad Neuenahr-Ahrweiler, 17.1.1990;
     Faksimile in Stern 19/1990.
109 Spiegel 45/1990.
110 Vgl. allgemein Stern 43/1990; Spiegel 43/1990; Welt v. 18.10.1990; Zeit v.
     19.10.1990; Spiegel 20/1991.
111 Stern 43/1990.
112 Spiegel 43/1990.
113 Bild v. 26.10.1990.
114 Spiegel 20/1991.
115 Vgl. allgemein FAZ v. 15.7. u. 7.8.2002; Welt v. 15. u. 16.7.2002.
116 Berliner Kurier, 15.7.2002.
117 Bild v. 17.7.2002; Hamburger Abendblatt v. 17.7.2002.
118 Berliner Morgenpost v. 16.7.2002.
119 Frankfurter Rundschau v. 30.7.2002.

3 Vergißmeinnicht auf dem Grab
Idealistische Einzeltäter

1 Vgl. allgemein Hoch, Anton: Das Attentat auf Hitler im Münchner Bürgerbräukeller 1939. VZG 17 (1969), S. 383–413; Gruchmann, Lothar (Hrsg.):
  Johann Georg Elser. Autobiographie eines Attentäters. Der Anschlag auf Hitler im Bürgerbräu 1939. Neuausgabe Stuttgart 1989 (im folgenden Gruchmann, Elser); Steinbach, Peter/Tuchel, Johannes (Hrsg.): »Ich habe den Krieg
  verhindern wollen«. Georg Elser und das Attentat vom 8. November 1939.
  Eine Dokumentation. Katalog zur Ausstellung. Berlin 1997 (im folgenden:
  Steinbach/Tuchel, Elser); Haasis, Hellmut G.: »Den Hitler jag' ich in die Luft«.
  Der Attentäter Georg Elser. Eine Biografie. Berlin 1999 (im folgenden Haasis,
  Elser).
2 Immer wieder ist zu lesen, Hitler habe den Bürgerbräukeller 13 Minuten vor
  der Explosion verlassen. Das ist jedoch nicht richtig; Hitler beendete seine
  Rede 13 Minuten vor der Explosion und wandte sich dann binnen weniger
  Minuten zum Gehen. Gegen 21.10 Uhr hatte er den Bürgerbräukeller verlassen.
3 Vgl. Gruchmann, Elser, S. 8–12.
4 Domarus, Hitler, Bd. 3, S. 1416f. Vgl. Gruchmann, Elser, S. 11.
5 Hoffmann, Heinrich: Hitler was My Friend. London 1955, S. 119; zit. n. Hoffmann, Peter: Widerstand, Staatsstreich, Attentat. Der Kampf der Opposition
  gegen Hitler. Neuausgabe München – Zürich 1985 (im folgenden Hoffmann,
  Widerstand), S. 752f., Anm. 33.
6 Goebbels, Joseph: Die Tagebücher. Teil I: Aufzeichnungen 1923–1941. Hrsg. v.
  Elke Fröhlich. Bd. 7 München 1998, S. 188.
7 Rieger, Xaver: Schilderung des Aufgriffs des Georg Elser, Täter des Münche-
  ner Attentats v. 8.11.1939. Masch. Konstanz 15.12.1939. Faksimile in: Stein-
  bach/Tuchel, Elser, S. 72–74.

8 Haasis, Elser, S. 29.

9 Gruchmann, Elser, S. 12. Vgl. zum vorherigen und zum folgenden ebd., S. 7–14.

10 Vgl. Polizeipräsidium München, Zentralstelle für Waffen-, Munitions- und Sprengstoffwesen: Vorläufiges Gutachten v. 9.11.1939, S. 1. Faksimile in: Steinbach/Tuchel, Elser, S. 56f.

11 Gruchmann, Elser, S. 67–121, Zitate: S. 75; S. 77; S. 80; S. 75; S. 81–84.

12 Brief des Gestapo-Chefs Heinrich Müller an den Kommandanten des KZ Dachau, Eduard Weiter, v. 5.4.1945. Faksimile in Steinbach/Tuchel, Elser, S. 90f.

13 Details über Elsers Ende bei Haasis, Elser, S. 231–244.

14 Gruchmann, Elser, S. 118–121.

15 Vgl. Frankfurter Rundschau v. 8.11.1999; SZ v. 10.11.1999; Frankfurter Rundschau v. 18.11.1999; Welt v. 22.12.1999.

16 Zit. n. Laucella, Assassination, S. V.

17 Vgl. allgemein Traeger, Jörg: Der Tod des Marat. Revolution des Menschenbildes. München 1986; Gaethgens, Thomas W.: Davids Marat (1793). In: Demandt, Attentat, S. 187–213.

18 Ebd., S. 188–192.

19 Vgl. Epois, Jean: L'affaire Corday – Marat. Prélude de la Terreur. Paris 1980.

20 Vgl. allgemein Haehling von Lanzauer, Reiner: Das Baden-Badener Attentat. Baden-Baden 1995 (im folgenden Haehling von Lanzauer, Attentat).

21 Ebd., S. 17f.

22 Bericht Wilhelms I. über das Attentat v. 14.7.1861 in Baden-Baden, Generalstaatsarchiv Karlsruhe, zit. n. Haehling von Lanzauer, Attentat, S. 25.

23 Brief Oskar Becker, 13.7.1861. Faksimile in Haehling von Lanzauer, Attentat, S. 24.

24 Zit. n. Herre, Franz: Kaiser Wilhelm I. Der letzte Preuße. Köln 1980, S. 286.

25 Zit. n. Wiegler, Paul: Wilhelm der Erste. Sein Leben und seine Zeit. Hellerau bei Dresden 1927, S. 278.

26 Badische Neueste Nachrichten v. 22.7.1986 (Lokalteil Baden-Baden).

27 Vgl. allgemein Schoeps, Bismarck und sein Attentäter; Franz, Günther: Ferdinand Cohen-Blind und sein Attentat auf Bismarck 1866. In: Zeitschrift für württembergische Landesgeschichte 40 (1981), S. 387–397 (im folgenden Franz, Cohen-Blind).

28 Norddeutsche Allgemeine Zeitung, Extrablatt v. 7.5.1866 u. Neue Preußische Zeitung v. 9.5.1866, zit. n. Schoeps, Bismarck und sein Attentäter, S. 13–16.

29 Schoeps, Bismarck und sein Attentäter, S. 44–47.

30 Cohen-Blind, Ferdinand: Brief an Mathilde Weber v. 6.5.1866, zit. n. Franz, Cohen-Blind, S. 390.

31 Hermann Deutsche Wochenzeitung London v. 19.5.1866, zit. n. Schoeps, Bismarck und sein Attentäter, S. 87.

32 Marx-Engels-Werke, Bd. 31, S. 214f.

33 Vgl. allgemein Hetzer, Friedrich: Anton Graf Arco. Das Attentat auf Kurt Eisner und die Schüsse im Landtag. München 1988 (im folgenden Hetzer, Arco); Langemann, Attentat, S. 43–49.

34 Huch, Ricarda: Gesammelte Schriften. Essays, Reden, Autobiographische Aufzeichnungen. Freiburg 1964, S. 131.
35 Vgl. Hetzer, Arco, S. 31f.; Langemann, Attentat, S. 48.
36 Sauerbruch, Ferdinand: Das war mein Leben. Berlin 1951, S. 319f.
37 Zit. n. Hetzer, Arco, S. 70–72.
38 Zit. n. Hetzer, Arco, S. 254.
39 Zit. n. Hetzer, Arco, S. 289.
40 Vgl. Berliner Tageblatt v. 17.1.1920 (Morgenausgabe).
41 Vgl. Berliner Tageblatt v. 18.1.1920.
42 Faksimile in Hetzer, Arco, S. 398.
43 Vgl. allgemein Schmid, Thomas: Talaat Pascha. In: ders./Raith, Werner
   (Hrsg.): Politische Morde. 17 Fälle des 20. Jahrhunderts. Göttingen 1996 (im
   folgenden Schmid, Talaat Pascha).
44 Vgl. Berliner Tageblatt v. 15.3.1921 (Abendausgabe) und Berliner Morgenpost
   v. 16.3.1921.
45 Berliner Tageblatt v. 16.3.1921 (Morgenausgabe).
46 Berliner Morgenpost v. 4.6.1921.
47 BZ am Mittag v. 16.3.1921.
48 Berliner Tageblatt v. 16.3.1921 (Abendausgabe).
49 BZ am Mittag v. 2.6.1921 u. Berliner Tageblatt v. 2.6.1921 (Abendausgabe).
50 Berliner Morgenpost v. 3.6.1921.
51 Berliner Tageblatt v. 3.6.1921 (Abendausgabe).
52 Zit. n. Schmid, Talaat Pascha, S. 36.
53 Berliner Tageblatt v. 4.6.1921 (Morgenausgabe).
54 Vgl. Ternon, Yves: Tabu Armenien. Geschichte eines Völkermordes. Berlin –
   München – Frankfurt/M. 1981, S. 237. In den siebziger und achtziger Jahren
   verübten armenische Terroristen Mordanschläge auf mehr als 20 türkische
   Diplomaten in aller Welt – immer unter Hinweis auf die Massaker während
   des Ersten Weltkrieges und die Weigerung der Türkei, diesen Völkermord
   anzuerkennen. Vgl. Lentz, Assassinations, S. 220.
55 Vgl. allgemein Senn, Alfred Erich: Assassination in Switzerland. The Murder
   of Vatslav Vorovsky. Madison 1981 (im folgenden Senn, Murder).
56 NZZ v. 11.5.1923 (Mittagsblatt u. Abendblatt), 12.5.1923 (Morgenblatt),
   13.5.1923 (Morgenblatt); Berliner Tageblatt v. 11.5.1923 (Abendausgabe), v.
   12.5.1923 (Morgenausgabe), v. 13.5.1923 (Morgenausgabe); Senn, Murder,
   S. 131–146.
57 Senn, Murder, S. 186–188; vgl. Berliner Tageblatt v. 17.11.1923 (Morgenausgabe).
58 Vgl. Fetherling, Book of Assassins. S. 106.
59 Vgl. Gutmann, Israel u.a. (Hrsg.): Enzyklopädie des Holocaust. Neuausgabe
   München – Zürich 1995, Bd. 3, S. 1456.
60 Vgl. NZZ v. 27.5.1926 (Abendausgabe); Berliner Tageblatt v. 26.5.1926
   (Abendausgabe).
61 Zit. n. Elgers, Paul: Ein Giftpilz für die Kaiserin. Attentäterreport. Rudolstadt
   1983, S. 141.
62 Berliner Tageblatt v. 27.10.1927 (Morgenausgabe).

63 Vgl. allgemein NZZ v. 5.2.1936 (Mittagsausgabe), 6.2.1936 (Morgenausgabe); Kreuzer, Helmut (Hrsg.): Der Mord in Davos. Herbstein 1986 (im folgenden Kreuzer, Mord in Davos); Braunschweig, Pierre-Théodore: Ein politischer Mord. Das Attentat von Davos und seine Beurteilung durch schweizerische Zeitungen. 3. Aufl. Bern 1980 (im folgenden Braunschweig, Mord).

64 Vgl. Picard, Jacques: Die Schweiz und die Juden 1933–1945. Schweizerischer Antisemitismus, jüdische Abwehr und internationale Flüchtlings- und Migrationspolitik. Zürich 1994, S. 158; Braunschweig, Mord, S. 89–92.

65 NZZ v. 15.12.1936.

66 Chotjewitz, Peter O.: Mord als Katharsis. Zum Fall David Frankfurter und zu Emil Ludwigs »Mord in Davos«; in: Kreuzer, Mord in Davos, S. 199.

67 Ludwig, Emil: David und Goliath. Geschichte eines politischen Mordes. Zürich 1945, zit. n. Kreuzer, Mord in Davos, S. 100.

68 Diewerge, Wolfgang: Ein Jude hat geschossen – Augenzeugenbericht vom Mordprozeß David Frankfurter. München 1937, S. 26f.; zit. n. Kreuzer, Mord in Davos, S. 161.

69 Zit. n. Kreuzer, Mord in Davos, S. 107f.

70 Berthold, Will: Die 42 Attentate auf Adolf Hitler. Wien 1997 (im folgenden Berthold, 42 Attentate). Vgl. Hoffmann, Peter: Die Sicherheit des Diktators. Hitlers Leibwachen, Schutzmaßnahmen, Residenzen, Hauptquartiere. München – Zürich 1975, S. 251f.

71 Vgl. allgemein Meienburg, Niklas: Es ist kalt in Brandenburg. Ein Hitler-Attentat. Zürich 1980 (im folgenden Meienburg, Brandenburg); in der Frage der Motivation Bavauds entgegengesetzt: Urner, Klaus: Der Schweizer Hitler-Attentäter. Drei Studien zum Widerstand und seinen Grenzbereichen. Frauenfeld 1980 (im folgenden zit. als Urner, Hitler-Attentäter); Spinatsch, Peter/Hersche, Otmar (Hrsg.): Maurice Bavaud. Ein 22jähriger Schweizer versucht 1938, Hitler aufzuhalten. Bern 2001 (im folgenden Spinatsch/Hersche, Bavaud).

72 Berthold, 42 Attentate, S. 112.

73 Picker, Henry: Hitlers Tischgespräche im Führerhauptquartier. Neuausgabe Frankfurt/M. – Berlin 1989, S. 255–257.

74 Vgl. Meienburg, Brandenburg, S. 172–182; Spinatsch, Peter: Er wollte Hitler beseitigen. Maurice Bavaud (1916 Neuchatel – 1941 Berlin-Plötzensee). In: ders./Hersche, Bavaud, S. 162–168.

75 Hoffmann, Widerstand, S. 317. Vgl. ders.: Maurice Bavauds attempt to assassinate Hitler in 1938. In: George L. Mosse (Hrsg.): Police forces in history. London 1975, S. 173–204; Urner, Hitler-Attentäter, S. 168–171.

76 Reichsgesetzblatt Teil 1 (1933), S. 83.

77 Zit. n. Berthold, 42 Attentate, S. 113.

78 Vgl. Pokatzky, Klaus: »Er wird geköpft« – »Er ist ja selber schuld«. In: Zeit v. 17.5.1991.

79 Zit. n. Meienburg, Brandenburg, S. 164–168; vgl. Friedrich, Jörg: Die kalte Amnestie. NS-Täter in der Bundesrepublik. Neuausgabe München – Zürich 1994, S. 300f.; Müller, Ingo: Furchtbare Juristen. Die unbewältigte Vergangenheit unserer Justiz. München 1987, S. 287f.

80 Vgl. allgemein Spiegel 20/2002; Stern 21/2002; Welt v. 7.5.2002; Berliner Morgenpost v. 7.5.2002.
81 Welt v. 8.5.2002.
82 Zit. n. Spiegel 20/2002.
83 Zit. n. Focus 20/2002.
84 SZ v. 25.11.2002; vgl. FAZ v. 25.11.2002; Welt v. 25.11.2002.
85 Spiegel 3/2003.
86 Vgl. FAZ v. 16.4.2003.

4 Gott will es
Religiöse Eiferer

1 Vgl. allgemein: Spiegel 46/1995, 50/1995 u. 52/1995; NZZ v. 6.11.1995; FAZ v. 6.11.1995; SZ v. 6.11.1995; Arazi, Doron: Itzhak Rabin. Held von Krieg und Frieden. Biographie. Freiburg – Basel – Wien 1996 (im folgenden Arazi, Rabin), S. 7–16 u. S. 178–181; Horovitz, David (Hrsg.): Yitzhak Rabin. Feldherr und Friedensstifter. Die Biographie. Berlin 1996 (im folgenden Horovitz, Rabin), S. 14–31 u. S. 232–257; Kapeliuk, Amnon: Rabin. Ein politischer Mord. Nationalismus und rechte Gewalt in Israel. Heidelberg 1997 (im folgenden Kapeliuk, Rabin), S. 11–75 u. 173–210; Laucella, Assassination, S. 413–441. Anklageschrift und Urteil gegen Yigal Amir sind auszugsweise auf der Homepage des israelischen Außenministeriums dokumentiert; vgl. www.mfa.gov.il/rabin.
2 Peri, Yoram (Hrsg.): The Rabin Memoirs. Erweiterte Neuausgabe. Berkeley – Los Angeles 1996, S. 427f.
3 Kapeliuk, Rabin, S. 14; Arazi, Rabin, S. 13f.
4 Nicht einmal bei einer scheinbar so einfachen Frage wie dem genauen Zeitpunkt des ersten Pistolenschusses gibt es Eindeutigkeit, obwohl zahlreiche eigentlich exakt getimte Kameras das Ende der Kundgebung aufgenommen haben. Die Angaben in den Zeitungen v. 6.11.1995 differieren zwischen 21.42 und 21.50 Uhr; entsprechend unterschiedlich geben auch die zahlreichen Veröffentlichungen zu diesem Attentat den Zeitpunkt der tödlichen Schüsse an.
5 Zit. n. Welt am Sonntag v. 31.10.1999
6 Horovitz, Rabin, S. 240f.
7 Nur einmal, im Prozeß, behauptete der Angeklagte plötzlich, er habe Rabin gar nicht töten, sondern »nur« lähmen wollen. Das war allerdings nicht mehr als eine versuchte Finte auf Zuraten eines seiner wechselnden Anwälte. Übrigens sprach die Verwendung tödlicher Dumdum-Munition gegen diese Behauptung, die Amir später auch nicht mehr aufgriff. Vgl. Berliner Morgenpost v. 28.3.1996 u. Welt v. 28.3.1996.
8 Kapeliuk, Rabin, S. 58f.
9 Vgl. Horovitz, Rabin, S. 239.
10 Zit. n. Horovitz, Rabin, S. 245.
11 Vgl. NZZ v. 11.11.1995; Horovitz, Rabin, S. 243.

12 Vgl. SZ v. 31.1.1996.
13 Zit. n. Kapeliuk, Rabin, S. 51.
14 Zit. n. Kapeliuk, Rabin, S. 33 (Erläuterungen im Original).
15 Kapeliuk, Rabin, S. 25.
16 Vgl. SZ v. 12.10.2000.
17 Vgl. Kapeliuk, Rabin, S. 152–159.
18 Vgl. Horovitz, Rabin, S. 180f.; Kapeliuk, Rabin, S. 68–70.
19 Vgl. Welt v. 8.11.1997 u. taz v. 10.11.1997; Kapeliuk, Rabin, S. 182–207.
20 Vgl. FAZ v. 18.12.1995; Welt am Sonntag, 31.10.1999; Horovitz, Rabin, S. 27;
    Kapeliuk, Rabin, S. 26.
21 Vgl. Rabin, Lea: Ich gehe auf seinem Weg weiter. Erinnerungen an Yitzhak
    Rabin. Neuausgabe München 1998, S. 23.
22 Vgl. unten S. 155–159.
23 Vgl. Kapeliuk, Rabin, S. 45; Horovitz, Rabin, S. 241.
24 Vgl. Kapeliuk, Rabin, S. 65f.; Horovitz, Rabin, S. 235.
25 Ben-Yehuda, Nachman: One More Political Muder by Jews. In: Peri, Yoram
    (Hrsg.): The Assassination of Yitzhak Rabin. Standford 2000, S. 87.
26 Welt v. 28.3.1996.
27 Kapeliuk, Rabin, S. 137–150.
28 Kopie im Archiv des Verfassers (Übersetzung ins Deutsche).
29 Vgl. Welt v. 4.10.1996; SZ v. 28.9.1998.
30 Vgl. allgemein Salmon, John Hearsay Macmillan: Society in Crisis. France in
    the Sixteenth Century. London, Tonbridge 1975 (im folgenden Salmon,
    Society); Mieck, Ilja: Die Entstehung des modernen Frankreichs 1450–1610.
    Strukturen, Institutionen, Entwicklungen. Stuttgart 1982 (im folgenden Mieck,
    Entstehung); Mousnier, Königsmord, S. 190–193 u. Chevallier, Régicides,
    S. 28–45.
31 Vgl. Salmon, J.H.M.: The Paris Sixteen 1584–1594: The Social Analysis of a
    Revolutionary Movement. In: Journal of Modern History 44 (1972), S. 540–576,
    hier S. 555–558.
32 Zit. n. Chevallier, Régicides, S. 33.
33 Zit. n. Mousnier, Königsmord, S. 192.
34 Boucher, Jean: De iusta Henrici tertii abdicatione e Francorum regno. Paris
    1589.
35 Vgl. Vahle, Hermann: Boucher und Rossaeus. Zur politischen Theorie der
    französischen Liga (1576–1595). In: Archiv für Kulturgeschichte 56 (1974),
    S. 324, Anm. 52.
36 Vgl. allgemein Mousnier, Königsmord, S. 15–52; Chevallier, Régicides,
    S. 192–238 u. Hansen, Reimer: König Heinrich IV. von Frankreich 1610. Der
    Fürstenmord im konfessionellen Zeitalter. In: Demandt, Attentat, S. 123–141
    (im folgenden Hansen, Heinrich IV.).
37 Zit. n. Mousnier, Königsmord, S. 19.
38 Vgl. Hansen, Heinrich IV., S. 132f.
39 Luk 4,24; Mt 13,57; Mk 6,4.
40 Vgl. allgemein Collins, Larry/Lapierre, Dominique: Um Mitternacht die Frei-
    heit. Neuausgabe München 1994 (im folgenden Collins/Lapierre, Freiheit);

Lütt, Jürgen: »The Light has gone out of our lives«. Die Ermordung Mahatma Gandhis am 30. Januar 1948. In: Demandt, Attentat, S. 393–407 (im folgenden Lütt, Gandhi); Laucella, Assassination, S. 171–179.

41 Zit. n. Laucella, Assassination, S. 171.

42 Zit. n. www.mahatma.org.in/murderattemps/attemps.

43 Zit. n. Lütt, Gandhi, S. 400.

44 Times Online-Interview mit Gopal Godse, 14.2.2000; zit. n. http://ngodse.tripod.com/godse14feb2000.htm.

45 Vgl. Collins/Lapierre, Freiheit, S. 449–456. Richard Attenborough hat eine sehr eindringliche Nachstellung des Mordes an Anfang und Ende seines Oscar-gekrönten Films »Gandhi« gestellt.

46 Zit. n. http://ngodse.tripod.com/defense.

47 Rediff-Interview mit Gopal Godse; zit. n. www.rediff.com/news/1998/jan/29godse.htm.

48 Vgl. allgemein Welt am Sonntag v. 11.10.1981; Spiegel 43/1981; Büttner, Friedemann: Anwar el-Sadat 1981. Die »Beseitigung des ungerechten Pharao«. In: Demandt, Attentat, S. 431–447 (im folgenden Büttner, Sadat); Huismann, Wilfried: Der Tod des Pharao. Anwar el-Sadat und die Heiligen Krieger. In: Blondiau, Tod auf Bestellung, S. 207–234 (im folgenden Huismann, Pharao).

49 Zit. n. Huismann, Pharao, S. 209.

50 Vgl. Welt v. 16.7.1997 u. v. 27.9.2001.

51 Zit. n. Büttner, Sadat, S. 445.

52 Zit. n. Huismann, Pharao, S. 211.

53 Vgl. NZZ v. 26.1.1984; Hamburger Abendblatt v. 26.1.1984; Bild v. 26.1.1984; Welt v. 26.1.1984.

54 Vgl. Hamburger Abendblatt v. 16.2.1984.

55 Vgl. allgemein NZZ v. 26.2., v. 28.2., v. 29.2. u. v. 1.3.1994; FAZ v. 26.2.1994, SZ v. 26.2., v. 28.2. u. v. 29.2.1994; Spiegel 10/1994, 11/1994, 12/1994; Langer, Felicia: Wo der Haß keine Grenzen kennt. Eine Anklageschrift Göttingen 1995 (im folgenden Langer, Haß); Kapeliuk, Amnon: Hébron. Un massacre annoncé. Paris 1994 (im folgenden Kapeliuk, Hébron); Broder, Henryk M.: Die Irren von Zion. Hamburg 1998 (im folgenden Broder, Irren), S. 120f.

56 Vgl. Langer, Haß, S. 24f.

57 Vgl. Kapeliuk, Hébron, S. 35–37.

58 Yediot Achronot v. 27.2.1994, zit. n. Langer, Haß, S. 102.

59 5. Buch Mose, 11, 24f.

60 Vgl. Spiegel 42/2000; SZ v. 11.9.2001.

61 Zit. n. Langer, Haß, S. 106, Anm. *.

62 Spiegel 10/1994.

63 Zit. n. Broder, Irren, S. 120.

64 Zit. n. Broder, Irren, S. 254.

65 Vgl. allgemein Spiegel 36/2002; Aust, Stefan/Schnibben, Cordt (Hrsg.): 11. September. Geschichte eines Terrorangriffs. 3. aktualisierte Aufl. Stuttgart – München 2002 (im folgenden Aust/Schnibben, 11. September).

66 Zit. n. Aust/Schnibben, 11. September, S. 275–278.

67 Vgl. Spiegel Online v. 13.9.2002.

68 Clancy, Tom: Ehrenschuld. Roman. Hamburg 1996 (engl. 1994). Vgl. Berliner Morgenpost v. 12.9.2001.
69 Vgl. Clarke, American Assassins, S. 128–134.
70 Vgl. Spiegel 36/2002.
71 Zit. n. Aust/Schnibben, 11. September, S. 275.
72 Spiegel 36/2002.
73 Vgl. etwa die TV-Dokumentationen »Die Todespiloten. Das Leben der New Yorker Attentäter«, ARD, 23.11.2001 und »Mohammed Atta – Der Weg zur Wahnsinnstat«, ORF-Report, 28.11.2001.
74 Zit. n. http://magazine.orf.at/report/europa/sendungen/011128.
75 Vgl. Spiegel Online v. 6.10.2001.
76 Zit. n. Aust/Schnibben, 11. September, S. 272 u. S. 278.
77 Spiegel 36/2002.
78 Vgl. Spiegel 42/2002; Frankfurter Allgemeine Sonntagszeitung v. 19.5.2002; Bröckers, Mathias: Verschwörungen, Verschwörungstheorien und Geheimnisse des 11.9. Frankfurt/M. 2002; www.explizit-islam.de/seiten/Archiv/929/zeitwende.html.
79 Zit. n. Aust/Schnibben, 11. September, S. 208f. Vgl. Reuter, Christoph: Mein Leben ist eine Waffe. Selbstmordattentäter. Psychogramm eines Phänomens. München 2002, S. 281f.

5 Eine Frage des Geldes
Gedungene Mörder

1 Vgl. allgemein die ständig aktualisierte offizielle Seite der serbischen Regierung http://www.serbia.sr.gov.yu/news; Spiegel 44/2000 u. 12/2003; Zeit v. 20.3.2003; Focus 12/2003; FAZ v. 13.3., v. 26.3. u. v. 8.4.2003; SZ v. 13.3., v. 21.3. u. v. 26.3.2003; Welt v. 13.3. u. v. 26.3.2003; taz v. 15.3.2002; Frankfurter Rundschau v. 16.3.2003; SZ v. 21.3.2003. Vgl. zu Djindjić' Spitznamen »Kennedy« etwa Hamburger Abendblatt v. 21.8.1999 u. v. 4.12.2000.
2 Spiegel 12/2003.
3 taz v. 21.3.2003.
4 Vgl. FAZ v. 8.4.2003.
5 Vgl. http://www.balkantimes.com/html2/english/03326-SVETLA-001.htm.
6 Vgl. FAZ v. 16.4.2003.
7 Vgl. FAZ v. 28.3.2003.
8 Im Gegenteil ist die Geschichte von Mordoperationen durch Geheimdienste eine Geschichte des (oft peinlichen) Scheiterns; vgl. z. B. für die CIA Johnson, Loch K.: Verdeckte Aktionen und die CIA: Amerikas geheime Außenpolitik. In: Krieger, Wolfgang (Hrsg.): Geheimdienste in der Weltgeschichte. Spionage und verdeckte Aktionen von der Antike bis zur Gegenwart. München 2003, hier S. 267–271.
9 Vgl. Niggl, Peter: Auftrag: Mord. Berlin 2002 (im folgenden Niggl, Auftrag: Mord).

10 Vgl. Lindlau, Dagobert: Der Lohnkiller. Hamburg 1992; Hamburger Abendblatt v. 29.9.1992.
11 Vgl. Focus 5/1997.
12 Strafgesetzbuch, § 26.
13 Vgl. Creifelds Rechtswörterbuch, S. 61f.; S. 153f.; S. 764f.
14 Niggl, Auftrag: Mord, S. 6.
15 Vgl. http://www.serbia.sr.gov.yu/2003-03/30/3284458.html.
16 Vgl. allgemein Laucella, Assassination, S. 45–48; Lademacher, Horst: Die Niederlande. Politische Geschichte zwischen Individualität und Anpassung. Berlin 1993 (im folgenden Lademacher, Niederlande); Heyck, Eduard: Wilhelm von Oranien und die Entstehung der freien Niederlande. Bielefeld – Leipzig 1908 (im folgenden Heyck, Wilhelm); Lem, Anton van der: Opstand! Der Aufstand in den Niederlanden. Berlin 1996 (im folgenden Lem, Opstand).
17 Lem, Opstand, S. 130.
18 Zit. n. Ford, Mord, S. 237. Datiert ist der Bann auf den 15.3.1584, doch Alexander Farnese, der Herzog von Parma und Statthalter Spaniens in den Niederlanden, gab ihn erst vier Monate später bekannt. Vgl. Lem, Opstand, S. 123.
19 Vgl. z. B. www.geocities.com/Athens/Olympus/6868/cu01029.html.
20 Vgl. Fetherling, Book of Assassins, S. 160.
21 Vgl. Gisselmann, Werner: »Die Manie der Revolution«. Protest unter der französischen Julimonarchie (1830–1848). München 1993 (im folgenden Gisselmann, Manie), S. 361–367 u. Fn. 686.
22 Vgl. Sifakis, Encyclopedia, S. 224f.; vgl. u. S. 231–234.
23 Vgl. allgemein Gisselmann, Manie, S. 361f.; o. Verf.: Fieschi und seine Mitangeklagten. Eine genaue, actenmäßige Schilderung. Leipzig 1836 (im folgenden Fieschi und seine Mitangeklagten); Burnand, Robert: L'Attentat de Fieschi. 3. Aufl. Paris 1930 (im folgenden Burnand, Fieschi); Rochau, August Ludwig von: Geschichte Frankreichs vom Sturze Napoleons bis zur Wiederherstellung des Kaisertums. Leipzig 1858, S. 382–386; Hillebrand, Karl: Geschichte Frankreichs von der Thronbesteigung Louis Philipps bis zum Falle Napoleons III. Gotha 1877 (im folgenden Hillebrand, Geschichte), S. 474–483; Fetherling, Book of Assassins, S. 141f.
24 Hillebrand, Geschichte, S. 476.
25 Anschaulich geschildert bei Burnand, Fieschi, S. 8–14; dort auch verschiedene zeitgenössische Illustrationen.
26 So schon Zeitgenossen des Anschlags.
27 Vgl. Burnand, Fieschi, S. 23–34; Fieschi und seine Mitangeklagten, S. 24–27.
28 Vgl. Fieschi und seine Mitangeklagten, S. 168–171.
29 Vgl. Fieschi und seine Mitangeklagten, S. 172–178.
30 Vgl. Gisselmann, Manie, S. 362f.
31 Vgl. allgemein Berliner Morgenpost v. 10., v. 11., v. 12., v. 16. u. v. 17.10.1934; Berliner Illustrirte Zeitung 43/1934; Laucella, Assassination, S. 133–135; Langemann, Attentat, S. 268–271; Roberts, Allen: The Turning Point. The Assassination of Louis Barthou and King Alexander I of Yugoslavia. New York 1970 (im folgenden Roberts, Turning Point); Fetherling, Book of Assassins, S. 94–96.
32 Vgl. Langemann, Attentat, S. 270f.

33 Vgl. Fetherling, Book of Assassins, S. 95.
34 Vgl. Berliner Morgenpost v. 14.10.1934.
35 Vgl. Roberts, Turning Point, S. 2f.
36 Fetherling, Book of Assassins, S. 95.
37 Vgl. allgemein Stern 4/1994; Berliner Morgenpost v. 14.1.1994; FBI-Notizen über das Verhör mit Shane M. Stant, 18.1.1994, zit. n. www.courttv.com/onair/shows/mugshots/indepth/harding_stant.html (im folgenden FBI-Notizen Stant); Court TV-Interview mit Tonya Harding (undatiert), zit. n. www.courttv.com/onair/shows/mugshots/indepth/harding_transcript.html (im folgenden Harding, Interview).
38 Vgl. FBI-Notizen Stant.
39 Vgl. Berliner Morgenpost v. 18.5.1994 u. v. 24.9.1995.
40 Vgl. Harding, Interview; Bild v. 29.1.1998.

6 Gemeinsam stark
Vollstrecker von Verschwörungen

1 Vgl. allgemein Hoffmann, Peter: Widerstand, Staatsstreich, Attentat. Der Kampf der Opposition gegen Hitler. Neuausgabe München – Zürich 1985 (im folgenden: Hoffmann, Widerstand); ders.: Claus Schenk Graf von Stauffenberg und seine Brüder. Stuttgart 1992 (im folgenden Hoffmann, Stauffenberg); Fest, Joachim: Staatsstreich. Der lange Weg zum 20. Juli. Berlin 1994 (im folgenden Fest, Staatsstreich).
2 Reichssicherheitshauptamt IV, Sonderkommission 20.7.1944: Bericht v. 26.7.1944, zit. n. Opposition gegen Hitler und der Staatsstreich vom 20. Juli 1944. Geheime Dokumente aus dem ehemaligen Reichssicherheitshauptamt. Hrsg. von Hans-Adolf Jacobsen. 2 Bde. Stuttgart 1984 (im folgenden: Opposition gegen Hitler), Bd. 1, S. 86.
3 Vgl. Toland, John: Adolf Hitler. 2 Bde. Bergisch-Gladbach 1996 (im folgenden Toland, Hitler), Bd. 2, S. 983.
4 Reichssicherheitshauptamt IV, Sonderkommission 20.7.1944: Bericht v. 26.7. 1944, zit. n. Opposition gegen Hitler, Bd. 1, S. 83.
5 Vgl. Hoffmann, Widerstand, S. 495f.; Neumäcker, Uwe/Conrad, Robert/Woywodt, Cord: Wolfsschanze. Hitlers Machtzentrale im 2. Weltkrieg. Berlin 1999, S. 11; Sonnleithner, Franz: Als Diplomat im »Führerhauptquartier«. Aus dem Nachlass. München – Wien 1989, S. 24.
6 Die Interpretation des Privathistorikers Dietrich Schmidt-Hackenberg, Stauffenberg habe sich auf ein »symbolisches« Attentat beschränken wollen, ist gegenstandslos. Vgl. Schmidt-Hackenberg, Dietrich: 20. Juli 1944 – Das »gescheiterte« Attentat. Untersuchung eines geplanten Fehlschlags. Berlin 1996. Nach sämtlichen Zeugnissen aus dem engsten Kreis der Verschwörer war Hitlers Tod beschlossene Sache.
7 Vgl. Hoffmann, Stauffenberg, S. 414 u. S. 426.
8 Zit. n. Ehler, Dieter: Technik und Moral einer Verschwörung. 20. Juli 1944.

Frankfurt/M. – Bonn 1964 (im folgenden Ehlers, Verschwörung), S. 127. Vgl. Hoffmann, Widerstand, S. 400–406 und Thamer, Hans-Ulrich: Die Idee von einem anderen Deutschland. Das Attentat auf Hitler am 20. Juli 1944. In: Schultz, Uwe (Hrsg.): Große Verschwörungen. Staatsstreich und Tyrannensturz von der Antike bis zur Gegenwart. München 1998 (im folgenden Thamer, Idee), S. 223 u. S. 228f.

9 Vgl. Fest, Staatsstreich, S. 250–252.
10 Aretin, Karl Otmar von/Cartarius, Ulrich: Opposition gegen Hitler. Bilder, Texte, Dokumente. Neuausgabe Berlin 1994, S. 218.
11 Zeller, Eberhard: Oberst Claus Graf Stauffenberg. Ein Lebensbild. Paderborn 1994 (im folgenden Zeller, Stauffenberg), S. 295.
12 Zit. n. Hoffmann, Stauffenberg, S. 455.
13 Faksimile in Hoffmann, Stauffenberg, S. 396f.; vgl. Zeller, Stauffenberg, S. 237f.
14 Hoffmann, Stauffenberg, S. 123f.
15 Hoffmann, Stauffenberg, S. 229.
16 Hoffmann, Stauffenberg, S. 241–268, Zitat S. 251.
17 Zit. n. Bußmann, Walter: Die innere Entwicklung des deutschen Widerstandes gegen Hitler. Berlin 1964, S. 29. Vgl. Hoffmann, Peter: Stauffenberg und die Veränderungen der außen- und innenpolitischen Handlungsbedingungen für die Durchführung des »Walküre«-Plans. In: Schmädecke, Jürgen/Steinbach, Peter (Hrsg.): Der Widerstand gegen den Nationalsozialismus. Neuausgabe München – Zürich 1994, S. 1004f.
18 Zit. n. Kramarz, Joachim: Claus Graf Staufenberg 15. November 1907–20. Juli 1944: Das Leben eines Offiziers. Frankfurt/M. 1965, S. 131.
19 Vgl. Jäckel, Eberhard: Wenn der Anschlag gelungen wäre … In: ders.: Umgang mit Vergangenheit. Beiträge zur Geschichte. Stuttgart 1989, S. 195–206.
20 Vgl. Hoffmann, Staatsstreich, S. 623–625.
21 Schultz, Uwe: Die Verschwörung – der Griff nach der ganzen Macht. In: ders. (Hrsg.): Große Verschwörungen. Staatsstreich und Tyrannensturz von der Antike bis zur Gegenwart. München 1998, S. 7.
22 Thamer, Idee, S. 226–229.
23 Vgl. allgemein Jehne, Martin: Die Ermordung des Dictators Caesar und das Ende der römischen Republik. In: Schultz, Uwe (Hrsg.): Große Verschwörungen. Staatsstreich und Tyrannenmord von der Antike bis zur Gegenwart. München 1998, S. 33–47 (im folgenden Jehne, Ermordung); Dahlheim, Walter: Die Iden des März 44 v. Chr. In: Demandt, Attentat in der Geschichte, S. 39–59 (im folgenden Dahlheim, Iden); Gelzer, Matthias: Art. Iunius [53]. In RE X,1, Sp. 973–1020 (im folgenden Gelzer, Iunius).
24 Plutarch, Brutus, 9.
25 Vgl. Schur, Werner: Art. Iunius [46a]. In: RE Suppl. V (1931), Sp. 356–369.
26 Plutarch, Brutus, 1.
27 Plutarch, Brutus 8.
28 Vgl. Jehne, Ermordung, S. 35–37.
29 Plutarch, Brutus, 12.
30 Sueton, Caesar 82, 1f.; Plutarch, Brutus, 17; ders., Caesar, 66; Appian, Bürgerkriege, II 117; Cassius Dio XLIV, 19, 1–5. Vgl. Gelzer, Iunius, Sp. 991f.

31 Vgl. Clarke, Martin L.: The Nobelst Man. Marcus Brutus and His Reputation. Ithaca 1981, S. 79–134.

32 Mommsen, Theodor: Römische Kaisergeschichte. Nach den Vorlesungs-Mitschriften von Sebastian und Paul Hensel 1882/86. Hrsg. von Barbara und Alexander Demandt. München 1992, S. 68 (MH I 1f.).

33 Shakespeare, William: Julius Cäsar. In: Fried, Erich: Shakespeare. 27 Stücke. Hrsg. v. Friedemar Apel. Neuausgabe Frankfurt/M. 1995 (im folgenden Shakespeare, Werke), Bd. 2, S. 346 (3. Akt, 1. Aufzug).

34 Plutarch, Cäsar, 67; ders, Brutus, 18f.

35 Plutarch, Brutus, 18.

36 Shakespeare, Werke, Bd. 2, S. 353 (3. Akt, 2. Aufzug).

37 Vgl. Sueton, Cäsar, 82; Cassius Dio, XLIV 36–49; Appian, Bürgerkriege, II 144f.

38 Plutarch, Brutus, 20.

39 Shakespeare, Werke, Bd. 2, S. 376 (5. Akt, 5. Aufzug).

40 Sueton, Cäsar, 89.

41 Jehne, Ermordung, S. 47.

42 Vgl. allgemein Sueton, Domitian, 17; Cassius Dio 67, 17; Philostrat, Leben des Apollonios, XXV; Art. Stephanos [7]. In: RE IIIA,2 (1929), Sp. 2363f.; Demandt, Alexander: Das Privatleben der römischen Kaiser. München 1996, S. 84; Eder, Walter: Art. Stephanos [5]. In: DNP 11 (2001), Sp. 958.

43 Vgl. Sueton, Domitian, 14.

44 Vgl. Stein, Arthur: Art. Claudius [260]. In: RE III,2 (1899), Sp. 2840.

45 Philostrat, Leben des Apollonios, XXV.

46 Sueton, Domitian, 17.

47 Vgl. Z'Graggen, Bruno: Tyrannenmord in Toggenburg. Fürstäbtische Herrschaft und protestantischer Widerstand um 1600. Zürich 1999 (im folgenden Z'Graggen, Tyrannenmord).

48 Z'Graggen, Tyrannenmord, S. 35.

49 Zit. n. Z'Graggen, Tyrannenmord, S. 47.

50 Vgl. allgemein Fetherling, Book of Assassins, S. 34f.; Ford, Mord, S. 294f.; biographisches Material aus schwedischen Handbüchern in engl. Übersetzung auf http://w1.498.telia.com/~u49820820/english/anckarstrom/anckar.html.

51 Vgl. Frenzel, Elisabeth: Stoffe der Weltliteratur. Ein Lexikon dichtungsgeschichtlicher Längsschnitte. 8. Aufl. Stuttgart 1992, S. 285f.; Inszenierung von Götz Friedrich (seit 1993).

52 Vgl. Berliner Zeitung v. 6.11.2000.

53 Vgl. Yallop, David A.: Im Namen Gottes? Der mysteriöse Tod des 33-Tage-Papstes Johannes Paul I. München 1984.

54 Nach dem damals in Rußland gültigen Julianischen Kalender; nach dem im restlichen Europa längst verwendeten Gregorianischen Kalender war es der 29. Dezember.

55 Vgl. allgemein Ferro, Marc: Nikolaus II. Eine Biographie. Zürich 1991, S. 220–235; Radinski, Edward: Die Geheimakte Rasputin – Neue Erkenntnisse über den Dämon am Zarenhof. München 2000; Fetherling, Book of Assassins, S. 378–382; von der Heyde, Annette: 1907 – Die Legende Rasputin. In:

Knopp, Guido (Hrsg.): History. Geheimnisse des 20. Jahrhunderts. München 2002, S. 22–31.

56 Zwar findet sich ein entsprechender Hinweis in der deutschen Edition der Briefe der Zarin, doch ist unklar, ob es sich hier nicht um eine Ergänzung des Herausgebers handelt. Vgl. Kühn, Joachim (Hrsg.): Die letzte Zarin. Ihre Briefe an Nikolaus II. und ihre Tagebuchblätter von 1914 bis zu ihrer Ermordung. Berlin 1922, S. 219.

57 Zit. n. Ferro, Nikolaus II., S. 229.

58 Vgl. Spiegel 31/1971.

59 Vgl. allgemein Spiegel 36/1962; 38/1962; Schunck, Peter: Charles de Gaulle. Ein Leben für die Größe Frankreichs. Berlin 1998, S. 499–508 (im folgenden Schunck, de Gaulle); Tournoux, Jean-Raymond: Die Tragödie des Generals. Düsseldorf 1968 (im folgenden Tournoux, Tragödie); Kapferer, Reinhard: Charles de Gaulle. Umrisse einer politischen Biographie. Stuttgart 1985 (im folgenden Kapferer, de Gaulle); Fetherling, Book of Assassins, S. 45–48; Laucella, Assassination, S. 199–203.

60 Zit. n. Fetherling, Book of Assassins, S. 46.

61 Spiegel 38/1962.

62 Abgedruckt in Tournoux, Tragödie, S. 417–429.

63 Vgl. Kapferer, de Gaulle, S. 226f.

64 Zit. n. Tournoux, Tragödie, S. 417.

65 Zit. n. Tournoux, Tragödie, S. 327.

66 Tournoux, Tragödie, S. 329, Anm. *.

67 Tournoux, Tragödie, S. 332.

68 Zit. n. Fetherling, Book of Assassins, S. 48; vgl. Tournoux, Tragödie, S. 335 und Kapferer, de Gaulle, S. 228.

7 Mord als Selbstzweck
Politische Terroristen

1 Vgl. allgemein Cassels, Lavender: Der Erzherzog und sein Mörder. Sarajewo, 28. Juni 1914. Wien – Köln – Graz 1988 (im folgenden Cassels, Erzherzog); Würthle, Friedrich: Dokumente zum Sarajewo-Prozeß. Ein Quellenbericht. Wien 1978 (im folgenden Würthle, Dokumente); Langemann, Attentat, S. 49–57; Rauchensteiner, Manfred: Der Tod des Doppeladlers. Österreich-Ungarn und der Erste Weltkrieg. Graz – Wien – Köln 1993 (im folgenden Rauchensteiner, Tod); Sösemann, Bernd: Die Bereitschaft zum Krieg. Sarajewo 1914. In: Demandt, Attentat, S. 295–320 (im folgenden Sösemann, Bereitschaft); Berghahn, Volker R: Sarajewo, 28. Juni 1914. Der Untergang des alten Europa. München 1997 (im folgenden Berghahn, Sarajewo).

2 Vgl. Würthle, Dokumente, S. 21f.

3 Cassels, Erzherzog, S. 253.

4 Dedijer, Wladimir: Die Zeitbombe. Sarajewo 1914. Wien 1967, S. 590, zit. n. Sösemann, Bereitschaft, S. 307.

5 Würthle, Dokumente, S. 49.

6 Sösemann, Bereitschaft, S. 312.

7 Cassels, Erzherzog, S. 213.

8 Rauchsteiner, Tod, S. 64.

9 Vgl. Keil/Kellerhoff, Legenden, S. 13–32; Förster, Stig: Im Reich des Absurden: Die Ursachen des Ersten Weltkriegs. In: Wegner, Bernd (Hrsg.): Wie Kriege entstehen. Zum historischen Hintergrund von Staatenkonflikten. Paderborn 2000, S. 211–252; Berghahn, Sarajewo, S. 92–108.

10 Zit. n. Sösemann, Bereitschaft, S. 315.

11 Vgl. Würthle, Dokumente, S. 78–81.

12 Vgl. o. S. 62f.

13 Vgl. Walther, Rudolf: Art. Terror, Terrorismus. In: Geschichtliche Grundbegriffe, Bd. 6 (1990), S. 323–444 (im folgenden Walther, Terror).

14 Deshalb finden hier weder Geiselnahmen wie die von Hanns-Martin Schleyer oder Aldo Moro und die zahlreichen Flugzeug-Entführungen der vergangen dreieinhalb Jahrzehnte noch der terroristische Kampf in Nordirland und die teilweise religiös, teilweise ideologisch motivierte Anschlagsserie in Israel an der Wende vom 20. zum 21. Jahrhundert Erwähnung; sehr wohl dagegen könnte beispielsweise der Terror der baskischen Separatistenorgansiation »Eta« gegen bestimmte Provinzpolitiker behandelt werden.

15 Typisch dafür sind die Anschläge der sogenannten dritten Generation der RAF auf wichtige, aber in der Öffentlichkeit kaum bekannte Industrielle wie Ernst Zimmermann 1985 und Karl-Heinz Beckurts sowie den Diplomaten Gerold von Braunmühl 1986.

16 Vgl. allgemein Figner, Vera: Das Attentat auf den Zaren Alexander II. Berlin 1926, ND 1981 (im folgenden Figner, Attentat); Ford, Mord, S. 320–329; Torke, Hans-Joachim: Die Narodniki und Zar Alexander II. (1881). Ein Vorspiel zur Revolution. In: Demandt, Attentat, S. 251–265 (im folgenden Torke, Narodniki).

17 Nach dem in Rußland gültigen Julianischen Kalender; nach dem in Westeuropa gebräuchlichen Gregorianischen Kalender fand das Attentat am 13. März statt.

18 Torke, Narodniki, S. 262.

19 Vgl. Reouven, Dictionaire, S. 177.

20 Figner, Attentat, S. 70.

21 Vgl. z.B. Ford, Mord, S. 327f.; Laucella, Assassination, S. 70–74; Fetherling, Book of Assassins, S. 297–299.

22 Figner, Attentat, S. 67f.

23 Torke, Narodniki, S. 262.

24 Vgl. Schütte, Max: August Reinsdorf und die Niederwaldverschwörung. Berlin 1902. ND Berlin 1983 (im folgenden Schütte, Reinsdorf); Most, Johann: August Reinsdorf und die Propaganda der That. New York 1885; Der Hochverrats-Prozeß gegen die Anarchisten Reinsdorf und Genossen vor dem Reichsgericht zu Leipzig im Dezember 1884. Leipzig 1884; Langemann, Attentat, S. 194–201.

25 Schütte, Reinsdorf, S. 16.

26 Zit. n. Langemann, Attentat, S. 200.

27 Schütte, Reinsdorf, S. 22.

28 Zit. n. Winkler, Heinrich August: Weimar 1918–1933. Die Geschichte der ersten deutschen Demokratie. München 1993, S. 175.

29 Vgl. allgemein Sabrow, Martin: Der Rathenaumord. Rekonstruktion einer Verschwörung gegen die Republik von Weimar. München 1994 (im folgenden Sabrow, Rathenaumord); ders.: Die verdrängte Verschwörung. Der Rathenau-Mord und die deutsche Gegenrevolution (im folgenden Sabrow, Verschwörung); Berliner Tageblatt v. 24.6.–19.7.1922; Berliner Morgenpost v. 25.6.–19.7.1922; Keßler, Harry: Walther Rathenau. Sein Leben und sein Werk. Hrsg. von Cornelia Blasberg. Frankfurt/M. 1988; Salomon, Ernst v.: Die Geächteten. Berlin 1930 (im folgenden Salomon, Geächtete); ders.: Der Fragebogen. 9. Aufl. Hamburg 1953 (im folgenden Salomon, Fragebogen).

30 Vgl. Berliner Tageblatt v. 24.6.1922 (Abendausgabe).

31 Vgl. Berliner Tageblatt v. 28.6. 1922 (Abendausgabe), v. 29.6.1922 (Morgenausgabe) u. v. 30.6.1922 (Morgenausgabe).

32 Salomon, Geächtete, S. 351–356.

33 Vgl. Sabrow, Rathenaumord, S. 114–122.

34 Salomon, Fragebogen, S. 129f.

35 Vgl. Sabrow, Verschwörung, 81–203.

36 Heinz, Friedrich Wilhelm: Sprengstoff. Berlin 1930, S. 76, zit. n. Sabrow, Martin: Mord und Mythos. Das Komplott gegen Walther Rathenau 1922. In: Demandt, Attentate, S. 333.

37 Auf die Erfindungen Friedrich Wilhelm Heinz' fällt seine Biographin Susanne Meinl auf ganzer Linie herein, wie ihr Buch: Nationalsozialisten gegen Hitler. Die nationalrevolutionäre Opposition um Friedrich Wilhelm Heinz. Berlin 2000 zeigt. Vgl. Kellerhoff, Sven Felix: Kein zweiter Stauffenberg. Wie die Historikerin Susanne Meinl dem selbsternannten Hitler-Attentäter Friedrich Wilhelm Heinz auf den Leim ging. In: Berliner Illustrirte Zeitung v. 20.2.2000.

38 Faksimile zu finden unter www.walther-rathenau.de/bilder/fahndung.jpg.

39 Vgl. Berliner Tageblatt v. 12.7.1922 (Abendausgabe), v. 13.7.1922 (Morgen- und Abendausgabe) u. v. 15.7.1922 (Abendausgabe).

40 Sabrow, Verschwörung, S. 127.

41 Vgl. Sabrow, Verschwörung, S. 129f.

42 Ostpreußenblatt v. 26.2.2000.

43 Vgl. allgemein Spiegel 17/1977 u. 21/1980; Welt v. 27.4.1978; Stern 11/1978; Aust, Stefan: Der Baader-Meinhof-Komplex. Hamburg 1985 u. ders.: Der Baader-Meinhof-Komplex. Erweiterte und aktualisierte Ausgabe. München 1998; Peters, Butz, RAF. Terrorismus in Deutschland. München 1993.

44 Undatierte »Kommando-Erklärung«, zit. n. http://www.nadir.org/nadir/archiv/PolitischeStroemungen/Stadtguerilla+RAF/RAF/brd+raf/032.html. Selbstverständlich ist keiner der drei genannten Terroristen »hingerichtet« worden; Holger Meins starb an den Folgen eines Hungerstreiks, Hausner erlag den Verletzungen, die er sich bei der Geiselnahme der deutschen Botschaft in Stockholm durch eine wahrscheinlich ungewollte und nie ganz aufgeklärte

Detonationsserie zugezogen hatte, Ulrike Meinhof erhängte sich in ihrer Zelle in Stuttgart-Stammheim.

45 Im März 2003 trat Mahler aus der NPD aus – weil sie ihm nicht radikal genug war. Vgl. FAZ v. 19.3.2003.

46 Spiegel 50/1978.

47 Spiegel 9/1978.

48 Vgl. Welt v. 5.9.1997; Breloer, Heinrich: Todesspiel. TV-Dokudrama WDR 1997.

49 Bild v. 13.12.2001.

50 Spiegel 21/1980.

51 Vgl. taz v. 13.12.2001.

52 Vgl. allgemein Welt v. 3.4.1991, FAZ v. 3.4.1991, SZ v. 3.4.1991; Welt v. 17.5. 2001, taz v. 17.5.2001. Mit absurden Verschiebungen der tatsächlichen Vorgänge konstruierten 1992 drei Journalisten eine angebliche Verantwortung konservativer politischer Kreise für das Rohwedder-Attentat; vgl. Wisnewski, Gerhard; Landgreber, Wolfgang; Sieker, Ekkehard: Das RAF-Phantom. Wozu Politik und Wirtschaft Terroristen brauchen. Aktualisierte Neuauflage München 1997, S. 230–279 (im folgenden Wisnewski u.a., RAF-Phantom). Ebenso falsch ist die Interpretation der WDR-Autoren Werner Czaschke und Clemens Schmidt, laut denen Rohwedder einer Verschwörung der illegal weiterexistierenden Stasi zum Opfer fiel; ihr Film »Wer erschoß den Treuhand-Chef?« wurde »pünktlich zum Start der närrischen Tage« im Rheinland ausgestrahlt, merkte das Magazin »Der Spiegel« so boshaft wie treffend an.

53 Pressemitteilung des Bundeskriminalamtes vom 16.5.2001, www.bka.de/ pressemitteilungen/2001/pm160501.html.

54 Vgl. zu Grams Veiel, Andreas: Black Box BRD. Alfred Herrhausen, die Deutsche Bank, die RAF und die Wolfgang Grams. München 2002 (im folgenden Veiel, Black Box BRD).

55 Veiel, Black Box BRD, S. 36.

56 Abgedruckt in Veiel, Black Box BRD, S. 80.

57 Vgl. als umfassendste Verschwörungstheorie in diesem Sinne Wisnewski u.a., RAF-Phantom; außerdem die Pressemitteilung von Ulla Jelpke, innenpolitische Sprecherin der PDS-Fraktion im Bundestag v. 5.7.2001 u. Lorscheid, Helmut: DNA-Analyse als Stimmungsmache? Generalbundesanwalt verweigert Angaben zum angeblichen »Grams-Haarfund« im Internet-Forum Telepolis, www.heise.de/tp/deutsch/inhalt/te/3624/1.html.

58 Terror-Romantiker und Verschwörungstheoretiker kämpfen selbstverständlich auch gegen diese Erkenntnis einen so sinn- wie hilflosen Kampf. Vgl. z. B. http://ourworld.compuserve.com/Homepages/Gerhard_Wisnewski_3/ aktuell.htm.

8 Die magische Kugel
Ungelöste Rätsel

1 Vgl. allgemein Report of the President's Commission on the Assassination of President John F. Kennedy. Washington D.C. 1964 (im folgenden Bericht der Warren-Kommission); Clarke, American Assassins, S. 107–128; Laucella, Assassination, S. 230–262.

2 House Selected Commitee on Assassinations (HSCA), Bd. 4, S. 432f.; zit. n. www.jfk-assassination.de/articles/umbrella.html. Im offiziellen Verzeichnis der HSCA-Unterlagen auf der Internetseite des US-National Archives ist von »Louie Steven Witt« die Rede.

3 Wilson, Robert Anton: Das Lexikon der Verschwörungstheorien. Verschwörungen, Intrigen, Geheimbünde. Hrsg. von Mathias Bröckers. Neuausgabe München – Zürich 2002 (im folgenden Wilson, Verschwörungstheorien), S. 366.

4 Zur Geschichte des Zapruder-Films vgl. Spiegel 49/1963. Eine detaillierte Chronologie dieses Films unter www.jfk.org/research/Zapruder/Zapruder_Film_Chrono.html. Der Originalfilm ist inklusive zahlreichen weiteren Materials in den USA als DVD erschienen.

5 Vgl. den Bericht der Warren-Kommission, S. 42–79 sowie die ausführlichen Darstellungen bei Laucella, Assassination, S. 230–262; bei Sifakis, Encyclopedia, S. 111–116; bei Krakau, Knud: John F. Kennedy: 22. November 1963, in: Demandt, Attentat, S. 409–430; aus SED-Sicht bei Kaiser, Peter/Moc, Norbert/Zierholz, Heinz-Peter: Schüsse in Dallas. Politische Morde 1948–1984. Berlin (Ost) 1988, S. 219–234. Zahlreiche Originalaufnahmen vom 22. November 1963 sind, allerdings tendenziell geschnitten und gemischt mit nachgestellten Szenen, Teil des Spielfilms »JFK. John F. Kennedy – Tatort Dallas« von Oliver Stone. Umfangreiches Material auf hohem Niveau bietet die Homepage des Museums zur Erinnerung an die Ermordung von John F. Kennedy, das den passenden Namen »The Sixth Floor Museum at Dealey Plaza« trägt und tatsächlich im sechsten Stock des ehemaligen Texas School Book Depository ansässig ist: www.jfk.org.

6 Vgl. Bericht der Warren-Kommission, S. 137–179.

7 Vgl. ebd., S. 125–128.

8 Vgl. Fetherling, Book of Assassins, S. 318f. und Bericht der Warren-Kommission, S. 216.

9 Vgl. Bericht der Warren-Kommission, S. 37–424 u. 669–778; Fetherling, Book of Assassins S. 276–287.

10 Außer den Zusammenfassungen zahlreicher Verschwörungstheorien im Bericht der Warren-Kommission, S. 637–668 und bei Laucella, Assassination, S. 243–260 lohnt sich ein Blick ins Internet. Hier kann man zum Beispiel auf Englisch unter http://www.jfk-assassination.de/ (trotz der deutschen Web-Adresse eine englischsprachige Seite), http://jfklancer.com/JFK2.html, http://mcadams.posc.mu.edu/home.htm oder http://pages.prodigy.net/whiskey99/ zahlreiche »Erklärungen« für das Kennedy-Attentat lesen. Eine

offizielle Zusammenfassung der Diskussion und weitere Materialien sind bei den National Archives unter http://www.archives.gov/research_room/jfk/ zu finden. Auf Deutsch findet man Hinweise auf Verschwörungstheorien unter anderem unter http://www.solidaritaet.com/neuesol/aktuelle/krise/kennedy.htm, http://www.muenster.de/~dk2/kennedy.htm, http://www.das-gibts-doch-nicht.de/seite420.htm oder http://www.hage-homepage.de/Schneider-index.htm. Eine gängige Suchmaschine wie Google findet im Internet rund 37.500 Treffer zu John F. Kennedys Ermordung in englischer Sprache. Auf Deutsch sind es immerhin noch 2590 Einträge.

11 Vgl. Time v. 28.1.1988.
12 Vgl. Bericht der Warren-Kommission, S. 585.
13 Zu erreichen über www.kennedy-ermordung.de /Seiten/Start.html.
14 Zit. n. Laucella, Assassination, S. 256.
15 Vgl. Focus v. 16.11.1998.
16 Vgl. Berliner Morgenpost v. 28.3.2001.
17 Vgl. Literarische Welt v. 6.12.2002; taz v. 11.12. 2002; Cornwell, Patricia: Wer war Jack the Ripper? Porträt eines Killers. Hamburg 2002.
18 Vgl. die acht Folgen der WDR-Serie »Politische Morde« und Blondiau, Heribert (Hrsg.): Tod auf Bestellung., Politischer Mord im 20. Jahrhundert. München 2000.
19 Vgl. allgemein Hammond, N.G.L.: Philip's end. In: Hatzopoulos, Miltiades B./Loukopoulos, Louisa D. (Hrsg.): Philip of Macedon. London 1981, S. 166–175; Bengston, Hermann: Philipp und Alexander der Große. München 1985, S. 112–116; Hammond, N.G.L.: Philip of Macedon. London 1994, bes. S. 170–176; Lenschau, Thomas: Artikel Pausanias [6]. In: RE Bd, 18,4 (im folgenden Lenschau, Pausanias), Sp. 2396–2400.
20 Diodor, Weltgeschichte, XVI 94.
21 Aristoteles, Politik, 1311b.
22 Vgl. Lenschau, Pausanias, Sp. 2399.
23 Justin, Epitoma, IX, 6.
24 Plutarch, Alexander, 10.
25 Vgl. Tütsch, Hans E.: Kugeln für Lincoln und Kennedy. Zwei tote Präsidenten und ungezählte Konspirationen in den Köpfen. In: Schultz, Uwe (Hrsg.): Große Verschwörungen. Staatsstreich und Tyrannensturz von der Antike bis zur Gegenwart. München 1998 (im folgenden Tütsch, Kugeln für Lincoln), S. 193 sowie Leggewie, Claus: Fed up with the Feds. Neues über die amerikanische Paranoia. In: Kursbuch 124 (1996), S. 115–128 und Wilson, Verschwörungstheorien, S. 9–25.
26 Vgl. allgemein Oates, Stephen B.: Abraham Lincoln. The Man Behind the Myths. New York 1984 (im folgenden Oates, Lincoln); Chamlee Jr., Roy Z.: Lincoln's Assassins. A Complete Account of Their Capture, Trial, and Punishment. Jefferson (NC) – London 1990 (im folgenden Chamlee, Lincoln's Assassins); Hanchett, William: The Lincoln Murder Conspiracies. Urbana – Chicago 1983 (im folgenden Hanchett, Conspiracies); Clarke, American Assassins; S. 19–39.
27 Vgl. Sandburg, Carl: Abraham Lincoln. Heldentum und Legende. Neuausgabe München 1984 (im folgenden Sandburg, Lincoln), S. 718–726.

28 Vgl. Chamlee, Lincoln's Assassins, S. 6f.; Laucella, Assassination, S. 62–66; Fetherling, Assassins, S. 64–68.

29 Zit. n. Sandburg, Lincoln, S. 742.

30 Zit. n. Clarke, American Assassins, S. 36.

31 Eine lesenswerte Zusammenfassung der gängigen Verschwörungstheorien bietet http://home.att.net/~rjnorton/Lincoln74.html.

32 Zit. n. Hanchett, Conspiracies, S. 59.

33 Vgl. Hanchett, Conspiracies, S. 84f.; Report of the Selected Commitee on Assassinations of the U.S. House of Representatives, Introduction, Washington D.C. 1978, S. 598, in: www.archives.gov/research_room/jfk/house_select_committee/committee_report_references_jfk.html#introduction.

34 Vgl. Tütsch, Kugeln für Lincoln, S. 202f.; Hanchett, Conspiracies, S. 236 u. 240; im Internet finden sich mehrere Seiten über die angebliche Verstrickung der katholischen Kirche in das Attentat, z. B. www.reformation.org./lincoln.html; ablehnend dagegen die recht seriöse Seite www.geocities.com/lincoln_chiniquy/history.html.

35 Vgl. zu Eisenschimls Thesen und ihrer Widerlegung Hanchett, Conspiracies, S. 158–184.

36 Vgl. zu Balsigers und Selliers Thesen sowie ihrer Widerlegung Hanchett, Conspiracies, S. 226–233.

37 Vgl. allgemein Laucella, Assassination, S. 135–143; Fetherling, Book of Assassins, S. 371f.; Sifakis, Encyclopaedia, S. 130f.; Clarke, American Assassins, S. 223–239.

38 Clarke, American Assassins, S. 230.

39 Eine zeitgenössische Rekonstruktionszeichnung dieser Version des Anschlags druckt Sifakis, Encyclopaedia, S. 130.

40 Vgl. www.cajun1.net/hueylong/accused.html und http://www.geocities.com/parish_photogy/ideashuey_story1.html.

41 Vgl. Clarke, American Assassins, S. 238.

42 Vgl. z. B. http://www.flash.net/~manniac/hueylong.htm.

43 Zit. n. www.rvtravelog.com/batonrouge.dir/batonrouge1.htm.

44 Heiber, Helmut: Der Fall Grünspan. In VZG 5 (1957), S. 134–172 (im folgenden Heiber, Grünspan), S. 134.

45 Vgl. allgemein NZZ v. 8.11.1938 (Morgenausgabe), 9.11.1938 (Abendausgabe); Roizen, Ron: Herschel Grynszpan: The Fate of a Forgotten Assassin. In: Holocaust and Genocide Studies 1 (1986), S. 217–228, zit. n. www.roizen.com/ron/grynszpan (im folgenden Roizen, Fate); Heiber, Grünspan; Graml, Hermann: Reichskristallnacht. Antisemitismus und Judenverfolgung im Dritten Reich. München 1988 (im folgenden Graml, Reichskristallnacht); Pehle, Walter H. (Hrsg.): Der Judenpogrom 1938. Von der »Reichskristallnacht« zum Völkermord. Frankfurt/M. 1988; Dick, Lutz van: Der Attentäter. Herschel Grynszpan. Reinbek bei Hamburg 1991.

46 Vgl. NZZ v. 7.11.1938 (Abendausgabe) u. v. 8.11.1938 (alle Ausgaben).

47 Völkischer Beobachter, 8.11.1938.

48 Zit. n. Graml, Reichskristallnacht, S. 12.

49 Vgl. NZZ v. 10.11.1938 (Mittags- und Abendausgabe), v. 11.11.1938 (Morgenausgabe) u. v. 13.11.1938 (Mittagsausgabe).

50 Heiber, Grünpan, S. 140.
51 Völkischer Beobachter, 12.11.1938.
52 United States Holocaust Memorial Museum, Foto 37855 und 37855a.
53 www.mlwerke.de/tr/1939/390130f.htm.
54 Vgl. Spiegel 1/1961.
55 Vgl. z. B. Stern 7/1968 u. 33/1968; Focus 44/2001.
56 Vgl. Hilberg, Raul: Die Vernichtung der europäischen Juden. Neuausgabe Frankfurt/M. 1990, S. 1089 mit Anm. 80.
57 Goebbels, Joseph: Tagebücher, 24.1.1942.
58 Gutmann, Israel u.a. (Hrsg.): Enzyklopädie des Holocaust. Die Verfolgung und Ermordung der europäischen Juden. Neuausgabe München – Zürich 1992, Bd. 1, S. 582.
59 Heiber, Grünspan, S. 172.
60 Vgl. www.dhm.de/lemo/html/biographien/GrynszpanHerschel/.
61 Zit. n. Roizen, Fate, Anm. 44.
62 Vgl. allgemein Posner, Gerald L.: Killing the Dream. James Earl Ray and the Assassination of Martin Luther King Jr. New York 1998 (im folgenden Posner, Dream); Pepper, William F.: Die Hinrichtung des Martin Luther King. Wie die amerikanische Staatsgewalt ihren Gegner zum Schweigen brachte. Kreuzlingen – München 2003 (im folgenden Pepper, Hinrichtung); Clarke, American Assassins, S. 239–257; Laucella, Assassination, S. 278–294; Fetherling, Book of Assassins, S. 311–314.
63 Vgl. SZ v. 8.4.1998.
64 Vgl. Welt am Sonntag v. 22.3.1998.
65 Ray, James Earl: Who killed Martin Luther King Jr.? The True Story of the Alleged Assassin. Vorwort von Jesse L. Jackson Jr. Bethesda 1992.
66 Zit. n. www.crimelibrary.com/assassins/ray.
67 Vgl. Laucella, Assasination, S. 287f.
68 Vgl. Pepper, Hinrichtung, S. 340–345; Giefer, Thomas: Das Ende des schwarzen Messias. Der Mord an Martin Luther King. In: Blondiau, Tod auf Bestellung, S. 60–83 (im folgenden Giefer, Ende).
69 Giefer, Ende, S. 75.
70 Clarke, American Aassassins, S. 256f.
71 Vgl. Posner, Dream, S. 333f.
72 Vgl. Posner, Dream, S. 260f., Anm. †.
73 Vgl. www.cnn.com/US/9804/23/james.earl.ray.reax/.
74 Vgl. allgemein Spiegel 24/1968; Norden, Peter (Hrsg.): Das zweite Attentat. Der Mord an Robert Kennedy. Report und Analyse. München 1968 (im folgenden Norden, zweites Attentat); Clarke, American Assassins, S. 76–104; Laucella, Assassination, S. 295–303.
75 Vgl. www. umassd.edu/Public/RFK/RFKMenu.html.
76 Vgl. Berliner Morgenpost v. 20.6.1997.
77 Eine Chronologie dieses Tages in Norden, zweites Attentat, S. 29–47.
78 Angeblich soll Robert Kennedys Frau Ethel im Moment der Schüsse gesagt haben: »Oh Gott, nicht noch einmal!« Vgl. Norden, zweites Attentat, S. 33. Ob es sich hier um eine reale Reaktion oder um eine nachträgliche, läßliche

Stilisierung handelt, ist nicht zu entscheiden. Ohne weiteres glaubhaft ist diese Reaktion jedenfalls nicht.

79 Moldea, Dan E.: The Killing of Robert F. Kennedy. New York 1997, S. 81; zit. n. Tatari, Yoash: Ende eines amerikanischen Traums. Das Attentat auf Robert F. Kennedy. In: Blondiau, Tod auf Bestellung, S. 85–116 (im folgenden Tatari, Ende), S. 99. Vgl. Clarke, American Assassins, S. 92.

80 Zit. n. Tatari, Ende, S. 96.

81 Zit. n. Clarke, American Assassins, S. 92.

82 Vgl. ebd., S. 93f.

83 Teeter, Larry: Sirhan Sirhan and the Assassination of Robert Kennedy. Zit. n. www.rense.com/politics6/sirhan.htm.

84 Vgl. SZ v. 30.1.1999.

85 Vgl. Tatari, Ende, S. 88 u. 110.

86 Vgl. Tatari, Ende, S. 107.

87 Vgl. Geringer, Joseph: Robert Kennedy Assassination: Revisions and Rewrites. As Ever, a Conspiracy. Zit. n. www.crimelibrary.com/assassins/sirhan.

88 Zit. n. Clarke, American Assassins, S. 102.

89 Vgl. Tatari, Ende, S. 102f.

90 Vgl. allgemein: Zeit 4/1983; FAZ v. 3.11.1984; FAZ v. 6.5.1991; Zeit 20/1991; Geistige Welt v. 8.6.1991; Roques, Valeska von: Verschwörung gegen den Papst. Warum Ali Agca auf Johannes Paul II. schoß. München 2001 (im folgenden Roques, Verschwörung).

91 Vgl. Zeit 4/1983; Meldung der Nachrichtenagentur KNA v. 17.5.1996, zit. n. www.kath.de/rv/archiv/rv960517.htm; Roques, Verschwörung, S. 23; Meldung der Nachrichtenagentur Kathpress v. 16.5.2000, zit. n. www.katolsk.no/nyheter/2000/05/16-0015.htm; SZ v. 11.7.2000.

92 Vgl. Zeit 20/1991.

93 Vgl. SZ v. 12.5.2001.

94 Fotos mit der Hand und der Pistole des Attentäters z. B. Ullstein Bilderdienst 00428964; Foto mit Pistole und Gesicht des Attentäters: dpa-Bild 03040433.

95 Roques, Verschwörung, S. 29.

96 Vgl. Spiegel 23/1981.

97 Zit. n. Roques, Verschwörung, S. 36.

98 Vgl. Turkish Daily News v. 28.11.1979, Faksimile (Ausriß) in Zeit 20/1991.

99 Zit. n. Roques, Verschwörung, S. 35.

100 Zeit 4/1983.

101 FAZ v. 4. u. 5.11.1999.

102 Vgl. Zeit 20/1991.

103 Vgl. NZZ v. 1.11.1984 u. New York Times Book Review v. 15.1.1984.

104 Vgl. SZ v. 1.4.1986 u. NZZ v. 2.4.1986.

105 Tagesspiegel v. 25.5.2002.

106 Vgl. o. S. 124.

107 Roques, Verschwörung, S. 237.

108 Vgl. FAZ v. 1.12.1992.

109 Vgl. Welt v. 15.5.2000.

110 New York Times v. 15.5.2000, zit. n. Roques, Verschwörung, S. 214. Im Online-Archiv der New York Times ist dieser Artikel nicht nachweisbar.
111 Vgl. Zeit 20/1991.
112 Welt v. 27.6.2000.
113 NZZ v. 16.10.1985.

Bildnachweis

Abb. 1 und 7: Archiv für Kunst und Geschichte, Berlin.
Abb. 2, 4 und 5: Foto dpa, © ZB Fotoagentur Zentralbild GmbH, Berlin.
Abb. 3, 6 und 8: ullstein bild, Berlin.

Personenregister

Günter Erbe
**Dandys – Virtuosen
der Lebenskunst**
**Eine Geschichte des
mondänen Lebens**
2002. 352 S. 20 s/w-Abb.
Gb. mit Schutzumschlag.
€ 24,90/SFr 42–
ISBN 3-412-05602-2

In unserer glitzernden Medienwelt, in der Schein mehr gilt als
Sein, kommen die Attitüden des Dandys, die früher nur in
exklusiven Kreisen Resonanz fanden, wieder in Mode. Der
Dandy, der modebewusste Beau, in der Regel ein Aristokrat
und Müßiggänger, beherrschte zu Anfang des 19. Jahrhunderts
die elegante Männerwelt und erlebte im Fin de siècle eine
Renaissance. Welche Faszination ging von ihm aus?

Von der Regency-Epoche über die Ära des Bürgerkönigs
Louis Philippe, die Belle Époque, bis zu seinen letzten Ausläu-
fern im 20. Jahrhundert wird dieser Gesellschaftstypus in eu-
ropäischem Maßstab dargestellt. Im Dandy, begriffen als kom-
plexe soziale Erscheinung, durchdringen Mode-, Gesellschafts-
und Literaturgeschichte einander auf spannende Weise.

Zugleich bietet das Buch auch eine Geschichte der mondänen
Gesellschaft der europäischen Metropolen, in der prominente
Dandys wie George Brummell, Lord Byron, Benjamin Disra-
ëli, Baudelaire oder Oscar Wilde zu Wort kommen. Memoiren,
Briefe, Tagebücher von Zeitzeugen, Biografien, Reiseliteratur,
Anstandsbücher und Traktate, sittengeschichtliche Darstellungen, Artikel der Modepublizistik, Modekupfer und Karikaturen sowie Werke der schönen Literatur sind die reichhalti-
gen Quellen, auf die sich Günter Erbe in seiner Untersuchung
stützt.

Ursulaplatz 1, D-50668 Köln, Telefon (0 221) 91 39 00, Fax 91 39 011

KÖLN WEIMAR

Böhlau

Uwe Ziegler
Kreuz und Schwert
Die Geschichte des Deutschen Ordens

2003. 282 Seiten.
21 s/w-Abbildungen.
2 Karten. Gebunden mit
Schutzumschlag.
ISBN 3-412-13402-3

Der Deutsche Orden wurde Ende des 12. Jahrhunderts während des Dritten Kreuzzuges in Jerusalem gegründet. Neben den Templern und Johannitern gehörte er zu den großen abendländischen Ritterorden. Uwe Ziegler zeichnet die bewegte Geschichte des Ordens von seinen mittelalterlichen Anfängen im Heiligen Land bis zu seinem Ende in Preußen und Livland nach. Er schildert die Anfänge als Krankenpflegeorden, die Unterwerfung und Bekehrung der heidnischen Pruzzen während der Kreuzzüge gegen die slavischen Völker, den Aufbau und die Besiedlung eines eigenen Territoriums sowie die außerpreußische und nachmittelalterliche Entwicklung des Ordens. Das Augenmerk des gut geschriebenen Buchs richtet sich dabei besonders auf die Modernität seiner Verwaltung und auf die großartigenarchitektonischen Leistungen, wie den Bau der Marienburg bei Danzig.

Nationale Verherrlichung – von Seiten der Deutschen – und antipreußische Kritik – von Seiten der Polen – beeinflussten lange das Bild der Geschichte des Ordens. Der Autor korrigiert ältere Fehl- und Vorurteile und trägt dabei unterschiedlichen geistigen, politischen und ethischen Einstellungen Rechnung.

URSULAPLATZ 1, D-50668 KÖLN, TELEFON (0 221) 91 39 00, FAX 91 39 011

Richard van Dülmen
Poesie des Lebens
Eine Kulturgeschichte der
deutschen Romantik
1795–1820

Auf der Grundlage der Lebenszeugnisse von u. a. Schlegel,
Tieck, Novalis, Brentano, Hoffmann, Eichendorff, Friedrich,
Runge, Carus und von Weber beschreibt Richard van Dülmen
die Lebenswelt der Romantiker, deren Mythos bis heute nach-
wirkt, im soziokulturellen Kontext der Zeit um 1800. Band 2
wird im Herbst 2003 erscheinen und sich mit den großen Themen der Romantik aus Mythologie, Kunst und Wissenschaft
beschäftigen.

Band 1: Lebenswelten	Band 2: Denkwelten
2002. VI, 354 Seiten.	2003. Etwa 350 Seiten.
120 s/w-Abbildungen,	Etwa 50 s/w-Abbildungen.
8 Tafeln mit 8 farbigen	8 Tafeln mit etwa 12 farbigen
Abbildungen. Gebunden mit	Abbildungen. Gebunden mit
Schutzumschlag.	Schutzumschlag.
€ 29,90/SFr 50,20	Ca. € 29,90/SFr 50,20
ISBN 3-412-07302-4	ISBN 3-412-07402-0

KÖLN WEIMAR

URSULAPLATZ 1, D-50668 KÖLN, TELEFON (0 221) 91 39 00, FAX 91 39 011

Michael Zaremba
Johann Gottfried Herder
Prediger der Humanität
Eine Biografie

2002. VI, 270 Seiten. 20 s/w-

Abbildungen im separaten

Tafelteil. Gebunden mit Schutz-

umschlag. ISBN 3-412-03402-9

Johann Gottfried Herder, geboren 1744 im ostpreußischen Mohrungen und gestorben 1803 in Weimar, gehört zu den bedeutendsten Vertretern der Weimarer Klassik. Vor allem durch sein Hauptwerk »Ideen zur Philosophie der Geschichte der Menschheit«, seine »Volkslieder«-Sammlung sowie die »Briefe zu Beförderung der Humanität« gebührt ihm ein Ehrenplatz in der deutschen Literatur- und Geistesgeschichte.

Mit Blick auf das 200. Todesjahr Herders legt Michael Zaremba eine moderne Biografie vor, die erstmals auf die Gesamtausgabe von Herders Briefen zurückgreifen kann.

Herders theologische Gedanken, die das Humane zum Zentrum haben, bezaubern ebenso wie die facettenreichen Nuancen seines Stils. Der Geistliche verstand sich als Politosoph, der das Individuelle mit dem Gesellschaftlichen verbindet, die Gotteslehre mit dem Anspruch von Menschlichkeit gleichsetzt. Er war Prediger der Humanität in einer Epoche, in welcher der Begriff als Phrase galt, ja verlacht wurde. Aber diese christlich Weltsicht fundierte zugleich eine moderne Existenz, denn Herders Denken und Wirken war wie ein Funken an der Wegscheide zur Moderne. Seine Briefe und Schriften, welche Grundlage dieser Biografie sind, kehrten sein Innerstes nach außen.

KÖLN WEIMAR

URSULAPLATZ 1, D-50668 KÖLN, TELEFON (0221) 913900, FAX 913901

Alexander Demandt
Über allen Wipfeln
Der Baum in der
Kulturgeschichte
2002. XII, 365 Seiten.
29 s/w-Abbildungen. 18 farbige
Abbildungen auf Tafeln.
Gebunden mit Schutz-
umschlag. € 25,50 /SFr 43,–
ISBN 3-412-13501-1

Zu allen Zeiten haben Menschen eine besondere Nähe zu Bäumen empfunden. Mit dem Boden verbunden streben sie zum Licht, sie gedeihen einzeln unter ihresgleichen, sie trotzen Wind und Wetter und entwickeln einen individuellen Charakter, der ihre Natur und Lebensgeschichte zum Ausdruck bringt. Bäume wurden als Verkörperung oder Wohnort von Göttern verehrt, sie waren Symbole der Hoffnung von Menschen und Völkern, Modelle für Staaten und Familiengeschichte, Orte des Gedenkens und der Erkenntnis, der Liebe und des Todes. Religion und Philosophie, Dichtung und Kunst haben Bäume thematisiert.

Gilgamesch, Bibel und Homer bezeugen es, Buddha und Platon, Upanishaden und Evangelien bestätigen es. Zeder und Palme, Linde und Eiche streiten um den Vorrang. Kirchenväter und Scholastik, Renaissance und Reformation, Kant und Goethe – sie alle hatten ihre eigene »Dendrosophie«. Das setzt sich fort bis zu den Baumaktionen der modernen Künstler und den Motiven auf Briefmarken und Münzen. Nicht zufällig zeigen die deutschen Euro-Cents wieder das Eichenlaub.

Ursulaplatz 1, D-50668 Köln, Telefon (0 221) 91 39 00, Fax 91 39 011